이패스코리아 동영상 강의
www.epasskorea.com

2025 최신개정판

이패스 CFP®
지식형 핵심문제집

이패스코리아 금융연구소 저

epasskorea

머리말

구글 딥마인드(Google DeepMind)가 개발한 인공지능 바둑프로그램인 알파고(AlphaGo)가 이세돌 9단에 4 대 1로 승리한 것이 2016년입니다. 그리고 짧은 세월이 지나 2023년 3월 14일, OpenAI의 최신 언어모델인 GPT-4가 출시되었으며, 모든 금융기관에서 인공지능을 활용한 업무영역을 확장하고 있는 게 현실입니다. 앞으로도 이러한 추세는 지속될 것이며, 금융기관이 업무에서 일반적인 업무를 담당하는 직원들의 업무영역은 축소되고, 개편될 것이며, 사라질 것입니다. 단순 입출금과 간단한 지식을 요하는 업무를 필요로 하는 고객에 대하여 금융기관은 업무의 효율성과 비용 절감을 위하여 인공지능에 의한 업무 수행을 선호할 것이며, 고객 또한 이러한 추세에 맞추어 적응해 나아갈 것이기 때문입니다. 그러나 그에 반하여 금융전문가로서 특화된 전문업무영역은 오히려 그 중요성을 더 할 것입니다. 금융기관에게 많은 수익을 안겨주는 중요한 VIP 고객의 경우 단순한 업무 수행을 넘어서 신뢰를 바탕으로 한 파트너로서의 관계를 요구하고 이러한 현상을 지속적으로 강화될 것이기 때문입니다.

또한 현재의 금융시장을 살펴보아도 금융환경의 다각화로 금융기관 간의 업무영역이 없어지고 고객유치경쟁도 날로 치열해지고 있는 실정이며, 특히 일정 금액 이상의 거액자산을 가진 부유층을 겨냥한 VIP 마케팅의 중요성은 날로 증대되고 VIP 고객의 니즈와 투자성향에 근거하여 고객중심의 종합자산관리형 영업 전개와 고품격 금융컨설팅 서비스를 전담할 실력 있는 고능률의 FP(Financial Planner)의 육성이 더욱 절실해지고 있습니다.

따라서 모든 금융기관들은 VIP 고객과의 업무영역을 넓히고 강화하고 수익을 창출하기 위하여 파이낸셜 플래닝의 전분야에 대한 지식을 습득하여 상담이 가능하고 네트워크를 활용하여 대안을 제시할 수 있고 윤리성을 갖춘 금융주치의로서의 역할을 수행할 수 있는 자격을 갖춘 전문가로서 역할을 수행할 직원의 필요성을 절실하게 느끼고 있으며 이러한 직원의 채용과 양성에 많은 노력을 기울이고 있습니다.

지금 우리가 도전하여 획득하고자 하는 CFP 자격증은 Financial Planning의 전문성을 높여 공익에 기여하기 위해 미국의 CFP Board가 국제적 기준에 따라 4E(Ethics, Education, Experience, Examination)의 기본적인 자격인증요건을 충족하고 고객에게 종합 자산설계 서비스를 제공할 수 있는 최고의 전문가에게 부여하는 국제 공인자격증입니다. 또한 CFP® 자격인증자가 수행하는 업무는 종합 개인 재무 설계업무로서 고객과의 상담, 자료수집, 고객의 재무상태 분석 및 평가 업무를 수행함과 동시에 제안서 작성 및 제시, 실행, 모니터링뿐만 아니라 각종 교육 및 홍보를 수행할 수 있는 CFP® 자격인증자 입니다.

대부분 금융기관의 종합 금융전문가들은 CFP 자격증을 보유하고 있으며 현업에서는 금융 고객을 상담하는 담당자에게 CFP® 자격을 요구하고 있는 추세입니다. 일부 금융기관의 경우 사내 대리급으로 승진 시 AFPK 자격증을 필수요건으로 채택하고 있으며, 간부급으로 승진 시 CFP 자격증에 대해 별도의 승진 가산점을 주는 등 각종 인센티브 제도를 통해 자격증 취득을 유도하고 있습니다. 은행, 보험, 증권회사 등 금융회사들은 CFP특별반을 그룹차원에서 편성하여 매년 CFP 양성교육을 실시하고 있습니다.

    그 이유는 바로 금융 현장에서 바로 사용할 수 있는 인력 즉 "실전형 인재"가 절실하게 필요하기 때문이며, 이미 많은 여러분들의 선배인 CFP® 자격을 갖춘 인재가 금융현장에서 바로 활용할 수 있는 현장감 있는 지식과 사례가 겸비된 인재로서의 업무수행능력을 충분히 검증한 때문이기도 합니다.

    물론 금융기관 취업을 생각하고 있는 분의 경우 AFPK나 CFP 자격증이 있다고 해서 금융권 취업이 보장되지는 않습니다. 이 세상 어디에도 이제는 어떤 자격증도 암행어사의 마패처럼 취업이 보장되는 것은 아무것도 없습니다. 단지 자격증의 역할은 달리는 말에 채찍을 더하듯 나의 경력에 하나의 화려한 옷을 덧입히는 것입니다. 가장 중요한 것은 준비된 나의 모습을 보여주는 것입니다. 더욱이, CFP 합격이 다른 자격증에 비해 어렵기에 더욱더 가치가 있는 법입니다. 아무나 쉽게 취득하는 자격증이라면 진정으로 도전할 가치가 있을까요?

    AFPK와 CFP 자격증에 도전해 보십시오! 생각보다 쉽지 않은 시험입니다. 특히 AFPK 경우 최소 3개월, CFP 경우 6개월의 시간이 필요한 장기간의 도전입니다. 교육기관과 교재, 강사의 선택도 중요하지만 합격의 지름길은 장기 레이스를 달리는 마라토너와 같이 페이스를 잃지 않는 꾸준함과 성실, 그리고 자신과의 싸움에서 이기는 것입니다. 기회는 스스로 준비하는 자에게 오는 것입니다. 여러분의 선택이 여러분의 미래를 바꿀 것입니다.

이패스코리아 금융연구소 저

CFP TENDENCY OF QUESTIONS — 출제경향분석

1 출제범위

구분	시험과목	문항수	출제 범위	제외되는 범위
지식형 (170문항)	재무설계 원론	15	각 과목 기본서 중심 (단, 개인재무설계 사례집 내용 포함) 교재 내용을 토대로 응용이 가능한 부분	• 재무설계사 직업윤리 「제3장(징계규정) 및 「부록(관련 규정)」
	재무설계사 직업윤리	5		
	위험관리와 보험설계	25		
	은퇴설계	25		
	부동산설계	20		
	투자설계	28		
	세금설계	27		
	상속설계	25		
사례형 (50문항)	단일사례	과목 구분 없이 30문항	각 과목 기본서 + 개인재무설계 사례집	
	복합사례(Ⅰ, Ⅱ, Ⅲ)	과목 구분 없이 각 10문항		
	종합사례	과목 구분 없이 20문항		

※ 지식형에서 계산문제가 출제될 수 있으며, 단일사례에서도 공식의 이해 문제가 출제될 수 있습니다. 지식형은 기본서에서만 출제되고, 단일사례는 개인재무설계 사례집에서만 출제되는 것이 아니므로, 학습 시 기본서와 개인 재무설계 사례집을 병행하여 공부하는 것이 필요합니다.

※ 복합사례 및 종합사례의 경우 과목의 순서가 고객 니즈에 맞게 구성되어 있고, 지식형 문항과 단일사례형 문항이 혼합되어 출제되기 때문에, 고객 니즈에 맞는 종합적인 판단이 요구됩니다.

2 과목별 주요학습내용

과목명	주요 학습내용
재무설계 원론 및 직업윤리	• 종합재무설계, CFP® 자격인증자의 기본업무, ★ 화폐의 시간가치, ★ 종합재무설계 프로세스, ★ 부채관리, ★ 행동재무학 • ★ 재무설계사의 직업윤리, ★ CFP® 자격표장, 재무설계 업무수행 유의사항
위험관리와 보험설계	• 위험, 보험산업(보험요율·보험금 지급절차), ★ 생명보험(정기·종신·장애인전용·기타·저축성보험), ★ 제3보험(상해·실손의료), ★ 손해보험, 보험설계
은퇴설계	• 은퇴설계, 은퇴소득, ★ 공적연금(기초·국민연금), ★ 퇴직연금, ★ 개인연금, 은퇴자산 축적을 위한 투자관리, 은퇴소득 인출전략과 지출관리, 비재무적 은퇴설계
부동산설계	• 부동산 시장분석, ★ 부동산 관련 법(임대차보호법), ★ 부동산 투자분석, ★ 부동산투자, 부동산 금융, 부동산설계 사례
투자설계	• 거시경제와 금융시장, ★ 현대 포트폴리오 이론, 투자성 금융상품 위험등급, 고객 투자성향, ★ 주식 및 채권 투자, ★ 투자전략, 자산배분전략, 투자설계 프로세스, 대체자산 및 구조화상품, 투자설계 사례
세금설계	• 세금설계 총론(조세구제제도, 국세부과), ★ 소득세, 법인세, 부가가치세, ★ 금융자산과 세금, ★ 부동산자산과 세금, ★ 은퇴소득과 세금
상속설계	• 상속설계 개관, ★ 상속 개시 전·후 상속설계, 상속집행과 분쟁해결

좀 더 자세한 내용 및 수험정보 등은 당사 홈페이지(www.epasskorea.com) 참조

학습전략

CFP 공부순서

- 사실 CFP 공부순서라고 정해진 것은 없습니다. 가장 좋은 것은 본인이 자신있는 과목부터 시작하는 것입니다. 예를 들면 이과 전공자라면 투자설계를, 문과 전공자라면 법률부터 시작하는 것이 유리할 수 있습니다.

- 단, 기본이론 과목의 학습보다 선행되어야 하는 것이 TVM(Time Value of Money)입니다. TVM은 시험 전 마지막 순간까지도 붙들고 있어야 합니다. 아래는 CFP 학습 시 함께 묶어서 공부하면 좋은 Part를 제시합니다.

효율적 학습전략 (PART 3 분할학습)

PART I) 구성 및 학습순서 : TVM → 재무설계원론 → 은퇴설계 → 보험설계

목적자금이나 은퇴자금 마련을 위한 재무설계 시 TVM(화폐의 시간가치, cash flow 등)의 원리가 적용되기 때문의 위의 4개의 과목은 하나의 Part로 학습하시는 것이 좋습니다. 또는 TVM 이후 은퇴설계와 보험설계를 먼저 하시고 재무설계원론을 마지막에 하셔도 좋습니다. 재무설계원론은 다른 과목의 포인트가 되는 부분들을 다루고 있어 마지막에 학습하실 경우 중복되는 내용들을 더 쉽게 이해하실 수 있습니다. 직업윤리는 학습내용이 많지 않고 규정에 대한 암기가 필요한 부분으로 시험 직전에 학습을 하셔도 충분합니다.

PART II) 구성 및 학습순서 : 투자설계 → 부동산설계

'투자'라는 관점에서 보면 '부동산'도 투자의 대상이 되고, 보유 비율이 높은 자산 중 하나입니다. 특히 투자설계 과목에서도 '부동산 투자'를 다루고 있어 두 개의 과목을 연관지어 학습하시는 것이 학습효율을 높일 수 있습니다.

PART III) 구성 및 학습순서 : 세금설계 → 상속설계

세금설계와 상속설계는 정해진 법대로 상속세, 증여세 등 세금과 관련된 내용을 학습하는 과목으로 '세금' 관련 중첩되는 내용이 많고, 지식형 공부가 곧 사례형 공부가 되는 과목입니다. TVM이 기본이 되는 다른 과목과 달리 일반 가정용 계산기만으로도 대비가 가능하며, 반복학습이 강조됩니다.

과목 담당 교수가 알려주는 학습전략

1. 보험설계

보험의 이론적 이론뿐만 아니라 보험설계에 대한 계산사례 문제에 대비하여야 합니다. 생명보험과 손해보험에 대한 부분이 상대적으로 출제비중이 많은 편이기 때문에 중요한 내용을 중심으로 반복적으로 학습하길 권합니다.

보험약관과 관련한 내용은 보험소비자 입장 중심으로 이해하면서 학습하는 것이 좋으며 보험상품과 관련한 내용은 보험소비자의 재무적 상황에 적합한 보험상품을 권유하기 위한 보험상품의 특징을 중심으로 학습의 포인트로 하는 것이 좋습니다.

2. 세금설계

세금설계 과목은 이론적인 내용뿐만 아니라 세액을 계산하는 문제에 대비하여야 합니다. 대체적으로 세금의 큰 틀을 이해하고 정리가 잘 된다면 전략과목으로 고득점이 가능한 과목임으로 세금 계산구조와 세율 등과 같이 일정부분은 암기가 요구됩니다.

법인세와 부가가치세 부분에 비해 개인재무설계와 관련한 종합소득세와 양도소득세에 대한 출제비중이 크다고 할 수 있음으로 종합소득세와 양도소득세 부분에 학습의 집중도를 높이는 것이 좋습니다.

3. 부동산설계

부동산설계의 지식형이나 사례형 모두 좋은 점수를 취득할 수 있는 과목으로 공부한 만큼 점수가 나오는 과목입니다. 시험문제는 CFP 입장에서 고객에게 현명한 부동산설계를 제공하는데 필요한 기본적 지식을 요구하고 있기 때문에 무조건 암기보다는 기본 강의를 통해 내용을 이해하시기를 부탁드립니다. 또한 지식형 문제는 기본서 구석에 있는 문장이 출제가 되는 경향이 높다는 점에서 교재 중심으로 공부하시기 바랍니다.

제2장 부동산설계 관련 법, 제4장 부동산투자는 평소 부동산에 대한 관심이 많았던 분들이 쉽게 접근할 수 있는 파트이며, 제1장 부동산시장분석, 제2장 부동산설계 관련 법, 제6장 부동산설계 사례는 AFPK 부동산설계와 중복되는 부분이 있다는 점에서 고득점을 취득할 수 있는 파트입니다.

제3장 부동산투자분석은 지식형뿐만 아니라 사례형을 출제할 수 있는 문제의 보고입니다. 사례형의 대부분은 부동산가치평가(원가방식, 비교방식, 수익방식)이 출제되기 때문에 가치산출 프로세스를 꼭 암기하시고, 재무계산기를 사용해서 직접 사례를 해결할 수 있는 능력을 갖추어야 시험장에서 당황하지 않을 것입니다.

출제빈도가 낮은 제5장 부동산금융(프로젝트 파이낸싱, 부동산신탁)은 개념과 세금 부분을 이해하고 암기하신다면 고득점이 가능한 파트입니다.

학습전략

최동진 교수의 특별한 CFP 공부방법

1. 지식형

1) 처음부터 기본서 정독은 NO! 물 흐르듯이 전체적인 흐름 파악이 중요합니다.(단, 투자설계와 같이 공식 암기가 필요한 과목은 해당되지 않습니다.)
2) 약간 정독한다는 느낌으로 천천히 읽기 + 강의 듣기
   ⇒ 깊이를 느낄 수 있어요!
3) 문제풀이 시작!
   - 처음부터 문제집에 풀이과정 적으면서 공부 NO!
     처음에는 문제집에 필기하지 않고, 정답과 해설을 보면서 책을 한 번 본다는 느낌으로 풀어보세요!
   - 두 번째 볼 때 정독 시작! 처음보다 속도가 빨라질거예요!
   - 드디어 진짜 문제풀이 시작! 파이팅!

2. 사례형

1) 처음에는 하루에 5문제 정도만 정답과 해설을 보면서 풀어봅니다.
2) 다음날 1~5번 문제를 다시 풀어보고, 새로운 문제를 3~5문제 추가하여 풀어봅니다.
   정답과 해설이 기억이 나서 풀 수 있는 문제도 있고, 그렇지 않은 문제도 있습니다.
3) 전날 풀지 못했던 문제를 포함해서 전체적으로 문제를 풀어보고, 잘 풀리는 문제가 있다면 또 새로운 문제를 추가하여 학습합니다. 이렇게 누적하여 학습하다 보면 문제 유형 및 패턴을 익힐 수 있고 문제를 푸는 속도가 빨라집니다.

좀 더 자세한 내용 및 수험정보 등은 당사 홈페이지(www.epasskorea.com) 참조

시험정보 — CERTIFIED FINANCIAL PLANNER

1 CFP® 자격인증 안내

CFP 자격인증은 재무설계 업무에 관한 전문 서비스를 제공할 수 있는 자격증으로서 개인종합재무설계 업무에 대한 국제 전문자격에 해당합니다.

2 CFP® 자격인증 절차

01 한국FPSB 지정교육기관에서 CFP 교육과정 수료 ➡ **02** CFP 자격인증 시험 합격 ➡ **03** CFP 자격인증 신청 — 합격유효기간 5년 이내 실무경험 최소 3년 이상, 합격월로부터 1년 경과 후 인증 신청 시 누적 계속교육학점 충족 필요함.

3 CFP® 교육과정

CFP 인증시험에 응시하기 위해서는 한국FPSB의 지정교육기관에서 CFP교육과정을 수료하여야 합니다. 교육과정은 집합, 원격교육(인터넷)의 형태로 제공됩니다. 집합교육은 최소 200시간, 원격교육은 인터넷강의 220시간 이상을 모두 이수하여야 하며, 한국FPSB 일정에 따라 응시원서접수 시작 전 날까지 수료하여야 시험 응시가 가능합니다.

4 CFP® 교육면제 자격

대상자격증	교육면제과목
공인회계사 등록자	전체
Chartered Financial Analyst(CFA) 자격자	전체
변호사 등록자	전체
세무사 자격자㈜	전체
경영학 박사	전체
경제학 박사	전체
재무설계학 박사	전체

㈜ 2011년 11월 CFP, 자격시험부터 ① 세무사 등록자 또는 ② 세무사자격증 + 6개월 해당 업무 실무충족자로 변경 적용됩니다.

※ 전문자격이나 학위는 해당 기관의 확인서를 제출하는 경우에는 AFPK 인증유무와 관계없이 CFP 교육과정을 이수하지 않고, CFP 인증시험에 응시할 수 있으며 해당 자격이 있는 경우 자격증(합격증), 학위증을 한국FPSB에 제출하여야 합니다. 이는 교육 수료만 면제될 뿐 CFP시험 전 과목에 응시하여야 합니다.

INFORMATION 시험정보

5 CFP® 자격시험 구성

구성	시간	시험과목	문항수
제1일차 (토요일) **지식형**	1교시 오후 3:00 ~ 오후 5:00	재무설계 원론	15
		재무설계 직업윤리㈜	5
		위험관리와 보험설계	25
		은퇴설계	25
		부동산설계	20
	2교시 오후 5:30 ~ 오후 7:20	투자설계	28
		세금설계	27
		상속설계	25
	소계		170
제2일차 (일요일) **사례형**	3교시 오전 10:00 ~ 오후 12:00	단일 사례	30
		복합 사례	10
	4교시 오후 12:30 ~ 오후 3:00	복합 사례	20
		종합 사례	20
총계			250

㈜ 별도의 시험과목으로 분류하지 아니하고 재무설계원론에 포함합니다.
※ 시험문제는 객관식 5지선다형입니다.

3 CFP® 합격기준 및 유효기간

[전체시험에 응시한 경우]

▶ **전체합격기준** : 전체평균이 70% 이상이며, 아래의 과락기준을 통과한 경우
  * 과락 : 지식형 중 한 과목이라도 40% 미만이 나온 경우이거나, 사례형에서 40% 미만인 경우
    – 유효기간 : 합격월로부터 5년 이내 CFP 인증을 신청하지 않을 경우 합격사실이 취소되며, CFP인증을 원할 경우 CFP시험에 재응시하여야 합니다. (단, 한국FPSB에서 인정하는 기타사유가 있을 경우 합격유효기간 최대 3년 연장 가능)

▶ **부분합격기준** : 전체평균이 70% 이하이나, 한 유형에서 아래의 합격기준을 통과한 경우
  * 지식형 합격 : 지식형 평균이 70% 이상이며, 각 과목별로 40% 이상인 경우
  * 사례형 합격 : 사례형 평균이 70%이상일 경우

[부분(지식형 or 사례형) 응시한 경우]
- 지식형 응시 합격기준 : 지식형의 전체평균 70% 이상이며, 각 과목별로 40% 이상인 경우
- 사례형 응시 합격기준 : 사례형의 전체평균이 70% 이상인 경우
  - 유효기간 : 부분합격 후 1년 이내(연이은 2회 시험)에 다른 유형 시험에 합격하지 못할 경우, 해당 유형의 부분합격 사실이 취소됩니다. (부분합격자의 경우 합격사실만 이월되며, 점수는 이월되지 않음)

4 2025 CFP® 시험일

회차	시행일	원서접수	합격자발표
1차(47회)	25.05.17(토) ~ 18(일)	04.21(월) ~ 05.07(수)	06.05(목)
2차(48회)	25.10.25(토) ~ 26(일)	09.29(월) ~ 10.13(월)	11.14(금)

※ 본 교재는 25년 2차(10월) ~ 26년 1차(5월) 시험까지 적용됩니다.

- 응시료 : 전체 - 242,000원(VAT 포함) / 부분(지식형 or 사례형) - 121,000원(VAT 포함)
- 시험 응시 지참물 : 수험표, 신분증, 지정 계산기, 컴퓨터용 사인펜, 수정테이프
- 시험 장소 : 서울(매 회차별 공지사항 확인 필요)

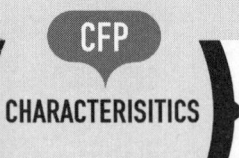

이패스코리아 CFP® 과정의 특징

1. 이패스코리아 CFP 과정 구성

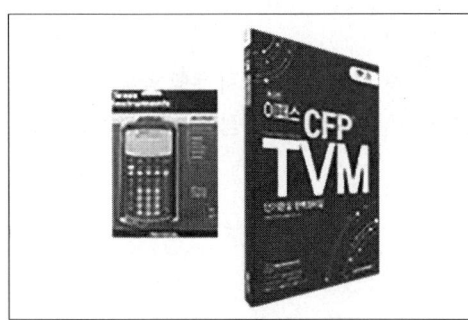

TVM
- 저자가 직접 개발한 교안&교재로 강의
- 와이드(21:9) 강의로 눈이 편한 학습
- 재무계산기 기초부터 K율까지 한 번에 정리!

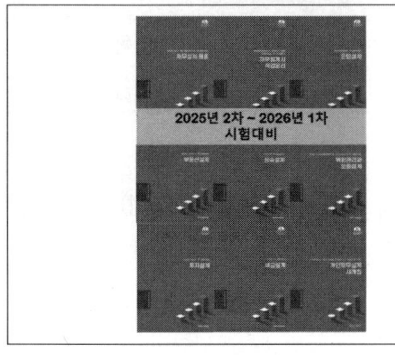

정규이론 과정
- 2025년 연례개정 기본서로 진행되는 강의
- 지식형 강의로 이론기초부터 탄탄하게!(수료必)
- 사례형 강의로 [개인재무설계사례집] 완벽 분석, 이론 및 계산 문제 등 심화학습!

지식형 문제풀이 과정
- 2025년 연례개정 및 주요내용을 반영한 **이패스코리아 지식형 문제집**으로 강의
- 실전 대비 **문제유형 익히기 + 주요개념 반복학습**

사례형 문제풀이 과정
- 2025년 연례개정을 반영한 **이패스코리아 사례형 문제집**으로 강의
- 복합·종합 시나리오 분석 능력을 길러주는 핵심강의
- 실전 대비 **문제유형 익히기 + 풀이과정 반복학습**

2 이패스코리아 CFP 교재 구성

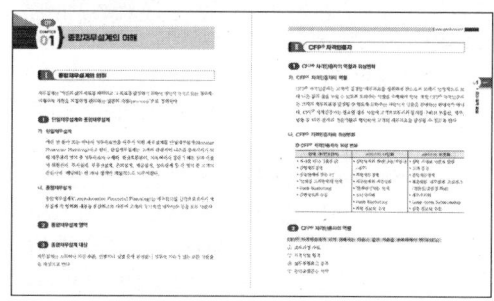

지식형 핵심요약집

학습중요도에 따른 2가지 음영처리로 학습의 길잡이 제공
- 진한 음영 : 핵심키워드 위주
- 회색 음영 : 중요한 문장 위주

*핵심요약집(비매품)은 이패스코리아 수강생에게만 제공됩니다.

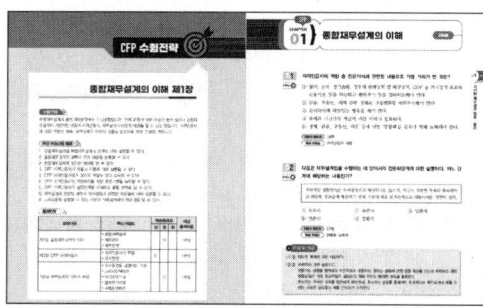

지식형 핵심문제집

- 각 과목별 수험전략 제시
- 각 과목의 3배수 핵심문제
- 실전 대비를 위한 지식형 모의고사 1회 수록
- 모든 문제에 핵심키워드, 기본서 페이지 수록

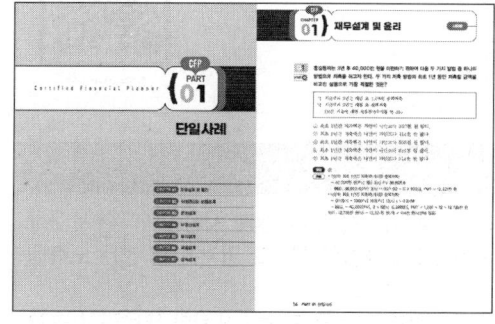

사례형 핵심문제집

- 단일사례, 복합사례, 종합사례 구성
- 실전 대비를 위한 사례형 모의고사 1회 수록
- 2025 연례개정 기본서 반영한 시나리오 신규 개발

이패스코리아 CFP® 과정의 특징

 이패스코리아 CFP 수강후기

제46회 CFP 직장인 상위 10위 합격자

저는 이번 시험에서 일반부문 10위와 평소 관심이 많던 투자설계에서 100점을 받아 최종합격했습니다. 물론, 전국 수석, 차석을 할 정도의 점수는 아니지만, 첫 시험에서 당당히 최종합격하였고, 무엇보다 CFP 시험에 대한 부담으로부터 해방되었다는 성취감을 느꼈습니다.

평소 자산관리와 재테크, 노후준비에 관심이 많았고, 공적연금 관련 공공기관에서 재직 중인 직장인으로 직무(종합재무설계 상담, 연금소득 등)에 도움이 될 수 있다고 판단하여 수험생 입장에서 이해하기 쉽게 노력하시는 훌륭한 강사진분들과 더불어, 타 금융교육기관 대비 저렴한 교육비의 이패스코리아에서 도전하게 되었습니다. 주로 평일 저녁시간과 주말을 최대한 활용하여 대략 4개월 간 꾸준히 공부에 매진했습니다.(평일 인강 2강씩, 주말 및 공휴일 인강 5~6강씩)

시험공부에 대한 공통적인 노하우는 AFPK는 요약집만 보고도 합격가능성이 있을 수 있지만, CFP는 기본서 공부에 충실해야 한다는 점입니다. 저는 교수님의 강의가 1강씩 끝날 때마다 복습 겸 강의의 해당페이지를 정독하였습니다. 또한, 지식형 전체 강의가 끝나면, 7과목 모두 한 번씩 정독하여 놓쳤거나 이해 안 된 부분에 대해 그 부분만 다시 인강을 들었습니다. 이렇게 지식형은 기본서를 총 2회독 하였고, 사례형은 총 1회독 하였습니다.

이번 CFP시험을 보고 느낀점은, 개인재무설계 사례집에서 나오는 단일사례 내용이 지식형에서 계산문제 혹은 지식적인 내용이 왕왕 나왔다는 점입니다. 사례집의 문제가 지식형에서 그대로 나온 문제도 보았습니다. 따라서, 지식형과 사례형을 굳이 구분하여 공부하는 것을 추천드리지 않습니다. 마지막으로 시험 합격에 필요한 자세는 '중요한 건 꺾이지 않는 마음(중꺾마)'에 있다고 생각합니다. 강의를 처음 접할 때, 내용이 생소하여 이해가 안 될 수 있지만, 여러 번 반복 학습하면 합격에 도달할 것입니다. 감사합니다!

합격자 인터뷰 보기▶

제45회 CFP 대학생 상위 9위 합격자

저는 두 번째 시험에서 합격했습니다. 처음엔 기본서, 사례집 1회독만 했고, 두 번째 시험에서 기본서 2회독, 단일/복합사례만 1회독을 추가로 하였습니다. 두 번의 시험으로 이해를 선행하고 암기에 꽤 많은 노력을 해야 안정적 합격이 가능함을 깨달았습니다.

재무설계, 은퇴설계는 TVM과 계산문제를 많이 풀어보시고, 보험과 상속은 굉장히 세세한 내용까지 출제되므로 암기가 반드시 필요합니다. 투자, 부동산은 교수님들이 전략 과목이라고 하시는데 진짜 맞습니다. 저 역시 이 두 과목에서 높은 점수를 받았고 합격에 결정적 역할을 했습니다. 사례형은 복합사례의 지식형 문제가 상당히 세세하고 지엽적이었습니다. 생각보다 지식형 문제가 많이 나오기 때문에 시간이 부족할까 너무 조급하게 풀지 않으셔도 됩니다.

강의 내용 외에 교수님들이 이해를 돕기 위해 실례를 들어주시는 데 개인적으로 재밌었고 즐거운 강의였습니다. 강의 초반엔 이해가 안 되고 어렵겠지만 끈기를 가지고 여러 번 듣다보면 반드시 이해할 수 있게 됩니다. 파이팅!

학습플랜

CERTIFIED FINANCIAL PLANNER

➡ 6개월 학습플랜

	1월				2월				3월			D-100	4월				D-60 5월				D-30 6월			
	1주	2주	3주	4주	1주	2주	3주	4주	1주	2주	3주	4주	1주	2주	3주	4주	1주	2주	3주	4주	1주	2주	3주	4주

(상단 행) TVM →6 / 투자설계 → / 세금설계 → / → Part Ⅲ. 회독 & 단일사례 / → 회독

재무설계원론 → / 부동산설계 → / 상속설계 → / → Part Ⅲ. 회독 & 단일사례 / → 문제풀이

은퇴설계 → / → 모의고사

위험관리와 보험설계 → / → 나만의 오답노트 (sub note) 완성

← Part Ⅰ. 정규수업 완료 → / ← Part Ⅲ. 정규수업 완료 → (특징 : 지식형 = 사례형 공부)

← Part Ⅱ. 정규수업 완료 →

← Ⅰ회독 & 단일사례 → / ← Ⅱ 회독 & 단일사례 → / ← 복합·종합사례 시나리오 분석 →

- Part Ⅰ. TVM(2주) → 재무설계원론(3주) → 은퇴설계(4주) → 보험설계(4주) : TVM원리가 적용되는 과목으로 처음부터 마지막까지 놓지 않고 해야 합니다!
- Part Ⅱ. 투자설계(4주) → 부동산설계(4주) : 경제에 대한 이해, 투자이론, 공식 암기 등이 필요합니다!
- Part Ⅲ. 세금설계(4주) → 상속설계(4주) : 지식형과 사례형의 구분 없이 공부해야 합니다!

※ 위의 학습플랜은 예시이며, 개인의 배경지식, 과목 학습내용에 대한 이해 및 선호도, 학습가능 시간 등을 고려하여 각 과목의 정규이론 학습시간을 조율하여 최소 4개월~6개월의 학습을 계획할 수 있습니다. 단, 정규이론은 한 번에 2개 이상의 과목을 진행하는 것은 권하지 않으며, 이론과 사례형을 연계하여 학습하시길 바랍니다. 시험일을 기준으로 60일~30일 전에는 '정규이론 회독+문제풀이'를 병행하는 것이 좋고, 모의고사 풀이 및 본인만의 오답노트를 완성하거나 자가진단 체크리스트 등을 작성하여 시험대비 마무리 학습을 진행하시면 좋습니다.

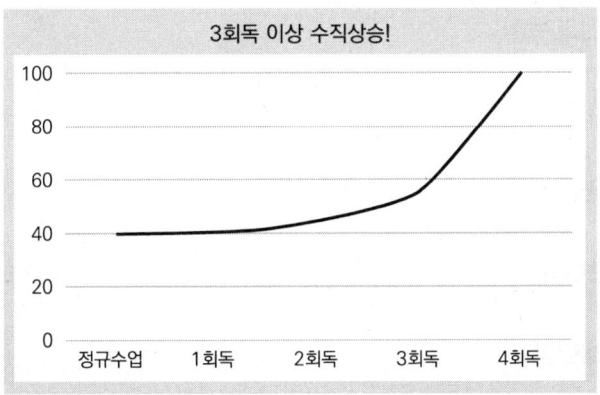

3회독 이상 수직상승!

* 안정적인 합격을 위해 정규이론(기본서 또는 요약집) 3회독 이상 학습을 권장합니다! 모두 열심히 준비하신 만큼 합격의 영광을 누리시길 기원하겠습니다!

PART 01 지식형 재무설계원론·윤리

CHAPTER 01	종합재무설계의 이해	23
CHAPTER 02	자격인증자의 기본업무	29
CHAPTER 03	화폐의 시간가치	39
CHAPTER 04	종합재무설계 프로세스	45
CHAPTER 05	부채관리	53
CHAPTER 06	재무설계상담과 행동재무학	59
CHAPTER 07	재무설계 실무사례	63
CHAPTER 08	재무설계사의 직업윤리	67
CHAPTER 09	CFP® 자격표장 사용기준	75

PART 02 지식형 보험설계

CHAPTER 01	위험과 보험	83
CHAPTER 02	보험산업	93
CHAPTER 03	생명보험	101
CHAPTER 04	제3보험	113
CHAPTER 05	손해보험	121
CHAPTER 06	보험설계	135

PART 03   지식형 은퇴설계

- **CHAPTER 01**   은퇴설계의 개요   143
- **CHAPTER 02**   은퇴소득   147
- **CHAPTER 03**   공적연금   149
- **CHAPTER 04**   퇴직연금   171
- **CHAPTER 05**   개인연금   195
- **CHAPTER 06**   은퇴자산 축적을 위한 투자관리   205
- **CHAPTER 07**   은퇴소득 인출전략과 지출관리   207
- **CHAPTER 08**   비재무적 은퇴설계   213

PART 04   지식형 부동산설계

- **CHAPTER 01**   부동산시장분석   221
- **CHAPTER 02**   부동산설계 관련 법   231
- **CHAPTER 03**   부동산투자분석   245
- **CHAPTER 04**   부동산투자   259
- **CHAPTER 05**   부동산금융   271
- **CHAPTER 06**   부동산설계 사례   275

차례

PART 05 지식형 투자설계

- CHAPTER 01 거시경제와 금융시장 — 283
- CHAPTER 02 현대 포트폴리오 이론 — 293
- CHAPTER 03 투자성 금융상품 위험등급과 고객의 투자성향 — 305
- CHAPTER 04 주식 및 채권투자 — 309
- CHAPTER 05 투자전략 — 325
- CHAPTER 06 자산배분전략 — 335
- CHAPTER 07 투자설계 프로세스 — 339
- CHAPTER 08 대체자산 및 구조화상품 — 343

PART 06 지식형 세금설계

- CHAPTER 01 세금설계 총론 — 351
- CHAPTER 02 소득세 — 357
- CHAPTER 03 법인세 — 371
- CHAPTER 04 부가가치세 — 375
- CHAPTER 05 금융자산과 세금 — 383
- CHAPTER 06 부동산자산과 세금 — 391
- CHAPTER 07 은퇴소득과 세금 — 407

PART 07　지식형 상속설계

CHAPTER 01	상속설계 개관	413
CHAPTER 02	상속개시 전 상속설계	415
CHAPTER 03	상속개시 후 상속설계	423
CHAPTER 04	상속집행과 분쟁해결	435
CHAPTER 05	상속세 및 증여세의 이해	441
CHAPTER 06	가업승계 설계	467
CHAPTER 07	상속증여세 대응전략	475

PART 08　지식형 모의고사

1교시	지식형 모의고사	482
2교시	지식형 모의고사	520
	지식형 모의고사 정답 및 해설	551

CFP PART 01

CERTIFIED FINANCIAL PLANNER

지식형 재무설계원론 · 윤리

- CHAPTER 1 종합재무설계의 이해
- CHAPTER 02 CFP® 자격인증자의 기본업무
- CHAPTER 03 화폐의 시간가치
- CHAPTER 04 종합재무설계 프로세스
- CHAPTER 05 부채관리
- CHAPTER 06 재무설계상담과 행동재무학
- CHAPTER 07 재무설계 실무사례
- CHAPTER 08 직업윤리 핵심문제(1)
- CHAPTER 09 직업윤리 핵심문제(2)

CFP 수험전략

제1장 종합재무설계의 이해

수험전략

종합재무설계의 출제 예상문항수는 1~2문항입니다. 전체 문항에 대한 비중은 높지 않으나 종합재무설계의 기본적인 내용과 CFP® 자격인증자, 재무설계의 이론적 배경을 알 수 있는 장입니다. CFP® 자격인증자에 대한 역할과 보수, 재무설계의 이론의 내용을 중심으로 학습 진행을 권합니다.

주요 학습내용 점검

1. 단일재무설계와 복합재무설계의 관계에 대해 설명할 수 있다.
2. 종합재무설계의 영역과 주요 내용을 설명할 수 있다.
3. 종합재무설계와 필요한 대상을 알 수 있다.
4. CFP® 자격인증자의 역할과 사명에 대해 설명할 수 있다.
5. CFP® 자격인증자에게 필요한 역량을 알고 습득할 수 있다.
6. CFP® 자격인증자의 역량획득을 위한 훈련사항을 습득할 수 있다.
7. CFP® 자격인증자의 성장단계를 이해하고 활동 영역을 알 수 있다.
8. 재무설계와 관련된 개인의 의사결정과 관련된 이론들에 대해 설명할 수 있다.
9. 소비지출을 설명할 수 있는 이론과 재무설계와의 연관성을 알 수 있다.

출제빈도

교육내용	핵심키워드	학습중요도 상	학습중요도 중	학습중요도 하	예상 출제비중
제1절 종합재무설계의 의미	• 종합재무설계 • 재무관리 • 재무전략			O	1문항
제2절 CFP® 자격인증자	• CFP® 자격인증자의 역할 • 보수형태	O			1문항
제3절 재무설계의 이론적 배경	• 의사결정을 설명하는 이론 • 소비자선택이론 • 상대소득가설 • 생애주기가설 • 규제초점이론		O		1문항

CHAPTER 01 종합재무설계의 이해

01 CFP® 자격인증자의 훈련에 대한 내용 중 전문지식과 관련된 내용을 모두 고르시오.

> 가. 물가, 금리, 경기순환, 정부의 통화정책 및 재정정책, GDP 등 거시경제 요소와 금융이론 등을 학습하고 변화추이 등을 업데이트해야 한다.
> 나. 금융, 부동산, 세제 관련 정책과 규정변화를 예의주시해야 한다.
> 다. 윤리의식과 책임 있는 행동을 해야 한다.
> 라. 화폐의 시간가치 개념에 대한 이해가 필요하다.
> 마. 경제, 금융, 부동산, 세무 등에 대한 '통찰력'을 갖추기 위해 노력해야 한다.

① 가, 나, 다
② 나, 다, 라, 마
③ 가, 나, 라, 마
④ 다, 라, 마
⑤ 가, 나, 다, 라, 마

기본서 페이지 18쪽
핵심 키워드 CFP® 자격인증자의 훈련

정답 및 해설

01 ③ 다.는 태도의 확립, 나머지는 전문지식 습득

[자격인증자의 훈련]
가. 전문지식 습득 : 거시경제에 대한 이해, 세제를 포함한 금융, 부동산 정책이나 규정에 대한 이해, 화폐의 시간가치 개념에 대한 이해, 경제/금융/부동산 세제에 대한 통찰력 제고
나. 태도의 확립 : 윤리의식과 책임있는 행동, 고객의 이익을 최우선, 전문가로서의 주도적 행동, 고객과의 역할 분담
다. 전문 기술 배양 : 경청, 몰입, 공감, 신뢰 형성라. 습관 형성 : 상시 학습, 정기 미팅, 신뢰 유지

02

CFP자격인증자의 역량에 대한 내용 중 전문기술에 해당하는 것을 모두 고르시오.

가. 전문가적 책임 나. 업무수행
다. 계속교육을 통한 지식 습득 라. 커뮤니케이션
마. 인지

① 가, 나, 다 ② 나, 다, 라, 마
③ 가, 나, 라, 마 ④ 다, 라, 마
⑤ 가, 나, 다, 라, 마

기본서 페이지 17쪽
핵심 키워드 CFP® 자격인증자의 역량

03

다음은 재무설계업을 수행하는 데 있어서의 전문화단계에 대한 설명이다. 어느 단계에 해당하는 내용인가?

> 직관적인 상황인식은 의사결정으로 확장되지는 않으며, 자신이 식별한 목표와 중요하다고 판단한 정보들에 대응하기 위해 이전에 배운 분석규칙으로 되돌아가는 경향이 있다.

① 초보자 ② 숙련자
③ 입문자 ④ 전문가
⑤ 경험자

기본서 페이지 27쪽
핵심 키워드 전문화 숙련자

정답 및 해설

02 ③ 다. 계속교육을 통한 지식 습득은 전문능력, 전문지식, 전문 기술 중 전문지식에 대한 내용이다.

03 ② 숙련자에 대한 설명이다.
전문가는 상황을 평가하고 직관적으로 대응하며, 원하는 결과의 관련 상황 특성을 한눈에 파악하고 어떤 행동방침이 가장 효과적일지 결정하기 위해 자신의 방대한 경험을 활용한다.
초보자는 주어진 규칙을 일관되게 따르면서, 초보자는 경험을 통해서만 효과적으로 확인되거나 배울 수 있는 새로운 정보들의 예를 인식하기 시작한다.

04 재무설계에 대한 보수의 형태 중 Fee보수 형태의 내용으로 적절한 것을 모두 고르시오.

> 가. 재무설계사의 객관성 유지와 독립성에 대한 문제 발생 가능
> 나. 소속된 회사에서 지급하는 급여를 받음
> 다. 재무설계안 작성이나 실행에 대한 개별적인 보수는 없음
> 라. 고객의 니즈에 부합하는 금융상품을 판매하는 조건으로 서비스를 제공
> 마. 고객은 재무설계 서비스에 대한 수수료 이외에 상품구매를 위한 수수료가 추가 지불될 수 있음

① 가, 나, 다
② 나, 마
③ 가, 나, 라, 마
④ 다
⑤ 마

기본서 페이지 29쪽
핵심 키워드 보수

정답 및 해설

04 ⑤ ● 재무설계에 대한 보수형태

보수형태	특징	내용
Fee	• 시간당 수수료 • 자산 규모의 일정 비율 • 서비스의 건수에 따른 일정 금액의 수수료	• 정해진 서비스에 대한 수수료 이외의 수수료(상품판매수수료, 리베이트, 보너스 등)를 받지 않음 • 고객을 위해 추천하는 상품에 대해 고객과의 이해상충 발생하지 않음 • 상품 추천으로 인한 다른 보상은 없음 • 고객은 재무설계 서비스에 대한 수수료 이외에 상품구매를 위한 수수료가 추가 지불될 수 있음(마)
Commission	• 금융상품 판매에 대한 일정 비율	• 고객의 니즈에 부합하는 보험이나 투자 관련 금융상품을 판매하는 조건으로 서비스 제공(라) • 고객 : 상품 가입에 대한 수수료 지불 • 재무설계사 : 해당 상품 판매회사로부터 판매수수료를 받음 • 재무설계사의 객관성 유지와 독립성에 문제 발생 가능(가)
Salary	• 소속 회사로부터 급여(나)	• 재무설계안 작성이나 실행에 대한 개별적인 보수는 없음(다) • 소속된 회사에서 지급하는 급여를 받음

05

재무설계사의 보수형태에 따른 특성을 비교한 것이다. 올바르게 연결된 것은?

가. Commission-Only
나. Fee & Commission
다. Fee-Only

A. 객관성 확보
B. 정보의 비대칭성 극복
C. 이해상충의 여지가 남아 있음
D. 전문성을 기대하기 어려움
E. 고객은 비용면에서 유리하나 컨설팅품질 기대할 수 없음
F. 정보의 비대칭 축소

① 가 - B
② 나 - F
③ 다 - C
④ 가 - A
⑤ 나 - D

기본서 페이지 30쪽
핵심 키워드 보수

정답 및 해설

05 ② ● 보수형태에 따른 특성비교

구분	Commission-Only	Fee & Commission	Fee-Only
정보의 객관성	• 기대하기 어려움 • 고객과 이해상충	• 객관성 확보 • 정보의 비대칭성 축소 • 이해상충의 여지 남아있음	• 객관성 확보 • 정보의 비대칭성 극복
전문성	• 기대하기 어려움	• 전문성이 Fee의 부가가치를 높이는 경쟁력 • 전문자격증, 지식정보 업그레이드 등으로 서비스 품질이 지속적으로 강화	
컨설팅	• 상품가입의 논거중심	• 고객중심 Needs Based Consulting 솔루션 개발	
사후관리 (모니터링)	• 상품 세일즈 실현시만	• 상품가입과 무관하게 정기적으로 관리 • 성실한 모니터링 정밀한 자산관리가 재계약 여부 및 Fee 책정의 근거가 됨	
고객 측면에서의 장단점	• 비용면에서 유리하나 컨설팅품질 기대할 수 없음	• 재무설계 시 고객지향성 및 고객의 FP에 대한 신뢰가 전제되면 자산관리의 정밀성, 지불 수수료의 적정성으로 고객에게 가장 유리	• 완전한 객관성을 기대 • 고객의 지불비용 증가 • 모니터링 등 자산관리 시 정밀성 떨어지고 절차의 번거로움 감수

06 다음 중 연결이 바른 것은?

난이도 하

가. 소비자들이 시간과 돈 같은 제한된 자원을 고려할 때 어떻게 구매할지와 얼마나 소비할지에 대한 결정을 내리는 방식을 설명하고자 하는 경제 이론이다.
나. 소비자들은 한정된 예산에 대해 가장 만족감을 주는 상품과 서비스의 조합을 선택한다.
다. 보험을 구입할 때 개인은 자동차 사고의 가능한 결과와 각 결과의 관련 확률, 보험금지급에서 받을 효용성을 고려할 수 있다.
라. 경제학에서 개인이 여러 가지 가능한 결과를 가지고 불확실한 상황에 직면했을 때 내리는 선택을 고려하는 의사결정 이론이다.

A. 소비자 선택이론
B. 기대효용이론

① A – 가, 나, 다
② B – 가, 나
③ A – 가, 다
④ B – 다, 라
⑤ A – 가, 라

기본서 페이지 32쪽
핵심 키워드 소비이론

+ 정답 및 해설

06 ④ 가, 나는 소비자선택이론 / 다, 라는 기대효용이론이다.

CFP 수험전략

제2장 CFP® 자격인증자의 기본업무

수험전략

CFP® 자격인증자의 기본업무에 대한 출제 예상문항수는 1~2문항입니다. 현금흐름관리와 외부경제환경을 이해하고 재무설계에 미치는 영향을 설명하는 내용입니다. 재무관리와 재무전략을 잘 구분하고 외부경제환경에 대한 내용을 잘 살펴보고 잘 정리해두면 비교적 쉽게 학습할 수 있는 장입니다.

주요 학습내용 점검

1. 재무관리와 재무전략의 의미를 설명할 수 있다.
2. 재무목표 구체화의 필요성과 방법을 설명할 수 있다.
3. 현금흐름 관리의 필요성과 일반지침, 절차를 설명할 수 있다.
4. 저축 여력의 장단기 배분의 필요성과 방법을 설명할 수있다.
5. 통합적 자산운용 제안의 의미와 필요성을 설명할 수 있다.
6. 외부 경제환경을 이해하고 필요성을 설명할 수 있다.

출제빈도

교육내용	핵심키워드	학습중요도 상	학습중요도 중	학습중요도 하	예상 출제비중
제1절 CFP® 자격인증자의 종합재무 설계 준비	• 재무관리 • 재무전략			○	1문항
제2절 재무관리	• 재무목표 구체화 • 현금흐름 관리 • 저축 여력의 장단기 배분 • 통합적 자산 운용 접근		○		1문항
제3절 재무전략	• 재무전략 수립 • 유의사항 • 일반지침		○		1문항
제4절 외부 경제환경의 이해	• 물가 • 금리 • 통화정책 • 재정정책		○		1문항

CHAPTER 02 CFP® 자격인증자의 기본업무

지식형

01
난이도 중

다음 중 재무관리를 구성하는 4가지 영역에 해당하는 내용을 모두 고르시오.

> 가. 재무전략의 수립
> 나. 재무목표 구체화
> 다. 현금흐름 관리
> 라. 저축여력 장단기 배분
> 마. 통합적 자산운용 접근의 제안

① 나, 다, 라, 마
② 나, 라, 마
③ 가, 나, 마
④ 가, 다, 라, 마
⑤ 가, 나, 다, 라

기본서 페이지 47쪽
핵심 키워드 재무관리

정답 및 해설

01 ① 4가지 영역을 요약하면 재무목표 구체화, 현금흐름관리, 저축여력 장단기 배분, 통합적 자산운용 접근의 제안이다.

02 다음 생애주기에 따른 주요 재무목표 중 가정 형성기에 해당하는 내용으로 가장 거리가 먼 것은?

난이도 중

① 육아비용 마련
② 자동차 구입
③ 주택구입자금 마련
④ 대출상환
⑤ 자녀독립자금 마련

기본서 페이지 49쪽
핵심 키워드 생애주기

◆ 정답 및 해설

02 ⑤ ○ 생애주기에 따른 주요 재무이슈의 재무목표

생애주기	주요 재무이슈	주요 재무목표
사회 초년기	졸업, 취업, 결혼, 능력개발	• 본인결혼자금 마련 • 주거자금 마련 • 학자금대출상환 등
가정 형성기	결혼생활, 자녀출산, 육아, 교육	• 육아비용 마련 • 자동차 구입 • 주택구입자금 마련 • 자녀교육자금 마련 • 대출상환 등
자녀 성장기	자녀교육, 재산 형성	• 자녀교육자금 마련 • 주택 구입 확장 • 자녀독립자금 마련 • 대출상환 등
생애 전환기	자녀 독립, 은퇴준비	• 노후 생활비 기반 마련 • 노후 의료비 기반 마련 • 생산적 소일거리 준비 • 자산배분 사전증여
노후 생활기	제2인생기, 사회적/신체적 은퇴	• 생활비 기반 • 의료비 기반 • 생산적 소일거리 • 자산배분 사전증여
(고객 상황별)	사업소득자 가구, 1인가구, 이혼가구, 장애가족 부양	• 고객 상황별 재무관리 • 고객 상황별 재무전략

03 현금흐름관리를 위한 일반지침으로 가장 적절하지 않은 것은?

난이도 하

① 현금흐름 관리의 기간을 고려한다.
② 조정 가능한 지출을 파악해야 한다.
③ 가급적 유연성을 제한하여야 한다.
④ 양식과 항목에 일관성이 있어야 한다.
⑤ 경직성을 가지고 있어야 한다.

기본서 페이지 53쪽
핵심 키워드 현금흐름관리

04 저축여력의 장단기 배분에 대한 설명으로 적절한 내용을 모두 고르시오.

난이도 하

가. 안정자산이란 10년 이상의 장기 플랜을 말한다.
나. 연금자산의 경우 적은 투입액으로 목표자금을 마련해야 하므로 '시간에의 투자'를 해야 한다.
다. 투자자산이란 1년에서 10년 사이의 중기 재무목표 달성을 위한 플랜을 말한다.
라. 운용자산이란 단기적으로 가계에 필요한 일시자금이나 유동자금으로 비상예비자금을 제외한 단기목적자금을 의미한다.
마. 운용자산을 관리하지 못하면 집중적인 저축적립을 방해하는 요인이 된다.

① 가, 나, 다, 라, 마
② 나, 라, 마
③ 가, 나, 마
④ 가, 나, 다, 마
⑤ 가, 나, 다, 라

기본서 페이지 56쪽
핵심 키워드 장단기 배분

정답 및 해설

03 ⑤ 유연성을 가지고 있어야 한다. 이외의 내용으로 단순하고 알기 쉽게 수립하여야 한다.

04 ④ ● 저축 여력의 장단기 배분(Cash Flow Allocation)

구분	관련영역		투자기간
안정자산	위험관리, 은퇴설계	세금설계	10년 이상
투자자산	투자설계, 부동산설계, 부채관리		1년 이상~10년 미만
운용자산	재무관리(비상예비자금, 단기목적자금)		1년 미만

05 비상예비자금 운용에 대한 설명으로 가장 적절하지 않은 것은?

① 월 평균 저축여력 파악이 용이해진다.
② 가계의 안전판 역할을 한다.
③ 경조사비, 여행자금, 병원비 등을 가계비상예비자금으로 지불하도록 유도한다.
④ 고객의 저축여력을 추산하는 데 도움을 준다.
⑤ 현금성자산으로 보관되어야 하므로 입출금예금, MMF계좌, 만기 6개월 이하의 CD 등을 활용한다.

기본서 페이지 59쪽
핵심 키워드 비상예비자금

06 다음에 설명하는 내용으로 가장 적절하지 않은 것은?

① 인플레이션(Inflation)은 경제 활동에서 발생하는 물가 상승률이 일정 수준 이상인 현상을 말한다.
② 경제학에서 보면 물가가 점차적으로 서서히 올라가는 것은 경제에 부정적인 신호가 된다.
③ 국제원자재시장의 가격 상승은 대표적인 비용견인 인플레이션의 원인이다.
④ 인플레이션이 모든 물가가 상승하고 있다는 것을 의미하지는 않는다.
⑤ 국제원자재시장의 교란은 대표적인 비용견인 인플레이션의 원인이다.

기본서 페이지 69쪽
핵심 키워드 인플레이션

＋ 정답 및 해설

05 ⑤ 보통예금, MMF계좌, CMA 계좌, 만기 90일 이하의 CD 등 현금성자산에 보관
06 ② 경제학에서는 물가가 점차적으로 서서히 올라가는 것은 경제가 상승세를 탄다는 긍정적인 신호가 된다.

07 인플레이션이 고객에게 미치는 영향으로 적절한 것을 모두 고르시오.

> 가. 실질임금이 하락한다.
> 나. 소득격차가 심해진다.
> 다. 실물자산 투자가 유리하다.
> 라. 금융부채를 가지고 있는 사람이 불리해진다.
> 마. 저축성향이 감소한다.

① 가, 나, 다, 라, 마
② 가, 다, 마
③ 나, 다, 라, 마
④ 가, 나, 다, 마
⑤ 다, 라, 마

기본서 페이지) 72쪽
핵심 키워드) 인플레이션

08 스태그플레이션에 대하여 설명하는 내용으로 가장 적절하지 않은 것은?

① 에너지 가격 상승은 스태그플레이션을 발생시킬 수 있다.
② 스태그플레이션은 인플레이션이 경기 침체와 결합하여 발생하는 비정상적인 경제 현상이다.
③ 생산성의 하락은 스태그플레이션을 발생시킬 수 있다.
④ 스태그플레이션은 정부개입에 의한 통화량의 축소만으로 관리가 가능한 현상이다.
⑤ 경제 성장이 저하되고, 소비가 감소하며, 투자가 감소한다.

기본서 페이지) 71쪽
핵심 키워드) 스태그플레이션

+ 정답 및 해설

07 ④ 라. 화폐가치의 하락은 부채의 가치도 떨어뜨리므로 부채를 가지고 있는 사람들은 유리해진다.

08 ④ 스태그플레이션을 사람 몸에 비유한다면 일종의 난치병이라 할 수 있다. 경기상승으로 물가가 오를 때는 금리인상이나 정부 재정지출 축소로 문제를 해결하고, 반대로 경기침체 시에는 금리인하나 정부의 재정지출 확대로 문제를 해결하게 된다. 그러나 스태그플레이션 상황이 되면 이를 쉽게 해결할 마땅한 수단이 없다. 경기침체를 극복하기 위해 재정지출을 늘리거나 금리를 내리면 물가는 더욱 상승하기 때문이다.

09 디플레이션이 고객에게 미치는 영향으로 적절한 것을 모두 고르시오.

> 가. 실물자산 가격의 하락
> 나. 채권에의 투자가 불리
> 다. 채무자의 부채부담 증가
> 라. 소비자 입장에서 더 많은 상품, 서비스 구입
> 마. 생산자에게 반드시 불리한 것은 아니다.

① 가, 나, 다, 라, 마
② 가, 다, 라, 마
③ 나, 다, 라, 마
④ 다, 라, 마
⑤ 가, 나, 라, 마

기본서 페이지 77쪽
핵심 키워드 디플레이션

정답 및 해설

09 ② 나. 디플레이션하에서는 현금이나 현금성 자산, 또는 안전한 채권에 투자가 유리하다.

금융	디플레이션 → 실질 금리 상승 → 채무상환부담증가 → 자산 매각 증가 → 자산 가격 하락 → 채무상환부담 증가
실물 경제	디플레이션 → 투자, 고용 감소 → 소득 감소 → 파산위험 증가 → 소비 감소 → 기업 수익성 감소

① 디플레이션하에서는 주가와 부동산 가격이 하락하게 된다.
② 디플레이션하에서는 현금이나 현금성 자산, 또는 안전한 채권에 투자가 유리하다.
③ 디플레이션하에서는 부채의 실질가치가 증가하기 때문에 부채를 가지고 있는 사람에게 부담으로 작용한다.
④ 디플레이션으로 돈의 가치가 올라가기 때문에 소비자들에게는 유리하다. 소비자는 동일 금액으로 디플레이션 이전에 비교하여 더 많은 상품 서비스를 구입할 수 있다.
⑤ 생산자는 상품가격이 하락하더라도 불리하지만은 않을 수 있다. 디플레이션은 임금과 원자재 가격도 하락시켜 기업의 생산비용도 낮아진다. 따라서 기업의 제품가격을 낮추어도 기업이윤이 반드시 감소하는 것은 아니다. 단적인 예가 컴퓨터 산업이다.

10 다음에 설명하는 내용으로 가장 적절하지 않은 것은?

① 낮은 인플레이션은 확장 국면의 특징이다.
② 경기침체(recession)는 GDP가 기준치인 0에서 2분기 연속 또는 최소 6개월 동안 실질 기준치가 감소했을 때 발생한다.
③ GDP가 기준치인 0에서 6분기 연속 또는 최소 18개월 동안 실질 기준치가 감소한 경우를 불황(depression)이라고 한다.
④ 재정정책이란 중앙은행이 통화의 양을 늘리거나 줄임으로써 경제상황에 영향을 주고자 하는 정책을 말한다.
⑤ 중앙은행이 통화량을 조절하는 방법에는 지급준비율, 재할인율, 공개시장조작 등이 있다.

기본서 페이지 80쪽
핵심 키워드 거시경제

정답 및 해설

10 ④ 통화정책(Monetary Policy)이란 중앙은행이 통화의 양을 늘리거나 줄임으로써 경제상황에 영향을 주고자 하는 정책을 말한다.

11 기준금리를 인상하는 통화정책의 일반적인 파급효과로 가장 적절하지 않은 것은?

난이도 하

① 가계소비 감소
② 기업투자 축소
③ 자산(주식, 부동산)가격 하락
④ 환율상승
⑤ 장기금리 인상

기본서 페이지 81쪽
핵심 키워드 통화정책

+ 정답 및 해설

11 ④ ● 통화정책의 파급효과

경로	통화정책의 파급효과
1) 금리경로	• 기준금리 인상 → 단기시장금리 상승 → 장기시장금리 상승 → 차입억제 저축증대 → 가계소비 감소 • 기준금리 인상 → 시장금리 상승 → 금융비용 상승 → 기업투자 축소
2) 자산가격경로	기준금리 인상 → 자산(주식, 부동산) 가격 하락 → 가계 부의 감소 → 소비 감소
3) 신용경로	기준금리 인상 → 시중자금 가용량 감소 → 은행 대출여력 감소 → 대출공급 감소 → 투자 및 소비 위축
4) 환율경로	기준금리 인상 → 시장금리 상승 → 원화표시 금융자산수익률 상승 → 원화수요 증가 → 원화가치 상승(환율 하락) → 수출품가격 상승&수입품가격 하락 → 경상수지약화·물가하락
5) 기대경로	기준금리 인상 → 중앙은행의 금리인상 신호 → 장기금리 인상

출처 : 한국은행

CFP 수험전략

제3장 화폐의 시간가치

수험전략

화폐의 시간가치에 대한 출제 예상문항수는 3~6문항입니다. 화폐의 시간가치에 대한 내용은 은퇴설계, 보험설계, 부동산설계, 투자설계에서도 유용하게 활용할 수 있는 내용입니다. 교재 전반에 있는 내용 중 지식을 물어보는 내용과 계산문항에 대하여 꼭 풀어보고 단시간내에 문항을 풀이할 수 있도록 잘 숙지하는 것이 중요합니다.

주요 학습내용 점검

1. TVM의 개념을 설명할 수 있다.
2. 다양한 수익률 등에 대해서 이해하고 이를 TVM 계산에 적용할 수 있다.
3. TVM을 활용하여 투자대안을 비교할 수 있다.

출제빈도

교육내용	핵심키워드	학습중요도 상	학습중요도 중	학습중요도 하	예상 출제비중
제1절 TVM 개요	• TVM • 계산 원리	O			1~2문항
제2절 TVM 기초	• TVM • 계산 원리	O			1~2문항
제3절 TVM의 재무설계 활용 사례	• TVM • 은퇴 • 대출 • 교육비	O			2~4문항

CHAPTER 03 화폐의 시간가치

01 다음에 설명하는 내용으로 가장 적절하지 않은 것은?

① 정기적 현금흐름의 시간가치는 투자기간 내에 2회 이상의 현금흐름이 발생하는 경우 적용한다.
② 기말급 정기적 현금흐름의 현재가치인 경우 정기적 현금흐름의 미래가치에 현재가치요소 $1/(1+i)^n$이 반영되어 계산된다.
③ 기시급 정기적 현금흐름의 현재가치인 경우 1기간에 해당하는 이자가 더 지급되기 때문에 기말급보다 $(1+i)$가 한 번 더 나누어진다.
④ 시장이자율은 시차선호, 투자기회 및 물가상승에 따른 무위험이자율과 미래의 불확실성에 따른 위험프리미엄의 합으로 구성된다.
⑤ 명목금리에 물가상승률을 반영한 금리를 실질금리(Real Interest Rate)라 한다.

기본서 페이지 103쪽
핵심 키워드 TVM

정답 및 해설

01 ③ 기시급 정기적 현금흐름의 미래가치인 경우 1기간에 해당하는 이자가 더 지급되기 때문에 기말급보다 $(1+i)$가 한 번 더 곱해진다.

$$FVA = PMT \times \frac{(1+i)^n - 1}{i}$$

FVA = Future Value Annuity(기말급 정기적 현금흐름의 미래가치)
PMT = Payment(정기적 현금흐름)   i = Interest Rate(수익률)   n = Number of Periods(기간)

$$FVAD = PMT \times \frac{(1+i)^n - 1}{i} \times (1+i)$$

FVAD = Future Value Annuity Due(기시급 정기적 현금흐름의 미래가치)
PMT = Payment(정기적 현금흐름)   i = Interest Rate(수익률)   n = Number of Periods(기간)

$$PVA = PMT \times \frac{(1+i)^n - 1}{i} \times \frac{1}{(1+i)^n}$$

PVA = Present Value Annuity(기말급 정기적 현금흐름의 현재가치)
PMT = Payment(정기적 현금흐름)   i = Interest Rate(수익률)   n = Number of Periods(기간)

$$PVAD = PMT \times \frac{(1+i)^n - 1}{i} \times (1+i) \times \frac{1}{(1+i)^n}$$

PVAD = Present Value Annuity Due(기시급 정기적 현금흐름의 현재가치)
PMT = Payment(정기적 현금흐름)   i = Interest Rate(수익률)   n = Number of Periods(기간)

02 다음에 설명하는 내용으로 가장 적절하지 않은 것은?

① 물가상승률 연 2%, 명목금리 연 4%인 경우 기하학적 개념의 실질금리는 약 연 1.96%이다.
② 복리적용횟수가 많아질수록 실효금리는 높아진다.
③ 연평균금리가 10%이고 월복리인 경우 실효금리는 10.68%이다.
④ 투자수익률은 투자 가능한 자산이나 보유하고 있는 현금이 일정 기간 뒤에 어느 정도의 가치를 갖게 되는지 계산하는 데 이용된다.
⑤ 물가상승률과 투자수익률을 고려하여 미래 필요금액 또는 현재시점에 필요한 투자금액을 계산할 수 있다.

기본서 페이지 110쪽
핵심 키워드 TVM

03 은퇴 첫해 초 생활비는 2,400만 원이고 물가가 상승하더라도 동일한 구매력을 유지하고 싶은 경우 다음의 자료를 참조하여 은퇴 시점에 보유해야하는 은퇴자산은 얼마인가? (은퇴기간 45년, 물가상승률 연 3%, 세후투자수익률 연 5.5%를 적용하며 제시된 조건만을 고려할 것.)

① 668,578천 원
② 624,726천 원
③ 605,524천 원
④ 598,254천 원
⑤ 579,235천 원

기본서 페이지 116쪽
핵심 키워드 TVM

+ 정답 및 해설

02 ③ $(1 + (0.1/12))^{12} = 1.1047$ 즉 10.47%이다.

03 ① (기시)PMT 24,000천 원, N 45I(2.5/1.03) PV 668,578천 원
I값은 $(1 + 0.055 \div 1 + 0.03 - 1) \times 100 = 2.427\%$ 또는 간편하게 2.5/1.03 = 2.427%로 계산한다.

04 올해 말 10,000천 원부터 시작하여 매년 말 5%씩 증액하여 금융상품에 투자하려고 한다. 투자수익률을 세후 연 6%로 가정하면 10년 후 얼마의 교육자금을 마련할 수 있는가?

① 161,953천 원 ② 168,258천 원
③ 165,368천 원 ④ 163,267천 원
⑤ 160,587천 원

기본서 페이지) 119쪽
핵심 키워드) TVM

05 연 6% 월복리로 대출기간 25년 만기의 매월 말 원리금 균등분할상환 주택담보대출 2억 원을 받고 6년 간 상환하였다면 6년동안 지불한 이자금액은 얼마인가?

① 67,841천 원 ② 57,852천 원
③ 70,125천 원 ④ 65,456천 원
⑤ 72,251천 원

기본서 페이지) 135쪽
핵심 키워드) TVM

+ 정답 및 해설

04 ① (기말) PMT 10,000천 원/1.05 N 10 I 1/1.05 PV 90,433.748천 원 – 1단계
PV 90,4333.748천 원 N 10 I 6 FV 161,953천 원 – 2단계

05 ① 상환후 대출 잔액 : PV 200,000 N 25 × 12 I 6/12 (기말)PMT 1,288.60천 원[원리금균등분할상환액]
N 6 × 12 FV 175,062천 원
대출 상환 원금 : 200,000천 원 – 175,062천 원 = 24,938천 원
총지급액 1,288.60 × 72개월 = 92,779천 원 – 24,938천 원 = 이자지급액 67,841천 원

06 부동산을 구입하기 위해서 10년 만기로 400,000천 원의 대출을 받고 매년 말 4,400만 원씩을 10년간 상환한 후 나머지 금액은 마지막 연도에 일시금으로 상환하려고 한다. 대출 금리가 연 4.5%일 때 마지막 연도에 상환해야 하는 총금액은 얼마인가?

① 124,506천 원
② 108,025천 원
③ 91,251천 원
④ 85,532천 원
⑤ 80,506천 원

기본서 페이지 136쪽
핵심 키워드 TVM

+ 정답 및 해설

06 ① PV (−)400,000천 원 (기말)PMT 44,000천 원 N 10 I 4.5 FV 80,506천 원(10년 간 상환 후 잔액) + 마지막 연도 분할상한액 44,000천 원 = 124,506천 원(마지막 연도 상환 총금액)

제4장 종합재무설계 프로세스

> **수험전략**
>
> 종합재무설계 프로세스에 대한 출제 예상문항수는 3~5문항입니다. 프로세스의 단계별 내용과 순서를 기억하고, 재무상1태표와 현금흐름표의 구성과 재무 비율 수치를 잘 숙지해서 지식형과 사례형 문제에 대비해야 합니다.

> **주요 학습내용 점검**

1. 종합재무설계 프로세를 설명할 수 있다.
2. 재무설계 제안서의 내용을 이해하고 작성할 수 있다.

> **출제빈도**

교육내용	핵심키워드	학습중요도 상	학습중요도 중	학습중요도 하	예상 출제비중
제1절 고객과의 관계정립	• 역량, 역할 • 정보수집의 중요성 • 업무수행 범위 • 계약서		○		1~2문항
제2절 고객관련 정보의 수집	• 재무적 정보 • 비재무적 정보 • 재무관리 항목의 확인		○		1~2문항
제3절 고객 재무상태 분석 및 평가	• 생애목적자금 • 금융자산 분석 • 부동산자산 분석 • 세무상황 분석 • 재무제표 분석		○		1~2문항
제4절 재무설계 제안서 작성 및 제시	• 제안서 작성 • 제안서 제시		○		1~2문항
제5절 재무설계 제안서 실행	• 안정자산 • 투자자산 • 운용자산		○		1~2문항
제6절 고객 상황 모니터링과 성과평가	• 성과평가 • 경제환경 변화 • 외부환경 변화		○		1~2문항

CHAPTER 04 종합재무설계 프로세스

01 재무설계와 관련한 설명으로 적절한 것을 모두 고르시오.

가. 저축여력이 (−)인 경우, 고객이 알려준 현금유출입 금액이 맞는지 확인하고 부채가 증가하고 있지는 않은지 점검한다.
나. CFP® 자격인증자는 업무영역이 허용된 범위내에서는 고객이 상담을 원하지 않더라도 이를 수행하여야 한다.
다. 정형화된 정보수집 프로세스는 고객으로 하여금 관계초기에 CFP® 자격인증자에 대한 신뢰를 쌓을 수 있게 한다.
라. 재량소득은 음식, 주거, 의복 등 개인필수품에 지급한 뒤 지출, 투자, 저축을 위해 남는 세후 소득이다.
마. 숙련된 CFP® 자격인증자는 자료수집단계에서 간이현금흐름표를 작성해 보고 저축여력을 추산해 볼 수 있다.

① 가, 나, 다, 라, 마
② 가, 다, 라, 마
③ 나, 다, 라, 마
④ 가, 나, 라
⑤ 다, 라, 마

기본서 페이지 149쪽
핵심 키워드 재무설계

+ 정답 및 해설

01 ② 나. CFP® 자격인증자는 업무 영역이 허용된 범위일지라도 고객이 상담을 원하지 않는 사항에 대해서는 이를 수행해선 안 된다.

02 다음 중 업무수행계약서에 포함되지 않는 것은?

난이도 하

① 고객 및 가족구성원의 인적사항
② 고객의 역할과 책임
③ 포함되지 않는 서비스의 구분
④ 발생 가능한 이해상충 상황
⑤ 계약 해지 및 종료에 대한 사항

기본서 페이지 150쪽
핵심 키워드 업무수행 계약서

03 종합재무설계 2단계 프로세스에서 수행해야 할 재무관리 항목의 확인사항으로 가장 적절하지 않은 것은?

난이도 하

① 투자경험과 금융이해력 수준
② 재무목표 구체화(설정)
③ 현금흐름 관리 사항
④ 저축여력 장단기 배분여부
⑤ 자산운용의 통합적 접근여부

기본서 페이지 152, 157쪽
핵심 키워드 정보수집

정답 및 해설

02 ① 업무수행범위를 합의한 업무수행 계약서에는 다음과 같은 사항을 포함한다.
- CFP® 자격인증자와 고객의 역할과 책임
- 포함되는 서비스와 포함되지 않는 서비스의 구분
- 재무설계 업무의 보수에 관한 사항(Compensation Arrangements)
- 고객 정보의 비밀유지에 대한 확약
- 계약당사자와 계약기간
- 고객 불만 해결에 대한 사항
- 발생 가능한 이해상충 상황
- 계약 해지 및 종료에 대한 사항

03 ① 투자경험과 금융이해력 수준은 재무관리 항목의 확인사항이 아닌, 비재무적 정보에 해당하는 내용이다.

04 다음 중 재무적 정보에 해당하는 것으로만 묶은 것은?

난이도 하

가. 보장자산 내역	나. 상속내역
다. 물가상승률 가정치	라. 고용에 대한 상황
마. 투자경험	바. 돈에 대한 태도

① 가, 나, 다
② 가, 다, 마
③ 가, 라, 마
④ 가, 나, 다, 라, 마
⑤ 가, 나, 다, 라, 바

기본서 페이지 157쪽
핵심 키워드 정보수집

05 고객 재무상태 분석 및 평가(3단계)에 대한 설명으로 적절한 것을 모두 고르시오.

난이도 중

가. 고객의 현재 재무상황의 강점과 약점을 정량화하고 문서화 하는 것을 준비한다.
나. 생애목적자금의 분석은 재무목표의 구체화 중 조정단계를 위한 작업이다.
다. 목적기간이 길수록 필요목적자금이나 필요저축액 등에 대한 개념위주의 설명을 피해야 한다.
라. 경제적 가정치(물가상승률, 교육비상승률, 세후투자수익률 등) 등 설계안의 가정치들에 대한 고객의 동의를 얻는 것은 중요하다.
마. CFP® 자격인증자는 수익률이 아닌 순자산 증가로 고객으로부터 평가받아야 한다.

① 나, 다, 라, 마
② 가, 라, 마
③ 가, 나, 라, 마
④ 다, 라, 마
⑤ 가, 나, 다, 라, 마

기본서 페이지 158쪽
핵심 키워드 분석 및 평가

➕ 정답 및 해설

04 ① 라, 마, 바는 비재무적 정보에 해당한다.
05 ③ 다. 목적기간이 길수록 필요목적자금이나 필요저축액 등은 가변적이 되며, 이럴 경우 개념위주로 설명한다.

06 재무상태표 작성에 대한 설명으로 가장 적절하지 않은 것은?

난이도 하

① 자산이 지닌 속성과 특성에 따라 분류한다.
② 일관성이 있어야 한다.
③ 해당사항이 없는 항목은 표시하지 않는다.
④ 주석은 적절히 사용되어야 한다.
⑤ 명의별로 구분하여 필요할 경우 같은 항목이라도 중복하여 기입한다.

> 기본서 페이지 : 169쪽
> 핵심 키워드 : 재무상태표

07 현금흐름표에 관한 내용으로 가장 적절하지 않은 것은?

난이도 중

① 현금흐름표 분석에서 가장 중요한 것은 가계저축여력의 파악이다.
② 월간 현금흐름표에서는 수입에서 필수지출에 해당하는 변동지출을 먼저 차감하고 가변지출이라고 할 수 있는 고정지출을 차감하는 형태로 작성한다.
③ 변동지출은 가계 구성원별로 총액을 기재한다.
④ 재량소득은 수입에서 필수지출이라고 할 수 있는 생활비 등을 차감한 금액이라고 할 수 있다.
⑤ 부채상환원리금은 단순 지출로 보기 어렵기 때문에 고정지출로 표기한다.

> 기본서 페이지 : 173쪽
> 핵심 키워드 : 현금흐름표

+ 정답 및 해설

06 ③ 해당사항이 없는 항목이라도 삭제하지 않고 재무상태표에 표시한다.

07 ⑤ 부채상환원리금 중 원금상환부분은 부채를 감소시켜 순자산의 증가를 가져오므로 단순지출로 보기 어렵다. 고정지출에는 대출이자만 표기하는 것이 바람직하다.
소득(income)이란 다양한 원천으로부터 가계로 유입되는 현금흐름으로 그 원천에 따라 사업소득, 근로소득, 연금소득, 이전소득, 기타소득 등으로 분류한다. 소득은 세금을 부과할 때 기준이 되므로 세무적 의미를 가진다. 수입(earning)은 일, 용역, 상품 또는 투자의 대가로 돈을 얻거나 받는 것 등 보다 넓은 의미로 사용되며, 보통 월간 세후금액(After Tax)을 말한다.
월간 현금흐름표의 유입은 통상 수입으로 표현한다.

08 세무환경 점검과 관련된 내용이다. 적절한 것을 모두 고르시오.

난이도 상

가. 국세청은 필요할 경우 NTIS(차세대 국세행정 시스템)를 통해 은행전산망과 신용카드 사용내역, 현금영수증 사용내역 등을 실시간으로 파악할 수 있게 되었다.
나. PCI(소득 지출 분석 시스템)는 국세청에서 보유하고 있는 과세정보자료를 체계적으로 통합 관리하여 일정기간 신고소득(Income)과 재산증가(Property), 소비지출액(Consumption)을 비교·분석하는 시스템을 말한다.
다. 1일 거래일 동안 1천만 원 이상의 현금을 입금하거나 출금한 경우 거래자의 신원과 거래 일시, 거래금액 등 객관적 사실을 전산으로 자동 보고토록 하고 있다.
라. CTR제도는 금융거래(카지노에서의 칩 교환 포함)와 관련하여 수수한 재산이 불법재산이라고 의심되는 합당한 근거가 있거나, 금융거래의 상대방이 자금세탁행위를 하고 있다고 의심되는 합당한 근거가 있는 경우 이를 금융정보분석원장에게 보고토록 한 제도이다.
마. CTR 요건 미만의 입·출금이라고 하더라도 정기적으로 반복되면 CDD, EDD 등을 작성하게 된다.

① 가, 나, 다, 라, 마
② 나, 다, 마
③ 가, 라, 마
④ 가, 나, 다, 마
⑤ 나, 다, 라, 마

기본서 페이지 192쪽
핵심 키워드 세무관리

+ 정답 및 해설

08 ④ 라. STR(의심거래보고)제도는 금융거래(카지노에서의 칩 교환 포함)와 관련하여 수수한 재산이 불법재산이라고 의심되는 합당한 근거가 있거나, 금융거래의 상대방이 자금세탁행위를 하고 있다고 의심되는 합당한 근거가 있는 경우 이를 금융정보분석원장에게 보고토록 한 제도이다.

09 다음 중 연결이 잘못된 것은?

난이도 상

가. PCI	A.	성명, 주민번호 + 주소, 연락처, 실제소유자 등을 확인하는 절차
나. CTR	B.	고위험고객의 경우 더욱 강화된 확인제도
다. CDD	C.	1일 거래일 동안 1천만 원 이상의 현금을 입금하거나 출금한 경우 거래자의 신원과 거래일시, 거래금액 등 객관적 사실을 전산으로 자동보고
라. EDD	D.	금융거래의 상대방이 자금세탁행위를 하고 있다고 의심되는 합당한 근거가 있는 경우 이를 금융정보분석원장에게 보고토록 한 제도
마. STR	E.	국세청이 필요할 경우 은행전산망과 신용카드 사용내역, 현금영수증 사용내역 등을 실시간으로 파악

① 가 – E
② 나 – C
③ 다 – A
④ 라 – B
⑤ 마 – D

기본서 페이지 192쪽
핵심 키워드 세무관리

정답 및 해설

09 ①
- **NTIS(차세대 국세행정시스템)**
  2015년에 기존 TIS(Tax Integrated System)의 홈텍스, 현금영수증, 연말정산 등 9종의 사이트가 통합되어 세원분석, 실시간 정보교환, 비정형적 조사분석기법 등 과세 데이터베이스의 품질이 전면 개선되었으며 세원관리 및 조세포탈 추적이 한층 강화되었다. 즉, 국세청이 필요할 경우 은행전산망과 신용카드 사용내역, 현금영수증 사용내역 등을 실시간으로 파악할 수 있게 되었다.
- **PCI(소득 – 지출 분석시스템)**
  PCI는 국세청에서 보유하고 있는 과세정보자료를 체계적으로 통합 관리하여 일정기간 신고소득(Income)과 재산증가(Property), 소비지출액(Consumption)을 비교·분석하는 시스템을 말한다. 부동산, 주식, 회원권 등의 재산증가액과 신용카드 및 현금연수증사용액, 해외체류비 등의 소비지출액 합계액이 신고소득액보다 클 경우 그 차액을 탈루혐의금액으로 본다.

10 4단계 재무설계 제안서 작성 및 제시단계의 내용으로 가장 적절하지 않은 것은?

난이도 중

① 구체화된 재무목표의 설정
② 고객의 위험수용성향 설명
③ 고객과 합의된 목표수익률의 제시
④ 저축여력의 배분 재확인
⑤ 재무설계 각 영역별 재무설계안 제시

기본서 페이지 199쪽
핵심 키워드 재무설계 프로세스

정답 및 해설

10 ① 재무설계 프로세스 2단계인 고객 관련 정보의 수집단계에서 고객의 구체화된 재무목표의 설정(Establish Financial Goal)을 도왔다면, 3단계와 4단계에서 재무목표와 우선순위의 조정(Modify Financial Goal)을 진행한다.

CFP 수험전략

제5장 부채관리

수험전략

부채관리에 대한 출제 예상문항수는 2~3문항입니다. 부채부담능력과 주택담보대출(정책자금 대출 등)의 차이를 구분할 수 있어야하며, 반드시 LTV, DTI, DSR 등을 계산할 수 있어야 합니다. 특히 주택 및 전세자금 대출의 각 제도의 특징을 구분하는 것이 중요합니다.

주요 학습내용 점검

1. 부채관리전략 수립을 위해 부채상환계획을 수립할 수 있다.
2. 전세자금대출 제도를 이해할 수 있다.
3. 주택담보대출 제도를 이해할 수 있다.

출제빈도

교육내용	핵심키워드	학습중요도			예상 출제비중
		상	중	하	
제1절 부채관리전략 수립	• 부채적정성 평가 • 눈덩이 기술, 눈사태 기술 • 우선순위 결정		O		1~2문항
제2절 전세자금대출 및 주택담보대출	• 전세자금대출 • 주택자금대출 • LTV, DTI, DSR	O			2~3문항

CHAPTER 05 부채관리

01 대출과 관련된 내용으로 가장 적절하지 않은 것은?

① 한도방식은 실제로 대출을 사용하지 않더라도 개인신용정보상으로 대출한도액 전체가 대출금으로 기록된다.
② 정책자금이 지원하는 대출은 금융회사가 자체 재원으로 취급하는 대출보다 대출자격이 완화되어 있지만 반면에 대출한도액이 적을 수 있다.
③ 정기적으로 분할상환하는 경우라면 부채상환 여력은 현금흐름표를 활용하여 평가할 수 있다.
④ 순현금흐름은 평균 저축여력에 해당하지만 다른 면에서는 정기적으로 발생하는 부채상환여력을 의미한다.
⑤ 눈덩이기술이란 대출잔액이 더 작은 것부터 먼저 상환하여 고객들이 대출상환을 성공한 것에 고무되고 계속 대출을 상환하도록 동기를 부여하는 것을 말한다.

기본서 페이지 241쪽
핵심 키워드 부채관리

+ 정답 및 해설

01 ② 정책자금이 지원하는 대출은 금융회사가 자체 재원으로 취급하는 대출보다 대출자격이 까다롭고 대출한도액이 적을 수 있다.
수입 – 변동지출 – 고정지출 – 저축투자액 = 순현금흐름 = 추가저축여력 = 부채상환여력

02 주택도시기금의 버팀목전세자금대출에 대한 설명으로 적절한 것을 모두 고르시오.

난이도 상

가. 부동산시장에 대한 정부의 정책 방향에 따라 대출자격 등 조건이 변경될 수 있다.
나. 소요자금에 대한 대출비율은 신혼가구, 2자녀 이상 가구, 일반가구 등 조건에 따라 다르다.
다. 대출한도는 차주의 조건에 따라 달라질 수 있다.
라. 대출조건이나 대출한도가 여타 상품보다 까다롭지 않고 대출이자가 낮은 등 이점이 많다.
마. 대출 대상의 조건 중 하나로 세대주를 포함하여 세대원 전원이 무주택인 자이어야 한다.

① 나, 다, 라
② 가, 라
③ 다, 라, 마
④ 가, 나, 다, 마
⑤ 가, 나, 다, 라, 마

기본서 페이지 248쪽
핵심 키워드 주택도시기금 버팀목전세자금대출

03 한국주택금융공사의 보증서 담보 전세자금대출에 대한 설명으로 가장 적절하지 않은 것은?

난이도 상

① 대출이자와는 별도로 보증을 이용함에 따른 보증료를 부담한다.
② 은행들이 한국 주택금융공사가 제공하는 전세자금보증서를 담보로 대출을 해 주고 있다.
③ 본인과 배우자가 무주택자가 아닌 경우에도 보증대상이 될 수 있다.
④ 개인별 보증한도는 보증과목별 보증한도, 소요자금별 보증한도 및 상환능력별 보증한도를 각각 계산하여 이 중 가장 큰 금액으로 한다.
⑤ 임차주택의 임차보증금도 높아 대출한도가 많이 나오는 등 주택도시기금의 버팀목전세자금대출과 비교할 때 유리한 면이 많지만, 대출이자를 더 많이 부담해야 하는 등 불리한 점도 있다.

기본서 페이지 249쪽
핵심 키워드 한국주택금융공사

정답 및 해설

02 ④ 라. 대출조건이나 대출한도가 여타 상품보다 까다롭지만 대출이자가 낮은 등 이점이 많다.
03 ④ 개인별 보증한도는 보증과목별 보증한도, 소요자금별 보증한도 및 상환능력별 보증한도를 각각 계산하여 이 중 가장 적은 금액으로 한다.

04 전세보증금 반환보증에 대한 설명으로 적절한 것을 모두 고르시오.

> 가. 주거용 오피스텔은 가입 가능 주택유형에 해당한다.
> 나. 노인복지주택은 가입 가능 주택유형에 해당한다.
> 다. 보증기관의 심사를 거쳐 가입되고 가입 시 임차인이 보증료를 납부한다.
> 라. 조건이 충족하는 경우 보증회사가 금융기관에게 대출금을 상환해주는 상품이다.
> 마. 전세사기 피해를 당하지 않으려면 전세보증금 상환보증이 아닌 전세보증금 반환보증에 가입해야 함에 유의해야 한다

① 가, 나, 다, 라, 마
② 나, 다, 라
③ 다, 라, 마
④ 가, 나, 다, 마
⑤ 가, 다, 라, 마

기본서 페이지 251쪽
핵심 키워드 전세보증금 반환보증

---

05 대출을 받고자하는 주택의 담보가치 10억 원, 선순위채권 2억 원, 임차보증금 1억 원인 경우 LTV 60%를 적용한다면 얼마의 대출을 받을 수 있는가?

① 3억 원
② 6억 원
③ 4억 원
④ 5억 원
⑤ 2억 원

기본서 페이지 254쪽
핵심 키워드 LTV

＋ 정답 및 해설

04 ④ 라. 전세보증금 반환보증제도는 임대차계약이 종료되었음에도 임대인이 정당한 사유 없이 임차인에게 임차보증금을 반환하지 않는 경우, 보증회사가 임차인에게 임차보증금을 돌려주는 상품이다. 본인과 배우자(배우자예정자 포함)의 합산한 주택보유수가 1주택 이내일 것 등의 조건이 있다.

05 ① 60% = (주택담보대출[3억 원] + 선순위 채권 2억 원 + 임차보증금 1억 원)/10억 원 × 100

06

난이도 하

연간소득 1억 원, 주택담보대출의 연간 원금상환액 2천만 원, 이자 5백만 원, 신용대출의 연간 상환액 1천만 원, 이자 1백만 원인 경우 DTI는?

① 26%
② 36%
③ 6%
④ 30%
⑤ 23%

기본서 페이지 255쪽
핵심 키워드 DTI

정답 및 해설

06 ① DTI 26% = [주택담보대출 연간 원리금 상환액(2천5백만 원) + 기타부채 연간 이자상환액(1백만 원)] / 연간 소득(1억 원) × 100

07 내집마련디딤돌대출에 대한 설명으로 가장 적절하지 않은 것은?

① 한국주택금융공사가 취급하는 정책자금 주택담보대출이다.
② 전 세대원이 무주택자이어야 한다.
③ 보금자리론에 비해 대출조건이 까다롭고 대출한도가 적지만 대출이자가 낮다.
④ 별도로 정한 소득요건에 충족하여야 한다.
⑤ 대출 대상 주택의 조건을 충족하여야 한다.

기본서 페이지 256쪽
핵심 키워드 디딤돌 대출

정답 및 해설

07 ① 정부(국토교통부)의 주택도시기금을 재원으로 하는 정책자금 대출이다.
- 내집마련디딤돌대출
  내집마련디딤돌대출은 정부(국토교통부)의 주택도시기금을 재원으로 하는 정책자금 대출이다. 대출자격은 전 세대원이 무주택자이고 소득과 순자산이 일정 범위에 해당하여야 한다.
  내집마련디딤돌대출은 한국주택금융공사의 보금자리론이나 은행의 자체 재원으로 취급하는 주택담보대출에 비해 대출조건이 까다롭고 대출한도가 적지만 대출이자가 낮은 등 서민들에게 혜택이 많은 대출이다. 부동산시장에 대한 정부의 정책방향에 따라 대출자격 등 조건이 변경될 수 있으므로 주택 구입을 위한 자금조달계획 수립 시 반드시 관계기관에 문의하여 최신 취급기준에 대해 자세한 상담을 받을 것을 권한다.
- 한국주택금융공사의 보금자리론
  보금자리론은 한국주택금융공사가 취급하는 정책자금 주택담보대출이다. 대출자격은 소득요건의 제한이 없고 부부합산 무주택이거나 1주택자(대출실행일로부터 3년 내 처분 조건)이어야 한다.
  보금자리론은 내집마련디딤돌대출에 비해 대출조건이 완화되어 있고 대출한도가 높지만 통상 대출이자를 더 많이 부담하는 등 불리한 점도 있다. 부동산시장에 대한 정부의 정책방향에 따라 대출자격 등 조건이 변경될 수 있으므로 역시 관계기관에 문의하여 최신 취급기준에 대해 자세한 상담을 받을 것을 권한다.

CFP 수험전략

제6장 재무설계상담과 행동재무학

수험전략

재무설계상담과 행동재무학에 대한 출제 예상문항수는 1~2문항입니다. 행동재무학에 대한 기본적인 설명과 사례별 행동재무학 적용 예를 잘 숙지할 필요가 있습니다. 특히 예문에 대하여 적용되는 행동재무학의 편향을 구분할 수 있어야 합니다.

주요 학습내용 점검

1. 행동재무학의 핵심이론을 이해할 수 있다.
2. 고객의 소비/투자/은퇴준비/보험선택행동에서 나타나는 심리적편향을 이해하고 대응할 수 있다.

출제빈도

교육내용	핵심키워드	학습중요도 상	학습중요도 중	학습중요도 하	예상 출제비중
제1절 행동재무학적 접근을 통한 재무설계	• 행동재무학			○	0~1문항
제2절 재무설계 영역별로 적용되는 심리적 편향 사례	• 소비행동 • 투자행동 • 은퇴준비 • 보험선택		○		1~2문항

CHAPTER 06 재무설계상담과 행동재무학 [지식형]

01 다음 홍길동의 사례와 관련된 심리적 편향으로 가장 적절한 것은?

> 홍길동은 수입보다 지출이 많아 문제가 있는 상태이다. 홍길동은 대부분 쇼핑몰에서 할인쿠폰을 사용하여 쇼핑을 하고 모든 비용은 신용카드로 결제했다. 또한 꼭 필요하지 않은 물건까지 지출이 많아서 쇼핑금액이 할인 쿠폰을 열심히 사용하는데도 오히려 소비가 더 늘어가는 것을 알 수 있었다.

① 심적회계 ② 손실회피 편향 ③ 자기 과신
④ 기준점 효과 ⑤ 현상유지 편향

기본서 페이지 266쪽
핵심 키워드 심적회계

02 다음에 해당하는 심리적 편향으로 가장 적절한 것은?

> 자신이 처한 상황을 유지하고 그러한 상태가 지속될 것이라고 보고 자신이 가지고 있는 위험확률을 높이고 싶지 않은 동시에 그러한 확률을 줄이는데 비용을 지불하고 싶어 하지 않는다.
> 이러한 성향은 필수 자동차 보험만 가입하는 등 최소한의 법적책임 보험 외에는 보험에 가입하지 않는 경향이 있다.

① 심적회계 ② 자기통제 오류 ③ 기준점 효과
④ 대표성 오류 ⑤ 소유효과

기본서 페이지 271쪽
핵심 키워드 소유효과

+ 정답 및 해설

01 ① 홍길동의 심리적 편향은 심적회계(할인쿠폰사용에 따른 소비 증가), 자기통제 오류이다.
02 ⑤ 소유효과에 대한 설명이다.

03 다음 홍길동의 사례와 관련한 심리적 편향으로 적절한 것을 모두 고르시오.

난이도 중

> 홍길동은 고수익이 예상되는 종목에만 집중적으로 투자하려고 한다. 홍길동은 개미투자자로 예상 수익률이 적어도 50% 이상인 경우가 발생한다고 판단할 경우에만 가치가 있다고 생각하고, 자신이 투자한 종목은 무조건 성공할 것이라고 생각한다. 10%의 예상 수익을 예상하는 인덱스펀드와 같은 투자는 고려하지 않고 있다. 또한 재무설계사가 권하는 매매 타이밍은 고려하지 않고 자신의 판단대로만 환매를 진행한다.

> 가. 손실회피   나. 자기과신   다. 기준점효과

① 가, 나   ② 가, 다   ③ 나, 다
④ 가, 나, 다   ⑤ 다, 라

기본서 페이지 267쪽
핵심 키워드 투자행동과 심리적 편향

04 다음의 사례와 관련된 심리적 편형으로 가장 적절한 것은?

난이도 중

> 고객의 은퇴준비 상황을 점검한 결과 100% 채권에 자산이 집중되어 있고, 그 외 저축이나 다른 자산은 없다. 자산 배분을 통해 은퇴준비를 하려는 의지도 없고, 현재 좋은 성과를 내고 있지 못하지만 주식으로 자산을 배분하는 것은 극도로 꺼린다. 적정한 보장성 보험은 가지고 있으며, 소득에 비해 소비가 큰 편이다. 파악되고 있는 위험수용성향은 어느 정도 위험한 포트폴리오를 감당할 수 있는 유형으로 파악되고 있다.

① 닻내리기, 현상유지 편형   ② 자기과신, 닻내리기 편향
③ 기준점효과, 현상유지 편향   ④ 손실회피, 자기과신 편향
⑤ 자기통제오류, 낙관주의오류 편향

기본서 페이지 269쪽
핵심 키워드 은퇴준비와 심리적 편향

◆ 정답 및 해설

03 ④ 손실회피 편향, 자기과신, 기준점 효과 모두 해당된다.
04 ① 위 사례와 관련된 심리적 편향은 닻 내리기, 현상유지 편향이다.

05 다음은 심리적 편향에 대한 설명을 나열한 것이다. 적절한 것을 모두 고르시오.

> 가. 자기 과신이 지나치면 자신이 가지고 있는 정보가 맞다고 확신하고 위험요소를 간과하게 된다.
> 나. 종목투자경력이 길수록 종목투자에 열광하는 정도는 더 강해진다.
> 다. 닻 내리기 효과는 상당히 지속적이고 변화시키기 힘든 특성을 가진다.
> 라. 온라인 쇼핑몰에서 쇼핑할 때 할인쿠폰을 사용할 경우 사용하지 않을 때보다 쇼핑금액이 더 증가하는 것은 심적회계 때문이다.
> 마. 소비와 관련된 행동에서 자기통제란 현재 시점의 보상과 미래시점의 보상 간 선택의 갈등이다.

① 가, 나
② 나, 다
③ 가, 나, 다, 라
④ 나, 다, 라
⑤ 가, 나, 다, 라, 마

기본서 페이지 265쪽
핵심 키워드 심리적 편향

+ 정답 및 해설

05 ⑤ 모두 맞는 설명이다.

제7장 재무설계 실무사례

수험전략
은퇴소득 인출전략과 지출관리에 대한 출제 예상문항수는 0~2문항입니다.

주요 학습내용 점검
1. 개인사업자의 개인재무설계를 수행할 수 있다.
2. 1인 가구의 유형과 특징을 설명할 수 있다.
3. 1인 가구의 재무전략을 수립하고 재무관리를 수행할 수 있다.
4. 이혼가구의 재무전략을 수립할 수 있다.
5. 장애인가구의 재무전략을 수립할 수 있다.
6. 종합재무설계 제안서 작성의 프레임워크를 설명할 수 있다.
7. 종합재무설계 제안서 작성 시의 의사결정 모델을 설명할 수 있다.

출제빈도

교육내용	핵심키워드	학습중요도 상	학습중요도 중	학습중요도 하	예상 출제비중
제1절 고객 상황별 재무설계	• 이혼 • 개인사업자 • 1인 가구 • 친권, 양육비		O		1~2문항
제2절 종합재무설계 실무사례	• 프레임 워크 • 경제적 렌즈 • 리소스 관리 렌즈 • 리소스 획득 렌즈 • 치료적 렌즈			O	0~1문항

CHAPTER 07 재무설계 실무사례

01 다음 중 재판상 이혼 사유에 해당하는 것을 빠짐없이 모두 묶은 것은?

> 가. 배우자에 부정한 행위가 있었을 때
> 나. 배우자가 악의로 다른 일방을 유기한 때
> 다. 배우자 또는 그 직계존속으로부터 심히 부당한 대우를 받았을 때
> 라. 자기의 직계존속이 배우자로부터 심히 부당한 대우를 받았을 때
> 마. 배우자의 생사가 3년 이상 분명하지 아니한 때

① 가, 나, 다
② 나, 다, 라
③ 가, 나, 라, 마
④ 나, 다, 마
⑤ 가, 나, 다, 라, 마

기본서 페이지 283쪽
핵심 키워드 재판상 이혼

02 다음에 설명하는 내용으로 가장 적절하지 않은 것은?

① 양육권은 미성년자인 자녀를 부모의 보호하에서 양육하고 교양할 권리이다.
② 친권은 자녀의 신분과 재산에 관한 사항을 결정할 수 있는 권리이다.
③ 필요한 경우 검사의 청구에 의하여 친권자를 변경할 수 있다.
④ 이혼하는 경우 친권자와 양육자를 부모 중 일방 또는 쌍방으로 동시에 지정할 수 있고, 각각 달리 지정할 수도 있다.
⑤ 친권 행사자와 양육자 결정에 있어서 유책배우자인지 여부는 고려대상이 아니다.

기본서 페이지 286쪽
핵심 키워드 양육권

+ 정답 및 해설

01 ⑤ 모두 재판상 이혼의 원인이 된다.
02 ③ ○ **친권자와 양육자의 변경**

구분	청구권자
친권자 변경	자녀의 4촌 이내 친족의 청구 → 가정법원이 변경
양육자 변경	부모, 자녀 및 검사의 청구 또는 직권 → 가정법원이 변경

03 이혼에 따른 재산분할에 대한 설명으로 가장 적절하지 않은 것은?

① 재산분할청구는 이혼과 동시에 하거나 이혼한 날로부터 2년 이내에 행사하여야 한다.
② 보험금이나 연금에 해지환급금이 있는 경우에도 재산분할 대상이 된다.
③ 소송을 통해 재산분할신청을 하려면 청구소송을 하기에 앞서 상대방의 재산에 대해 가압류나 가처분을 해두는 것이 필요하다.
④ 명의가 어느 일방으로 되어 있다면 명의자의 특유재산으로 간주되어 재산분할의 대상이 되지 않는다.
⑤ 결혼 전에 소유하고 있던 재산이나 결혼 후에 취득한 재산 중 제3자로부터 증여 또는 상속받은 재산(특유재산) 등은 재산분할에 포함되지 않는다.

기본서 페이지) 287쪽
핵심 키워드) 재산분할

---

04 다음 (   )의 내용으로 가장 적절한 것은?

> (   )를 사용하는 CFP® 자격인증자들은 주로 고객의 계획된 또는 예상치 못한 니즈를 충족하기 위해 리소스량을 늘릴 수 있는 방법에 초점을 맞춘다. 이때 리소스는 물리적, 재무적 및 인적(개인의 학습과 경력관리 등)자본들을 포괄하도록 광범위하게 정의된다.

① 리소스 관리 렌즈(행동 변화 렌즈) ② 경제적 렌즈
③ 리소스 획득 렌즈   ④ 치료적 렌즈
⑤ 심리적 렌즈

기본서 페이지) 305쪽
핵심 키워드) 리소스 관리

+ 정답 및 해설

03 ④ 명의가 어느 일방으로 되어 있더라도 결혼생활 중 부부가 공동으로 노력해서 형성한 재산 등은 실질적 공유재산에 해당하므로 재산분할대상이 된다.

04 ① 리소스 관리 렌즈에 대한 설명이다.
고객에게 제공되는 제안서 유형에서도 리소스 관리 렌즈는 재무적 비용과 최적의 제품에 초점을 맞추는 대신 대학 교육자금을 정의하는 방법을 변화시킬 개인, 가계 및 지역사회 자원의 개발, 획득, 유지에 도움이 되는 재무설계안으로 안내한다.

제8장 재무설계사의 직업윤리

수험전략

재무설계사의 직업윤리에 대한 출제 예상문항수는 3~4문항입니다. 고객에 대한 의무, 윤리규정, 업무수행기준은 골고루 출제가 되는 내용입니다. 결격사유는 수치로 기술된 내용을 잘 숙지하는 것이 필요하며, 윤리규정의 경우 규정의 각 내용을 잘 구분하는 것이 필요합니다. 특히 업무수행기준은 각 단계별 업무내용을 구분하도록 공부하는 것을 권합니다.

주요 학습내용 점검

1. 고객에 대한 재무설계사의 의무를 이해하고 준수할 수 있다.
2. 윤리규정을 이해하고 준수할 수 있다.
3. 재무설계 업무수행기준을 이해하고 설명할 수 있다.

출제빈도

교육내용	핵심키워드	학습중요도 상	학습중요도 중	학습중요도 하	예상 출제비중
제1절 재무설계사의 고객에 대한 의무	• 충실의무 • 고지의무 • 진단의무 • 자문의무 • 갱신유지의무		O		1~2문항
제2절 윤리규정	• 윤리원칙 • 결격사유		O		2~3문항
제3절 업무수행기준	• 6단계 업무수행기준		O		2~3문항

CHAPTER 08 재무설계사의 직업윤리

01 고객에 대한 재무설계사의 의무에 대한 설명으로 가장 적절하지 않은 것은?

① 충실의무 : 선량한 관리자로서의 주의의무와 충성의무로 구성되며, 모든 전문직업인의 기본적인 의무이다.
② 고지의무 : 이해상충을 회피할 수 있는 가장 확실한 방법은 관련 모든 정보를 고객에게 미리 알려주는 것이다.
③ 진단의무 : 고객에게 투자 또는 다른 사항에 대하여 제안할 경우에는 먼저 현재의 경제적 환경, 고객의 위험수용도, 금융상황 등을 분석하고 이를 바탕으로 제안을 해야 하는 것으로 재무설계사의 책임 중 핵심요소이다.
④ 자문의무 : 고객이 비전문분야에 대한 서비스를 요청하는 경우에는 원만한 업무수행을 위하여 자신의 능력의 한계 내에서는 독자적으로 업무수행이 가능하며, 능력의 한계를 넘는 사항에 한하여 자문을 받아야 한다는 것이다.
⑤ 갱신유지의무 : 금융서비스산업은 제도와 상품의 종류와 내용이 끊임없이 변화하고 있기 때문에 재무설계사는 이러한 변화가 고객의 재무계획에 어떠한 영향을 미치게 될지 항상 유의하여야 한다는 것이다.

기본서 페이지 10 ~ 12쪽
핵심 키워드 고객에 대한 의무

＋ 정답 및 해설

01 ④ 종합적인 재무설계업무는 보험, 연금설계, 법률 및 세무회계 등 많은 분야를 포함하기 때문에 아무리 유능하다고 하더라도 어느 한 사람이 이 모든 분야에서 전문가가 될 수는 없기 때문에 고객이 비전문분야에 대한 서비스를 요청하는 경우에 원만한 업무수행을 위하여서도 반드시 다른 전문가의 자문을 받아야 한다.

02 다음은 객관성의 원칙에 대한 설명이다. 가장 적절하지 않은 것은?

① CFP® 자격인증자는 업무를 수행함에 있어 합리적이고 건실한 전문가로서의 분별력과 객관성을 유지하여야 한다.
② 고객에게 객관적으로 가장 적절한 전략과 방안을 제시하여야 한다.
③ CFP® 자격인증자는 고객의 이익을 최우선으로 하여야 한다.
④ CFP® 자격인증자는 성실성을 기초로 이해상충을 관리하고 전문가로서 건전한 판단을 하여야 한다.
⑤ 객관성은 지성적인 정직함과 공평무사한 분별력을 뜻한다.

기본서 페이지 14쪽
핵심 키워드 객관성의 원칙

03 다음 중 공정성의 원칙의 내용으로만 모두 묶인 것은?

가. 고객에게 객관적으로 가장 적절한 전략과 방안을 제시하여야 한다.
나. 지성적인 정직과 공평무사가 바탕이 되어야 하며, 주관적인 판단이나 억지를 배제한다.
다. CFP® 자격인증자는 성실성을 기초로 이해상충을 관리하고 전문가로서 건전한 판단을 하여야 한다.
라. 자신이 받기 원하는 것과 동일하게 다른 사람을 대우하는 것이다.
마. 고객이 당연하게 기대하는 것을 고객에게 합리적으로 제공하는 것을 뜻한다.
바. 이해관계의 균형을 유지하기 위하여 개인적 감정과 편견 및 욕구를 초월하여야 하며, 고객에게 중대한 이해상충의 사실을 정직하게 알려야 한다.
사. CFP® 자격인증자는 고객으로부터 믿음과 신뢰의 대상이 되어야 한다.
아. 적절한 주의의무를 다하여 전문 서비스의 제공에 대한 적절한 사전계획을 세우는 것을 포함한다.

① 가, 나, 다, 라, 마, 바, 사, 아
② 가, 다, 라, 마, 바, 사
③ 나, 다, 라, 마, 바, 사, 아
④ 다, 라, 마, 사, 아
⑤ 라, 마, 바

기본서 페이지 15쪽
핵심 키워드 공정성의 원칙

➕ 정답 및 해설

02 ③ 고객의 이익을 최우선한다는 것은 "고객우선의 원칙"의 내용이다.
03 ⑤ 가, 나, 다 : 객관성의 원칙   라, 마, 바 : 공정성의 원칙   사 : 성실성의 원칙   아 : 근면성의 원칙

04 CFP® 자격인증자는 고객의 정보에 대하여 비밀을 유지하여야 한다. 다음 중 비밀유지의 의무에 예외 사항으로 가장 적절하지 않은 것은?

① CFP® 자격인증자 자신의 업무수행에 필요한 경우
② 법적 요건 또는 관련 규제당국의 요구가 있는 경우
③ CFP® 자격인증자가 소속된 회사에 대한 의무를 이행할 필요가 있는 경우
④ CFP® 자격인증자 자신에 대한 소송에 대응하기 위한 경우
⑤ 민사소송과 관련된 경우

기본서 페이지 19쪽
핵심 키워드 비밀유지

05 김영선 CFP®가 수행한 업무와 위반한 윤리규정이 가장 적절하게 연결된 것은?

① 김영선 CFP®는 소속직원에 대한 적절한 관리와 감독을 게을리 하였다 – (성실성 원칙 위반).
② 김영선 CFP®는 고객을 확보하기 위해서 자신의 경력을 부풀려서 홍보한다 – (성실성 원칙 위반).
③ 김영선 CFP®는 고객에게 자신의 전문분야가 아닌 세무상담을 하고서 수수료를 받았다 – (공정성 원칙 위반).
④ 김영선 CFP®는 업무 수행 시에 고객의 이익보다 자신의 이익을 먼저 고려한다 – (근면성 원칙 위반).
⑤ 김영선 CFP®는 재산이 많은 고객에게 더 많은 정보를 제공하는 경향이 있다 – (객관성의 원칙 위반).

기본서 페이지 14 ~ 15쪽
핵심 키워드 윤리원칙

정답 및 해설

04 ① 자기 자신이 아닌 고객을 위한 서비스 업무수행에 필요한 경우가 해당한다.

05 ② ① 근면성의 원칙 위반
③ 능력개발의 원칙 위반
④ 고객우선의 원칙 위반
⑤ 공정성의 원칙 위반

06 다음 (　)에 들어갈 내용으로 가장 적절한 것은?

난이도 중

> CFP® 자격인증자는 자신이 결격사유에 해당되는 사실을 알게 된 날로부터 (　) 이내에 한국FPSB에 서면으로 통보하여야 한다.

① 10일
② 15일
③ 30일
④ 2개월
⑤ 3개월

기본서 페이지 21쪽
핵심 키워드 한국FPSB에 대한 의무

07 다음에 해당하는 내용 중 결격사유에 해당하지 않는 것은?

난이도 상

① 파산자로서 복권된 자 또는 파산 신청 후 6년이 지난 자
② 금융 관련 법령에 의하여 벌금 이상의 형의 선고를 받고 그 집행이 종료되거나 면제된 후 2년이 지난 자
③ 금고이상의 형의 집행유예를 선고를 받고 그 기간이 경과한 후 6개월이 지난 자
④ 음주운전의 혐의로 벌금형을 선고받고 그 집행이 종료되거나 면제된 후 9개월이 지난 자
⑤ 한국 FPSB가 인증하는 자격을 사칭하거나 자격표장을 무단으로 사용하거나 또는 고객의 이익을 침해한 사실이 확인된 후 1년이 지나지 아니한 자

기본서 페이지 23쪽
핵심 키워드 결격사유

+ 정답 및 해설

06 ① 10일 이내에 통보하여야 한다.

07 ① 다음의 경우에는 결격사유에 해당한다.
② 금융 관련 법령에 의하여 벌금 이상의 형의 선고를 받고 그 집행이 종료되거나 면제된 후 3년이 지나지 아니한 자
③ 금고이상의 형의 집행유예를 선고를 받고 그 기간이 경과한 후 1년이 지나지 아니한 자
④ 음주운전의 혐의로 벌금형을 선고받고 그 집행이 종료되거나 면제된 후 1년이 지나지 아니한 자
⑤ 한국 FPSB가 인증하는 자격을 사칭하거나 자격표장을 무단으로 사용하거나 또는 고객의 이익을 침해한 사실이 확인된 후 3년이 지나지 아니한 자. 따라서 ②~⑤번 지문은 해설에서 정한 기간이내에 해당하므로 결격사유에 해당한다.

08 다음은 결격사유에 해당하는 내용이다. (   )의 내용으로 가장 적절한 것은?

난이도 하

> 한국FPSB가 인증하는 자격을 사칭하거나 자격표장을 무단으로 사용하거나 또는 고객의 이익을 침해한 사실이 확인 된 후 (   )이 지나지 아니한 자

① 3년 ② 4년
③ 5년 ④ 10년
⑤ 15년

기본서 페이지 24쪽
핵심 키워드 결격사유

09 업무수행기준 4단계와 관련된 내용으로 적절치 않은 것은?

난이도 중

① 개별금융상품 또는 서비스에 대한 제안은 재무설계 전략 및 제안서와 함께 제시될 수도 있다.
② CFP® 자격인증자는 자신의 의견이 증명된 사실인 것처럼 제시하여서는 안된다.
③ 고객의 개인신상, 경제 및 다른 일반 조건이 변동되는 경우에는 재무설계 제안서가 변경될 필요가 있다는 점을 고객에게 알려주어야 한다.
④ CFP® 자격인증자는 필요한 경우 고객에게 목표, 니즈 또는 우선순위를 변경할 것을 제안할 수도 있다.
⑤ CFP® 자격인증자는 재무설계 제안서가 고객의 기대를 충족할 수 있는지, 고객이 제안서를 받아들여 실행할 의사가 있는지, 제안서의 내용에 수정이 필요한지의 여부를 점검해보도록 하여야 한다.

기본서 페이지 36쪽
핵심 키워드 4단계 재무설계 제안서의 작성 및 제시

정답 및 해설

08 ① 3년이 지나지 아니한 자이다.
09 ① ①은 업무수행기준 5-2 : 실행을 위한 상품과 서비스의 선별 및 제시에 관한 내용이다.

10 재무설계 업무수행과정 과정별 업무수행 기준내용이 적절하게 연결되지 않은 것은?

① 1단계 : CFP® 자격인증자는 이 단계에서 고객과 협력하여 고객의 재무목표, 니즈 및 우선순위와 과거 재무설계의 경험을 파악해야 한다.
② 2단계 : CFP® 자격인증자는 고객의 가치, 태도, 기대 그리고 재무 관련 경험을 이해하는 데 필요한 정보를 수집하여야 한다.
③ 3단계 : CFP® 자격인증자는 고객의 현재 상태 및 정보를 분석하고, 수집된 정보 중 누락되거나 일관성이 없는 정보의 보완방안을 고객과 함께 협의하여 처리하여야 한다.
④ 4단계 : CFP® 자격인증자와 고객은 제공되는 서비스에 대하여 상호 합의하여 결정하여야 한다.
⑤ 5단계 : CFP® 자격인증자는 제안사항의 실행책임에 대하여 고객의 합의를 받아야 하며, 이를 문서로 작성하여 고객에게 교부하여야 한다.

기본서 페이지 29쪽
핵심 키워드 재무설계 업무수행 기준

＋ 정답 및 해설

10 ④ 업무수행의 범위의 결정(제공되는 서비스의 상호 합의)은 1-3의 내용이다.

11 재무설계 업무수행 과정을 순서대로 나열한 것은?

가. 고객 정보의 비밀유지 방법에 대하여 고객과 협의하였다.
나. 각 목표의 장점과 비현실적일 수 있는 목표의 실행 가능성에 대하여 고객과 협의하였다.
다. 개인적인 재무문제에 대처하는 고객의 능력을 평가하였다.
라. 고객과 함께 제안서를 작성하고, 고객이 예비 및 최종 제안사항에 대한 피드백을 제공할 수 있도록 하였다.
마. 고객의 목표에 합리적으로 충족하는 자산운용방식을 추천하였다.
바. 고객과 상호 합의한 재무설계 제안사항의 실행 여부를 확인하였다.

① 가 – 나 – 다 – 마 – 라 – 바
② 가 – 나 – 다 – 라 – 마 – 바
③ 나 – 가 – 다 – 마 – 라 – 바
④ 다 – 나 – 가 – 라 – 바 – 마
⑤ 가 – 다 – 라 – 나 – 바 – 마

기본서 페이지 28 ~ 39쪽
핵심 키워드 재무설계 업무수행 과정

정답 및 해설

11 ② 가, 나, 다, 라, 마, 바 순으로 진행된다.

제9장 CFP® 자격표장 사용기준

수험전략

CFP® 자격표장 사용기준에 대한 출제 예상문항수는 1~2문항입니다. 학습량이 많지 않으므로 그대로 외우듯 공부하는 것을 권합니다. 그리고 회원국간 상호인정과 사용에 관한 규정은 AFPK에서 학습하지 않은 부분으로 출제 빈도가 높을 수 있습니다.

주요 학습내용 점검

1. CFP® 자격표장 사용기준을 이해하고 준수할 수 있다.

출제빈도

교육내용	핵심키워드	학습중요도 상	학습중요도 중	학습중요도 하	예상 출제비중
CFP® 자격표장 사용기준	• 사용지침 • 해외사용 • 상호인정	○			1~2문항

CHAPTER 09 CFP® 자격표장 사용기준   〔지식형〕

01 다음 중 CFP® 자격표장 사용지침에 대한 설명으로 적절하지 않은 것은?

① 한국FPSB의 CFP® 자격인증자가 다른 회원국에서 일시적으로 CFP® 자격표장을 명함 등에 사용하고자 할 때에는 자격인증을 받은 나라를 표시하여야 한다.
② CFP®라는 표장은 어떠한 경우라도 명사형으로 사용하여야 한다.
③ CFP®는 항상 대문자로 사용하여야 한다.
④ 글자사이에 생략점을 찍어서는 아니 된다.
⑤ CFP® 자격표장을 사용하는 경우에는 커뮤니케이션 및 마케팅자료 내의 적절한 위치에 태그라인의 국문을 적절하게 인쇄하여야 하며, 필요한 경우에는 영문을 국문 다음에 함께 인쇄할 수 있다.

〔기본서 페이지〕 43쪽
〔핵심 키워드〕 자격표장 사용법

+ 정답 및 해설

01 ② 자격표장은 명사를 수식하는 형용사형으로 사용하여야 하나, 개인의 성명 다음에 사용하는 경우에는 예외로 한다.

02 다음은 회원국 간 CFP®자격 상호인정에 대한 설명이다. 가장 적절하지 않은 것은?

난이도 중

① CFP® 자격인증기관은 국제FPSB평의회의 심의를 거쳐 국제FPSB가 제정한 동일한 기준의 교육, 시험, 훈련, 실무경험에 대한 네 가지 자격인증요건에 따라 해당국가 내에서 자격을 인증하고 관리하고 있다.
② 회원국의 CFP® 자격인증자가 대한민국내에서 아무 제약없이 CFP영업활동에 종사하고자 하는 경우에는 별도로 한국FPSB의 CFP® 자격인증을 받아야 한다.
③ 회원국 CFP® 자격인증자가 CFP업무 이외의 목적으로 자격표장을 일시적으로 사용하는 경우에는 한국FPSB의 CFP® 자격인증을 별도로 받지 아니하더라도 표장을 사용할 수 있다.
④ 한국FPSB의 CFP® 자격인증자가 CFP® 자격인증기관이 없는 나라에서 CFP 업무에 종사하고자 하는 경우에는 한국FPSB에 별도로 통보하지 아니한다.
⑤ 회원국 CFP® 자격인증자가 별도로 한국 FPSB의 CFP® 자격 인증을 받고자 하는 경우에는 한국FPSB가 시행하는 CFP® 자격시험 중 사례형 시험의 합격증서 등의 서류를 제출하여야 한다.

기본서 페이지 50쪽
핵심 키워드 자격인증자의 국외활동

＋ 정답 및 해설

02 ④ 한국FPSB에 그 내용을 통보하고 표장을 사용하는 명함 등의 자료에 인증받은 나라가 대한민국임을 분명하게 표시하여야 한다.

03 다음 중 회원국 CFP® 자격인증자가 교수직 업무 제한 등록 신청을 하고자 하는 경우 꼭 제출하는 서류로 가장 적절하지 않은 것은?

① 전문교수 등록 신청서
② 한국FPSB가 시행하는 CFP® 자격시험 중 사례형 시험의 합격증서
③ 일반 회원 가입 신청서
④ 거주지 확인서
⑤ 일반 회비납입을 증명하는 서류

> 기본서 페이지 48쪽
> 핵심 키워드 CFP® 자격의 상호 인정에 대한 요건

정답 및 해설

03 ②

- 전문교수 등록신청서
- 자격을 인증한 모든 회원국 CFP® 자격인증기관의 추천서(Letter of Good Standing)
  다만 신청일 기준 3개월 이내에 발급된 것에 한하며, 또한 추천일 현재 신청인에 대한 자격인증이 유효하며, 징계조사의 대상이 아니라는 사실 확인을 포함하여야 한다.
- 한국FPSB의 Cross-Border CFP 윤리규정 준수 서약서
- 일반회원 가입신청서
- 일반 회비 납입을 증명하는 서류
- 거주자 확인서

※ 회원국 CFP® 자격인증자가 별도로 한국FPSB에 자격인증을 받고자 하는 경우 다음의 서류를 제출하여야 한다.

- CFP® 자격인증 신청서
- 자격을 인증한 모든 회원국 CFP® 자격인증기관의 추천(Letter of Good Standing)
  다만 신청일 기준 3개월 이내에 발급된 것에 한하며, 또한 추천일 현재 신청인에 대한 자격 인증이 유효하며, 징계조사의 대상이 아니라는 사실 확인을 포함하여야 한다.
- 한국FPSB의 Cross-Border CFP 윤리규정 준수 서약서
- 거주지 확인서(Proof of Residency)
  다만 자격인증 신청서 상의 거주지 확인으로 대신할 수 있다.
- 한국FPSB가 시행하는 CFP 자격시험 중 사례형 시험의 합격증서
- CFP 라이선스비 납입 증명서

04 다음 중 CFP® 자격표장 사용지침에 위배되어 사용이 된 것은?

① CFP®와 CERTIFIED FINANCIAL PLANNER™ 자격상표를 도메인 이름의 일부로 사용하지 않았다.
② 홍길동, CERTIFIED FINANCIAL PLANNER™
③ CFP®와 CERTIFIED FINANCIAL PLANNER™ 자격상표를 이메일 주소의 일부로 사용하지 않았다.
④ 홍길동, CFP®
⑤ Certified Financial Planner™ 홍길동

기본서 페이지 44쪽
핵심 키워드 자격상표

+ 정답 및 해설
04 ⑤ 항상 대문자(큰 대문자와 소대문자 혼용 가능)로 사용하여야 한다.

www.epasskorea.com

CFP PART 02

CERTIFIED FINANCIAL PLANNER

지식형 보험설계

- CHAPTER 01 위험과 보험
- CHAPTER 02 보험산업
- CHAPTER 03 생명보험
- CHAPTER 04 제3보험
- CHAPTER 05 손해보험
- CHAPTER 06 보험설계

제1장 위험과 보험

> **수험전략**

위험과 보험은 4~5문항 출제 예상됩니다. 위험과 보험은 이론적인 부분으로 다소 어려운 부분입니다. 제1절의 경우 교재의 전면 개정으로 보험수요의 내용이 추가되었는데 이는 다른 부분에 비해 집중도 있게 학습할 것을 권합니다.
제2절의 경우 위험 유형에 대한 측정방법에 관한 내용 이해가 중요하며 특히 조기사망위험과 관련하여 사례문제에 따른 계산문제 대비가 필요함으로 정독과 충분한 문제풀이를 병행해야 합니다.

> **주요 학습내용 점검**

1. 위험관리 프로세스를 이해하고 적정한 위험관리방법을 선택할 수 있다.
2. 위험회피와 보험수요에 대한 관계를 이해하고 설명할 수 있다.
3. 조기사망에 대한 위험을 이해하고 조기사망 시 필요보장액을 산출할 수 있다.
4. 상해 및 질병위험에 대해 이해하고 설명할 수 있다.
5. 재산위험에 대해 이해하고 재산 관련 위험을 평가할 수 있다.
6. 배상책임위험에 대해 이해하고 배상책임위험을 측정할 수 있다.

> **출제빈도**

교육내용	핵심키워드	학습중요도 상	학습중요도 중	학습중요도 하	예상 출제비중
제1절 위험관리와 보험수요	• 위험관리 프로세스 • 위험통제와 위험재무 • 위험회피와 보험수요			○	2문항
제2절 위험 유형	• 생애가치법, 니즈분석법, 자본보유법 • 재조달가액과 현재가액 • 배상책임위험		○		2~3문항

CHAPTER 01 위험과 보험

01 위험관리에 대한 다음 설명 중 가장 적절한 것은?

① 재무설계에서 위험관리는 목표 달성에 장애가 될 수 있는 잠재적 요인을 인식하고 비용을 효과적으로 처리하는 것이다.
② 고객의 연령이 높아질수록 위험에 대한 대비가 강화됨에 따라 최대한 늦게 위험관리방법을 선택하여 실행하는 것이 비용적인 측면에서 도움이 된다.
③ 위험회피성향이 낮을수록 사고 발생 여부에 따른 불확실성을 감수하기보다 사고 시 확실하게 수령할 수 있는 보험금을 더 선호한다.
④ 가계의 경우 인적 자산에 대해 위험을 완전히 제거하는 것이 가능하다.
⑤ 경제성, 불안 제거, 법적 의무수행은 위험관리 목표 중 위험발생 후에 대한 목표이다.

기본서 페이지 9 ~ 10쪽
핵심 키워드 위험관리의 목표

정답 및 해설

01 ① ② 고객의 연령이 높아질수록 손실을 회복할 기회가 줄어들기 때문에 일찍부터 위험관리방법을 선택하여 실행하는 것이 중요하다.
③ 위험회피성향이 높을수록 사고 시 확실하게 수령할 수 있는 보험금을 더 선호한다.
④ 인적 자산에 대해 위험을 완전히 제거하기는 어렵다.
⑤ 위험발생 전에 대한 목표이다.

02 다음이 설명하고 있는 내용은 위험관리 프로세스 중 어느 단계에 해당하는가?

난이도 중

- 자산관련 : 자산 자체의 손실, 자산의 사용 손실 및 기타 관련 손실
- 계약 관련 : 자산 또는 행위와 관련하여 채권-채무 계약 불이행으로 인한 손실에 대한 배상책임
- 불법행위 관련 : 자산 사용, 직업 등으로 인한 손실에 대한 배상책임위험을 측정 및 평가한 후에는 고객이 보유할 수 있는 위험인지 또는 완화 방법이 필요한지 여부를 판단하고, 고객이 위험을 수용할 수 없다면 대안을 고려해야 한다.

① 위험인식 단계
② 위험측정 및 평가단계
③ 위험관리방법 선택단계
④ 선택한 위험관리방법 실행단계
⑤ 모니터링 및 피드백 단계

기본서 페이지 10 ~ 12쪽
핵심 키워드 위험관리 프로세스

➕ 정답 및 해설

02 ② 위험측정 및 평가단계에서 대한 설명이다.

03 다음 중 위험통제와 관련한 올바른 설명으로만 묶은 것은?

난이도 중

> 가. 위험회피, 손실예방, 손실감소 등이 해당된다.
> 나. 위험회피는 원천적으로 위험 노출을 차단하는 것으로 다른 대안이 존재하지 않기 때문에 선택하기 어려운 방법이다.
> 다. 손실예방은 사고발생 전에 손실규모를 낮추는 조치이고 손실감소는 사고발생 후에 사고 가능성을 낮추는 것이다.
> 라. 위험보유, 위험전가 등이 해당된다.
> 마. 자가보험은 대규모 기업집단이 그룹 차원에서 활용할 수 있는 위험보유 방식이다.
> 바. 위험전가는 보험과 보험 외 방식이 있다.

① 가, 나
② 가, 다
③ 가, 나, 다
④ 라, 마, 바
⑤ 가, 나, 다, 라, 마, 바

기본서 페이지 12~13쪽
핵심 키워드 위험통제와 위험재무

정답 및 해설

03 ① 나. 손실예방은 사고발생 전에 사고 가능성을 낮추는 것이며 손실감소는 사고발생 후에 손실규모를 낮추는 조치이다.
   라, 마, 바에 대한 설명은 위험재무와 관련한 내용이다.

04 다음과 같은 상황 하에서 위험회피자의 보험수요에 대한 설명으로 가장 적절한 것은?

난이도

- 가계의 보유재산은 총 1억 4,000만 원임 (주택재산 1억 원, 현금성재산 4,000만 원)
- 화재 발생시 주택이 전부 소실될 것으로 예상되며 화재가 발생할 확률은 30%임

① 위험회피자는 볼록한 효용함수를 가지며 불확실성을 감수하기 보다는 기대수익이 확실한 것을 더 선호한다.
② 보유재산의 기댓값은 1억 4,000만 원이다.
③ 보험을 가입하지 않았을 때의 기대효용은 화재가 발생할 때의 기대효용과 화재가 발생하지 않을 때 기대효용에 대하여 각각의 발생 확률로 가중평균하여 산출할 수 있다.
④ 화재로 인한 손실의 기댓값은 1억 원이다.
⑤ 보험가입 시 화재 사고 유무와 관계없이 확실한 재산을 보유하게 됨으로 위험회피자는 보험에 가입하여 공정한 보험료, 즉 영업보험료를 납부한다.

기본서 페이지 16~18쪽
핵심 키워드 위험회피자의 보험수요

정답 및 해설

04 ③ ① 위험회피자는 볼록한 효용함수를 가진다.
② 보유재산의 기댓값은 (0원 + 4천만 원) × 30% + (1억 원 + 4천만 원) × 70% = 1억 1,000만 원이다.
④ 화재로 인한 손실의 기댓값은 1억 원 × 30% = 3,000만 원이다.
⑤ 영업보험료가 아니라 순보험료이다.

05 다음 중 고액의 사망보험금이 필요한 가구에 대한 설명으로 가장 적절하지 않은 것은?

① 이혼, 별거 등으로 미성년자녀를 둔 한부모 가구
② 외벌이 가구
③ 각자 자녀를 데리고 재혼한 가구
④ 3세대가 함께 거주하는 대가족
⑤ 부양의무가 없는 단독가구

기본서 페이지 20 ~ 21쪽
핵심 키워드 조기사망위험

06 다음 조기사망위험과 관련하여 사업관계 측면에서의 내용으로 가장 적절하지 않은 것은?

① 주력 소득자가 사망함으로써 부양가족에 대한 경제적 지원, 학령기 자녀교육, 주택담보대출 상환 등 경제적 책임을 원활히 수행하지 못하게 된다.
② 동업관계에 있는 사람이 사망할 경우 사업체를 지속하기 위해서는 지분관계를 신속하게 해결해야 한다.
③ 동업자 간 교차 사망보험을 활용하면 사망보험금으로 사망한 동업자의 지분 매입자금을 마련할 수 있다.
④ 기업 수익에 기여도가 높은 직원이 갑작스럽게 사망할 경우 대체인력을 구하기 어렵다면 기업경영 악화로 이어질 수 있다.
⑤ 핵심종업원을 피보험자로 지정하고 법인이 보험계약자이면서 동시에 보험수익자가 되는 사망보험계약을 체결하면 사망에 따른 부정적 영향을 줄일 수 있다.

기본서 페이지 20 ~ 22쪽
핵심 키워드 조기사망위험

정답 및 해설

05 ⑤ 부양의무가 없는 단독가구의 경우에는 고액의 사망보험금이 필요하지 않을 수 있다.
06 ① 조기사망위험 중 가계 측면에 대한 내용이다.

07 다음 중 조기사망 시 필요보장액 산출방식에 대한 설명으로 적절한 것은?

난이도 중

① 생애가치법은 가족의 생활을 위한 가장의 현재소득의 미래가치라고 정의할 수 있다.
② 생애가치법의 장점은 가장의 근로소득 외 기타소득을 고려한다.
③ 니즈분석법의 장점은 계산방식이 단순하고 실질소득을 보전할 수 있다는 점이다.
④ 니즈분석법이 생명보험의 보험금을 청산하는 것을 가정함에 비해, 자본보유법은 가족에게 수입을 제공하는 자본을 보유하는 것을 전제로 한다.
⑤ 자본보유법은 투자자금에 대한 예상 투자수익률이 낮을 경우 사망보험가입금액이 큰 규모로 감소할 수 있다.

기본서 페이지 22 ~ 28쪽
핵심 키워드 조기사망 시 필요보장액 산출방식

+ 정답 및 해설

07 ④ ① 가장 사망 시 상실되는 장래소득의 현재가치라고 정의할 수 있다.
② 생애가치법의 단점은 가장의 근로소득 외 기타소득을 고려하지 않는다는 것이다.
③ 자본보유법의 장점이다.
⑤ 투자자금에 대한 예상 투자수익률이 낮을 경우 사망보험가입금액이 큰 규모로 증가할 수 있다.

08 나견우 씨 가정의 기본정보가 다음과 같을 때 생애가치법을 활용하여 추가적으로 필요한 생명보험에 대한 사망보험금액을 산출하고자 한다면 가장 적절한 사망보험금액은 얼마인가?

난이도 중

- 가족관계 : 나견우(45세), 이직녀(41세), 첫째 자녀(8세), 둘째 자녀(4세)
- 평균 연봉 : 80,000천 원 (현재시점의 연봉이며 1년간 변동이 없음)
- 나견우 씨의 생활비 비중 : 30% (가족 부양비는 평균 연봉의 70%)
- 소득세율 : 20%
- 소득기간 : 15년
- 세후 투자수익률 : 5%
- 기가입 일반사망보험금 : 1억 원
- 정기예금 : 25,000천 원
- 연봉은 계산 시점에서 1년 후부터 받는 것으로 가정하며, 매년 연봉상승률은 4%임

① 481,261천 원
② 465,009천 원
③ 440,009천 원
④ 365,009천 원
⑤ 340,009천 원

기본서 페이지 23~24쪽
핵심 키워드 생애가치법

정답 및 해설

08 ④
- 생명보험 총 필요보장금액 : (80,000 × 0.8) × 0.7 [PMT](E), 15[n], 5[i], PV = 465,009천 원
- 생명보험 준비금액 : 100,000천 원 (일반사망보험금)
- 추가적으로 필요한 생명보험 필요보장금액 : 465,009 − 100,000 = 365,009천 원

09 재산위험과 관련한 다음 설명 중 가장 적절한 것은?

① 직접손해는 부동산 및 동산이 물리적으로 손상 또는 분실되어 가치가 하락한 것으로 사고발생 전의 상태로 복구하기 위한 비용을 의미한다.
② 직접손실의 발생 규모는 시간과 관련되어 나타날 수 있다.
③ 재조달가액방식은 해당 재화의 물리적 감가상각을 고려하지 않고 시장에서 신품으로 교체할 수 있는 금액으로 평가하는 것으로서 실손보상원칙을 적용한다.
④ 현재가액방식은 재조달가액방식보다 주관적인 요소가 덜 개입된다는 장점이 있다.
⑤ 재조달가액방식은 시간 경과에 따른 재산가치의 하락과 상승을 감안하는 방식으로 주로 개인물품에 적용된다.

기본서 페이지 30~32쪽
핵심 키워드 재산관련 위험

10 다음 재산관련 위험평가에 대한 설명 중 가장 적절하지 않은 것은?

① 재조달가액방식 적용 시 통상 재조달가액 대비 보험가입금액 비율만큼 보상하는 부보비율조건부 실손보상조항이 활용된다.
② 부보비율이 80% 조건인 경우 손해액이 40일 때 보험가액이 100이고 보험가입금액이 50이라면 보험금은 25이다.
③ 공제조항은 발생 손해액 중 일부금액에 대해 피보험자에게 먼저 부담시키는 제도로서 사망보험과 대인배상보험에 적용이 된다.
④ 공제금액을 높게 설정할수록 보험료는 낮아진다.
⑤ 자동차 사고당 100만 원 공제금액을 설정하였다면 손해액 1,000만 원 발생시 100만 원은 피보험자가 부담하고 보험금은 900만 원만 지급된다.

기본서 페이지 32~33쪽
핵심 키워드 재산관련 위험평가

정답 및 해설

09 ① ② 직접손해가 아니라 간접손해이다.
③ 재조달가액방식은 실손보상원칙의 예외로써 이득금지원칙에 어긋난다.
④ 재조달가액방식이 현재가액방식보다 주관적인 요소가 덜 개입된다는 장점이 있다.
⑤ 현재가액방식에 대한 설명이다.

10 ③ 공제조항은 사망보험과 대인배상보험에는 적용이 되지 않는다.

11 다음 중 일반불법행위에 따른 일반배상책임의 성립요건만으로 묶은 것은?

가. 가해자의 고의 또는 과실	나. 가해자의 책임능력
다. 가해행위의 위법성	라. 가해행위에 의한 손해 발생
마. 책임무능력자의 감독자 책임	바. 공동불법행위자 책임

① 가, 나, 다, 라
② 다, 라, 마, 바
③ 가, 나, 다, 마
④ 가, 다, 마, 바
⑤ 나, 다, 라, 마

기본서 페이지 36 ~ 37쪽
핵심 키워드 배상책임의 분류

12 배상책임위험 측정에 대한 다음 설명 중 가장 적절하지 않은 것은?

① 배상책임 관련 손해는 분류 기준에 따라 적극적 손해, 소극적 손해, 정신적 손해로 구분이 되며 장래 얻을 수 있는 재산적 이익의 상실은 소극적 손해에 해당한다.
② 손해배상 합의가 있은 후 예상하지 못한 후유증이 발생한 경우에는 별도로 입원 치료비를 청구할 수 있다.
③ 노동능력상실률을 평가하는 방식 중 맥브라이드방식은 직업 등 개인적 특성을 고려하는 방식으로 우리나라 법원에서 교통사고에 사용한다.
④ 배상책임으로 피해자가 사망할 경우 소득에서 생활비를 차감한 금액에 노동능력상실률과 정년까지의 기간을 감안하여 계산한다.
⑤ 과실상계는 본인의 과실 여부를 감안하여 제외하는 것이고 손익상계는 이미 받은 보상 부분을 제외하는 것으로서 판례에서는 손익상계를 먼저 적용하고 그 다음에 과실상계를 적용하였다.

기본서 페이지 40 ~ 43쪽
핵심 키워드 배상책임위험 측정

+ 정답 및 해설

11 ① 책임무능력자의 감독자 책임과 공동불법행위자 책임은 특수불법행위에 해당한다.
12 ⑤ 판례에서는 과실상계를 먼저 적용하고 그 다음에 손익상계를 적용하였다.

제2장 보험산업

수험전략

보험산업은 5~6문항 출제가 예상됩니다. 교재의 전면 개정으로 해당 부분이 추가되었음으로 다른 부분에 비해 보다 집중도 있게 학습할 것을 권합니다.
제1절 보험경영과 관련해서는 보험요율산출 방법, 손해사정, RBC제도와 K-ICS제도와의 비교 내용 중심의 반복 학습이 필요하며, 제2절 소비자보호와 관련한 내용은 보험소비자 입장에서 학습을 할 것을 권합니다.

주요 학습내용 점검

1. 보험상품 가격책정에 대한 내용을 이해하고 설명할 수 있다.
2. 언더라이팅 제도, 보험금 지급과 손해사정에 대한 내용을 이해하고 설명할 수 있다.
3. RBC제도와 K-ICS제도를 이해하고 그 차이점을 설명할 수 있다.

출제빈도

교육내용	핵심키워드	학습중요도			예상 출제비중
		상	중	하	
제1절 보험경영	• 보험상품 가격 책정 • 언더라이팅 • 손해사정사 • RBC제도와 K-ICS제도	O			2~3문항
제2절 소비자보호	• 영업행위 규제 • 보험상품 공시 • 보험계약자의 권리와 의무	O			2~3문항

CHAPTER 02 보험산업

01 다음은 보험요율 산출방법에 대한 설명이다. 옳은 것은 모두 몇 개인가?

> 가. 요율산출 원칙으로 비과도성, 충분성, 공정성을 요구한다.
> 나. 등급요율은 동질적인 위험집단에 대해 동일한 보험요율을 적용하는 방식으로 주택화재보험이나 자동차보험에서 활용도가 높다.
> 다. 판단요율은 산출대상 담보를 개별적으로 평가하는 것으로 언더라이터의 경험과 판단에 근거를 둔 것이다.
> 라. 경험요율은 개별 계약자의 경험손해 실적을 반영하여 사전적으로 등급요율을 수정하는 방식으로 경험손해 실적이 평균보다 양호하면 할인, 불량이면 할증을 적용한다.
> 마. 예정요율은 개별 계약자의 위험상황을 평가하여 사후적으로 등급요율을 수정하는 방식으로 일정 규모 이상의 보험계약에 대해 적용한다.
> 바. 소급요율은 피보험자의 실제 손해를 평가한 결과에 따라 할인 또는 할증을 적용하며 최종보험료가 보험기간 동안의 손해를 근거로 산출되어 적용된다.

① 2개 ② 3개
③ 4개 ④ 5개
⑤ 6개

기본서 페이지 48~50쪽
핵심 키워드 보험요율산출 방법

정답 및 해설

01 ③ 라. 사전적으로 등급요율을 수정하는 것이 아니라 사후적으로 등급요율을 수정함
   마. 사후적으로 등급요율을 수정하는 것이 아니라 사전적으로 등급요율을 수정함

02 다음은 언더라이팅과 관련한 내용이다. 가장 적절하지 않은 것은?

① 보험회사가 언더라이팅 업무를 두는 이유는 정보의 비대칭성으로 인한 역선택 위험을 통제하고 보험목적을 선별적으로 인수함으로써 안정적인 경영을 도모하기 위함이다.
② 보험회사는 계약 성립 후 6개월 이내에 계약적부확인 또는 생존조사를 실시할 수 있다.
③ 환경적 위험요인을 파악할 수 있는 정보는 피보험자의 직업, 운전 여부, 위험한 취미 등이다.
④ 피보험자의 현재 증상 및 과거 병력과 같은 사항은 신체적 위험요인을 파악할 수 있는 정보이다.
⑤ 도덕적 위험요인을 파악할 수 있는 정보로는 주로 소득 대비 보험료 수준을 사용한다.

기본서 페이지 51~53쪽
핵심 키워드 언더라이팅

03 손해사정사의 종류와 업무범위에 대한 다음 설명 중 가장 적절하지 않은 것은?

① 재물손해사정사는 보험사고(자동차사고 포함)로 인한 재물 관련 재산손해액을 사정한다.
② 신체손해사정사는 자동차사고 및 그 밖의 보험사고로 인한 사람의 신체와 관련된 손해액을 사정한다.
③ 종합손해사정사는 재물손해사정사, 차량손해사정사, 신체손해사정사 업무를 모두 할 수 있다.
④ 고용손해사정사는 특정 보험회사에 고용되어 소속 보험회사의 손해사정업무를 수행한다.
⑤ 선임손해사정사는 독립손해사정사 중 주로 보험회사로부터 위탁받아 손해사정업을 영위한다.

기본서 페이지 57쪽
핵심 키워드 손해사정사 제도

+ 정답 및 해설

02 ② 3개월 이내이다.

03 ① 자동차사고는 제외한다.

04 다음은 RBC제도에 대한 설명이다. 가장 적절하지 아니한 것은?

난이도 중

① RBC 비율은 가용자본인 지급여력금액을 요구자본인 지급여력기준금액으로 나누어 산출한다.
② 가용자본은 기본자본에 보완자본을 합한 후 자산성이 없는 차감항목을 공제하여 산출한다.
③ 최대손실 예상액은 일정 기간동안 일정 신뢰수준에서 발생할 수 있는 최대손실액을 의미하는 VaR로 측정한다.
④ 부적절하거나 잘못된 내부 절차, 인력 및 시스템 또는 외부 사건으로 인해 발생하는 손실위험은 신용리스크이다.
⑤ 금리리스크는 부채의 평균 만기가 자산의 평균 만기를 상(하)회함에 따라 금리 하락(상승)시 순자산가치가 하락(상승)할 위험을 말한다.

기본서 페이지 58~60쪽
핵심 키워드 RBC제도

05 보험회사의 재무건전성과 관련한 K-ICS에서 요구자본 산출 시 추가 측정하는 리스크 종류로만 모두 묶은 것은?

난이도 하

가. 보험리스크	나. 금리리스크
다. 신용리스크	라. 시장리스크
마. 운영리스크	바. 해약리스크
사. 사업비리스크	아. 장수리스크
자. 대해재리스크	차. 자산집중리스크

① 가, 나, 다, 라, 마
② 나, 다, 라, 마, 바
③ 다, 라, 마, 바, 사
④ 마, 바, 사, 아, 자
⑤ 바, 사, 아, 자, 차

기본서 페이지 61쪽
핵심 키워드 K-ICS제도

+ 정답 및 해설

04 ④ 운영리스크에 대한 설명이다.
05 ⑤ 보험리스크, 금리리스크, 신용리스크, 시장리스크, 운영리스크는 RBC 제도와 관련이 있는 리스크이다.

06. 경영실태평가제도와 적기시정조치에 대한 설명으로 가장 적절한 것은?

난이도 상

① 감독당국은 적기시정조치와 관련하여 K-ICS 제도 도입시점에 경과조치 적용 후 K-ICS 비율이 100%미만이더라도 RBC 비율이 100%를 상회할 경우 적기시정조치를 유예하도록 하였다.
② 경영실태평가와 관련하여 감독당국은 5개 리스크 부분에 대한 실질적인 경영상태를 절대평가하여 등급을 부여한다.
③ 지급여력비율이 100% 미만일 때는 경영개선요구를 한다.
④ 경영개선권고에 대한 조치로써 점포 폐쇄 및 신설제한, 임원진 교체요구를 할 수 있다.
⑤ 주식소각, 영업양도, 외부관리인 선임에 대한 조치내용은 경영개선요구에 따른 조치내용이다.

기본서 페이지 62 ~ 63쪽
핵심 키워드 경영실태평가제도와 적기시정조치

07. 다음 중 영업행위 규제와 관련하여 광고 행위로써 금지된 사항이 아닌 것은?

난이도 하

① 갑은 보험금이 큰 특정 내용만 강조하거나 고액 보장 사례 등을 소개하면서 보장내용이 큰 것이라고 강조하였다.
② 을은 보험료를 일(日) 단위로 표시함으로서 보험료가 저렴한 것으로 보이도록 하였다.
③ 병은 만기 시 자동 갱신되는 보장성 상품에 대해서 갱신 시 보험료 등이 인상될 수 있음을 소비자가 인지할 수 있도록 충분히 알리지 않았다.
④ 정은 계약체결 전 상품설명서 및 약관을 읽어보도록 권유하였다.
⑤ 무는 투자실적에 따라 만기환급금이 변동될 수 있는 보장성 상품에 대해서 만기환급금이 보장성 상품의 만기일에 확정적으로 지급된다고 하였다.

기본서 페이지 66쪽
핵심 키워드 영업행위 규제

정답 및 해설

06 ① ② 5개 리스크가 아니라 7개 리스크이다.
③ 지급여력비율이 100% 미만일 때는 경영개선권고이며 경영개선요구는 지급여력비율이 50% 미만일 때이다.
④ 점포 폐쇄 및 신설제한, 임원진 교체요구는 경영개선요구에 대한 조치내용이다.
⑤ 주식소각, 영업양도, 외부관리인 선임은 경영개선명령에 대한 조치내용이다.

07 ④ 계약체결 전 상품설명서 및 약관을 읽어보라고 권유하는 사항은 광고에 포함되어야 하는 사항이다.

08 보험계약의 체결 또는 모집에 관한 금지행위와 관련한 다음 설명 중 가장 적절한 것은?

① 기존보험계약이 소멸된 날부터 2개월 이내에 새로운 보험계약을 청약하게 한 경우 부당계약전환에 해당하는 행위로 본다.
② 본인의 의사에 따른 행위임이 명백히 증명되는 경우에는 새로운 보험계약을 청약하게 한 날부터 1개월 이내에 기존보험계약을 해지하더라도 부당계약전환 금지에 해당하지 않는다.
③ 기존보험계약과 새로운 보험계약의 중요한 사항을 비교하여 알리지 아니했을 경우 기본 보험계약이 소멸된 날부터 3개월 이내에 새로운 보험계약을 청약하게 하는 것은 부당계약전환에 해당하는 행위로 본다.
④ 새로운 보험계약을 청약하게 한 날부터 6개월 이내에 기존보험계약을 소멸하게 하는 경우에는 부당계약전환에 해당하는 행위로 본다.
⑤ 보험계약자는 보험모집채널이 부당계약전환을 했을 경우 보험계약이 소멸한 날부터 3개월 이내에 소멸된 보험계약의 부활을 청구하고 새로운 보험계약은 취소할 수 있다.

기본서 페이지 68쪽
핵심 키워드 부당계약전환 금지

09 다음은 보험상품 공시제도와 관련한 내용이다. ( ) 안에 가장 적절한 것은?

> 상품요약서는 인터넷 홈페이지의 상품공시실에 게시하며, (①) 이상 유지된 계약에 대해 (②) 이상 계약자에게 보험계약관리내용을 제공해야 한다. 다만, 변액보험계약의 경우 (③) 이상, 퇴직연금실적배당보험의 경우 (④) 이상, 연금저축보험계약에 대해서는 수익률보고서를 (⑤)이상 제공해야 한다.

① 2년 ② 분기별 1회 ③ 연 1회
④ 연 1회 ⑤ 연 1회

기본서 페이지 70쪽
핵심 키워드 보험상품 공시제도

＋ 정답 및 해설

08 ② ① 2개월 → 1개월   ③ 3개월 → 6개월   ④ 6개월 → 1개월   ⑤ 3개월 → 6개월
09 ⑤ 상품요약서는 인터넷 홈페이지의 상품공시실에 게시하며, 1년 이상 유지된 계약에 대해 연 1회 이상 계약자에게 보험계약관리내용을 제공해야 한다. 다만, 변액보험(퇴직연금실적배당보험 포함)계약의 경우 분기별 1회 이상, 연금저축보험계약에 대해서는 수익률보고서를 연 1회 이상 제공해야 한다.

10 저축성보험 중 변액보험에 해당하는 경우 공시하여야 할 사항에 대하여 가장 적절하지 않은 것은?

① 추가납입, 중도인출 등 특정상황 발생 시 부과하는 비용이나 수수료
② 특별계정 운영이나 투자일임, 수탁, 사무관리 보수, 증권거래비용, 기초펀드 보수비용, 기타비용
③ 추가비용 및 수수료
④ 해약공제 및 사업비, 후취상품 해약수수료
⑤ 보험관계비용

기본서 페이지) 72쪽
핵심 키워드) 저축성보험 공제금액 공시

11 보험계약자의 권리에 대한 다음 설명 중 가장 적절하지 않은 것은?

① 일반금융소비자인 계약자는 보험증권을 받은 날로부터 15일 이내에 청약을 철회할 수 있다.
② 청약일부터 30일이 초과한 계약은 청약철회가 불가하다.
③ 약관의 중요한 내용을 설명 받지 못한 경우에는 계약이 성립한 날로부터 3개월 이내에 계약을 취소할 수 있다.
④ 보험금청구권은 5년간 행사하지 아니하면 소멸시효의 완성으로 행사할 수 없다.
⑤ 보험계약자가 보험수익자를 지정하지 않고 사망한 경우 그 승계인이 보험수익자 지정변경권을 행사할 수 있다는 약정이 있을 때를 제외하고는 피보험자가 보험수익자가 된다.

기본서 페이지) 76 ~ 78쪽
핵심 키워드) 보험계약자의 권리

정답 및 해설

10 ① 추가납입, 중도인출 등 특정상황 발생 시 부과하는 비용이나 수수료는 비변액보험의 공시할 사항이다.
11 ④ 보험금청구권 소멸시효의 완성은 3년이다.

12 다음은 보험계약자의 의무에 대한 설명이다. 가장 적절한 것은?

난이도 상

① 피보험자인 이몽룡 씨의 직업이나 직무가 변경이 되었다면 이몽룡은 자신이 가입한 보험회사에 이 사실을 바로 알려야 한다.
② 보험계약자인 홍길동 씨는 계약체결 후 지체 없이 보험료의 전부 또는 제1회 보험료를 납입해야 하며, 이를 납입하지 아니하는 경우에는 다른 약정이 없는 한 계약 성립 후 3개월이 지나면 그 계약은 해제된 것으로 본다.
③ 보험계약자인 나대로 씨는 보험기간 중 사고발생의 위험이 현저하게 변경 또는 증가한 사실을 안때에는 안 날로부터 1개월 이내에 보험회사에 이 사실을 통지해야 한다.
④ 보험사고가 발생한 경우에는 보험계약자 또는 피보험자와 보험수익자는 보험사고의 발생을 안 때로부터 2년 이내에 보험회사에 통지해야 한다.
⑤ 창고에 화재가 발생해서 옆에 쌓아둔 물건에 불이 붙을까봐 그 물건을 치우는데 비용이 발생하였다면 그 비용은 보험계약자인 김성실 씨가 부담해야 한다.

기본서 페이지 79~81쪽
핵심 키워드 보험계약자의 의무

정답 및 해설

12 ① ② 3개월이 아니라 2개월이다.
③ 1개월이 아니라 지체 없이 보험회사에 통지해야 한다.
④ 2년이 아니라 지체 없이 보험회사에 통지해야 한다.
⑤ 보험계약자가 아니라 보험회사가 비용을 부담한다.

제3장 생명보험

수험전략

생명보험은 5~6문항 출제 예상합니다. 제1절 보장성보험과 제2절 저축성보험의 경우 해당 보험상품의 특징과 종류, 장단점, 활용방안 등 전체적인 시각에서 이해하는 것이 중요합니다. 제3절 생명보험 약관 및 특약은 교재의 지문에 대한 자세한 정독보다는 각 조항별 특징을 파악하고 이해하는 것이 필요합니다.

주요 학습내용 점검

1. 보장성보험 상품에 대해 이해하고 각 상품별 특징과 장단점 및 활용방안 등을 설명할 수 있다.
2. 저축성보험 상품에 대해 이해하고 각 상품별 특징과 장단점 및 활용방안 등을 설명할 수 있다.
3. 생명보험 약관 조항을 이해하고 설명할 수 있다.
4. 생명보험 특약의 내용을 이해하고 활용방안을 설명할 수 있다.

출제빈도

교육내용	핵심키워드	학습중요도 상	학습중요도 중	학습중요도 하	예상 출제비중
제1절 보장성보험	• 정기보험 • 전통형종신보험 • 유니버셜종신보험 • 변액종신보험 • 변액유니버셜종신보험 • 양로보험 • 장애인보험	○			2~3문항
제2절 저축성보험	• 연금보험 • 저축보험			○	0~1문항
제3절 생명보험 약관 및 특약	• 보험계약자 보호 약관조항 • 보험회사 보호 약관조항 • 제도성특약 • 보험인수 특약		○		2문항

CHAPTER 03 생명보험

01 다음은 정기보험의 종류에 대한 설명이다. 가장 적절하지 않은 것은?

① 평준정기보험은 특정한 기간, 즉 보험기간 내에 피보험자가 사망하면 동일한 사망보험금의 지급을 보장하는 상품으로 보험기간이 만료된 후에는 사망하더라도 보험금이 지급되지 않는다.
② 체감정기보험은 특정기간 동안 보험료는 동일하지만, 연령이 증가함에 따라 사망보험금이 감소하는 상품으로 주로 사망시 주택대출자금을 상환할 수 있도록 판매되어 왔다.
③ 체증정기보험은 사망보험금이 특정 금액에서 출발하여 정해진 기간 동안 일정한 금액 또는 비율로 증가하는 상품으로 인플레이션에 따른 사망보장급부의 실질가치 하락을 막기 위하여 개발되었다.
④ 갱신정기보험은 피보험자가 5년 또는 10년 등으로 주어진 연도말에 적격 피보험체 여부에 대해 증명하고, 보험회사가 이것을 인정하면 더 낮은 보험료로 계약을 갱신할 수 있다.
⑤ 전환정기보험은 피보험자가 적격 피보험체임을 증명하지 않고 보험계약자가 정기보험을 종신보험으로 전환할 수 있는 권리가 부여된 상품이다.

기본서 페이지 86 ~ 91쪽
핵심 키워드 정기보험의 종류

+ 정답 및 해설

01 ④ 재가입정기보험에 대한 설명이다.

02 김성태 씨는 올해 아파트를 분양하면서 주택담보대출로 3억 원을 대출받았다. 대출기간은 30년, 이자는 고정금리로 연 5% 월 복리, 매월 말 원리금균등분할상환방식이다. 만약 주택담보대출상환보험에 가입하고 사망 시 매월 말 대출잔액과 동일하게 사망보험금이 지급되는 경우 10년 후 사망한다면 보험수익자에게 지급되는 보험금은 얼마인가?

① 300,000천 원
② 244,026천 원
③ 200,000천 원
④ 194,026천 원
⑤ 144,026천 원

기본서 페이지 87~88쪽
핵심 키워드 주택담보대출상환보험

03 다음의 고객 중 정기보험을 권유하기에 가장 적절한 것으로만 묶은 것은?

가. 올해 입사한 신입사원 이몽룡씨는 본인의 소득 중 상당부분을 자기 개발을 위해 투자하고 있다.
나. 사업을 시작한 박대박씨는 본인의 소득 중 상당부분을 사업에 재투자하고 있다.
다. 두 자녀의 아버지인 회사원 나과장씨는 자녀를 양육하는 동안 기존의 생명보험을 보완할 수 있는 수단을 고려하고 있다.
라. 올해 분당에 아파트를 장만한 김갑수씨는 본인의 갑작스러운 사망 시 주택 융자금 2억 원에 대한 문제를 해결할 수 있는 보험 상품을 고려하고 있다.
마. 사업주 홍길동씨는 회사의 핵심인력의 사망에 대한 보장 장치를 마련하고 싶다.
바. 막대한 부동산을 소유하고 있는 김부자씨는 상속세 재원 마련을 고민하고 있다.

① 가, 나
② 가, 나, 다
③ 가, 나, 다, 라
④ 가, 나, 다, 라, 마
⑤ 가, 나, 다, 라, 마, 바

기본서 페이지 92~93쪽
핵심 키워드 정기보험의 활용

+ 정답 및 해설

02 ② • 매월 말 상환액 : 1,610천 원 → 300,000[PV], 30 × 12[n], 5/12 [i], PMT = 1,610
• 10년 경과시점의 대출잔액 : 244,026천 원 → 1,610 [PMT], 10 × 12 [n], 5/12 [i], PV = 244,026

03 ④ 상속세 재원 마련을 위한 상품으로는 종신보험이 적합하다.

04 전통형 종신보험의 상품에 대한 설명으로 바르게 짝지은 것은?

가. 피보험자 사망 시까지 보험료를 납입하는 종신보험으로 계약자 적립액 계산에 사용되는 예정이율은 변동금리가 아닌 고정금리로 판매되어 금리리스크를 보험회사가 부담하는 형태를 지닌다.
나. 보장기간 대비 짧은 보험료 납입기간을 가지는 종신보험 상품으로 사망보장은 평생 사망시까지 지속되지만, 보험료 납입은 그에 앞서 종료된다.
다. 가입 초기 일정기간은 평준보험료보다 낮은 보험료를 부담하다 그 이후에 평준보험료보다 보험료 수준을 높이는 종신보험으로 현재 소득은 낮지만 장래소득이 높아질 것으로 예상되는 사람들에게 적합한 상품이다.
라. 1개의 계약에 피보험자 2명 이상의 복수의 피보험자에 대해 사망을 보장하는 상품으로 선사망자보험과 후사망자보험이 있다.

① 가 : 전기납 종신보험, 나 : 단기납 종신보험, 다 : 수정종신보험, 라 : 연생종신보험
② 가 : 단기납 종신보험, 나 : 전기납 종신보험, 다 : 수정종신보험, 라 : 연생종신보험
③ 가 : 전기납 종신보험, 나 : 단기납 종신보험, 다 : 연생종신보험, 라 : 수정종신보험
④ 가 : 단기납 종신보험, 나 : 전기납 종신보험, 다 : 연생종신보험, 라 : 수정종신보험
⑤ 가 : 전기납 종신보험, 나 : 수정종신보험, 다 : 단기납 종신보험, 라 : 연생종신보험

기본서 페이지 94~96쪽
핵심 키워드 전통형 종신보험 상품종류

정답 및 해설
04 ①

05 다음은 유니버셜종신보험에 대한 설명이다. 가장 적절하지 않은 것은?

① 유니버셜종신보험은 피보험자가 사망을 종신토록 보장하고, 공시이율에 따라 사망보험금이 달라지며 추가납입, 중도인출 등의 기능 활용이 가능한 상품으로 보험료 자유납입, 가입금액 및 사망급부금액의 조정, 보험료 구성요소가 개별화되어 있다는 특징이 있다.
② 의무납입기간 내에 보험료가 납입되는 경우 해당 월의 위험보험료, 수금비를 포함한 부가보험료 및 특약보험료의 합계액에 대해 계약해당일 이전에 보험료 납입 시에는 계약해당일자에, 계약해당일 이후에 납입 시에는 납입일자에 계약자적립액에서 공제한다.
③ 증가형 사망급부는 피보험자의 연령이 증가함에 따라 정기보험의 비용이 증가하기 때문에 계약의 전 기간에 걸쳐 상당한 금액의 보험료가 정기보험 요소에 사용되게 된다.
④ 계약자적립액이 고갈될 정도로 보험료 납입을 유예하거나 계약자적립액을 과도하게 인출하면 보험이 해지될 수 있으며 사망보험금이 자연보험료방식의 보험료이기 때문에 나이가 들수록 사망에 대한 위험보험료가 포함된 월대체보험료가 증가한다.
⑤ 3개월 이상 보험료를 납입하지 못할 경우에도 월대체보험료를 충당할 수 있는 기간은 실효되지 않고 지속적으로 보장받을 수 있다는 장점이 있다.

기본서 페이지 98~100쪽
핵심 키워드 유니버셜종신보험

+ 정답 및 해설
05 ⑤ 3개월이 아닌 2개월이다.

06 다음은 변액종신보험과 일반종신보험과의 비교를 설명한 것이다. 가장 적절하지 않은 것은?

난이도 하

번호	구분	변액종신보험	일반종신보험
①	사망보험금	기본보험금 + 변동보험금	보험가입금액
②	적용이율	투자수익률	예정이율 또는 공시이율
③	투자책임	회사 부담	보험계약자 부담
④	자산운용	특별계정	일반계정
⑤	예금자보호	적용 제외	적용 가능

기본서 페이지 102쪽
핵심 키워드 변액종신보험과 일반종신보험과의 비교

+ 정답 및 해설

06 ③ 변액종신보험은 보험계약자가 투자책임을 지며 일반종신보험은 회사가 투자책임을 진다.

07 다음은 변액종신보험의 구조에 대한 설명이다. 옳은 것은 모두 몇 개인가?

가. 변액종신보험의 변동보험금은 매월 계약해당일마다 일시납보험 추가가입방법에 의해 재계산되어 누적되어 계속 쌓이게 된다.
나. 해약환급금은 투자수익률에 따라 매월 변동되며 최저보증이율이 없다.
다. 특별계정에 투입되는 보험료는 위험보험료와 저축보험료 그리고 납입 후 계약유지비용이다.
라. 보험계약 대출 시 특별계정방식은 대출원금을 일반계정에서 먼저 지급한 후 대출지급일 당일 기준가를 적용하여 특별계정에서 일반계정으로 이체한 후 보험계약대출 적립액 계정에 적립하는 형태이다.
마. 특별계정 투입보험료가 1,000만 원이고 해당 일자 펀드 기준가격이 1,250일 경우 보유하게 되는 좌수는 8,000좌수가 된다.
바. 특별계정투입과 관련하여 제2회 이후의 보험료는 매월 계약해당일의 제2영업일 이전에 납입한 경우에는 매월 계약해당일에, 매월 계약해당일의 하루 전부터 납입한 경우에는 계약해당일+제1영업일에 이체한다.

① 2개 ② 3개
③ 4개 ④ 5개
⑤ 6개

기본서 페이지 103~106쪽
핵심 키워드 변액종신보험 구조

정답 및 해설

07 ② 가. 한 달이 지나면 소멸되고 새로 계산된다.
나. 매일 변동된다.
마. 800만 좌수이다. (=1,000만 원/1,250×1,000)

08 다음은 변액유니버셜종신보험의 특징에 대한 설명이다. 가장 적절하지 않은 것은?

① 계약 당시에 정해지는 의무납입기간이 지나면 보험료 납입이 자유롭다.
② 인플레이션이나 보장 니즈의 변경에 따라 사망보험금액을 변경할 수 있다.
③ 중도인출을 통해 이자부담 없이 자금을 활용할 수 있다.
④ 사망보장에 있어 평준형의 경우 사망보험금이 일정하지만, 증가형의 경우는 계약자적립액의 증가에 따라 사망보험금이 증가한다.
⑤ 보험회사의 책임하에 다양한 펀드를 선택할 수 있고 펀드변경도 가능하다.

기본서 페이지 108~109쪽
핵심 키워드 변액유니버셜종신보험 특징

09 기타 생명보험에 대한 다음 설명 중 가장 적절한 것은?

① 생사혼합보험은 피보험자가 일정 기간 내에 사망했을 때 사망보험금을 지급하는 종신보험과 만기까지 생존했을 때 만기보험금을 지급하는 생존보험을 합친 것이다.
② 생사혼합보험은 자녀교육자금이나 자녀결혼자금 등을 준비하기 위한 수단으로 적합하지 않은 상품이다.
③ 장애인전용보험은 개인보험과 단체보험으로만 구분된다.
④ 일반보장성보험을 가입한 장애인도 기존 계약을 해지하지 않아도 전환을 통해 장애인 세액공제를 받을 수 있다.
⑤ 장애인전용보험은 보험회사의 심사절차가 생략된다.

기본서 페이지 112~114쪽
핵심 키워드 생사혼합보험과 장애인보험

+ 정답 및 해설

08 ⑤ 보험회사가 아닌 보험계약자이다.
09 ④ ① 종신보험이 아닌 정기보험이다.
  ② 적합한 상품이다.
  ③ 장애인전용보험은 개인보험, 단체보험, 연금보험으로 구분된다.
  ⑤ 심사절차가 생략되는 것은 아니다.

10 다음 중 연금보험에 대한 설명으로 가장 적절하지 않은 것은?

① 보험료 납입 후 바로 연금수령이 가능한 즉시연금보험은 대부분 금리연동형 연금이 일반적이며, 최저보증이율을 보장하기 때문에 시장상황과 관계없이 비교적 안정적인 연금을 수령할 수 있다.
② 소득세법상 일정요건을 충족한 세제비적격연금보험의 경우에는 보험차익에 대한 비과세 혜택을 받을 수 있다.
③ 변액연금보험은 최저연금적립액보증(GMAB) 기능이 있어 연금개시시점까지 계약을 정상적으로 유지했을 경우 기납입한 보험료를 최저보증해 준다.
④ 자산연계형 연금보험의 경우 최저보증이율을 설정하고 있어 일반적으로 원금의 100%를 최저보증하는 변액연금보다 더 많은 연금액을 보증받을 수 있다.
⑤ 자산연계형 연금보험은 보험료의 전부를 주가지수 등 특정지표 또는 자산에 연계한 후 발생한 수익을 연금액에 반영하여 지급하는 상품이다.

기본서 페이지 118~119쪽
핵심 키워드 연금보험

11 저축보험에 대한 다음 설명 중 가장 적절한 것은?

① 저축보험은 일반적으로 최저보증이율이 적용되지만, 보험계약자가 보험계약을 중도에 해지할 경우 해약환급금이 납입한 보험료보다 적거나 없을 수도 있다.
② 보험료를 추가납입 할 경우 추가납입보험료에도 위험을 보장하는 위험보험료가 포함되어 있어 사망보험금액이 증가하게 된다.
③ 추가납입보험료에는 계약관리비용이 부과되지 않기 때문에 보험계약자가 납입한 보험료 전액이 적립된다.
④ 보험상품별 보험료 추가납입제도 운용방식은 모두 같다.
⑤ 저축보험은 보험차익이 발생하면 연금소득으로 간주하여 연금소득세를 과세한다.

기본서 페이지 121~123쪽
핵심 키워드 저축보험

+ 정답 및 해설

10 ⑤ 보험료의 전부가 아닌 일부를 투자한다.
11 ① ② 추가납입보험료에는 위험을 보장하는 보험료가 포함되어 있지 않아 사망보험금이 증가하지 않는다.
③ 추가납입보험료에도 계약관리비용이 부과되기 때문에 납입한 보험료 중 일부를 차감한 금액이 적립된다.
④ 보험상품별 보험료 추가납입제도 운용방식은 각각 다르다.
⑤ 이자소득으로 간주하여 소득세를 과세한다.

12 생명보험약관 조항과 관련하여 보험계약자를 보호하기 위한 것으로 가장 적절한 것은?

① 보험료 납입유예기간조항
② 청약철회조항
③ 보험금수령방법조항
④ 계약자배당조항
⑤ 보험계약대출조항

기본서 페이지 127쪽
핵심 키워드 보험계약자를 위한 조항

13 보험설계사인 이허풍씨는 보험모집 과정에서 보험회사가 제작한 보험안내자료가 아닌 임의적으로 본인이 제작한 보험안내자료를 사용하여 보험약관의 내용과 다르게 고객에게 설명하여 보험계약을 체결하였고 이후 만약 보험사고가 발생하였을 경우 보험계약자에게 유리한 내용으로 보험계약이 성립된 것으로 본다는 것과 관련이 있는 약관의 조항으로 가장 적절한 것은?

① 완전계약조항
② 손해배상책임조항
③ 지연조항
④ 보험계약의 변경조항
⑤ 불몰수조항

기본서 페이지 126쪽
핵심 키워드 완전계약조항

정답 및 해설

12 ① ②, ③, ④, ⑤는 보험계약자에게 융통성 있는 금융수단으로 만들기 위한 것이다.
13 ① 완전계약조항에 대한 내용이다.

14 다음은 계약자가 고지의무를 위반하고 위반한 사항이 중대한 것임에도 불구하고 보험계약을 해지할 수 없는 경우에 대한 설명이다. 가장 적절하지 않은 것은?

① 회사가 그 사실을 안 날부터 1년 이상 지났을 경우
② 보장개시일부터 보험금 지급사유가 발생하지 아니하고 2년이 지났을 경우
③ 계약체결일부터 3년이 지났을 경우
④ 대리진단, 약물복용을 수단으로 진단절차를 통과하거나 진단서 위·변조의 방법으로 계약을 하고 보장개시일부터 5년이 지났을 경우
⑤ 암 또는 인간면역결핍바이러스 감염의 진단 확정을 받은 후 이를 숨기고 가입하는 뚜렷한 사기의사에 따른 계약으로서 보장개시일부터 5년이 지났을 경우

기본서 페이지 126쪽
핵심 키워드 불가쟁조항

15 생명보험약관 조항에 대한 다음 설명 중 적절한 것으로만 묶은 것은?

가. 납입유예기간에 보험금지급사유가 발생한다면 보험금이 지급되고, 보험회사는 지급보험금에서 납입되지 않은 보험료는 공제한다.
나. 보험료 미납으로 해지된 계약의 부활은 해약환급금을 받은 경우 해지된 날로부터 3년 이내에 보험계약의 부활을 청구할 수 있다.
다. 피보험자의 연령이나 성별이 잘못 기재되어 가입금액에 대한 보험료가 잘못 산정된 상태에서 사망 시 보험회사는 올바르게 기재되었을 경우에 실제 납입된 보험료에 의해 구입가능 한 가입금액으로 조정하여 보험금을 지급하게 된다.
라. 계약의 보장개시일부터 2년이 경과한 후 자살한 경우에는 재해 이외의 원인에 해당하는 보험금을 지급하도록 규정하고 있다.
마. 4월 1일에 보험청약을 하였고 보험증권을 4월 20일에 받았을 경우 보험청약철회는 5월 5일까지 가능하다.

① 가, 나, 다, 라, 마   ② 가, 다, 마   ③ 가, 다, 라
④ 가, 나, 라   ⑤ 가, 나, 마

기본서 페이지 127~130쪽
핵심 키워드 생명보험약관

+ 정답 및 해설

14 ① 1년이 아니라 1개월이다.
15 ③ 나. 해약환급금을 받은 경우에는 부활이 불가능하다.
　　　마. 청약일로부터 30일 이내 철회가 가능함으로 4월 30일까지 청약철회가 가능하다.

16 다음은 생명보험특약 중 제도성 특약에 대한 설명이다. 가장 적절한 것은?

난이도 중

① 지정대리청구서비스특약은 보험수익자가 보험금을 직접 청구할 수 없는 특별한 사정이 있을 경우를 대비하여 보험계약자가 보험금 지급사유가 발생한 후에 지정대리청구인을 지정하여 지정대리청구인이 보험금을 청구 및 수령할 수 있는 서비스 제도이다.

② 선지급서비스특약은 피보험자의 잔여수명이 12개월 이내로 판단한 경우에 주계약 사망보험금과 사망보장특약을 더한 금액 일부 또는 전부를 계약자에게 선지급하는 특약을 말한다.

③ 사망보장증액특약을 이용해 저렴한 보험료로 사망보험금을 늘릴 수가 있는데 주계약 가입 후 10년 이상 지나야 부가할 수 있다.

④ 사후정리특약은 피보험자가 사망하였을 때 사망보험금의 신속한 지급을 통하여 피보험자의 사망 후 정리를 지원하는 것을 목적으로 한다.

⑤ 보험료납입유예서비스특약은 피보험자 여명이 12개월 이내인 경우 보험계약자가 보험료납입유예를 신청하면 사망할 때까지 별도비용 없이 보험료 납입을 유예하여 보험계약이 효력 상실되지 않도록 하는 서비스 특약이다.

기본서 페이지 136~139쪽
핵심 키워드 제도성특약

+ 정답 및 해설

16 ④ ① 보험금 지급사유가 발생한 후가 아니라 보험금 지급사유가 발생하기 전이다.
② 계약자에게 선지급하는 것이 아니라 피보험자에게 선지급한다.
③ 10년이 아니라 5년이다.
⑤ 보험료납입유예서비스특약은 없다.

제4장 제3보험

수험전략

제3보험은 2~3문항 출제를 예상합니다. 교재의 지문에 대한 자세한 정독보다는 상품의 특징, 특별약관 등 전체적인 시각에서 이해하는 것이 중요합니다. 상해보험과 질병보험의 차이와 내용에 대한 이해가 필요하며 실손의료보험과 관련해서는 4세대 실손의료보험의 내용과 특징을 중심으로 학습할 것을 권합니다. 장기간병보험은 일생생활장해에 대한 내용을 중심으로 이해가 필요합니다.

주요 학습내용 점검

1. 상해보험과 질병보험의 개념을 이해하고 그 차이점을 설명할 수 있다.
2. 실손의료보험의 변천사를 파악하고 4세대 실손의료보험에 대해 설명할 수 있다.
3. 장기간병보험에 대해 이해하고 장기간병상태를 설명할 수 있다.

출제빈도

교육내용	핵심키워드	학습중요도 상	학습중요도 중	학습중요도 하	예상 출제비중
제1절 상해보험	• 상해보험의 종류 • 가입자의 통지의무 • 상해보험관련 특별약관		○		1문항
제2절 질병보험	• 암보험 • 중대한 질병보험 • 유병자보험			○	0~1문항
제3절 실손의료보험	• 4세대 실손의료보험 • 실손의료보험 특별약관		○		1문항
제4절 장해소득보상보험	• 후유장해 • 장해분류별 판정기준			○	0~1문항
제5절 장기간병보험	• 일상생활장해 • 중증치매 • 장기요양상태			○	0~1문항

CHAPTER 04 제3보험

01 다음 중 상해보험의 면책사유에 해당하지 않는 것은?

① 피보험자가 고의로 자신을 해친 경우
② 보험수익자가 고의로 피보험자를 해친 경우
③ 계약자가 고의로 피보험자를 해친 경우
④ 보장개시일로부터 2년이 지난 후에 발생한 습관성 유산으로 인한 경우
⑤ 전쟁이나 외국의 무력행사, 혁명, 내란, 사변 폭동

기본서 페이지 149~150쪽
핵심 키워드 손해보험회사의 상해보험

+ 정답 및 해설

01 ④ 보장개시일로부터 2년이 지난 후에 발생한 습관성 유산으로 인한 경우에는 보험금을 지급한다.

02 상해보험 관련 특별약관에 대한 다음 설명 중 가장 적절하지 않은 것은?

난이도 중

① 휴업손해장해 특별약관에 따르면 보험기간 만료 전에 사고가 발생하였고 이후 보험기간이 만료되었을 경우에는 보험기간 만료일 이후에는 더 이상 보험금을 지급하지 아니한다.
② 피보험자가 동일한 상해의 치료를 목적으로 보험기간 중에 2회 이상 입원한 경우 이를 1회 입원으로 보아 입원일수에 더한다.
③ 피보험자가 보험기간 중에 월 50시간 이상의 잔업을 하던 중 뇌혈관질환의 급격한 발현 또는 악화로 돌연히 사망하게 된 경우에는 보험가입금액 전액을 과로사 보험금으로 지급한다.
④ 군 복무 중 상해 특별약관에 따르면 보험기간의 종료일이 전역일보다 빠른 경우 보험기간 종료일을 전역일로 본다.
⑤ 동일한 상해사고를 직접적인 원인으로 두 종류 이상 또는 같은 종류의 상해 수술을 2회 이상 받은 경우에는 그 수술 중 가장 높은 지급금액에 해당하는 한 종류의 수술에 대해서만 상해 1~5종 수술비를 지급한다.

기본서 페이지 150~152쪽
핵심 키워드 상해보험 관련 특별약관

+ 정답 및 해설

02 ① 보험기간이 만료되었을 경우에도 보험기간 만료 전 사고일부터 52주를 한도로 보험금을 보상한다.

03 암 보험에 대한 다음 설명 중 가장 적절한 것은?

① 암 보장의 책임개시일은 보험가입 첫 날로부터 그 날을 포함하여 90일이 되는 날에 시작하는 상품이 일반적이며 갱신계약에서는 면책기간을 적용하지 않으나 부활계약에서도 면책기간을 적용한다.
② 기존 암세포가 혈관 또는 림프를 통해 다른 부위에서 발생하게 된 암을 재발암, 처음 발생했던 암세포가 완전히 제거되었다고 생각했는데 검진결과 다시 암세포가 발견되어 재발한 암을 전이암이라고 한다.
③ 특정암 진단급여금의 지급사유가 일반암 진단급여금을 지급한 후 발생한 경우에는 특정암 진단급여금에서 일반암 진단급여금을 뺀 금액을 지급한다.
④ 피보험자가 두 종류 이상의 암 수술을 받은 경우에는 두 가지 암 수술에 대한 암 수술급여를 지급한다.
⑤ 암 입원일당이 지급된 최종입원일로부터 180일이 경과하도록 퇴원 없이 계속 입원 중인 경우에는 180일이 경과한 다음 날을 새로운 입원일로 본다.

[기본서 페이지] 155~157쪽
[핵심 키워드] 암보험

04 유병자보험과 관련한 다음 설명 중 가장 적절하지 않은 것은?

① 유병자의 경우 특정 부위 부담부, 특정 질병 부담보 등 부담부 조건으로 인수하고 있다.
② 일반심사상품은 표준체 가입연령 제한은 통상 60세 미만이다.
③ 일반심사상품은 최근 5년 이내 모든 병력에 대한 치료내역을 포함한 8가지를 심사한다.
④ 간편심사상품은 표준체, 일반표준미달체 가입연령 확대를 통상 75세까지이다.
⑤ 간편심사상품은 최근 3년 이내 치료내역에 대해 심사한다.

[기본서 페이지] 160~161쪽
[핵심 키워드] 유병자보험

+ 정답 및 해설

03 ③ ① 일반적으로 90일이 지난 날의 다음날에 책임개시일이 시작된다.
② 재발암 → 전이암, 전이암 → 재발암
④ 그 수술 중 가장 높은 급여에 해당하는 암 수술급여만을 지급한다.
⑤ 암 입원 일당이 지급된 최종입원일의 그 다음 날을 퇴원일로 본다.
04 ⑤ 최근 1년 이내 치료내역에 대해 심사한다.

05 다음은 4세대 실손의료보험에 대한 설명이다. 옳은 내용은 모두 몇 개인가?

난이도 하

가. 실손보험 상품구조를 급여(주계약)와 비급여(특약)로 분리하면서 급여에 대해서는 보장을 확대하되, 비급여에 대해서는 의료이용에 따라 보험료가 할인 또는 할증되도록 하였다.
나. 자기부담비율을 상향조정하여 급여는 10%에서 20%로, 비급여는 20%에서 30%로 하였다.
다. 기존 보험의 보험료 대비 약 10~70% 저렴해진다.
라. 기존 실손보험 가입자가 4세대 실손보험으로 전환할 경우에는 별도 심사없이 전환이 가능하다.
마. 4세대 실손보험으로 전환 후 6개월 이내 보험금 수령이 없는 경우에는 계약 전환을 철회하고 기존 상품으로 돌아갈 수 있다.
바. 기존 상품으로 복귀 후 4세대 실손으로 재전환하고자 하는 경우에도 별도 전환 심사없이 전환이 가능하다.

① 2개 ② 3개
③ 4개 ④ 5개
⑤ 6개

기본서 페이지 165~167쪽
핵심 키워드 4세대 실손의료보험

정답 및 해설

05 ④ 기존 상품으로 복귀 후 4세대 실손으로 재전환하고자 할 때는 별도 전환심사를 거쳐야 전환이 가능하다.

06 송미라 씨는 질병으로 인한 입원치료비로 300만 원(급여 의료비)이 발생하였다. 송미라 씨가 가입한 실손의료보험이 다음과 같을 경우 의료비 보상금에 대한 설명으로 가장 적절하지 않은 것은? (만 원 미만 반올림)

난이도 상

구분	보상책임액	자기부담비율
A실손의료보험	300만 원	10%
B실손의료보험	300만 원	20%

① A실손의료보험의 자기부담금은 30만 원이다.
② B실손의료보험의 자기부담금은 60만 원이다.
③ 각 계약별 책임보상 의료비 합계액은 510만 원이다.
④ A실손의료보험의 보상금액은 143만 원이다.
⑤ B실손의료보험의 보상금액은 113만 원이다.

기본서 페이지 171쪽
핵심 키워드 실손의료보험 다수보험의 처리

+ 정답 및 해설

06 ⑤

구분	자기부담금	보상한도액	보상금액
A실손의료보험	30만 원	270만 원	270만 원 × 270만 원 / 510만 원 = 143만 원
B실손의료보험	60만 원	240만 원	270만 원 × 240만 원 / 510만 원 = 127만 원
합 계	90만 원	510만 원	270만 원

07 다음은 장해소득보상보험에 대한 설명이다. 가장 적절하지 않은 것은?

난이도 ⓐ

① 후유장해보험금 지급사유로 장해지급률이 상해발생일부터 180일 이내에 확정되지 않는 경우에는 상해발생일부터 180일이 되는 날의 의사진단에 기초하여 고정될 것으로 인정되는 상태를 장해지급률로 결정한다.
② 장해분류표의 각 장해분류별 최저 지급률 장해 정도에 이르지 않는 후유장해에 대하여는 지급하지 않는다.
③ 후유장해보험금을 지급함에 있어서 같은 상해로 두 가지 이상의 후유장해가 생긴 경우에는 후유장해지급률이 높은 것을 적용하여 지급한다.
④ 장해를 판단할 때 동일한 신체부위에 2가지 이상의 장해가 발생한 경우에는 합산하지 않고 그 중 높은 지급률을 적용함을 원칙으로 한다.
⑤ 장해를 판단함에 있어서 하나의 장해가 관찰방법에 따라서 장해분류표상 2가지 이상의 신체 부위에서 장해로 평가되는 경우에는 그 중 높은 지급률을 적용한다.

기본서 페이지 177 ~ 181쪽
핵심 키워드 후유장해보험금 지급사유 및 장해분류별 판정기준

+ 정답 및 해설
07 ③ 같은 상해로 두 가지 이상의 후유장해가 생긴 경우에는 후유장해지급률을 합산하여 지급한다.

08 장기간병보험에 대한 다음 설명 중 가장 적절하지 않은 것은?

① 장기간병보험이란 일상생활 장해상태 또는 치매상태로 진단이 확정될 경우 간병비용을 연금이나 일시금의 형태로 받을 수 있는 보험이다.
② 현행 우리나라에서 판매되고 있는 장기간병보험의 급부는 장기간병급부금과 장기간병연금으로 이원화되어 있다.
③ 일상생활장해상태는 식사하기를 기본요건으로 하여 이동하기, 화장실 사용하기, 목욕하기, 옷입기 중 한 가지가 추가로 해당하는 경우를 말한다.
④ 일상생활장해상태로 인한 책임개시일은 계약일로부터 그날을 포함하여 90일이 지난날의 다음날로 한다.
⑤ 치매는 천천히 발병하고 행동 등에 따라 역선택 가능성이 높아 치매상태로 인한 책임개시일은 보험회사마다 계약일로부터 그 날을 포함하여 만 1~2년이 지난 날의 다음날로 한다.

기본서 페이지 186~189쪽
핵심 키워드 장기간병보험

+ 정답 및 해설

08 ③ 이동하기를 스스로 할 수 없는 상태를 기본으로 하여 식사하기, 화장실 사용하기, 목욕하기, 옷 입기 중 한 가지가 추가로 해당되는 경우를 말한다.

제5장 손해보험

수험전략

손해보험은 보험설계과목에서 가장 많은 7~8문항 출제가 예상됩니다. 난이도도 가장 높은 부분으로 구체적인 보장내용에 대한 숙지가 필요합니다. 이론에 대한 이해는 물론 보험금 지급에 따른 사례계산문제에 대한 대비를 위하여 정독과 반복적인 문제풀이가 요구됩니다. 보험업에 종사자라면 수험내용 뿐만 아니라 실무적으로도 중요한 부분이므로 좀 더 신경을 써서 학습하길 바랍니다.

주요 학습내용 점검

1. 화재보험에 대한 내용을 이해하고 보험금 지급 관련 금액을 계산할 수 있다.
2. 배상책임보험에 대한 내용을 이해하고 배상책임보험의 보상범위와 보험금 지급 관련 금액을 계산할 수 있다.
3. 자동차보험 종류와 가입대상을 숙지하고 자동차보험 담보에 따른 보험금 지급 관련 금액을 계산할 수 있다.
4. 일반손해보험과 장기손해보험을 이해하고 둘 간의 차이점을 설명할 수 있다.

출제빈도

교육내용	핵심키워드	학습중요도 상	학습중요도 중	학습중요도 하	예상 출제비중
제1절 재산보험	• 화재보험 • 부보비율 조건부 실손보상조항 • 재고가액통지 특별약관	○			2~3문항
제2절 배상책임보험	• 대인배상 손해배상금 • 대물배상 손해배상금	○			2~3문항
제3절 자동차보험	• 자동차보험 담보내용 • 대인배당 지급보험금 • 자기신체사고 • 자기차량손해	○			2~3문항
제4절 기타손해보험	• 장기손해보험 • 자동복원제도		○		1~2문항

CHAPTER 05 손해보험

지식형

01 다음은 화재보험에 대한 설명이다. 가장 적절하지 않은 것은?

난이도 중

① 화재보험과 관련하여 하나의 건물에 대하여 임대인과 임차인으로서 각기 다른 피보험이익이 존재할 수 있다.
② 화재로 인한 피해는 그 크기가 막대하고 그로 인해 제3자에 대한 피해가 동시에 발생되는 것이 일반적이어서 법률로 의무보험으로 가입이 확대되고 있으며 그 내용도 과실책임주의로 범위가 넓어지고 있다.
③ 주택화재보험은 주택물건의 건물과 수용가재를 대상으로 하며 주택화재보험 보통약관에 의해 적용한다.
④ 병용주택, 점포, 사무실 및 이들의 부속건물 및 옥외설비, 장치, 공작물 또는 이들에 수용되는 설치기계 및 야적동산은 화재보험의 물건분류 중 일반물건에 속한다.
⑤ 화재보험의 목적물 중 보험증권에 기재하여야 담보를 받을 수 있는 것을 명기물건이라고 하며, 통화, 유가증권, 귀금속, 귀중품, 원고, 설계서 등이 이에 해당한다.

기본서 페이지 193~196쪽
핵심 키워드 화재보험 특징

+ 정답 및 해설

01 ② 과실책임주의의 범위가 넓어지는 것이 아니라 무과실책임주의의 범위가 넓어지고 있다.

02 화재보험의 보상범위에 대한 설명 중 적절한 것으로만 묶은 것은?

난이도 중

가. 화재보험에서 보상하는 손해는 직접손해, 소방손해, 피난손해, 비용손해이다.
나. 직접손해는 보험에 가입한 물건이 직접적으로 불에 타거나 벼락으로 인해 생긴 손해를 보상하는 손해이다.
다. 소방손해는 옮긴 장소에서 다시 화재가 발생하거나 소방이나 피난의 필요한 조치로 인해 발생한 손해를 보상한다.
라. 잔존물 제거비용은 잔존물을 보전하기 위해 지출한 유익한 비용으로 보험회사가 잔존물을 취득한 경우에 한해 보상한다.
마. 대위권 보전비용이란 제3자로부터 손해의 배상을 받을 수 있는 경우에는 그 권리의 보전 또는 행사를 위해 지출한 필요 또는 유익한 비용을 말한다.
바. 화재가 발생했을 때 생긴 도난이나 분실로 생긴 손해는 보상하지 아니한다.

① 가, 나, 다, 라, 마, 바
② 가, 나, 다, 마, 바
③ 가, 나, 마, 바
④ 나, 다, 라, 마, 바
⑤ 나, 다, 마, 바

기본서 페이지 196~197쪽
핵심 키워드 화재보험의 보상범위

+ 정답 및 해설

02 ③ 다. 피난손해에 대한 설명이다.
　　　라. 잔존물 보전비용에 대한 설명이다.

03 화재보험과 관련하여 계약 후 알릴의무사항으로만 짝지은 것은?

난이도 하

가. 상이한 위험을 보장하는 계약을 다른 보험회사와 체결하고자 할 때
나. 목적물을 양도할 때
다. 보험의 목적을 수용하는 건물의 구조를 계속해서 30일 이상 수선할 때
라. 보험의 목적 건물의 용도를 변경함으로써 위험이 변경되는 경우
마. 보험의 목적 건물을 계속하여 30일 이상 비워두는 경우

① 가, 나, 다, 라, 마
② 가, 다, 마
③ 나, 라, 마
④ 나, 다, 라, 마
⑤ 나, 다, 라

기본서 페이지 198쪽
핵심 키워드 계약 후 알릴의무

정답 및 해설

03 ③ 가. 동일한 위험을 보장하는 계약을 다른 보험회사와 체결하고자 할 때
    다. 보험의 목적을 수용하는 건물의 구조를 계속해서 15일 이상 수선할 때

04 다음 화재보험의 보험금 지급과 관련한 설명 중 가장 적절하지 않은 것은?

난이도 상

① 일반적으로 건물과 같은 계속사용재의 경우에는 재조달가액에서 감가를 공제한 현재가액을 기준으로 하고, 상품과 같은 교환재의 경우에는 재조달가액을 기준으로 하고 있다.
② 보험가입금액이 보험가액보다 적은 경우를 일부보험이라고 하며, 사고시 그 손해액을 보험회사와 피보험자가 가입비율을 분담하는 비례보상을 한다.
③ 주택물건과 공장물건의 경우 부보비율 조건부 실손보상조항을 적용하여 보험가입금액이 보험가액의 80% 이상이면 전부보험과 동일하게 보험금을 지급하며 80%미만인 경우에는 비례보상한다.
④ 비용손해 중 기타협력비용은 비례보상이 아니라 실제 지출한 비용을 보상해 주며 잔존물제거비용에 대한 보험금은 재산손해액의 10% 한도로 지급한다.
⑤ 잔존물제거비용을 제외한 비용손해액에 대한 보험금은 보험가입금액을 초과하여도 보상받을 수 있다.

기본서 페이지 199 ~ 200쪽
핵심 키워드 화재보험 보험금 지급

05 다음 중 화재보험과 신체손해배상책임담보 특별약관의 가입이 의무화되어 있는 특수건물에 해당하지 않는 것은?

난이도 하

① 지하층을 제외한 층수가 11층 이상인 건물
② 연면적이 1,500m² 이상인 국유건물
③ 바닥면적의 합계가 2,000m² 이상인 학원, 음식점
④ 바닥면적의 합계가 3,000m² 이상인 숙박업
⑤ 16층 이상의 아파트

기본서 페이지 201쪽
핵심 키워드 신체손해배상책임담보 특별약관

정답 및 해설

04 ③ 공장물건의 경우에는 부보비율 조건부 실손보상조항(80%)을 적용하지 않는다.
05 ② 연면적이 1,500m² 이상이 아니라 1,000m² 이상인 국유건물이다.

06 재고가액통지 특별약관에 대한 다음 설명 중 가장 적절한 것은?

① 재고자산에 대해 보상한도를 설정하고 보험기간이 종료될 때 실제 재고가액으로 하여 보험료를 정산하고, 손해가 발생했을 때 실제 재고가액을 기준으로 보상을 받는다.
② 보험기간 중 최고의 재고가액으로 보상한도액을 설정하고 이 보상한도액에 기준으로 확정보험료를 납입한다.
③ 보험사고 발생 시에는 보상한도액을 한도로 손해액의 일부를 비례보상한다.
④ 정한 기일 내에 최종 통지된 재고가액이 그 가액 작성 당시의 실제 재고가액보다 적게 통지된 경우에는 "손해액 또는 보상한도액 중 적은 금액 × 보상한도액 또는 최종 통지 재고가액 중 높은 금액/사고발생시점의 실제 재고가액"으로 계산하여 보험금을 지급한다.
⑤ 정한 기일 내에 통지를 하지 않는 경우에는 "손해액 또는 보상한도액 중 적은 금액 × 최종 통지 재고가액/최종 통지 재고가액 작성 당시의 실제 재고가액"으로 계산하여 보험금을 지급한다.

기본서 페이지 204쪽
핵심 키워드 재고가액통지 특별약관

+ 정답 및 해설

06 ① ② 보험기간 중 최고의 재고가액으로 보상한도액을 설정하고 이 보상한도액에 따라 예치보험료를 납입함
③ 보험사고 발생 시에는 보상한도액을 한도로 손해액 전액을 보상한다.
④ 미통지시에 대한 내용이다.
⑤ 실제재고가액보다 적게 통지한 경우에 대한 내용이다.

07 다음은 약관에 따른 배상책임보험에 대한 분류에 대한 설명이다. 가장 적절한 것은?

① 임원배상책임보험 : 기업의 업무수행과 관련한 사고로 타인의 신체에 손해를 입히거나 재물을 손괴하여 피보험자가 부담하는 법률상의 손해배상책임을 담보한다.
② 소화물일관수송업자 배상책임보험 : 도로운송업자가 타인의 화물을 위탁받아 운송하는 도중에 발생한 사고로 적재된 화물에 손해를 입힌 경우에 대한 손해배상책임을 담보한다.
③ 도로운송업자배상책임보험 : 택배사업자가 송하인의 문전에 화물을 인수하는 시점부터 수하인의 문전에 화물을 인도할 때까지 화물취급에 따르는 수거, 보관, 운송 및 배달 등의 과정에서 발생하는 수탁화물의 멸실, 손괴에 대한 법률상 배상책임을 담보한다.
④ 가스사고배상책임보험 : 해상여객운송사업자의 해상여객운송 중 사고로 여객이 입은 인명피해에 대한 손해배상책임을 담보한다.
⑤ 의사 및 병원배상책임보험 : 의사 또는 전문 의료인이 의료사고에 따른 책임 있는 손해에 대하여 보상한다.

기본서 페이지 216~217쪽
핵심 키워드 배상책임보험의 분류

+ 정답 및 해설

07 ⑤ ① 영업배상책임보험이다.
② 도로운송업자배상책임보험이다.
③ 소화물일관수송업자 배상책임보험이다.
④ 선주배상책임보험이다.

08 배상책임보험의 보험대상과 관련한 학설에 대한 설명 중 가장 적절하지 않은 것은?

난이도 하

① 손해사고설은 배상책임사고가 발생한 시점을 사고로 보며, 이는 가장 보편적 이론으로 일반적으로 보험실무에서 보는 입장이다.
② 책임부담설은 손해배상청구가 제기되었다 하더라도 피보험자에게 책임이 있어야만 사고로 본다는 학설이다.
③ 채무확정설 입장은 배상책임액이 구체화되어야 사고로 본다.
④ 배상청구설은 사고발생 후 피보험자에게 손해배상청구가 처음 제기된 시점을 사고로 본다는 학설이다.
⑤ 원인설은 발생된 피해를 각각 하나의 사고로 보는 입장이며 실무에서는 주로 원인설을 따르고 있다.

기본서 페이지 218~219쪽
핵심 키워드 배상책임보험의 학설

09 배상책임보험의 보상범위에 대한 다음 설명으로 가장 적절하지 않은 것은?

난이도 중

① 사망에 따른 손해에서 일실수익은 피해자가 사망하지 않았더라면 생존했을 것으로 기대되는 기간 중에 얻을 수 있을 것으로 추정되는 수입액에서 그 기간에 사용할 것으로 예상되는 생계비를 공제한 금액을 지급한다.
② 사망에 따른 손해에서 위자료는 피해자 가족의 정신적 손해를 보상하는 것으로 피해자 가족 단위로 일정 금액을 지급한다.
③ 후유장해에 따른 손해와 관련하여 생계비를 공제하지 않고 일실수익을 산출하며 사망에 따른 위자료 해당 금액에 노동능력상실률을 감안하여 위자료를 지급한다.
④ 피보험자가 타인의 재산에 입힌 손해에 대하여 전액 배상한 뒤에 잔존물이 있을 경우 그 잔존물은 보험회사의 소유가 되며 이를 제3자 청구권대위라고 한다.
⑤ 대물배상 손해배상금과 관련한 직접손해는 재물이 훼손 또는 오손된 경우에는 사고전의 원상으로 회복하는데 소요되는 수리비가 손해액이 된다.

기본서 페이지 220~222쪽
핵심 키워드 배상책임보험의 보상범위

+ 정답 및 해설

08 ⑤ 원인설은 원인이 동일하면 발생된 피해가 여럿이더라도 하나의 사고로 보는 입장이다.
09 ④ 제3자 청구권대위가 아닌 잔존물 대위라고 한다.

10 다음은 배상책임보험의 보험금의 결정과 지급에 대한 설명이다. 가장 적절하지 않은 것은?

난이도 중

① 지급보험금을 산출하기 위하여 피보험자가 상대방에게 지급하여야 할 배상금액이 결정되어야 한다.
② 모든 책임보험의 경우에 제3자의 보험회사에 대한 직접청구권을 인정하고 있지 않다.
③ 일반손해보험의 경우와는 달리 보험가액을 확정할 수 없는 책임보험은 일부보험(비례보상)이 적용될 여지가 없다.
④ 보험가입금액과 보상한도액의 차이점은 보험가입금액은 전액 지급 시 그 보험계약이 소멸하는 반면, 보상한도액은 전액을 지급하더라도 계약이 유효하다.
⑤ 보상한도액이 1사고당, 1인당으로 되어 있는 경우에는 보험사고로 보험금이 지급되면 잔여기간에 대한 보상한도액이 감액되지 않는다.

기본서 페이지 223~225쪽
핵심 키워드 배상책임보험의 보험금의 결정과 지급

11 다음 중 12대 중과실사고에 해당하는 것은?

난이도 하

① 제한속도의 10km 이상 초과
② 호흡 중 알코올농도 0.01% 이상
③ 청소년보호구역 안전운전의무 위반
④ 승객의 추락방지의무 위반
⑤ 자동차의 화물이 떨어지지 아니하도록 필요한 조치를 하고 운전한 경우

기본서 페이지 235~236쪽
핵심 키워드 12대 중과실사고

➕ 정답 및 해설

10 ② 상법의 개정으로 현재는 제3자의 보험회사에 대한 직접청구권을 인정하고 있다.
11 ④ ① 제한속도의 20km 이상 초과
② 호흡 중 알코올농도 0.03% 이상
③ 어린이보호구역 안전운전의무 위반
⑤ 자동차의 화물이 떨어지지 아니하도록 필요한 조치를 아니하고 운전한 경우

12 다음은 자동차보험 종류와 가입대상에 대한 설명이다. 가장 적절한 것은?

① 개인용자동차보험 : 법정정원 9인승 이하의 개인소유 자가용 승용차
② 업무용자동차보험 : 사업용 자동차
③ 영업용자동차보험 : 개인용 자동차를 제외한 모든 비사업용 자동차
④ 운전자보험 : 면허증 소지자
⑤ 운전면허 교습생 자동차보험 : 운전면허 소지자의 교습차량에 대한 손해 보상

기본서 페이지 236 ~ 237쪽
핵심 키워드 자동차보험 종류와 가입대상

13 자동차보험 중 대인배상(I, II)와 관한 다음 설명 중 가장 적절하지 않은 것은?

① 대인배상I은 피보험자가 피보험자동차의 운행으로 인하여 남을 죽게 하거나 다치게 하여 자동차손배법 등에 손해배상책임을 짐으로써 입은 손해를 보상한다.
② 대인배상II은 대인배상I을 초과하는 금액에 대하여 보상이 이루어진다.
③ 대인배상I의 보험금 지급액의 경우 피해자 1인에 대한 보상한도는 1억 5,000만 원이며, 1사고당 한도는 3,000만 원이다.
④ 교통사고처리특례법의 적용을 받으려면 보험회사가 피해자에게 손해배상금 전액을 보상해 주는 보험종목에 가입해야 하므로 대인배상II를 무한으로 가입하여야 한다.
⑤ 자동차보험은 대인배상II와 대물배상의 음주운전, 무면허, 뺑소니, 마약약물 등에 대한 자기부담금제도가 있다.

기본서 페이지 237 ~ 239쪽
핵심 키워드 자동차보험 대인배당(I, II)

+ 정답 및 해설

12 ④ ① 9인승 → 10인승
② 업무용자동차보험 : 개인용 자동차를 제외한 모든 비사업용 자동차
③ 영업용자동차보험 : 사업용 자동차
⑤ 운전면허 교습생 자동차보험 : 임시운전면허 소지자의 교습차량에 대한 손해 보상

13 ③ 1사고당 한도는 없다.

14 다음은 자동차보험의 대인배상 지급보험금 기준과 관련한 사망보험금에 대한 설명이다. 가장 적절한 것은?

① 사망보험금은 장례비, 위자료, 상실수익액을 지급기준에 따라 지급하며 산출된 사망보험금이 2,000만 원 미만인 경우 사망보험금은 2,000만 원으로 한다.
② 장례비는 소득, 연령, 결혼여부, 자녀의 수 등에 따라 금액이 달라진다.
③ 사망자의 연령이 70세인 경우에 위자료는 8,000만 원이다.
④ 상실수액액과 관련해서 사망한 본인의 월평균 현실소득액에 호프만 계수를 곱하여 산출한다.
⑤ 현실소득액의 산정방법은 유직자와 그 외의 자로 구분하여 계산하며 해당 사항이 없는 경우에는 5,000만 원으로 산정한다.

기본서 페이지 240쪽
핵심 키워드 자동차보험 사망보험금 지급기준

15 다음은 자동차보험의 대물배상과 관련한 설명이다. 가장 적절하지 않은 것은?

① 피보험자동차의 사고로 남의 재물을 없애거나 훼손하여 법률상 손해배상책임을 짐으로써 생긴 손해를 보상하는 일종의 배상책임보험이다.
② 대물배상의 경우 무한으로 가입하여야 교통사고처리특례법상 보험에 가입된 것으로 인정된다.
③ 피보험자 또는 그 부모, 배우자나 자녀가 소유, 사용 또는 관리하는 재물에 생긴 손해는 보상하지 않는다.
④ 수리비용에는 수리비와 열처리 도장료가 포함되며 이 합계액이 피해물의 사고 직전가액의 120%를 한도로 보상한다.
⑤ 자동차시세하락손해(격락손해)는 출고 후 5년 이하인 자동차에 한해서 보상한다.

기본서 페이지 244~246쪽
핵심 키워드 자동차보험 대물보상

정답 및 해설

14 ① ② 장례비는 500만 원을 지급한다.
③ 사망자 연령이 65세 이상 시에는 5,000만 원을 지급한다.
④ 본인의 월평균 현실소득액에서 본인의 생활비를 공제한 금액에 호프만 계수를 곱하여 산출한다.
⑤ 현실소득액 산정 시 해당 사항이 없는 경우에는 일용근로자 임금기준으로 산정한다.

15 ② 유한으로 가입하여도 인정된다.

16 자동차보험과 관련한 다음 내용 중 옳은 것은 모두 몇 개인가?

> 가. 피보험자의 고의로 그 본인이 상해를 입은 때에는 자기신체사고에서 보상하지 않는다.
> 나. 무보험자동차상해에 가입하면 기명피보험자는 다른 자동차운전담보 특별약관에 별도의 가입절차 없이 자동 가입하게 된다.
> 다. 상해를 입은 피보험자의 부모, 배우자, 자녀가 배상의무자인 경우에는 무보험자동차상해에서 보상하지 않는다.
> 라. 자기차량손해의 보험가입금액은 보험가액의 범위 내에서 보험가액의 전부 또는 보험가액의 60% 이상으로 하여야 한다.
> 마. 자기차량손해 지급보험금과 관련해서 만약 한번의 사고로 생긴 손해가 전부손해일 경우에는 자기부담금을 공제하지 않는다.
> 바. 경찰관서에 신고한 후 30일이 지나고 보험금을 청구하였으나 도난차량이 회수된 경우 보험금의 지급과 피보험차량의 반환 여부는 통상 피보험자의 의사에 따른다.

① 2개
② 3개
③ 4개
④ 5개
⑤ 6개

기본서 페이지 247 ~ 252쪽
핵심 키워드 자동차보험 자기차량손해

정답 및 해설

16 ⑤ 모두 옳은 말이다.

17

다음은 생명보험과 손해보험과의 비교를 설명한 것이다. 가장 적절하지 않은 것은?

번호	구분	생명보험	손해보험
①	담보위험	조기사망위험, 장기생존위험	인적위험, 재산위험, 배상책임위험
②	보장방식	정액보상방식	한도내 실손보상방식
③	담보범위	신체에 관한 불확실성	신체, 재산상의 손해 및 타인에 대한 배상책임
④	의무보험	강제보험	임의보험
⑤	손실정도	사전에 손실정도 확정	사고 당시의 손실가액 보상

기본서 페이지 259쪽
핵심 키워드 생명보험과 손해보험과의 비교

18

홍길동씨는 개인의 일생생활 중에 발생할 수 있는 위험을 보장하기 위해서 보험가입금액 1억 원으로 하는 손해보험에 가입하였다. 다음과 같이 사고가 발생하였을 경우 지급되는 보험금으로 적절하지 않은 것은?

번호	구분	장기손해보험	일반손해보험
①	4월 1일 사고금액 20,000천 원	20,000천 원	20,000천 원
②	5월 1일 사고금액 10,000천 원	10,000천 원	10,000천 원
③	6월 1일 사고금액 30,000천 원	30,000천 원	30,000천 원
④	7월 1일 사고금액 20,000천 원	20,000천 원	20,000천 원
⑤	8월 1일 사고금액 50,000천 원	50,000천 원	50,000천 원

기본서 페이지 260쪽
핵심 키워드 장기손해보험 자동복원제도

+ 정답 및 해설

17 ④ 생명보험은 임의보험, 손해보험은 강제보험 및 임의보험이다.

18 ⑤ 장기손해보험은 자동복원제도로 최대지급보험금의 80% 미만인 경우에는 가입 시의 보험가입금액으로 원상회복되어 50,000천 원이 지급되나 일반손해보험의 경우에는 보험사고로 인하여 지급받은 보험금만큼 남은 보험기간에 보험가입금액이 감액되기 때문에 20,000천 원이 지급된다.

제6장 보험설계

수험전략

보험설계는 1~2문항 출제를 예상합니다. 생명보험설계와 관련하여 생명보험 필요보장액을 결정하는 프로세스를 이해할 필요가 있으며 특히 기존 보험계약의 평가와 관련한 벨쓰방식은 간단한 계산 사례문제에 대비를 위하여 암기와 문제풀이 반복학습을 하길 바랍니다. 손해보험설계와 관련해서는 손해보험설계 프로세스에 대한 이해를 중심으로 학습을 하길 바랍니다.

주요 학습내용 점검

1. 생명보험 필요보장액 결정을 이해하고 프로세스를 설명할 수 있다.
2. 벨쓰방식을 이해하고 계산할 수 있다.
3. 손해보험설계 프로세스를 이해하고 프로세스를 설명할 수 있다.

출제빈도

교육내용	핵심키워드	학습중요도 상	학습중요도 중	학습중요도 하	예상 출제비중
제1절 생명보험설계	• 생명보험 필요보장액 결정 • 벨쓰방식		O		1~2문항
제2절 손해보험설계	• 손해보험설계 프로세스 • 프로우티			O	0~1문항

CHAPTER 06 보험설계

지식형

01 난이도 하

생명보험 필요보장액 결정 프로세스에 대한 설명 중 사망 시 유동자산 평가와 관련하여 유동자산으로 분류될 수도 되지 않을 수도 있는 자산으로 가장 적절한 것은?

① 일시금으로 지급받게 될 연금
② 결제용 계좌
③ 자녀 교육과 결혼자금에 사용하기로 되어 있는 자산
④ 자동차
⑤ 상속받게 될 부동산

기본서 페이지 280쪽
핵심 키워드 사망시 유동자산 평가

02 난이도 중

생명보험 필요보장액 결정 프로세스 Step 3 사망 시 부채와 사후정리비용 점검에 대한 설명으로 가장 적절하지 않은 것은?

① 상환해야 할 모든 부채를 포함한다.
② 최후 의료비를 추정하여 포함한다.
③ 유언검인비용을 포함한다.
④ 상속세를 추산하여 포함한다.
⑤ 양육기 수입 니즈를 계산한다.

기본서 페이지 281쪽
핵심 키워드 사망 시 부채와 사후정리비용 점검

+ 정답 및 해설

01 ① 유동자산으로 분류될 수도 되지 않을 수도 있는 자산으로는 일시금으로 지급받게 될 연금, 개인연금, 부동산, 미술품이나 골동품 등의 수집품이 있다.

02 ⑤ 양육기 수입 니즈 계산은 Step 5단계이다.

03 양육기 수입 니즈 계산과 관련한 내용 중 가장 적절하지 않은 것은?

① 막내가 경제적으로 독립할 때까지 자녀를 양육하는 데 필요한 자금을 추정한다.
② 필요 월수입은 세후 금액으로 추정한다.
③ 예상되는 배우자의 세후 월수입을 추정한다.
④ 희망 월수입에서 배우자의 예상 월수입을 차감한다.
⑤ 생명보험 필요보장금액을 계산하기 위해서는 세후 투자수익률을 활용한다.

기본서 페이지 281 ~ 283쪽
핵심 키워드 양육기 수입 니즈 계산

04 기존 보험계약의 평가와 관련한 다음 설명 중 보험상품의 조정이 필요한 상황으로 가장 적절한 것은?

① 보장내용 대비 보험료가 과소하게 설계된 경우
② 가입하고 있는 보험 중 중복된 보장이 있는 경우
③ 발생가능성이 높은 위험에 과도하게 보장금액이 설정된 경우
④ 발생가능성이 낮은 위험에 보장이 부족한 경우
⑤ 유형별 위험에 대한 보장기간이 적절한 경우

기본서 페이지 288쪽
핵심 키워드 기존 보험계약의 평가

➕ 정답 및 해설

03 ⑤ 세후 투자수익률이 아닌 물가상승률로 조정한 지급액의 현가를 활용한다.
04 ② ① 보장내용 대비 보험료가 과다하게 설계된 경우
③ 발생가능성이 낮은 위험에 과도하게 보장금액이 설정된 경우
④ 발생가능성이 높은 위험에 보장이 부족한 경우
⑤ 유형별 위험에 대한 보장기간이 적절하지 않은 경우

05 김성수 씨(55세)는 다음과 같이 본인이 5년 전에 가입했던 종신보험에 대해서 벨쓰방식을 활용하여 기존계약에 대한 적정성을 평가하고자 한다면 보험금액 10만 원 당 코스트로 얼마를 부과하고 있는가? (단, 세후투자수익률은 연 4%임)

난이도 상

- 주계약 사망보험금 : 500,000천 원
- 당해 보험연도 말의 해약환급금 : 100,000천 원
- 직전 보험연도 말의 해약환급금 : 85,000천 원
- 연간 보험료 : 36,000천 원 (10년 납)
- 배당금 : 5,000천 원

① 4,980원   ② 5,010원   ③ 5,210원
④ 5,513원   ⑤ 6,460원

기본서 페이지 290쪽
핵심 키워드 벨쓰방식 계산

06 보험계약을 해지하고자 결정하였을 때 고려할 사항으로 가장 적절하지 않은 것은?

난이도 하

① 저축성 상품보다는 보장성 상품을 해지한다.
② 이자율이 높은 상품보다 낮은 상품부터 해지한다.
③ 세제지원이 없는 일반 상품부터 해지한다.
④ 보장내용이 중복되어 가입된 상품부터 해지한다.
⑤ 최근 판매되지 않는 상품보다는 최근 판매 중에 있는 상품부터 해지한다.

기본서 페이지 292 ~ 293쪽
핵심 키워드 보험계약해지시 고려사항

+ 정답 및 해설

05 ③ 단위 보험금액 코스트
= {(연간보험료 + 직전보험연도말의 해약환급금) × (1 + 이자율) − (당해보험연도말의 해약환급금 + 배당금)}/(사망보험금 − 당해보험연도말의 해약환급금) × 0.000001
= {(36,000 + 85,000)(1 + 0.04) − (100,000 + 5,000)}/(500,000 − 100,000) × 0.000001
= 5,210원

06 ① 보장성보험보다는 저축성 상품부터 해지한다.

07 손해보험 설계와 관련하여 위험관리상태 분석 및 평가 시 고려사항에 대한 다음 설명 중 가장 적절하지 않은 것은?

난이도 상

① 손실의 형태는 직접손해와 간접손해로 나눈다.
② 위험의 분류는 치명적 위험, 중요한 위험, 일반적 위험으로 나눈다.
③ 손실발생확률과 관련하여 프로우티가 제안한 방법으로 거의, 약간, 중간, 확정으로 손실발생확률을 고려해야 할 것은 확정 단계이다.
④ 위험측정방법으로 프리드랜더는 화재에 의한 손해의 심각성을 위험축소시설의 작동 여부에 따라 일반손실, 추정최대손실, 예상 가능한 최대손실, 최대가능손실로 구분하였다.
⑤ 손실규모평가와 관련하여 프로우티는 최대가능손실과 추정최대손실로 나눌 것을 제안하였다.

기본서 페이지 304 ~ 305쪽
핵심 키워드 위험관리상태 분석 및 평가 시 고려사항

---

08 손해보험 설계에 있어서 보험권유방법에 대한 설명으로 가장 적절하지 않은 것은?

난이도 하

① 고객의 가용재원 내에서 선택보장, 중요보장, 필수보장 순으로 보험을 구입하도록 권유하면 된다.
② 보험료를 줄이기 위한 방법을 강구한다.
③ 공제액의 설정이 많을수록 보험료는 저렴해진다.
④ 부보비율 조건부 실손보상조항이나 실손보상 특별약관을 통한 일부보험이다.
⑤ 손해보험 외에 공제에서 동일한 보장을 제공하는지 여부를 확인한다.

기본서 페이지 309쪽
핵심 키워드 보험권유 방법

+ 정답 및 해설

07 ③ 손실발생확률을 고려해야 할 것은 중간과 확정단계이다.
08 ① 필수보장, 중요보장, 선택보장 순이다.

09 손해보험 상품 선택 시 기본적인 고려사항으로 가장 적절한 것은?

난이도 중

① 보험을 보장의 목적으로 가입하는지 아니면 저축의 목적으로 가입하는지 분명히 해야 한다.
② 보험기간이란 보험료 산출의 기초가 되는 기간으로 보통 1년을 단위로 한다.
③ 책임기간은 보험계약기간이라고도 한다.
④ 보험계약기간은 보험회사가 보험사고를 보장하는 기간이다.
⑤ 보험기간은 보험계약이 성립해서 소멸할 때까지의 기간을 말한다.

기본서 페이지 310~311쪽
핵심 키워드 상품선택 시 고려사항

＋ 정답 및 해설

09 ① ② 보험료기간을 의미한다.
③ 책임기간은 보험기간 또는 위험기간이라고 한다.
④ 보험기간을 의미한다.
⑤ 보험계약기간을 의미한다.

PART 03

CERTIFIED FINANCIAL PLANNER

CFP

지식형 은퇴설계

- **CHAPTER 01** 은퇴설계의 개요
- **CHAPTER 02** 은퇴소득
- **CHAPTER 03** 공적연금
- **CHAPTER 04** 퇴직연금
- **CHAPTER 05** 개인연금
- **CHAPTER 06** 은퇴자산 축적을 위한 투자관리
- **CHAPTER 07** 은퇴소득 인출전략과 지출관리
- **CHAPTER 08** 비재무적 은퇴설계

CFP 수험전략

제1장 은퇴설계의 개요

수험전략

은퇴설계 개요의 출제 예상문항수는 1~2문항입니다. 전체적인 출제문항수는 적은편이지만, 은퇴설계를 이해하는데 중요한 이슈들을 담고 있습니다. 이 장을 공부할 때에는 외운다는 생각보다는 전반적인 이론적 배경에 대한 내용을 중심으로 행동재무학에 대한 기본적 이해와 제목과 구분을 지을 수 있도록 학습하고 실행절차와 관련한 부분은 순서와 내용을 잘 숙지하는 학습이 필요합니다.

주요 학습내용 점검

1. 소비자선택이론 중 효용이론을 설명할 수 있다.
2. 소비자선택이론 중 기간 간 소비자선택이론을 설명할 수 있다.
3. 소비자선택이론 중 기대효용이론을 설명할 수 있다.
4. 절대소득가설에 대해 비교 설명할 수 있다.
5. 향상소득가설에 대해 비교 설명할 수 있다.
6. 생애주기가설에 대해 비교 설명할 수 있다.
7. 상대소득가설에 대해 비교 설명할 수 있다.
8. 은퇴설계에서 행동재무학이 갖는 의의를 설명할 수 있다.
9. 은퇴설계에서 설명할 수 있다.
10. 은퇴자산 축적기의 실행 절차에 대해 설명할 수 있다.
11. 은퇴자산 인출기의 실행 절차에 대해 설명할 수 있다.

출제빈도

교육내용	핵심키워드	학습중요도 상	학습중요도 중	학습중요도 하	예상 출제비중
제1절 은퇴설계 이론	• 소비자선택이론 • 소득가설 • 행동재무학		○		1문항
제2절 은퇴설계에 대한 접근	• 은퇴자금 운용방식 • 출구전략			○	1문항
제3절 은퇴설계 실행 절차	• 6단계 실행 절차 • 은퇴설계 질문표 • 은퇴설계정보요약표	○			1문항

CHAPTER 01 은퇴설계의 개요

지식형

01 다음 중 무차별곡선에 대한 설명으로 가장 적절하지 않은 것은?

난이도 상

① 원점에서 멀수록 효용이 크다.
② 한계대체율은 무차별곡선의 기울기가 된다.
③ 원점에서 보았을 때 볼록한 모양을 형성한다.
④ 우상향하는 모양을 갖는다.
⑤ 예산선과 무차별곡선이 만나는 지점에서 최대효용을 얻을 수 있는 선택이 이루어진다.

기본서 페이지 13쪽
핵심 키워드 무차별곡선

정답 및 해설

01 ④ 우하향하는 모양을 갖는다.

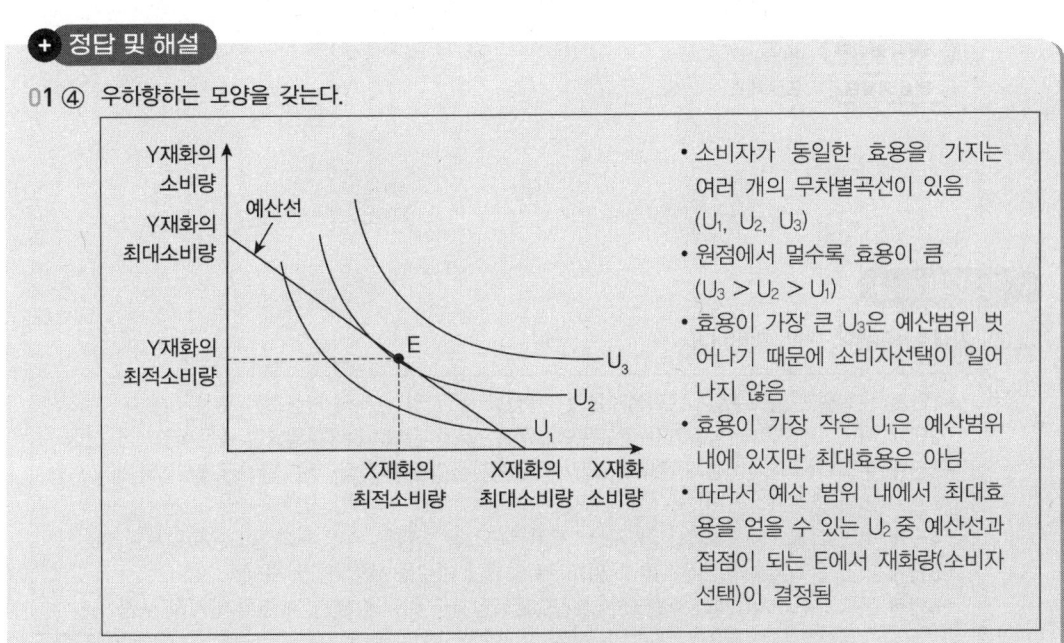

- 소비자가 동일한 효용을 가지는 여러 개의 무차별곡선이 있음 (U_1, U_2, U_3)
- 원점에서 멀수록 효용이 큼 ($U_3 > U_2 > U_1$)
- 효용이 가장 큰 U_3은 예산범위 벗어나기 때문에 소비자선택이 일어나지 않음
- 효용이 가장 작은 U_1은 예산범위 내에 있지만 최대효용은 아님
- 따라서 예산 범위 내에서 최대효용을 얻을 수 있는 U_2 중 예산선과 접점이 되는 E에서 재화량(소비자선택)이 결정됨

02 다음 ( )의 내용으로 가장 적절한 것은?

> ( )은 소비자가 완전한 정보를 갖지 못한 불확실한 상황에서 어떠한 선택을 하는지 설명하는 이론으로, 어떤 것으로부터 기대되는 심리적인 효용의 크기를 극대화하는 것이 소비자의 선택을 결정짓는다고 본다.

① 생애주기가설
② 기간 간 소비자선택이론
③ 한계효용이론
④ 절대소득가설
⑤ 기대효용이론

기본서 페이지 15쪽
핵심 키워드 기대효용이론

03 은퇴설계 실행절차(6단계)의 내용으로 가장 적절하지 않은 것은?

① 1단계 : 은퇴설계를 위한 정보수집
② 2단계 : 은퇴기간 중 필요한 총은퇴일시금 산정
③ 3단계 : 설계시점 기준 은퇴자산 평가
④ 4단계 : 추가로 필요한 은퇴일시금 계산
⑤ 6단계 : 은퇴저축(투자)계획 수립

기본서 페이지 34쪽
핵심 키워드 프로세스

정답 및 해설

02 ⑤ 기대효용이론에 대한 설명이다.

03 ③
- 1단계 은퇴설계 정보수집 : 은퇴설계를 위한 정보 수집 및 경제적 가정조건 결정
- 2단계 총은퇴일시금 산정 : 연간 목표은퇴소득 설정 및 은퇴기간 중 필요한 총은퇴일시금 산정
- 3단계 은퇴자산 평가 : 현재 준비하고 있는 은퇴자산의 은퇴시점 기준 일시금 평가 및 목표은퇴소득 충족가능성 평가
- 4단계 추가로 필요한 은퇴일시금 계산 : 목표은퇴소득 마련을 위한 추가 필요은퇴일시금 계산
- 5단계 연간 은퇴저축액 계산 : 추가 필요은퇴일시금 마련을 위한 연간 저축액 계산
- 6단계 은퇴저축(투자) 계획 수립 : 추가 필요은퇴일시금 마련을 위한 저축(투자)계획 수립

CFP 수험전략

제2장 은퇴소득

수험전략

은퇴소득에 대한 출제 예상문항수는 1~2문항입니다. 은퇴소득에 대한 소득대체율에 대한 내용과 은퇴소득의 유형이 간략하게 기술되어 있습니다. 목표은퇴소득(필요소득대체율), 소득대체율 등에 대한 개념적 이해와 구분이 필요합니다. 또한 연령대별 은퇴소득 확보방안을 잘 구분할 수 있게 학습하시는 것이 도움이 됩니다.

주요 학습내용 점검

1. 적정 은퇴소득 수준의 의미를 설명할 수 있다.
2. 소득대체율에 대해 설명할 수 있다.
3. 목표은퇴소득을 결정하는 방법에 대해 설명할 수 있다.
4. 은퇴소득 수준을 결정할 때 고려해야 하는 사항에 대해 설명할 수 있다.
5. 은퇴소득의 유형을 설명할 수 있다.
6. 은퇴소득 확보계획 수립 절차 중 현재 재무상태 분석방법을 설명할 수 있다.
7. 은퇴소득 확보계획 수립 절차 중 은퇴소득 확보 수준 분석방법을 설명할 수 있다.
8. 은퇴소득 확보계획 수립 절차 중 추가저축 여력 분석방법을 설명할 수 있다.
9. 연령대별 은퇴소득 확보방안에 대해 설명할 수 있다.
10. 고객 상황별 은퇴소득 확보방안에 대해 설명할 수 있다.
11. 생애주기에 따른 은퇴소득 확보방안에 대해 설명할 수 있다.
12. 은퇴설계 목적에 따른 은퇴소득 확보방안에 대해 설명할 수 있다.

출제빈도

교육내용	핵심키워드	학습중요도 상	학습중요도 중	학습중요도 하	예상 출제비중
제1절 은퇴소득	• 소득대체율 • 목표소득대체율			○	1문항
제2절 은퇴소득확보	• 연령대별 은퇴소득 확보 • 축적기, 가속기, 보존기 • 축적기, 인출기			○	1문항

CHAPTER 02 은퇴소득

01 다음에 설명하는 내용으로 적절한 것을 모두 고르시오.

> 가. 목표은퇴소득(필요은퇴소득)은 고객이 목표로 하는 은퇴라이프스타일을 충족하기 위해 필요한 은퇴소득을 말하는 것이다.
> 나. 소득대체율 = 은퇴 후 소득(소비)÷은퇴 전 소득(소비) × 100
> 다. 목표소득대체율 = 은퇴 후 희망하는 생활을 위해 필요한 소득(소비수준)÷은퇴 전 소득(소득수준) × 100
> 라. 소득대체율을 통하여 개인이 희망하는 은퇴생활 수준을 판단할 수 있다.
> 마. 필요소득대체율 = 은퇴 전 소비패턴으로부터 예측된 은퇴 후 소비수준÷은퇴 전 소비수준

① 나, 다, 라
② 다, 라, 마
③ 가, 나, 다, 라, 마
④ 가, 나, 다, 마
⑤ 나, 다, 라, 마

기본서 페이지 50쪽
핵심 키워드 목표소득대체율

정답 및 해설

01 ④ ● 은퇴소득 수준과 소득대체율

의미	산정식	의미와 활용
소득대체율	은퇴 후 소득 ÷ 은퇴 전 소득	• 은퇴 후에 은퇴 전 생활수준 대비 어느 정도의 수준을 유지할 수 있는지를 파악 • 적정 소득대체율(70~80%)을 적용하면 은퇴 전 소비수준을 유지하기 위해 확보해야 하는 적정 은퇴소득 수준을 결정할 수 있음 • 적정 은퇴소득 수준을 판단하고 적용하는 가이드 역할
목표소득대체율 (필요소득대체율)	은퇴 후 희망소득 ÷ 은퇴 전 소득	• 은퇴 전 소득에 비해 은퇴 후 필요(희망)로 하는 소득이 어느 정도 되는지를 파악 • 은퇴 후 희망소득은 라이프스타일 등을 고려하여 고객이 목표로 하는 생활수준을 반영하고 있어 은퇴 전 생활수준과 비교하여 얼마나 현실적인지 평가할 수 있음 • 개인이 희망하는 은퇴생활 수준 판단

제3장 공적연금

> **수험전략**

공적연금에 대한 출제 예상문항 수는 7~10문항입니다. 3장 공적연금은 아무리 학습의 중요성을 강조해도 부족한 문항 출제가 집중되는 장입니다. 기초연금, 국민연금, 공적연금의 활용은 제도의 세세한 부분까지 모두 읽고 또 읽어서 익숙하게 정리하는 것이 좋습니다. 특히 국민연금의 내용 중 수치로 기술되어 있는 부분은 다른 부분과 혼동되지 않도록 잘 정리하시기 바랍니다.

> **주요 학습내용 점검**

1. 공적연금의 체계를 설명할 수 있다.
2. 국민연금 가입자별 연금보험료 산정절차를 이해하고 설명할 수 있다.
3. 국민연금 급여의 종류와 수급요건 등에 대해 설명할 수 있다.
4. 국민연금의 중복급여 조정내용에 대해 설명할 수 있다.
5. 국민연금과 직역연금 간 연계제도에 대해 설명할 수 있다.

> **출제빈도**

교육내용	핵심키워드	학습중요도 상	학습중요도 중	학습중요도 하	예상 출제비중
제1절 기초연금	• 소득인정액 • 기초연금액 산정 • 기초연금액 감액		○		1~2문항
제2절 국민연금	• 가입자 • 연금급여 • 연금보험료 • 중복급여조정	○			5~9문항
제3절 공적연금 활용	• 기초연금 활용 • 국민연금 활용 • 반환일시금 • 추납보험료 • 국민연금 보험료 지원 • 공적연금 연계		○		1~2문항

CHAPTER 03 공적연금

01 기초연금에 대한 설명으로 적절한 것을 모두 고르시오.

> 가. 만 65세 생일이 속하는 달의 1개월 전 초일부터 신청이 가능하다.
> 나. 65세 생일이 도래한 월부터 지급한다.
> 다. 이력관리 신청 여부에 관계없이 사회보장급여 신청서를 반드시 다시 제출하여야 한다.
> 라. 부양의무자가 금융소득종합소득자이거나 고가주택을 소유한 경우에는 신청대상에서 제외된다.
> 마. 직역연금 수급권자의 배우자는 기초연금 수급대상에서 제외된다.

① 나, 다, 라
② 다, 라
③ 다, 라, 마
④ 가, 나, 다, 마
⑤ 가, 나, 다, 라, 마

기본서 페이지 73쪽
핵심 키워드 기초연금

+ 정답 및 해설

01 ④ 라. 자녀 등 부양의무자는 조사대상에 포함하지 않는다.

02 기초연금의 소득인정액에 대한 설명으로 가장 적절하지 않은 것은?

① 소득인정액이란 월 소득평가액과 재산의 월 소득환산액을 합산한 금액을 말한다.
② 소득인정액 산정대상은 신청자의 배우자를 포함한다.
③ 자녀 등 부양의무자는 조사대상에 포함하지 않는다.
④ 기타소득은 사업소득, 재산소득, 공적이전소득, 무료임차소득을 말한다.
⑤ 근로소득에는 연장시간근로·야간근로 또는 휴일근로로 인해 받는 급여, 국외에서 근로를 제공하고 받는 급여를 포함하지 않는다.

기본서 페이지 75쪽
핵심 키워드 기초연금

03 기초연금 산정 시 무료임차소득에 대한 설명으로 적절한 것을 모두 고르시오.

가. 시가표준액 6억 원 주택을 자녀와 수급자가 $\frac{1}{2}$씩 공동으로 소유하는 주택에 무료임차로 거주하는 경우 무료임차소득은 월 195천 원이다.
나. 무료임차소득이란 자녀 소유의 고가주택에 거주하는 본인 또는 배우자에 대하여 임차료에 상응하여 소득으로 인정하는 금액을 의미한다.
다. 자녀에게 증여한 주택에 거주하는 경우에는 해당 주택이 기타(증여)재산으로 이미 반영되어 있으므로 무료임차소득 대상에서 제외한다.
라. 부부가구의 경우 부부가 모두 무료임차주택에 거주한 경우에 적용한다.
마. 자녀 명의 임차주택에 거주하는 경우에는 무료임차소득을 부과하지 않는다.

① 가, 나, 라   ② 나, 다, 라, 마   ③ 가, 나, 다, 라, 마
④ 가, 나, 다, 마   ⑤ 다, 라, 마

기본서 페이지 76쪽
핵심 키워드 기초연금

➕ 정답 및 해설

02 ⑤ 근로소득에는 연장시간근로·야간근로 또는 휴일근로로 인해 받는 급여, 국외에서 근로를 제공하고 받는 급여를 포함한다.
여기서 일용근로소득, 공공일자리소득, 자활근로소득은 근로소득에서 제외된다. 기타소득은 사업소득, 재산소득, 공적이전소득, 무료임차소득을 말한다.

03 ④ 라. 부부 중 1인이 거주할 경우에도 해당한다.

04 선정기준에 해당되는 자 중 기준연금액을 전액 받는 자를 빠짐없이 모두 고르시오. (단, 감액여부는 고려하지 말 것)

> 가. 국민연금을 받고 있지 않은 무연금자
> 나. 국민연금 월 급여액(부양가족연금액 제외)이 기준연금액의 150% 이하인 자
> 다. 국민연금의 유족연금이나 장애연금을 받고 있는 자
> 라. 국민기초생활보장 수급권자, 장애인연금을 받고있는 자

① 가, 나
② 가, 다, 라
③ 나, 다
④ 나, 다, 라
⑤ 가, 나, 다, 라

기본서 페이지 78쪽
핵심 키워드 기초연금

05 다음 자료를 참조하여 기초연금액을 산정한 금액으로 가장 적절한 것은?

> [가정]
> 국민연금 급여액(부양가족연금액 제외) : 490,000원, A급여액 270,000원
> 기준연금액은 334,810원, 부가연금액 167,400원
> 가정 외 조건은 고려하지 말 것

① 334,810원
② 322,210원
③ 305,810원
④ 298,540원
⑤ 289,360원

기본서 페이지 78쪽
핵심 키워드 기초연금

+ 정답 및 해설

04 ⑤ 모두가 대상이다. 단, 소득수준이 상대적으로 높아 소득역전방지 감액이 적용되거나, 부부 모두 기초연금을 받을 경우에는 감액될 수 있다.

05 ① 기준연금액의 150% 이하인 자이므로 기준연금액으로 지급
국민연금 급여액(부양가족연금액 제외)이 기준연금액의 150% 초과 200% 이하인 경우 MAX(①,②)
① A급여액 적용 산식 : (기준연금액 − (2/3 × A급여액)) + 부가연금액
② 국민연금 급여액 등에 따른 기초연금액 : 기초연금액의 250% − 국민연금 급여액 등
※ 국민연금 급여액 등(국민연금 수급권자 및 연계노령연금 수급권자가 매월 지급받을 수 있는 급여액 중 부양가족연금액을 제외한 금액)
단, 기준연금액의 200% 초과인 경우 항상 ①을 적용

06 기초연금액 감액과 관련된 내용이다. 가장 적절하지 않은 것은?

① 부부가 모두 기초연금을 받는 경우에는 각각에 대하여 산정된 기초연금액의 20%를 감액한다.
② 산정된 기초연금액은 가구 유형, 소득인정액 수준에 따라 감액될 수 있다.
③ 소득역전 방지 감액은 최대 기준연금액의 30%를 감액한다.
④ 최저연금액 보장제도를 두고 있다.
⑤ 소득역전방지 감액의 경우 부부 2인 수급 가구는 부부감액 이후를 기준으로 감액한다.

기본서 페이지) 79쪽
핵심 키워드) 기초연금

+ 정답 및 해설

06 ③ 산정된 기초연금액은 가구 유형, 소득인정액 수준에 따라 감액될 수 있다. 우선 부부가 모두 기초연금을 받는 경우에는 각각에 대하여 산정된 기초연금액의 20%를 감액한다. 소득역전 방지 감액은 기초연금을 받는 사람과 못 받는 사람 간에 기초연금 수급으로 인해 발생할 수 있는 소득역전을 최소화하기 위해 소득인정액과 기초연금액(부부 2인 수급 가구는 부부감액 이후)을 합한 금액과 선정기준액의 차이만큼 감액한다. 한편, 최저연금액 보장제도를 두고 있는데 개인별 기초연금 급여액이 최저연금액(기준연금액의 10%) 이하로 산정될 경우 최저연금액을 지급한다.

07 국민연금 사업장가입자에 대한 설명으로 적절한 것을 모두 고르시오.

> 가. 국민연금 적용사업장에 종사하는 18세 이상 60세 미만의 근로자와 사용자는 사업장가입자이다.
> 나. 18세 미만의 근로자도 사업장가입자로 적용한다.
> 다. 일용근로자는 근로조건에 관계없이 당연적용 가입대상에 포함되지 않는다.
> 라. 17세인 근로자가 국민연금 가입을 희망하지 않는 경우 당연적용대상에서 제외될 수 있다.
> 마. 의료급여 수급자는 본인의 희망에 따라 사업장가입자가 되지 아니할 수 있다.

① 가, 나, 다, 라, 마
② 나, 다, 마
③ 가, 나, 라, 마
④ 다, 라, 마
⑤ 나, 다, 라, 마

기본서 페이지 81쪽
핵심 키워드 국민연금 가입자

08 국민연금 가입자에 대한 설명으로 가장 적절하지 않은 것은?

① 가입자가 될 수 없는 사람도 60세 이전에 본인의 희망에 의해 가입신청을 하면 임의가입자가 될 수 있다.
② 임의가입 후 2회 이상 계속 연금보험료를 체납한 때는 최종 납부마감일의 다음날에 자격이 상실된다.
③ 외국인은 임의가입자가 될 수 없다.
④ 가입자 또는 가입자였던 자로서 60세에 달한 자가 65세 달할 때까지 신청에 의하여 임의계속가입자가 될 수 있다.
⑤ 조기노령연금 수급권을 취득한 자는 임의가입자가 될 수 없다.

기본서 페이지 81쪽
핵심 키워드 국민연금 가입자

정답 및 해설

07 ③ 다. 일용근로자 또는 1개월 미만의 기한을 정하여 사용되는 근로자 중 1개월 이상 계속 사용되면서, 1개월간 근로일수가 8일 이상 또는 근로시간이 60시간 이상이거나 1개월 동안 소득이 보건복지부 장관이 정하여 고시하는 금액(2024년 기준 220만 원) 이상일 경우는 당연적용 가입대상이다.

08 ② 임의가입 후 6개월 이상 계속 연금보험료를 체납한 때는 최종 납부마감일의 다음날에 자격이 상실된다.

09 연금보험료에 대한 설명으로 가장 적절하지 않은 것은?

① 사업장임의계속가입자는 본인과 사용자가 각각 반반씩 부담한다.
② 기준소득월액 상한액과 하한액은 국민연금 사업장가입자와 지역가입자 전원(납부예외자 제외)의 평균소득월액의 3년간 평균액이 변동하는 비율을 반영하여 고시한다.
③ 기준소득월액 상한액과 하한액은 매년 3월 말까지 보건복지부 장관이 고시하며 해당 연도 7월부터 1년간 적용한다.
④ 지역가입자는 사업장가입자와 달리 정기적인 소득신고를 받지 않고 과세자료 등에 의거 조사·확인 후 결정한다.
⑤ 임의가입자는 중위수 기준소득월액 이상으로 본인의 희망에 따라 결정한다.

기본서 페이지 83쪽
핵심 키워드 연금보험료

10 국민연금보험료 산정에 관한 내용 중 중위수 기준소득월액에 대한 내용으로 가장 적절하지 않은 것은?

① 국민연금 가입자 전원의 기준소득월액을 기준으로 그 중위수에 해당하는 자의 기준소득월액에 해당하는 금액을 말한다.
② 적용기간은 당해 연도 4월부터 다음 연도 3월까지로 한다.
③ 지역임의계속가입자(지역가입자 요건을 갖춘 임의계속가입자)는 당사자의 소득에 의하여 기준소득월액을 결정한다.
④ 기타임의계속가입자는 중위수 기준소득월액 이상으로 본인의 희망에 따라 결정한다.
⑤ 사업장임의계속가입자는 당사자의 소득에 의하여 기준소득월액을 결정한다.

기본서 페이지 83쪽
핵심 키워드 국민연금 보험료

정답 및 해설

09 ① 연금보험료는 가입자의 기준소득월액에 보험료율 9%을 곱하여 산정한다. 보험료율은 9%이며 이를 납부하는 것은 임의계속가입자는 본인이 9%를 모두 부담하며, 사업장가입자의 경우 기여금은 본인이, 부담금은 사용자가 각각 반반씩 부담하되 그 금액은 각각 기준소득월액의 4.5%에 해당하는 금액이다.

10 ① 중위수 기준소득월액이란 매년 전년도 12월 31일 현재 지역가입자 전원의 기준소득월액을 기준으로 그 중위수에 해당하는 자의 기준소득월액에 해당하는 금액을 말한다.

11. 국민연금 연금보험료에 대한 설명으로 적절한 것을 모두 고르시오.

가. 국민연금 보험료는 월납이 원칙이다.
나. 선납신청 당시 50세 이상인 사람에 대해서는 5년 이내까지 가능하다.
다. 선납 시는 신청년도의 1년 만기 정기예금이자율로 보험료를 할인해 준다.
라. 농어업인인 지역가입자는 보험료를 분기별로 납부할 수 있다.
마. 지역가입자 및 임의(계속)가입자의 연금보험료를 징수할 권리는 5년이 경과하면 소멸한다.

① 가, 나, 다, 마
② 나, 다, 라
③ 다, 라, 마
④ 가, 나, 다, 라, 마
⑤ 가, 나, 다, 라

기본서 페이지 83쪽
핵심 키워드 국민연금 보험료

12. 다음 ( )의 내용으로 가장 적절한 것은?

국민연금 연금보험료의 납부기한은 법정기한이므로 기한 내 연금보험료를 납부하지 아니한 때에는 연체금이 가산된다. 납부기한 경과 후 30일까지는 1일 경과마다 1/1,500를 가산하여 최고 (가)를 부과하고, 납부기한 경과 후 31일부터는 1일 경과마다 1/6,000을 가산하여 최대 (나)를 부과 한다.

① 가. 2% 나. 5%
② 가. 3% 나. 5%
③ 가. 5% 나. 7%
④ 가. 5% 나. 6%
⑤ 가. 3% 나. 7%

기본서 페이지 84쪽
핵심 키워드 연체금

정답 및 해설

11 ⑤ 라. 지역가입자 및 임의(계속)가입자의 연금보험료를 징수할 권리는 3년이 경과하면 소멸한다.

12 ① 국민연금 연금보험료의 납부기한은 법정기한이므로 기한 내 연금보험료를 납부하지 아니한 때에는 연체금이 가산된다. 납부기한 경과 후 30일까지는 1일 경과마다 1/1,500를 가산하여 최고 2%를 부과하고, 납부기한 경과 후 31일부터는 1일 경과마다 1/6,000을 가산하여 최대 5%를 부과한다.

13 부양가족연금액에 대한 설명으로 가장 적절하지 않은 것은?

① 일종의 가족수당 성격의 부가급여이다.
② 분할연금의 경우에는 부양가족연금액을 지급하지 아니한다.
③ 자녀가 20세라면 자녀에 대한 부양가족연금액은 지급되지 않는다.
④ 배우자가 혼인 전에 얻은 자녀도 부양가족연금액 지급대상이 될 수 있다.
⑤ 생계를 같이하는 부모가 만 60세 이상이면 출생년도와 관계없이 부양가족연금액을 지급한다.

기본서 페이지 86쪽
핵심 키워드 부양가족연금액

14 국민연금 급여에 대한 설명으로 적절한 것을 모두 고르시오.

가. 나이가 들거나 장애 또는 사망으로 인해 소득이 감소할 경우 일정한 급여를 지급하여 소득을 보장하는 공공부조제도이다.
나. 가입기간(연금보험료 납부기간)이 10년 이상이어야 한다.
다. 1966년에 태어난 가입자의 연금수급개시연령은 64세이다.
라. 일정 수준을 초과하는 소득이 있는 업무에 종사하는 경우라도 감액하여 지급할 수 있는 기간은 최대 5년이다.
마. 소득활동에 따른 연금급여의 감액을 하는 경우 노령연금액의 1/2을 초과할 수 없다.

① 나, 다, 라, 마
② 가, 나, 다, 라, 마
③ 가, 나, 라, 마
④ 다, 라, 마
⑤ 나, 다, 마

기본서 페이지 87쪽
핵심 키워드 국민연금 급여

정답 및 해설

13 ⑤ 자녀는 19세 미만의 자녀 또는 장애등급 2급 이상에 해당하는 자녀(양자, 배우자가 혼인 전에 얻은 자녀 포함)를 말하고, 부모는 60세(출생연도별 지급연령 상향조정) 이상 또는 장애등급 2급 이상에 해당하는 부모(배우자의 부모 포함)이다.

14 ① 가. 나이가 들거나 장애 또는 사망으로 인해 소득이 감소할 경우 일정한 급여를 지급하여 소득을 보장하는 사회보험제도이다.

15 국민연금 급여와 관련된 설명으로 가장 적절하지 않은 것은?

① 소득이 있는 업무란 수급권자의 월평균소득금액이 A값을 초과하는 경우를 말한다.
② 노령연금 수급자가 희망하는 경우 연금 수급권을 취득한 이후부터 최대 5년간 연금 지급의 연기를 신청할 수 있다.
③ 소득이 있는 업무와 관련된 월평균소득금액은 수급대상자의 과세대상 총수입을 적용한다.
④ 연기비율은 50%, 60%, 70%, 80%, 90%, 전부 중 수급권자가 선택할 수 있다.
⑤ 연금을 다시 받게 될 때에는 연기 전 해당금액에 대하여 연기된 매 1년당 7.2%(월 0.6%)의 연금액을 더 올려서 지급한다.

기본서 페이지 88쪽
핵심 키워드 국민연금 급여

16 국민연금의 연금급여에 관련된 설명으로 가장 적절하지 않은 것은?

① 연기연금을 신청하면 부양가족연금액에 대해서도 월 0.6%의 연금액을 더 올려서 지급받을 수 있다.
② 조기노령연금은 처음 연금을 받는 연령에 따라 일정률의 기본연금액에 부양가족연금액을 합산하여 평생 동안 지급받게 된다.
③ 조기노령연금은 5년 일찍 받으면 해당 연금급여의 70%를 지급받게 된다.
④ 조기노령연금을 받고 있는 지급연령 미만인 사람이 소득이 있는 업무에 종사하지 않은 상태에서 연금지급의 정지를 신청할 수 있다.
⑤ 조기노령연금을 지급받다가 노령연금 수급개시 연령전에 소득이 있는 업무에 종사할 경우는 그 소득이 있는 기간 동안 연금지급이 정지된다.

기본서 페이지 88쪽
핵심 키워드 국민연금 급여

정답 및 해설

15 ③ 월평균소득금액은 소득세법 규정에 따른 본인의 사업소득금액(부동산임대소득 포함)과 근로소득금액을 합산한 금액을 소득이 발생한 연도의 종사(근무) 개월 수로 나눈 금액이다.

16 ① 연금을 다시 받게 될 때에는 연기를 신청하기 전 원래의 노령연금액(부양가족연금액 제외, 부분연기의 경우 연기비율 적용)에 대하여 연기된 매 1년당 7.2%(월 0.6%)의 연금액을 더 올려서 지급한다.

17 다음 ( )의 내용으로 가장 적절한 것은?

난이도 상

> 사망일시금은 가입자 또는 가입자였던 자의 (가)에 상당한 금액으로 최종기준소득월액(가입 중 결정된 각각의 기준소득월액 중 마지막 기준소득월액) 또는 가입 중의 기준소득월액의 평균액 중 많은 금액의 (나)를 초과할 수는 없다. 이때 기준소득월액은 연도별 재평가율에 따라 사망일시금 수급 전년도의 현재가치로 환산한 금액이다. 사망일시금은 수급권(받을 수 있는 권리)이 발생한 날로부터 (다) 안에 청구하지 않으면 소멸시효가 완성되어 지급받을 수 없다.

구분	가	나	다
①	반환일시금	4배	5년
②	유족일시금	3배	3년
③	유족연금일시금	4배	3년
④	유족연금공제일시금	3배	5년
⑤	유족연금차액보상금	4배	5년

기본서 페이지 90쪽
핵심 키워드 국민연금 급여

정답 및 해설

17 ① 사망일시금은 가입자 또는 가입자였던 자의 반환일시금에 상당한 금액으로 최종기준소득월액(가입 중 결정된 각각의 기준소득월액 중 마지막 기준소득월액) 또는 가입 중의 기준소득월액의 평균액 중 많은 금액의 4배를 초과할 수는 없다. 이때 기준소득월액은 연도별 재평가율에 따라 사망일시금 수급 전년도의 현재가치로 환산한 금액이다. 사망일시금은 수급권(받을 수 있는 권리)이 발생한 날로부터 5년 안에 청구하지 않으면 소멸시효가 완성되어 지급받을 수 없다.

18 국민연금의 분할연금제도에 대한 설명으로 가장 적절하지 않은 것은?

① 혼인기간 동안의 기여분을 분할하여 지급함으로써 이혼한 배우자의 안정적인 노후생활을 보장하기 위한 제도이다.
② 분할연금청구권은 지급사유발생일로부터 5년이 경과한 때 소멸한다.
③ 이혼일로부터 3년 이내에 미리 청구하는 것이 가능하다.
④ 선청구 당시 가입기간 중 혼인기간이 5년 이상인 경우에 한한다.
⑤ 분할연금수급권자가 재혼을 한 경우에는 분할연금수급권이 소멸한다.

기본서 페이지 92쪽
핵심 키워드 분할연금

19 국민연금의 연금급여에 대한 설명으로 적절한 것을 모두 고르시오.

가. 분할연금을 받던 전 배우자가 사망하여 수급권이 소멸한 경우 생존 배우자에게 분할되기 전의 연금액을 지급한다.
나. 장애연금을 지급받기 위해서는 초진일요건과 국민연금 보험료 납부요건이 모두 충족되어야 한다.
다. 가입대상기간 중 체납기간이 3년 이상인 경우에는 장애연금을 지급하지 않는다.
라. 장애등급 1등급의 경우에는 '기본연금액의 100%+부양가족연금액'을 지급한다.
마. 장애연금의 경우 초진일로부터 1년 6개월 경과 후에도 완치되지 아니한 경우에는 초진일로부터 1년 6개월이 경과한 날을 기준으로 장애정도를 결정한다.

① 나, 다, 라, 마
② 가, 나, 라, 마
③ 나, 라, 마
④ 가, 다, 라, 마
⑤ 가, 나, 다, 라, 마

기본서 페이지 91쪽
핵심 키워드 분할연금

+ 정답 및 해설

18 ⑤ 분할연금 수급권자의 재혼 여부는 수급요건에 영향을 미치지 아니하므로 분할연금을 계속 지급한다.
19 ① 가. 분할연금 수급권자(이혼한 배우자)가 사망하면 그 수급권은 소멸되므로 노령연금 수급권자(분할연금에 의해 노령연금이 감소된 본인)에게 분할연금액이 원위치 되어 지급되지는 않는다. 노령연금 수급권자(분할연금에 의해 노령연금이 감소된 본인)가 사망해도 이혼한 배우자가 받던 분할연금액은 계속 지급된다.

20. 국민연금의 유족연금에 대한 설명으로 가장 적절하지 않은 것은?

① 가입자가 전체 가입대상 기간 중 체납기간이 3년 이상인 경우에는 유족연금을 지급하지 않는다.
② 가입기간에 따라 일정률의 기본연금액에 부양가족연금액을 합한 금액을 지급한다.
③ 노령연금의 지급연기로 인한 가산금액은 유족연금액에 반영되지 않는다.
④ 가입기간이 17년이라면 '기본연금액의 55% + 부양가족연금액'을 받을 수 있다.
⑤ 유족연금액은 사망한 자가 지급받던 노령연금액을 초과할 수 없다.

기본서 페이지 94쪽
핵심 키워드 유족연금

21. 유족연금에 대한 설명으로 적절한 것을 모두 고르시오.

가. 가입자 홍길동(가입기간 13년, 기본연금액 50만 원)이 사망하여 그의 유일한 가족인 자녀 홍현대(28세, 장애 없음)가 25만 원의 유족연금을 수령하게 되었다.
나. 유족연금 수급에 있어 사실혼 배우자는 부모보다 우선순위에 해당한다.
다. 유족연금 수급에 있어 19세 미만인 손자녀는 조부모보다 우선순위에 해당한다.
라. 배우자의 유족연금 지급정지가 해제되는 연령도 상향조정된다.
마. 부모가 유족연금을 받고 있던 중 태아(사망한 자의 자녀)가 출생하였다면 부모의 수급권은 소멸한다.

① 나, 다, 라, 마 ② 가, 나, 다, 라, 마 ③ 다, 라, 마
④ 나, 라, 마 ⑤ 가, 다, 라, 마

기본서 페이지 94쪽
핵심 키워드 유족연금

+ 정답 및 해설

20 ④ ● 유족연금 급여수준

가입기간	연금액
10년 미만	기본연금액 40% + 부양가족연금액
10년 이상 20년 미만	기본연금액 50% + 부양가족연금액
20년 이상	기본연금액 60% + 부양가족연금액

출처 : 국민연금공단 홈페이지

21 ① 가. 국민연금법 상 장애가 없는 자녀의 경우에 유족의 범위에 포함되기 위해서는 25세 미만이어야 한다.

22 다음은 유족연금 차액보상금에 대한 설명이다. ( )의 내용으로 가장 적절한 것은?

난이도 하

> 연령도달로 유족연금 수급권이 소멸되는 (가) 또는 (나)인 수급권자에 대해 수급권이 소멸할 때까지 지급받은 유족연금액이 (다)으로 지급받는 경우보다 적은 경우 그 차액을 보전해 줌으로써 수급권자의 생계를 보호하고 다른 수급권자와의 형평을 맞추기 위해 도입하였다.

구분	가	나	다
①	배우자	자녀	반환일시금
②	자녀	손자녀	사망일시금
③	배우자	부모	사망일시금
④	자녀	손자녀	반환일시금
⑤	배우자	자녀	사망일시금

기본서 페이지 96쪽
핵심 키워드 유족연금 차액 보상금

+ 정답 및 해설

22 ② 연령도달로 유족연금 수급권이 소멸되는 자녀 또는 손자녀인 수급권자에 대해 수급권이 소멸할 때까지 지급받은 유족연금액이 사망일시금으로 지급받는 경우보다 적은 경우 그 차액을 보전해 줌으로써 수급권자의 생계를 보호하고 다른 수급권자와의 형평을 맞추기 위해 도입하였다.

23 국민연금 급여와 관련된 설명으로 가장 적절하지 않은 것은?

① 연금은 지급사유가 발생한 날이 속하는 달부터 수급권이 소멸한 날이 속하는 달까지 지급한다.
② 지급일은 매월 25일로 그 달의 연금액을 지급한다.
③ 국민연금 급여간 중복급여의 조정이란 수급권자의 선택에 의하여 한 개의 급여만 지급되고, 나머지 급여는 지급 정지되는 등 제한을 받는 것을 말한다.
④ 노령연금과 유족연금 간 중복급여가 되는 경우 '노령연금 + 유족연금의 30%' 또는 '유족연금' 중 선택할 수 있다.
⑤ 장애연금 또는 유족연금 수급권자가 다른 법률에 의한 중복급여 조정이 되는 경우 그 장애 또는 유족연금액의 1/2에 해당하는 금액을 지급받게 된다.

기본서 페이지 97쪽
핵심 키워드 국민연금 급여

24 기초연금에 대한 설명으로 가장 적절하지 않은 것은?

① 기초연금은 65세 생일 월부터 받을 수 있다.
② 부부 모두 기초연금을 받는 경우에 부부 모두가 동의하면 배우자의 계좌로 입금받을 수 있다.
③ 기초연금은 원칙적으로 자녀 등 부양의무자의 소득·재산은 조사하지 않는다.
④ 시가표준액 6억 원인 자녀와 공동명의(지분 1/2)의 주택에서 거주하는 경우 무료임차소득은 35만 원이다.
⑤ 기초연금 수급자가 이동통신 감면 서비스를 신청하면 최종 청구된 금액의 최대 11,000원이 감액 제공된다.

기본서 페이지 100쪽
핵심 키워드 기초연금

+ 정답 및 해설

23 ① 연금은 지급사유가 발생한 날이 속하는 달의 다음 달부터 수급권이 소멸한 날이 속하는 달까지 지급한다.
24 ④ 6억 원 × 0.78%/12 = 39만 원/2 = 19.5만 원

25 국민연금 추후납부제도에 대한 내용으로 가장 적절한 것은?

① 추후 납부 대상기간이 있는 경우 10년 이하의 범위 내에서 연금보험료 추후납부를 신청하여 납부할 수 있다.
② 60세 이후에는 추가납입을 할 수 없다.
③ 연금보험료를 1개월 이상 납부한 자이어야 한다.
④ 자격상실자, 납부예외자, 노령연금수급자 등이 신청 대상이다.
⑤ 분할납부 횟수는 최대 24회 범위 내에서 추후납부 대상기간 개월 단위로 신청이 가능하다.

기본서 페이지 103쪽
핵심 키워드 추후납부

26 국민연금 추후납부제도에 대한 설명으로 가장 적절하지 않은 것은?

① 임의가입자 및 기타임의계속가입자가 추후납부를 신청하면 이때 적용되는 상한 기준소득월액은 해당 연도 A값의 천 원 미만을 절사한 금액이다.
② 분할납부 시는 납부한 회차별로 정산함이 원칙이다.
③ 분할납부 중 미납 회차 발생 시 해당 회차에 속한 가입기간은 복원되지 않는다.
④ 추납 가능한 기간 중 추납신청기간이 80개월인 경우 분할납부 가능 횟수는 80회이다.
⑤ 추납 가능한 기간 중 10년 미만의 범위 내에서 연금보험료 추후납부를 신청하여 납부할 수 있다.

기본서 페이지 103쪽
핵심 키워드 추후납부

+ 정답 및 해설

25 ③ ① 추후 납부 대상기간이 있는 경우 10년 미만의 범위 내에서 연금보험료 추후납부를 신청하여 납부할 수 있다.
② 60세 이후에도 계속 가입 중이면 신청 가능하다.
④ 자격상실자, 납부예외자, 노령연금수급자는 신청대상이 될 수 없다.
⑤ 분할납부 횟수는 최대 60회 범위 내에서 추후납부 대상기간 개월 단위로 신청이 가능하다.

26 ④ 추납 가능한 기간 중 추납신청기간이 80개월인 경우 분할납부 가능 횟수는 60회이다.

27 농어업인 연금보험료 지원제도에 대한 내용으로 가장 적절하지 않은 것은?

난이도 상

① 도시지역에 거주한다 하더라도 농어업에 종사하면 농어업인에 대한 지원을 받을 수 있다.
② 당연 지역가입자가 아닌 농어업인 지역임의계속가입자에게는 지원하지 않는다.
③ 지원신청일 이전부터 농어업에 종사를 한 사실이 확인될 경우는 신청일 직전 6개월 내에서 소급 적용된다.
④ 다른 조건이 지원대상에 해당하는 경우 재산세 과세표준의 합계액이 10억 원이라면 지원대상에 포함된다.
⑤ 2025년 기준 지원대상자 1인당 최대 월별 지원금액은 46,350원이다.

기본서 페이지) 105쪽
핵심 키워드) 농어업인 연금보험료 지원

28 국민연금 지역가입자 연금보험료 지원제도에 대한 설명으로 가장 적절한 것은?

난이도 상

① 1인당 생애 최대 24개월까지 지원(지원 횟수 제한 없음)한다.
② 실업크레딧, 농어업인연금보험료 보조와 중복지원하는 제도이다.
③ 지역납부예외자 중 납부재개자를 대상으로 연금보험료를 지원한다.
④ 본인 신고소득에 대한 연금보험료의 20%을 초과하지 않는 범위 내에서 최고 월 46,350원을 지원한다.
⑤ 지역임의가입자인 무소득배우자를 대상으로 하는 지원이 강화되었다.

기본서 페이지) 106쪽
핵심 키워드) 지역가입자 연금보험료 지원

+ 정답 및 해설

27 ② 농어업인 지원신청 전의 가입종별에 관계없이 농어업인 지역가입자, 농어업인 지역임의계속가입자에게 지원한다. 재산세 과세표준의 합계액이 12억 원 이상인 자는 제외

28 ③ ① 1인당 생애 최대 12개월까지 지원(지원 횟수 제한 없음)한다.
② 실업크레딧, 농어업인연금보험료 보조와 중복지원은 불가하다.
④ 본인 신고소득에 대한 연금보험료의 1/2를 초과하지 않는 범위 내에서 최고 월 46,350원을 지원한다.
⑤ 지역납부예외자 중 납부재개자를 대상으로 연금보험료를 지원한다.

29 다음 국민연금 출산크레딧 제도의 내용으로 가장 적절하지 않은 것은?

① 노령연금 수급권 취득 후에 출산 또는 입양으로 얻은 자녀 등은 적용에서 제외된다.
② 2007년 이전에 출생한 자녀가 없고 2008년 1월 1일 이후 출생·입양한 자녀가 3명 있는 경우에 48개월의 추가가입기간을 인정받을 수 있다.
③ 자녀 수에 따른 추가가입 인정기간은 최대 50개월을 초과할 수 없다.
④ 추가로 산입되는 가입기간의 기준소득월액은 A값으로 정하여 수급권 취득 시점의 소득으로 본다.
⑤ 부모가 모두 가입자(였던 자)인 경우 부모가 합의하여 한 명의 가입기간에 전부 산입하되 합의하지 않으면 균분한다.

기본서 페이지 107쪽
핵심 키워드 출산 크레딧

정답 및 해설

29 ②
(단위 : 개월)

자녀수	2자녀	3자녀	4자녀	5자녀 이상
추가가입기간	12	30	48	50

출처 : 국민연금공단 홈페이지

30

다음은 국민연금 군복무크레딧과 실업 크레딧제도에 대한 내용이다. 적절한 것을 모두 고르시오.

> 가. 군복무크레딧은 6개월 이상 복무한 자가 (조기)노령연금 수급권을 취득한 때(가입기간 추가 시 수급권을 취득할 수 있는 경우 포함) 해당된다.
> 나. 군복무크레딧은 추가로 산입되는 가입기간의 기준소득월액은 A값의 1/2로 정하여 수급권 취득 시점의 소득으로 본다.
> 다. 실업크레딧은 6개월의 가입기간을 추가로 인정한다.
> 라. 실업크레딧은 연금보험료의 25%를 신청인이 부담하는 경우에 한해 연금보험료의 75%를 지원하여 가입기간을 추가 산입한다.
> 마. 실업크레딧의 추가 산입기간은 노령연금의 기본연금액에 반영하고, 장애·유족연금의 기본연금액에는 반영하지 아니한다.

① 가, 나, 다, 라, 마
② 나, 다, 마
③ 가, 나, 라, 마
④ 나, 다, 라, 마
⑤ 가, 라, 마

기본서 페이지 108쪽
핵심 키워드 국민연금 지원제도

정답 및 해설

30 ③ 다. 실업크레딧 추가 가입기간은 구직급여 수급기간으로서 1인당 생애 최대 12개월까지 지원한다. 병역의무를 이행한 자에게 6개월의 가입기간을 추가로 인정하여 노령연금의 기본연금액 산정 시 가입기간 계산에 포함한다.

31 공적연금 연계제도에 대한 내용으로 가장 적절하지 않은 것은?

① 퇴직일시금 수급권을 취득한 경우 일시금을 수령하지 않았다면 퇴직일로부터 7년 이내에 연계신청이 가능하다.
② 국민연금의 임의계속가입기간, 출산·군복무 크레딧은 연계대상기간에서 제외한다.
③ 국민연금에서 직역연금으로 이동하여 직역연금 가입자가 된 때에는 국민연금 수급권이 소멸되기 전까지 연계신청할 수 있다.
④ 임의계속가입 후 반납금 또는 추납보험료를 납부하여 가입기간이 늘어나는 경우 해당 기간은 연계대상기간에 포함한다.
⑤ 국민연금제도의 장애연금과 다른 공적연금제도의 장해연금 간에는 연계급여가 없다.

기본서 페이지 113쪽
핵심 키워드 연계제도

32 공적연금 연계제도에 대한 설명으로 가장 적절하지 않은 것은?

① 임의계속가입기간 동안 납부한 보험료의 경우 연계대상기간에는 포함하지 않으나 연계노령(유족)연금액 산정 시에는 연금액으로 산정한다.
② 연계기간이 10년 이상인 자 중 국민연금 또는 직역연금의 가입(재직)기간이 1년 미만인 경우에는 연금이 아닌 일시금으로 지급한다.
③ 국민연금을 20년 이상 가입한 경우 연계노령유족연금 산정액은 '기본연금액의 60% + 부양가족연금액'이다.
④ 공무원연금을 1년 이상 가입한 경우 연계퇴직유족연금 산정액은 연계퇴직연금의 50%이다.
⑤ 국민연금 가입기간과 공무원연금 재직기간 부족으로 연금수급권을 취득하지 못하는 경우 각각의 기간을 연계하여 10년 이상이 되면 연금으로 지급한다.

기본서 페이지 115쪽
핵심 키워드 연계제도

+ 정답 및 해설

31 ① 퇴직일시금 수급권을 취득한 경우 일시금을 수령하지 않았다면 퇴직일로부터 5년 이내에 연계신청이 가능하고, 퇴직일시금을 수령하였다면 그 일시금을 지급받은 연금기관에 반납하고 연계신청을 하여야 한다. 퇴직(퇴역)연금, 퇴직(퇴역)연금일시금, 퇴직(퇴역)연금공제일시금 수령자는 연계신청 대상이 아니다. 다만, 퇴직(퇴역)연금 수급권을 취득하였더라도 연금 수급 전이면 연계신청이 가능하다.

32 ④ 공무원연금을 1년 이상 가입한 경우 연계퇴직유족연금 산정액은 연계퇴직연금의 60%이다.

33

다음의 조건에서 국민연금과 연계연금을 모두 수령하려고 할 때 업무처리 순서로 가장 적절한 것은?

- 1962년 생
- 국민연금 가입이력 : 1988년 1월 ~ 2021년 5월
- 국민연금은 만 63세인 2025년 6월부터 수급할 수 있음
- 2022년 1월부터 사립대학교 교직원으로 재직 중
- 현재 사학연금 가입자로 보험료 납부, 2027년 12월까지 근무 예상

가. 연계신청
나. 국민연금 수급시기에 연계노령연금 청구(연기 가능) 및 수급
다. 사립대학교 교직원 퇴사 후 사학연금 수급시기에 연계퇴직연금 청구 및 수급

① 가 – 나 – 다
② 가 – 다 – 나
③ 나 – 가 – 다
④ 다 – 나 – 가
⑤ 나 – 다 – 가

기본서 페이지 116쪽
핵심 키워드 공적연금 연계제도

정답 및 해설

33 ① 위 사례에서 국민연금과 사학연금을 모두 수령하려면,
① 먼저 연계신청(국민연금 노령연금 청구를 먼저 하면 안 됨)
② 국민연금 수급시기에 연계노령연금 청구(연기 가능) 및 수급
③ 사립대학교 교직원 퇴사 후 사학연금 수급시기에 연계퇴직연금 청구 및 수급

CFP 수험전략

제4장 퇴직연금

수험전략

퇴직연금에 대한 출제 예상문항수는 5~7문항입니다. 공적연금, 개인연금과 함께 가장 출제문항이 많은 장입니다. 각 퇴직연금제도의 특징, 차이점, 사전지정운용제도, 중도인출, 담보제공, 중간정산 사유, 적립금의 운용(특히 TDF) 등 학습할 내용이 조금 많아보이지만 실제 중복되는 부분도 많아 있어 학습 내용을 잘 숙지하면 실제 학습분량을 상당히 줄일 수 있습니다.

주요 학습내용 점검

1. 퇴직급여 제도별 퇴직급여 수준을 설명할 수 있다.
2. 퇴직연금 적립금의 중도인출 사유를 설명할 수 있다.
3. DB형 퇴직연금과 DC형 퇴직연금의 특성을 비교 설명할 수 있다.
4. 타겟데이트펀드(TDF)의 주요 내용을 설명할 수 있다.
5. 사전지정운용제도(디폴트옵션)에 대해 설명할 수 있다.

출제빈도

교육내용	핵심키워드	학습중요도			예상 출제비중
		상	중	하	
제1절 퇴직급여제도 개요	• 퇴직급여 • 중소기업퇴직연금기금 • 중간정산, 중도인출, 담보제공			O	1~2문항
제2절 퇴직연금 종류	• 확정기여형퇴직연금 • 확정급여형퇴직연금 • 개인형퇴직연금 • 중소기업퇴직연금기금 • 퇴직연금제도 변경	O			2~3문항
제3절 DC형 퇴직연금 및 IRP적립금 운용	• 위험자산 • 적립금 운용한도 • 타겟데이트펀드 • 사전지정운용제도 • 디폴트옵션 상품	O			3~4문항
제4절 은퇴저축을 위한 DC형 퇴직연금 및 IRP활용	• 연금저축펀드 • IRP	O			1~2문항

CHAPTER 04 퇴직연금

01 다음 중 퇴직금 산정 시 적용되는 1일 평균임금으로 가장 적절한 것은?

퇴직일 : 2024년 9월 10일(10년 간 근무)
퇴직 시 월급여 및 퇴직 전 1년간 상여금 및 연월차수당

월 기본급	월 기타수당	연차수당	연간상여금
3,000,000원	240,000원	1,200,000원	4,000,000원

① 103,025원
② 189,158원
③ 154,369원
④ 119,782원
⑤ 136,254원

기본서 페이지 124쪽
핵심 키워드 평균임금

정답 및 해설

01 ④ 연차수당·연간상여금 5,200,000원 × 3/12 = 1,300,000원
3개월간 임금총액(3,000,000원 + 240,000원) × 3 = 9,720,000원
(9,720,000원 + 1,300,000원)/92일 = 약 119,782원
2024년 6월 10일 ~ 2024년 9월 9일 퇴직 전 3개월간의 총일수 92일

02 다음 중 퇴직금 중간정산 사유에 해당하는 것을 모두 고르시오.

가. 사용자가 임금피크제를 시행하는 경우
나. 무주택자인 근로자가 본인 명의로 주택을 구입하는 경우
다. 소정근로시간을 1일 1시간 이상 단축한 근로조건에 따라 근로자가 3개월 이상 계속 근로하기로 한 경우
라. 근로자의 부양가족의 대학등록금이 필요한 경우
마. 근로자 본인이 6개월 이상 요양이 필요로 하는 경우 일정기준에 해당하는 금액

① 가, 나, 다, 라, 마
② 나, 다, 라
③ 다, 라, 마
④ 가, 나, 다, 마
⑤ 가, 나, 다, 라

기본서 페이지 126쪽
핵심 키워드 중간정산

정답 및 해설

02 ④ 라.는 퇴직연금의 담보제공 사유이다.

[퇴직금 중간정산 사유]
① 무주택자인 근로자가 본인 명의로 주택을 구입하는 경우
② 무주택자인 근로자가 주거를 목적으로 전세금 또는 보증금을 부담하는 경우(근로자가 하나의 사업장에 근로하는 동안 1회로 한정됨)
③ 근로자 본인, 그 배우자, 근로자 또는 그 배우자의 부양가족이 6개월 이상 요양을 필요로 하는 경우로서 근로자가 본인 연간 임금총액의 12.5%를 초과하여 의료비를 부담하는 경우
④ 퇴직금 중간정산을 신청하는 날로부터 역산하여 5년 이내에 파산선고 또는 개인회생절차개시의 결정을 받은 경우
⑤ 사용자가 기존의 정년을 연장하거나 보장하는 조건으로 단체협약 및 취업규칙 등을 통하여 임금피크 제도를 시행하는 경우
⑥ 사용자가 근로자와의 합의에 따라 소정근로시간을 1일 1시간 또는 1주 5시간 이상 단축함으로써 단축된 소정근로시간에 따라 근로자가 3개월 이상 계속 근로하기로 한 경우
⑦ 근로시간의 단축으로 근로자의 퇴직금이 감소되는 경우
⑧ 재난으로 피해를 입은 경우로서 고용노동부 장관이 정하여 고시하는 사유에 해당하는 경우

03 다음 중 퇴직연금 적립금의 담보제공 사유로 가장 적절하지 않은 것은?

난이도 중

① 배우자 부양가족의 대학등록금을 가입자가 부담하는 경우
② 근로자 부양가족의 혼례비를 가입자가 부담하는 경우
③ 사업장주의 휴업실시로 근로자의 임금이 감소한 경우
④ 퇴직연금적립금을 담보로 제공하고 받은 대출 원리금을 상환하기 위한 경우
⑤ 무주택자인 근로자가 주거를 목적으로 보증금을 부담하는 경우

기본서 페이지 128쪽
핵심 키워드 중도인출

➕ 정답 및 해설

03 ④

[퇴직연금 적립금의 담보제공 사유]
① 무주택자인 근로자가 본인 명의로 주택을 구입하는 경우
② 무주택자인 근로자가 주거를 목적으로 전세금 또는 보증금을 부담하는 경우(근로자가 하나의 사업장에 근로하는 동안 1회로 한정됨)
③ 근로자 본인과 소득세법상 기본공제대상자인 근로자의 배우자 및 근로자 또는 그 배우자의 부양가족이 6개월 이상 요양을 필요로 하는 사람의 의료비를 가입자가 본인의 연간 임금총액의 12.5%를 초과하여 부담하는 경우
④ 퇴직금 중간정산을 신청하는 날로부터 역산하여 5년 이내에 파산선고 또는 개인회생절차개시의 결정을 받은 경우
⑤ 근로자가 본인과 소득세법상 기본공제대상자인 근로자의 배우자 및 근로자 또는 그 배우자의 부양가족의 대학등록금, 혼례비 또는 장례비를 가입자가 부담하는 경우
⑥ 사업장주의 휴업 실시로 근로자의 임금이 감소하거나 재난으로 피해를 입은 경우

퇴직연금 적립금의 중도인출 사유에 해당한다.

[퇴직연금 적립금의 중도인출 사유]
① 무주택자인 근로자가 본인 명의로 주택을 구입하는 경우
② 무주택자인 근로자가 주거를 목적으로 전세금 또는 보증금을 부담하는 경우(이 경우 중간정산은 근로자가 하나의 사업장에 근로하는 동안 1회로 한정됨)
③ 근로자 본인과 소득세법상 기본공제대상자인 근로자의 배우자 및 근로자 또는 그 배우자의 부양가족이 6개월 이상 요양을 필요로 하는 사람의 의료비를 가입자가 본인의 연간 임금총액의 12.5%를 초과하여 부담하는 경우
④ 퇴직금 중간정산을 신청하는 날로부터 역산하여 5년 이내에 파산선고 또는 개인회생절차개시의 결정을 받은 경우
⑤ 퇴직연금 적립금을 담보로 제공하고 대출을 받은 가입자가 그 대출 원리금을 상환하기 위한 경우로서 고용노동부장관이 정하여 고시하는 사유에 해당하는 경우(중도인출액은 대출 원리금 상환에 필요한 금액 이하로 함)

04 다음 중 퇴직급여를 IRP로 이전 지급해야 하는 경우로 가장 적절한 것은?

① 퇴직금 중간정산금을 받은 경우
② 근로자가 사망한 경우
③ 퇴직급여가 500만 원인 경우
④ 근로자가 60세에 퇴직한 경우
⑤ 퇴직급여를 담보로 받은 대출을 상환하는 금액인 경우

기본서 페이지 129쪽

핵심 키워드 IRP

+ 정답 및 해설

04 ③ 퇴직금 중간정산금이나 DC형 퇴직연금 등의 중도인출금은 근로자명의의 예금통장으로 지급할 수 있다.

[퇴직급여의 IRP 이전 예외 사유]
① 근로자가 55세 이후에 퇴직하는 경우
② 퇴직급여가 300만 원 이하인 경우
③ 근로자가 사망한 경우
④ 외국인이 국내에서 근로를 제공하고 퇴직 후 국외로 출국한 경우
⑤ 퇴직급여를 담보로 받은 대출 상환금액(상환 후 잔액은 퇴직급여는 IRP로 이전)

05 퇴직급여 세제 중 소득세법상 연금수령시 과세와 관련된 내용으로 적절한 것을 모두 고르시오.

> 가. 퇴직소득세는 근속연수가 짧을수록, 퇴직소득금액이 많을수록 실효세율이 높아진다.
> 나. 퇴직급여를 IRP로 이전받아 연금으로 수령하는 경우 11년차 이후의 연금소득세는 이연퇴직소득세의 50%가 과세된다.
> 다. 연금수령한도는 [연금계좌평가액/(11 − 연금수령연차)] × 120/100이다.
> 라. 연금계좌를 승계한 경우 사망일 당시 피상속인의 연금수령연차를 적용한다.
> 마. 이연퇴직소득이 있는 경우에는 5년의 경과규정을 적용하지 않는다.

① 가, 나, 라, 마
② 가, 다, 라, 마
③ 나, 다, 라, 마
④ 나, 라, 마
⑤ 가, 나, 다, 라, 마

기본서 페이지 129쪽
핵심 키워드 연금계좌 세제

+ 정답 및 해설

05 ② 나. 퇴직급여를 IRP(또는 중소기업퇴직연금 가입자계좌)로 이전·지급받아 소득세법상 '연금수령' 요건을 갖추어 연금으로 수령하는 경우 연금소득세가 과세되며, 이 경우 연금수령연차가 1년차부터 10년차까지는 이연퇴직소득세의 70%를, 11년차 이후에는 60%가 과세된다.

> [소득세법상 '연금수령' 요건]
> ① 가입자가 55세 이후 연금계좌 취급자에게 연금수급개시를 신청한 후 인출할 것
> ② 연금계좌의 가입일로부터 5년이 경과된 후에 인출할 것
>   - 단, 이연퇴직소득이 있는 경우에는 5년의 경과규정을 적용하지 않음
> ③ 과세기간 개시일 현재 연금수령한도 이내에서 인출할 것
>
> $$\text{연금수령한도} = \frac{\text{연금계좌 평가액}}{11 - \text{연금수령연차}} \times \frac{120}{100}$$
>
> - 연금계좌 평가액 적용
>   - 최초 연금개시연도에는 연금수급개시 개시일 기준 연금계좌 평가액을 적용
>   - 연금수령 2차년도 이후에는 각 년도 1월1일 기준 연금계좌 평가액을 적용
> - 연금수령연차 적용
>   - 연금수령연차는 최초로 연금수령할 수 있는 날이 속하는 과세기간을 기산연차로 하여 그 다음 과세기간을 누적 합산한 연차를 말함
>   - 2013년 3월 1일 전에 가입한 DB형 퇴직연금에 가입한 사람이 퇴직하여 퇴직소득 전액이 새로 설정된 연금계좌로 이체되는 경우는 연금수령연차를 6년차를 적용
>   - 연금수령연차가 11년 이상인 경우에는 위 계산식을 적용하지 않음
>   - 연금계좌를 승계한 경우 사망일 당시 피상속인의 연금수령연차를 적용

06 확정급여형 퇴직연금에 대한 내용으로 적절한 것을 모두 고르시오.

난이도 중

가. 퇴직연금을 설정한 사용자는 매 사업연도 말 기준 기준책임준비금의 100%를 최소적립금으로 적립하여야 한다.
나. 재정검증 결과 적립금이 최소적립금의 150%를 초과하는 경우 근로자는 그 초과분을 한도로 반환요청을 할 수 있다.
다. 적립금이 최소적립금의 95%에 미달하는 경우에는 사용자는 근퇴법상 정한 방식으로 적립금 부족을 해소하여야 한다.
라. 사용자는 적립금 운용결과에 대해 책임을 지며, 적립금 수준에 따라 차회 이후의 사용자부담금 수준이 변동될 수 있다.
마. 안전자산에는 적립금 전액을 운용할 수 있고, 위험자산에는 적립금의 70%까지 투자할 수 있다.

① 가, 나, 다, 라, 마
② 가, 다, 라, 마
③ 나, 다, 라, 마
④ 다, 라, 마
⑤ 가, 나, 라

기본서 페이지 133쪽
핵심 키워드 확정급여형 퇴직연금

+ 정답 및 해설

06 ② 나. 재정검증 결과 적립금이 최소적립금의 150%를 초과하는 경우 사용자는 그 초과분을 한도로 반환요청을 할 수 있다.

07 확정기여형퇴직연금제도에 대한 설명으로 가장 적절하지 않은 것은?

난이도 ②

① DC형 퇴직연금을 설정한 경우 사용자부담금은 가입자별 연간 임금총액의 1/12 이상이다.
② DC형 퇴직연금규약에 사용자부담금과 별도로 가입자가 스스로 추가부담금을 납입할 수 있다는 내용을 규정하게 되면 가입자의 추가납입도 가능하다.
③ 사용자가 사용자부담금을 퇴직연금규약에 정한 기일까지 가입자와 합의 없이 지연하여 납입하는 경우에는 지연일수에 대한 연체이자와 함께 부담금을 납입하여야 한다.
④ 펀드 등 위험자산에는 적립금의 40%를 한도로 투자할 수 있다.
⑤ 경영평가성과급을 DC형 퇴직연금계좌에 납입하고 연금으로 수령하는 경우 근로소득세를 과세하지 않고 인출 시 연금소득세를 과세한다.

기본서 페이지 138쪽
핵심 키워드 확정 기여형

➕ 정답 및 해설

07 ④ 펀드 등 위험자산에는 적립금의 70%를 한도로 투자할 수 있다.
DC형 퇴직연금 가입자가 퇴직을 하게 되면 사용자는 퇴직근로자의 DC형 퇴직연금 적립금을 가입자가 설정한 IRP계좌로 이전하는 방식으로 지급하게 된다. 실무적으로는 DC형 퇴직연금 운용상품 이전은 가입한 퇴직연금사업자와 동일한 금융회사만 가능하고, 다른 금융회사에 설정한 IRP계좌로 퇴직급여 지급을 요청하는 경우는 적립금을 현금으로 이전·지급하고 있다.

08 개인형퇴직연금제도에 대한 설명으로 가장 적절하지 않은 것은?

① IRP는 여러 금융회사에 계좌를 설정할 수 있으나 동일 금융회사에는 하나의 계좌만을 설정할 수 있다.
② 직역연금가입자도 IRP를 설정할 수 있다.
③ 4주간 평균하여 1주간의 소정근로시간이 15시간 미만인 근로자는 IRP를 설정할 수 없다.
④ 근로자는 퇴직연금을 가입하지 않은 금융회사에서 IRP계좌를 개설하여 퇴직급여를 이전 받을 수도 있다.
⑤ 연간 납입한 금액이 납입한도에 미달하더라도 잔여한도금액이 다음해로 이월되지 않는다.

기본서 페이지 139쪽
핵심 키워드 개인형퇴직연금계좌

정답 및 해설

08 ③ 근로자면 모두 가능하다.

[IRP 설정 가능자]
- 퇴직금제도에서 근로자가 퇴직급여를 수령하려는 사람
- 퇴직연금제도에서 퇴직급여를 수령하려는 사람
- DB형 또는 DC형 퇴직연금 및 중소기업퇴직연금 가입자
- 공무원, 군인, 사립학교 교직원, 별정우체국직원 등 직역연금 가입자
- 자영업자 또는 프리랜서 등 사업장소득이 있는 사람
- 기타 근로소득이 있는 단기근로자
  - 계속근로기간이 1년 미만인 근로자
  - 4주간 평균하여 1주간의 소정근로시간이 15시간 미만인 근로자
- 10인 미만 고용 사업장의 근로자

09 중소기업퇴직연금기금제도에 대한 설명으로 적절한 것을 모두 고르시오.

난이도 중

가. 제도운영은 근로복지공단에서 한다.
나. 둘 이상의 중소기업 사용자 및 근로자가 납입한 부담금 등으로 공동의 기금을 조성·운영하여 근로자에게 퇴직급여를 지급하는 제도이다.
다. 가입자가 적립금 운용지시를 하지 않는다.
라. 요건 충족 시 가입 초기 3년간 사용자정기부담금의 10%를 사용자와 근로자에게 각각 지원한다.
마. 가입신청은 개별 근로자가 공단을 방문하거나 근로복지공단 중소기업퇴직연금기금 홈페이지에서 신청할 수 있다.

① 나, 다, 라, 마
② 다, 라, 마
③ 가, 라
④ 가, 나, 다, 라, 마
⑤ 가, 나, 다, 라

기본서 페이지 141쪽
핵심 키워드 중소기업퇴직연금기금제도

정답 및 해설

09 ⑤ 마. 상시근로자 30인 이하 사업장의 사용자는 근로자대표 또는 근로자 과반수의 동의를 얻어 공단과 계약을 체결하는 방식으로 중소기업퇴직연금을 설정한다. 사용자는 근로자대표와 '표준계약서'를 작성하고, 공단양식의 가입신청서 및 근로자 동의서와 함께 근로복지공단에 제출하면 된다.

10. 중소기업퇴직연금기금제도에 대한 설명으로 가장 적절한 것은?

가. 가입자의 연간(예상)임금총액의 1/12 이상에 해당하는 금액이다.
나. 중소기업퇴직연금 가입 이후 가입자의 연간 임금총액의 변경 또는 퇴직으로 인하여 부담금을 추가 납입하거나 반환하는 부담금이다.
다. 퇴직금제도가 적용된 과거근로기간을 중소기업퇴직연금 가입기간에 포함하기 위해 납입하는 금액이다.
라. 중소기업퇴직연금으로 전환하기 전 가입한 퇴직연금의 적립금을 중소기업퇴직연금으로 이전할 금액을 말한다.

구분	정기부담금	정산부담금	일시전환부담금	제도이전부담금
①	가	다	나	라
②	가	나	다	라
③	가	라	다	나
④	가	나	라	다
⑤	가	다	라	나

기본서 페이지) 143쪽
핵심 키워드) 중소기업퇴직연금기금

정답 및 해설

10 ② 사용자 부담금은 기본부담금은 정기부담금(가), 정산부담금(나)으로 나눈다. 또한 일시전환부담금(다), 제도이전 부담금(라)이 있다.

11 중소기업퇴직연금기금제도에 대한 설명으로 가장 적절하지 않은 것은?

난이도 ㊥

① 근로자가 추가로 납부하는 부담금은 해당 사업장에서 퇴직을 한 이후에는 추가로 납부할 수 없다.
② 적립금에서 연금을 수령하기 위해서는 10년 이상 가입하고, 55세 이후 5년 이상의 기간을 정하여야 한다.
③ 사용자 또는 가입한 근로자 모두가 적립금에 대한 운용지시를 하지 않는다.
④ 2025년 중소기업퇴직연금기금 제도에 가입한 사업장의 경우 가입한 때부터 3년간 사용자 및 가입자 부담 수수료율을 0%로 적용한다.
⑤ 지원금은 해당 사업장의 종업원 모두를 지원 대상으로 한다.

기본서 페이지) 146쪽
핵심 키워드) 중소기업퇴직연금기금

+ 정답 및 해설

11 ⑤ 중소기업퇴직연금가입 이후 가입자(상시근로자)가 30명을 초과하는 경우 [입사일이 빠른 가입자 > 생년월일이 빠른 가입자 > 정기부담금 납입액이 많은 가입자] 순으로 지원대상자를 선정한다.

12. 퇴직연금제도 변경에 대한 설명으로 적절한 것을 모두 고르시오.

> 가. DC형 퇴직연금(제도는 유지)을 DB형퇴직연금으로 변경하면, DC형 퇴직연금에 적립된 적립금은 퇴직 등 지급사유 발생일 전까지 운용하다가 근로자의 퇴직 등 지급사유가 발생한 경우에 IRP계좌로 지급한다.
> 나. DB형 퇴직연금만을 도입한 사업장에서 DC형 퇴직연금을 추가로 도입하기 위해서는 근로자대표의 의견을 들어야 한다.
> 다. DB형 퇴직연금으로 변경이 되면 DC형 퇴직연금(제도 폐지)에 있는 적립금을 근로자 명의의 IRP계좌로 이전(퇴직금중간정산)하여야 한다.
> 라. DC형 퇴직연금에서 DB형 퇴직연금으로 변경하는 경우는 DC형 퇴직연금의 성격상 DB형 퇴직연금으로 변경한 이후의 근무기간에 대해서만 가입기간으로 정할 수 있다.
> 마. DB를 유지하면서 DC형 퇴직연금으로 변경하는 시 DC형 퇴직연금으로 변경하기 직전 연간 임금총액의 1/12 이상에 해당하는 부담금을 기준으로 소급기간에 해당하는 퇴직급여를 근로자 명의의 DC형 퇴직연금계좌로 납입하여야 한다.

① 가, 나, 다, 라, 마
② 가, 다, 라, 마
③ 나, 다, 라, 마
④ 다, 라, 마
⑤ 가, 라, 마

기본서 페이지 144쪽
핵심 키워드 퇴직연금제도 변경

+ 정답 및 해설

12 ② 나. DB형 퇴직연금만을 도입한 사업장에서 DC형 퇴직연금을 추가로 도입하기 위해서는 근로자대표의 동의를 얻어야 한다.

13 퇴직연금 적립금 운용과 관련된 설명으로 가장 적절하지 않은 것은?

① 확정기여형퇴직연금사업자는 반기마다 1회 이상 위험과 수익구조가 서로 다른 세 가지 이상의 적립금 운용방법을 제시하여야 한다.
② DC형 퇴직연금 또는 IRP의 위험자산에 대한 투자한도는 적립금의 70%까지이다.
③ 위험자산에 대한 투자금액을 제외한 나머지는 원리금보장상품으로만 운용하여야 한다.
④ 위험자산에 대한 투자한도 적용은 운용지시를 한 시점을 기준으로 한다.
⑤ 주식혼합형펀드란 주식투자 한도가 펀드 재산의 40% 초과 60%미만인 펀드를 말한다.

기본서 페이지 152쪽
핵심 키워드 적립금 운용

정답 및 해설

13 ③ 위험자산에 대한 투자금액을 제외한 나머지는 원리금보장상품이나 분산투자 등으로 투자위험을 낮춘 상품으로 운용하게 된다.

14. 퇴직연금 적립금 운용과 관련된 설명으로 가장 적절하지 않은 것은?

① 안전자산은 원리금보장상품과 분산투자 등으로 투자위험을 낮춘 상품으로 구분할 수 있다.
② DC형 퇴직연금 가입자는 적립금의 100%까지 안전자산에 투자할 수 있다.
③ TDF는 분산투자와 투자시간 경과에 따른 위험자산 편입 비중 축소 등으로 위험을 낮춘 펀드로 규정되어 적립금의 90%까지 투자가 가능하다.
④ DC형 퇴직연금 가입자가 부담금 또는 적립금에 대해 일정한 기간 이내에 별도의 운용지시를 하지 않게 되면 가입자가 사전에 지정한 디폴트옵션으로 운용된다.
⑤ DC형 퇴직연금의 적립금으로 후순위채권이나 증권예탁증권 등에 대한 투자는 금지하고 있다.

기본서 페이지 153쪽
핵심 키워드 적립금 운용

정답 및 해설

14 ③ 적격 TDF는 분산투자와 투자시간 경과에 따른 위험자산 편입 비중 축소 등으로 위험을 낮춘 펀드로 규정되어 적립금의 100%까지 투자가 가능하다.

● DC형 퇴직연금 및 IRP 적립금 운용한도

구분		투자한도	상품 유형
안정자산	원리금 보장상품	100%	은행 예·적금, 상호저축은행 예·적금[주1], 우체국 예금, 이율보증형보험(GIC), 금리연동형보험, 원금보장형 파생결합사채(ELB) 및 파생결합증권(DLS), 환매조건부채권(RP), 발행어음, 통화안정증권, 국채증권
	투자위험을 낮춘 상품		채권형펀드(국내, 해외), 채권혼합형펀드(국내, 해외), 보증형 실적배당보험[주2], 외국 국채(환위험헤지를 체결한 신용등급 A- 이상) 한국주택공사 발행 MBS, 투자적격 학자금 대출증권, 적격타겟데이트펀드(TDF), 자본시장법상 MMF
위험자산		70%	상장채권, 주식형펀드, 주식혼합형펀드, SOC펀드, 국내 및 해외의 상장 증권형ETF[주3] 및 REITs, 최대 원금손실률이 40% 이하인 주가지수연계증권(ELS)

주1) 상호저축은행의 예·적금 운용한도 : 원리금을 합하여 5,000만 원이며, 금융회사별로 납입금액의 한도를 4,500만 원 등으로 정하고 있음
주2) 납입보험료의 전액이 적립금의 반환에 충당하기 위해 적립되는 보험계약
주3) 원자재 선물가격을 추종하는 ETF, 레버리지 및 인버스 유형의 ETF는 투자금지 대상임

15. 다음 TDF운용방식 중 내용이 잘못된 것을 고르시오

구분	to-방식	through-방식
투자기간 중 위험자산 비중	① 상대적으로 낮음	② 상대적으로 높음
투자목표 시점 위험자산 비중	낮음(20~30%)	-
위험자산 비중 조정 기간	③ 투자목표시점까지 조정	④ 투자목표시점 이후에도 조정
가입자 선택기준	-	⑤ 안정적으로 적립금을 관리하고자 하는 가입자에게 적합

기본서 페이지 163쪽
핵심 키워드 적립금 운용

정답 및 해설

15 ⑤ ○ to-방식과 through-방식의 글라이드 패스 비교

구분	to-방식	through-방식
투자기간 중 위험자산 비중	상대적으로 낮음	상대적으로 높음
투자목표시점 위험자산 비중	낮음(20~30%)	높음(40~50%)
위험자산 비중 조정기간	투자목표시점까지 조정	투자목표시점 이후에도 조정
가입자 선택기준	안정적으로 적립금을 관리하고자 하는 가입자에게 적합	적극적으로 적립금을 관리하고자 하는 가입자에게 적합

출처 : 연금자산관리, TDF로 자율 운행하라(미래에셋투자와 연금센터, 2023), 수정

자산배분조정경로는 생애자산배분곡선이라고도 하며, 실무에서는 글라이드 패스(glide path)로 불리고 있다.

16 사전지정운용제도에 대한 내용으로 가장 적절하지 않은 것은?

① 중소기업퇴직연금기금제도와 DC형 퇴직연금 및 IRP 가입자를 대상으로 한다.
② IRP 가입자에게는 퇴직연금사업자가 디폴트옵션 제도에 관한 사항과 적격디폴트옵션 정보를 제공하도록 하고 있다.
③ 근퇴법 개정·시행으로 디폴트옵션 가입대상자에게 디폴트옵션 선택은 법정 의무사항이다.
④ 고용노동부장관의 승인을 받은 퇴직연금사업자의 디폴트옵션에 대해 3년에 1회 이상 정기평가를 하여 승인 지속 여부를 심의한다.
⑤ 디폴트옵션을 지정하지 않은 상태에서 원리금보장상품의 만기가 도래하면 만기금은 가입자가 별도의 운용지시를 할 때까지 낮은 금리가 적용되는 현금성 대기자금으로 남아있게 된다.

기본서 페이지 165쪽
핵심 키워드 사전지정운용

정답 및 해설

16 ① DC형 퇴직연금 및 IRP 가입자에게 적용되며, DB형 퇴직연금과 중소기업퇴직연금기금에는 적용되지 않는다. 2022년 7월 12일 이후 DC형 퇴직연금이나 IRP를 신규로 가입할 경우에는 퇴직연금규약에 제시된 디폴트옵션 상품 중 하나를 반드시 선택하여야 한다. 2022년 7월 12일 이전에 DC형 퇴직연금이나 IRP를 가입하였다면 빠른 시일 내에 가입자의 위험수용성향에 적합한 디폴트옵션을 지정하는 것이 바람직하다.

17 사전지정운용제도에 대한 설명으로 적절한 것을 모두 고르시오.

가. 신규로 DC형 퇴직연금 및 IRP를 가입한 자가 최초 부담금 납입 이후 4주간 운용지시가 없을 경우 사전에 지정한 디폴트옵션으로 자동 매수 처리된다.
나. 운용지시 없이 디폴트옵션 적용을 원하지 않는 경우 별도로 디폴트옵션 미적용 신청을 하여야 디폴트옵션으로 적용되지 않는다.
다. 디폴트옵션으로 적립금을 운용하고 있지 않은 가입자는 언제든지 디폴트옵션으로 본인의 적립금을 운용하는 것을 선택(OPT-IN)할 수 있다.
라. 운용지시금액은 적립금 중 기보유한 금융자산이 먼저 적용되고 그 다음으로 입금 및 만기일자가 빠른 금액 순으로 적용된다.
마. 디폴트옵션 적용 이후 납입하는 부담금은 유예기간(대기기간) 없이 입금일 익일에 지정되어있는 디폴트옵션으로 자동 매수 처리된다.

① 나, 다, 라, 마
② 가, 나, 라, 마
③ 가, 나, 다, 라, 마
④ 나, 라, 마
⑤ 다, 라, 마

기본서 페이지 169쪽
핵심 키워드 사전지정제도 운용

정답 및 해설

17 ① 가. 신규로 DC형 퇴직연금 및 IRP를 가입한 자가 최초 부담금 납입 이후 2주간 운용지시가 없을 경우 사전에 지정한 디폴트옵션으로 자동 매수 처리된다.

◎ 투자위험도에 따른 디폴트옵션상품 분류

위험구분 (위험도 범위)	초저위험 (4.3~5)	저위험 (3.5~4.2)	중위험 (2.7~3.4)	고위험 (1.9~2.6)
단일상품 (투자위험도)	원리금보장형 (5)	단기금융펀드 (4)	밸런스펀드 (3)	타겟데이트펀드(2), SOC펀드(2)
포트폴리오상품	포트폴리오 위험도 = 편입 단일상품 위험도 × 투자비중)의 가중평균 값*			

18 퇴직연금 가입자의 상황별 디폴트옵션 적용에 대한 내용이다. 가장 적절하지 않은 것은?

난이도 중

① DC형 퇴직연금을 도입한 사업장에 취업을 하였다면 퇴직연금 가입신청 시 퇴직연금 사전지정운용방법(디폴트옵션) 등록신청서에 있는 상품 중 하나를 선택하여 퇴직연금사업자에게 제출하여야 한다.
② 근퇴법상 DC형 퇴직연금 또는 IRP 가입자는 디폴트옵션 상품을 의무적으로 선택하도록 규정하고 있으며 위반 시 사업자에게 이행 지체에 따른 과징금이 부과된다.
③ 기존에 운용 중이던 디폴트옵션 상품은 그대로 운용하고, 추가로 납입하는 금액부터 새로운 디폴트옵션 상품으로 운용할 수도 있다.
④ 가입자가 디폴트옵션으로 운용할 적립금 이외의 금액을 운용지시하고, 나머지 금액에 대해 언제든지 디폴트옵션 상품으로 운용(Opt-in)할 수 있다.
⑤ 만기일 도래 일부터 4주간 동안 만기금에 대해 별도의 운용지시를 하지 않으면, 퇴직연금사업자가 2주간의 대기기간을 두고 대기기간 동안 운용지시를 하지 않으면 사전에 선택한 디폴트옵션 상품(원리금보장형 상품)으로 운용된다는 통지를 하게 된다.

기본서 페이지 177쪽
핵심 키워드 디폴트 옵션

+ 정답 및 해설

18 ② 근퇴법상 DC형 퇴직연금 또는 IRP 가입자는 디폴트옵션 상품을 의무적으로 선택하도록 규정하고 있으나 위반 시 처벌조항은 없다.

19 경영평가성과급을 연금소득으로 활용할 때의 설명으로 가장 적절하지 않은 것은?

난이도 중

① 근로자가 경영평가성과급을 지급받을 때 상대적으로 높은 소득세율이 부과될 수 있다.
② 경영평가성과급을 은퇴소득으로 활용하기 위한 투자방법의 하나로 DB형·DC형 퇴직연금계좌를 이용할 수 있다.
③ 해당 퇴직연금계좌로 납입하고 운용하다 55세 이후에 연금으로 수령하면 근로소득세가 아닌 저율의 연금소득세가 과세되어 절세효과를 얻을 수 있다.
④ 근로자대표의 동의를 얻어 해당 퇴직연금을 도입하고 퇴직연금규약에 근로자가 지급받는 경영평가성과급을 납입할 수 있도록 하는 규정을 하여야 한다.
⑤ 경영평가성과급의 일정 비율을 정하고 근로자 모두에게 동일하게 적용하여야 한다. 경영평가성과급을 DC형 퇴직연금계좌에 납입하기를 거부하는 근로자의 경우에는 제외할 수 있다.

기본서 페이지 179쪽
핵심 키워드 경영평가 성과급

+ 정답 및 해설

19 ② DB형 퇴직연금을 활용할 수는 없다. DC형 퇴직연금을 도입하고 DC형 퇴직연금규약에 근로자가 지급받는 경영평가성과급을 납입할 수 있도록 하는 규정을 하여야 한다.
또한 사업장의 근로자가 개별적으로 납입금액을 자유롭게 납입할 수 있는 것이 아니다.(기준을 모두 동일하게 적용, 거부하는 근로자는 제외할 수 있음.)

20. ISA와 관련된 설명으로 적절한 것을 모두 고르시오.

가. ISA는 근로소득이나 다른 종합소득이 있는 경우에 가입할 수 있다.
나. ISA의 의무가입기간은 3년이며, 만기가 도래하면 가입기간을 연장할 수 있다.
다. ISA에는 연간 2,000만 원을 한도로 1억 원까지 저축할 수 있고, 연간 한도는 차년도로 이월도 가능하다.
라. 투자중개형 ISA에 가입하면 국내 주식에도 투자할 수 있다.
마. 가입기간 중에 발생한 이자와 배당손익은 통산하여 소득수준에 따라 200만 원(일반형) 또는 400만 원(서민형)까지는 과세를 하지 않는다. 비과세 한도를 초과한 금액은 9.9%(지방소득세 포함)의 세율로 분리과세를 한다.

① 나, 다, 라, 마
② 가, 다, 라
③ 가, 나, 다, 라, 마
④ 다, 라, 마
⑤ 가, 나, 라, 마

기본서 페이지 180쪽
핵심 키워드 ISA

정답 및 해설

20 ① 가. 개인종합자산관리계좌는 19세 이상 국내 거주자가 소득과 무관하게 가입할 수 있다. 근로소득이 있으면 15세부터 가입할 수 있다.

21. 다음에 설명하는 내용으로 가장 적절한 것은?

① 연금계좌의 연간 납입한도는 1,800만 원이다.
② 연금저축펀드는 소득이 있는 경우에만 가입이 가능하다.
③ IRP에 납입하는 경우 세액공제 적용 한도액은 최대 600만 원이다.
④ IRP의 경우 근퇴법에서 허용하는 경우 중간정산을 할 수 있다.
⑤ 연금저축펀드는 원리금 보장상품에 100% 투자할 수 있다.

기본서 페이지 175쪽
핵심 키워드 연금저축펀드, IRP

정답 및 해설

21 ① ○ 투자위험도에 따른 디폴트옵션상품 분류

구분	IRP	연금저축펀드
가입대상	• 소득이 있는 자 • 퇴직급여를 지급받는 자	소득기준 없음

납입한도	• 연금계좌 합산 연간 1,800만 원
	• 납입한도와 관계없이 납입 가능한 유형
	  - 퇴직일시금
	  - ISA 만기금 또는 3년 이상 경과한 해약금
	  - 1주택(기준시가 12억 원 이하)을 소유한 고령가구(부부 중 1인이 60세 이상)가 기존 주택을 양도한 후 더 낮은 가격의 주택을 취득한 경우 그 차액(한도 1억 원)	

연금수령조건	가입 후 5년 경과 및 55세 이후 연금수령한도 내 금액으로 연금수령 (이연퇴직소득은 가입기간 규정 미적용)	가입 후 5년 경과 및 55세 이후 연금수령한도 내 금액으로 연금수령 (이연퇴직소득은 가입기간 규정 미적용)
세액공제 적용 납입액 한도	연 900만 원	연 600만 원 (ISA 전환금의 10% 300만 원 한도, 고령자 주택축소자금 1억 원 한도로 추가납입 가능)
적립금 운용	원리금보장상품 및 실적배당형 상품 등 다양한 상품에 투자 가능	원리금보장상품은 운용불가

중도인출
(해지)
	• 근퇴법상 사유 해당 시 중도인출 가능
	• 근퇴법상 사유에 해당하지 않는 경우 전부해지하여야만 인출 가능
		• 자유롭게 중도인출 가능
		  - 법정 사유 해당 시 연금소득세 과세
		  - 법정 사유 미해당 시 기타소득세 과세

출처 : 미래에셋투자와연금센터(2023)

22. 퇴직연금실물이전제도에 대한 설명으로 적절하지 않은 것은?

난이도 중

① 실물이전은 연금계좌 내에서만 가능하다.
② 퇴직연금가입자가 기존 운용 상품을 매도(해지)하지 않고 퇴직연금사업자만 바꾸어 이전할 수 있다.
③ 수관회사 미취급 상품은 기존과 같이 상품 매도 후 현금화하여 이전하여야 한다.
④ 상장지수펀드는 실물이전이 가능한 상품이다.
⑤ 단기금융펀드(MMF)는 실물이전이 불가능한 상품이다.

기본서 페이지 181쪽
핵심 키워드 실물이전제도

정답 및 해설

22 ① 실물이전은 동일한 제도 내(DB ↔ DB, DC ↔ DC, IRP ↔ IRP)에서만 가능하다.

● 퇴직연금 실물이전 상품

실물이전 가능 상품	예금, 이율보장형 보험(GIC, 신탁제공형), 원금보장형 파생결합증권(ELB, DLB), 공모펀드(MMF 제외), 상장지수펀드(ETF)
실물이전 불가능 상품	수관회사 미취급 상품, 퇴직연금사업자의 자체 상품(디폴트옵션), 지분증권, 리츠, 사모펀드, 주가지수연계펀드(ELF), 파생결합증권, 환매조건부채권(RP), 단기금융펀드(MMF), 종금사 발행어음, 보험계약 형태의 퇴직연금, 언번들형 퇴직연금[주] 상품제공수수료 부과상품(단, 수관회사의 판단으로 실물이전 가능), 임의해지 대상 소규모펀드, 환매수수료가 있는 펀드, 압류 및 질권설정 상품, 자사 원리금보장상품, 환매불가 펀드

주) 운용관리업무와 자산관리업무를 각각 다른 사업자로 지정한 퇴직연금

CFP 수험전략

제5장 개인연금

수험전략

개인연금에 대한 출제 예상문항수는 4~6문항입니다. 세제적격, 세액공제, 연금외 수령, 계좌이체제도, 세제비적격연금의 종류와 차이점 등에 대한 내용을 잘 숙지하여야 합니다. 특히 세제적격상품과 관련한 내용은 계산문제로도 사례시험으로도 학습이 필요한 부분이므로 퇴직연금의 세제관련 내용과 연계하여 정리하는 것이 필요합니다.

주요 학습내용 점검

1. 세제적연금과 세제비적격연금의 차이를 설명할 수 있다.
2. 개인연금을 활용한 연금소득 확보방안을 설명할 수 있다.
3. 은퇴소득 확보차원에서 연금저축 활용의 장점을 설명할 수 있다.
4. 연금저축 상품의 종류와 특징을 설명할 수 있다.
5. 연금저축펀드의 적립금 운용방법을 설명할 수 있다.
6. 은퇴자산의 연금화 방법으로 즉시연금보험 활용 장·단점을 설명할 수 있다.
7. 개인연금 가입 시 고려사항을 설명할 수 있다.

출제빈도

교육내용	핵심키워드	학습중요도 상	학습중요도 중	학습중요도 하	예상 출제비중
제1절 개인연금 개요	• 연금지급유형 • 세제적격·비적격 비교			○	1~2문항
제2절 세제적격연금	• 연금저축계좌의 종류 • 연금계좌이체제도 • 세액공제 • 연금저축 세제	○			3~4문항
제3절 세제비적격연금	• 세제비적격 • 변액연금 옵션 • 즉시연금 • 연금지급 방법		○		2~3문항
제4절 개인연금 활용방법	• 연금저축펀드 • 적립식 펀드 • IRP	○			1~2문항

CHAPTER 05 개인연금

01 확정연금에 대한 설명으로 가장 적절하지 않은 것은?

① 확정연금은 피보험자가 연금을 지급받고 있는 중에 사망하면 잔여 연금적립금은 상속된다.
② 확정기간연금은 연금상품 적립금의 운용수익률에 따라 매년 지급되는 연금액이 변동이 된다.
③ 확정금액연금은 운용수익률이 저조할 경우 연금지급기간이 짧아진다.
④ 확정기간연금은 세제적격연금인 연금저축계좌에는 적용되지 않는다.
⑤ 확정금액연금은 우리나라 대부분의 개인형퇴직연금(IRP), 중소기업퇴직연금 및 연금저축펀드 등에서 채택하고 있다.

기본서 페이지 189쪽
핵심 키워드 확정연금

+ 정답 및 해설

01 ④ 확정기간연금은 세제적격연금인 연금저축계좌 및 세제비적격연금인 연금보험에 모두 적용되고 있다.

02 개인연금 가입시 고려사항으로 가장 적절하지 않은 것은?

난이도 하

① 개인연금 가입목적에 따라 선택하는 개인연금의 유형이 달라진다.
② 연금저축 납입액 중 세액공제 받지 않은 금액을 인출하는 경우 과세되지 않는다는 점을 활용할 수 있다.
③ 연금보험의 공시이율 이상의 수익률을 얻고자 한다면 연금저축펀드나 변액연금보험을 선택한다.
④ 수익률 측면에서 세제적격연금이 납입액에 대한 세액공제를 받을 수 있기 때문에 세제비적격연금보다 유리하다.
⑤ 연금을 취급하는 금융회사의 운용철학과 시장위험에 대응하는 자산배분전략 등에 대한 판단도 필요하다.

기본서 페이지 191쪽
핵심 키워드 개인연금 가입시 고려사항

+ 정답 및 해설

02 ④ 연금상품별 수익률을 비교할 때 단순히 세제적격연금이 연금계좌세액공제 혜택이 있기 때문에 세제비적격연금보다 비교우위에 있다고 단정해서는 안 된다. 연금상품 유형별로 과세되는 세금을 반영한 실질수익률을 산출하여 비교하여야 한다.

03 연금저축계좌에 대한 설명으로 적절한 것을 모두 고르시오.

> 가. 매년 연금저축계좌에 납입할 수 있는 연간 납입한도 금액은 모든 금융기관에 설정되어 있는 연금계좌 납입액을 합산하여 연간 1,800만 원이다.
> 나. 다수의 연금계좌를 설정하고 있는 가입자는 연금계좌별 납입금액을 미리 정하여야 한다.
> 다. 연금저축펀드는 IRP와 다르게 연금수급개시 전 또는 후에 해지(또는 전부인출)뿐만 아니라 부분해지도 가능하다.
> 라. 종합자산관리계좌(ISA) 만기금이나 가입기간이 3년 이상 경과한 이후에 해지하여 연금저축계좌에 납입할 수 있다.
> 마. 고령자(부부 중 1인이 60세 이상)가 일정기준의 거주주택을 매각하고, 종전 주택보다 낮은 주택을 구입하는 경우 그 차액을 한도 제한 없이 연금저축에 납입하고 요건을 갖추면 연금을 수령할 수 있다.

① 가, 나, 다, 라, 마
② 나, 다, 마
③ 가, 라, 마
④ 나, 라, 마
⑤ 가, 나, 다, 라

기본서 페이지 195쪽
핵심 키워드 연금계좌

+ 정답 및 해설

03 ⑤ 마. 고령자(부부 중 1인이 60세 이상)가 거주주택을 매각하고, 종전 주택보다 낮은 주택을 구입하는 경우 그 차액(1억 원 한도)을 연금저축에 납입하고 요건을 갖추면 연금을 수령할 수 있다. 1세대 1주택, 기준시가 12억 원 이하, 양도일로부터 6개월 이내 입금, 취득하지 않는 경우도 포함.

04 연금계좌 계좌이체에 대한 설명으로 가장 적절하지 않은 것은?

① 연금계좌에 있는 금액을 연금수령이 개시되기 전의 다른 연금계좌로 이체할 수 있도록 한 제도를 말한다.
② 계좌이체 시 이체되는 금액은 인출로 보지 않기 때문에 과세하지 않는다.
③ 종신연금을 수령 중인 연금저축계좌는 상품의 특성상 계좌이체가 불가능하다.
④ 압류·가압류·질권 등이 설정된 연금저축도 다른 연금저축으로 이체를 할 수 없다.
⑤ 연금수령 전인 다른 연금저축계좌를 연금 수령 중인 연금저축계좌로 이체할 수 있다.

기본서 페이지 199쪽
핵심 키워드 계좌이체

정답 및 해설

04 ⑤ 연금수령 중인 연금저축계좌는 연금수령 전인 다른 연금저축계좌로 전액 계좌이체할 수 있으나, 반대의 경우는 계좌이체가 허용되지 않는다.

05 소득세법에서 정한 연금계좌 계좌이체에 대한 설명으로 적절한 것을 모두 고르시오.

난이도 상

> 가. 연금저축은 금융회사 상호 간 적립금의 전부 또는 일부 계좌이체가 가능하다.
> 나. 2013년 3월 1일 이전 가입한 (구)연금저축과 연금저축 상호간 계좌이체의 경우는 전부인 경우만 허용된다.
> 다. 연금저축보험은 가입 후 통상 7년 이내에 계좌이체 시 해지공제액이 발생할 수 있다.
> 라. 조건이 성취하는 경우 연금저축과 IRP 상호 간 이체도 가능하다.
> 마. IRP 상호 간 이체의 경우 적립금의 일부이체는 허용이 안 되며 전액이체만 가능하다.

① 가, 나, 다
② 가, 다, 라, 마
③ 다, 라, 마
④ 나, 다, 라, 마
⑤ 가, 나, 다, 라, 마

기본서 페이지 196쪽
핵심 키워드

정답 및 해설

05 ② 나. 2013년 3월 1일 이전 가입한 (구)연금저축으로의 이전은 불가능. 반대의 경우는 가능

① 연금저축(신탁, 보험, 펀드) 상호 간 이체
  - 연금저축은 금융회사 상호 간 적립금의 전부 또는 일부 계좌이체가 가능
    2013. 3. 1. 이전 가입한 (구)연금저축은 연금저축으로 이체가 가능
    (이 경우는 적립금의 일부이체는 불가능하고 전액이체만 가능함)
  - 2000.12.31. 이전 가입한 개인연금저축은 연금저축으로 이체가 불가능
    (이 경우는 개인연금저축 상호간 이체는 가능함. 금융회사 변경 등)
  - 연금저축보험은 가입 후 통상 7년 이내에 계좌이체 시 해약공제액이 발생할 수 있음
② 연금저축과 IRP 상호 간 이체
  - 적입기간이 5년 이상 경과하고, 만 55세가 경과한 가입자의 경우 전액이체만 가능
    (연금저축계좌에서 IRP 또는 IRP에서 연금저축계좌로 계좌이체 가능)
③ IRP 상호 간 이체
  - 2013.3.1. 이후 설정된 IRP를 다른 금융회사의 IRP로 계좌이체 가능
    (이 경우 적립금의 일부이체는 허용이 안 되며 전액이체만 가능함)

06 연금저축계좌에 대한 설명으로 가장 적절하지 않은 것은?

① 연금저축보험은 최저보증이율을 설정하고 있어 공시이율이 하락하더라도 세제적격 요건을 갖추고 55세 이후에 연금을 수령한다면 원금손실 가능성은 없다.
② 종신연금은 생명보험회사의 연금저축보험에서만 선택할 수 있다.
③ 연금보험료는 정액정기납을 원칙으로 하기 때문에 연금보험료 납입을 연체하는 경우 보험계약의 효력상실 가능성이 있다.
④ 연금저축신탁의 장점은 납입한 원금이 보장되고 납입과 인출이 자유롭다는 점이다.
⑤ 연금저축펀드는 위험자산에 적립금의 70%를 투자할 수 있다.

기본서 페이지 202쪽
핵심 키워드 연금저축계좌

+ 정답 및 해설

06 ⑤ 연금저축펀드는 위험자산에 적립금의 100%를 투자할 수 있다.

07 연금저축펀드의 적립금 운용에 대한 설명으로 적절한 것을 모두 고르시오.

난이도 중

가. IRP보다 위험자산에 투자하는 비중이 낮다.
나. 일부 증권회사에서는 연금저축펀드 가입자가 직접 거래소시장에서 상장된 ETF를 대상으로 직접 매매를 하는 방식의 투자도 허용하고 있다.
다. 2022년 10월부터 투자일임자문업자와 일임·자문계약을 체결하고 적립금을 운용할 수 있게 되었다.
라. 집합투자증권 매입방법은 정액적립식, 자유적립식, 임의식 방식 중 가입자가 선택할 수 있다.
마. 연금저축펀드 가입자는 금융회사가 제공하는 연금저축계좌 전용으로 설정된 펀드와 ETF, 상장리츠(REITs)에 한해 매입할 수 있다.

① 나, 다, 라, 마
② 가, 나, 다, 라, 마
③ 다, 라, 마
④ 가, 다, 라, 마
⑤ 나, 다, 라

기본서 페이지 201쪽
핵심 키워드 연금저축펀드

정답 및 해설

07 ① 가. 연금저축펀드는 위험자산에 적립금의 100%를 투자할 수 있다. 가입자가 공격적 위험수용성향을 갖고 있다면 기대수익률을 높이기 위해 위험자산 투자한도가 70%로 제한되어 있는 IRP보다 연금저축펀드를 선택하여 운용하는 것도 한 방법이다.

08 변액연금보험 옵션의 내용이 잘 연결된 것은?

가. 가입자의 신청에 의해 현재 운용 중인 특별계정에서 적립금의 전부 또는 일부를 다른 펀드로 변경할 수 있는 옵션이다.
나. 가입자가 보험계약 시 특별계정에 납입되는 보험료를 선택한 펀드별로 일정한 비율을 정하여 운용하는 옵션이다.
다. 투자성과에 따라 변동된 적립금을 일정 기간 단위별로 가입자가 정한 펀드별 투자비율로 재조정하여 운용하는 옵션이다.
라. 연금개시 이후 특별계정 투자성과에 관계없이 일정 수준의 연금지급을 보증하는 옵션이다.
마. 연금개시 이후 특별계좌의 투자성과에 관계없이 최저보증이율을 적용한 연금액을 지급하는 옵션이다.
바. 변액연금에서 연금을 수령하는 경우 특별계정의 성과와 관계없이 납입된 원금을 보증한다.

① 가 – 펀드 변경 옵션 바 – GMAB
② 나 – 펀드자동재배분 마 – GMIB
③ 다 – 자동자산배분 라 – GMWB
④ 가 – 펀드 변경 옵션 라 – GLWB
⑤ 나 – 자동자산배분 마 – GLAB

기본서 페이지 212쪽
핵심 키워드 변액연금 옵션

정답 및 해설

08 ① 가. 펀드 변경 옵션, 나. 자동자산배분, 다. 펀드자동재배분, 라. 최저인출보증(GMWB), 마. 최저수입보증(GMIB), 바. 최저적립금보증(GMAB)

09 다음의 설명 중 적절한 것을 모두 고르시오.

가. IRP는 소득이 있어야 가입이 가능하다.
나. 연금저축펀드는 소득이 없는 전업주부뿐만 아니라 일찍부터 은퇴저축을 원하는 학생 등이 제약 없이 가입할 수 있다.
다. IRP는 적립금의 40%를 한도로 위험자산에 투자할 수 있다.
라. 연금저축펀드는 적립금의 전부를 위험자산에 투자할 수 있다.
마. 연금저축펀드는 근퇴법에 정한 부득이한 사유에 해당하지 않아도 자유롭게 중도인출이 가능하다.

① 나, 다, 라, 마
② 가, 나, 다, 라, 마
③ 가, 나, 라, 마
④ 다, 라, 마
⑤ 나, 마

기본서 페이지 218쪽
핵심 키워드 연금계좌

10 연금저축펀드의 운용방법에 대한 설명으로 가장 적절하지 않은 것은?

① 일임·자문계약(wrap account)을 하여 적립금을 운용할 수 있다.
② 국내 거래소에 상장된 주식형ETF 등에 투자할 수 있다.
③ 일부 증권사의 경우 연금저축펀드 가입자가 위탁증거금 범위 내에서 직접 실시간 매매주문을 통해 ETF 투자를 할 수 있게 허용하고 있다.
④ 연금저축펀드의 투자대상 범위와 상품수가 IRP에 비해 넓고 많은 편이다.
⑤ 공모형 상장REITs도 투자대상에 포함된다.

기본서 페이지 220쪽
핵심 키워드 연금저축펀드

◆ 정답 및 해설

09 ③ 다. IRP는 적립금의 70%를 한도로 위험자산에 투자할 수 있다.
10 ④ 연금저축펀드의 투자대상 범위와 상품수가 IRP에 비해 좁고 적은 편이다.

제6장 은퇴자산 축적을 위한 투자관리

수험전략

은퇴자산 축적을 위한 투자관리에 대한 출제 예상문항수는 1~3문항입니다. 지식형 문항과 사례형 문항이 모두 출제 가능한 내용입니다. 특히 사례형을 학습할 때는 꼭 알아야 할 내용이 많이 있습니다. 지식형에 대한 내용을 학습할 때에는 계산문제를 풀어보면서 계산에 적용되는 프로세스가 어떻게 진행되는지(예) 현재가치 계산, 미래가치 계산, 공적연금의 처리 등)를 잘 숙지하는 것이 좋습니다. 또한 은퇴저축 성과평가와 관련된 내용은 투자설계와 중복되는 내용이지만, 각 비율의 기본적인 내용을 이해하고 있는지 물어보는 문항이 출제될 수 있으므로 투자설계를 복습한다는 생각으로 계산문항이 아닌 지식형문항으로의 이해와 접근도 필요합니다.

주요 학습내용 점검

1. 총은퇴일시금 산정방법을 설명할 수 있다.
2. 은퇴저축 목표금액을 설정하는 방법을 설명할 수 있다.
3. 은퇴저축 목표수익률 달성을 위한 자산배분 방법을 설명할 수 있다.
4. 생애주기에 따른 자산배분 방법을 설명할 수 있다.
5. 포트폴리오의 성과평가를 위한 척도를 설명할 수 있다.
6. 은퇴저축 투자제안서를 작성할 수 있다.

출제빈도

교육내용	핵심키워드	학습중요도 상	학습중요도 중	학습중요도 하	예상 출제비중
제1절 총 은퇴저축 목표금액	• 총은퇴일시금 • 은퇴소득인출률 • 은퇴자산평가		○		1~2문항
제2절 은퇴설계와 자산배분	• 자산배분 실행절차			○	0~1문항
제3절 은퇴저축 성과평가	• 포트폴리오 성과평가척도 • 샤프비율 • 소티노비율 • 트레이너비율 • 젠센알파 • 정보비율	○			1~2문항

CHAPTER 06 은퇴자산 축적을 위한 투자관리

지식형

01 다음에 설명한 내용으로 가장 적절하지 않은 것은?

난이도 상

① 샤프비율은 포트폴리오의 실현수익률에서 무위험수익률을 차감한 초과수익률을 포트폴리오의 시장위험(베타)으로 나눈 값이다.
② 소티노비율은 포트폴리오의 실현수익률이 투자자의 목표수익률 이하로 하락하는 위험을 강조한 성과평가 척도이다.
③ 트레이너비율은 분산투자를 통해 비체계적위험을 최소화할 수 있는 연기금이나 대형 펀드의 성과평가에 많이 활용되고 있다.
④ 젠센알파는 포트폴리오의 실현수익률에서 시장 균형을 가정한 무위험수익률을 차감하여 산출한다.
⑤ 정보비율은 포트폴리오 실현수익률과 벤치마크수익률 간의 수익률 추적오차를 이용하여 성과를 평가하는 척도이다.

기본서 페이지 267쪽
핵심 키워드 성과평가

+ 정답 및 해설

01 ① 샤프비율은 포트폴리오의 실현수익률에서 무위험수익률을 차감한 초과수익률을 포트폴리오의 위험(표준편차)으로 나눈 값이다.

CFP 수험전략

제7장 은퇴소득 인출전략과 지출관리

수험전략

은퇴소득 인출전략과 지출관리에 대한 출제 예상문항수는 0~1문항입니다. 은퇴소득 인출전략과 관련하여는 지속가능한 은퇴기간을 산출하는 계산과 간단한 은퇴관련 계산내용과 인출률에 대한 내용, 주택연금과 농지연금에 대한 내용 그리고 수익률 발생 순서와 관련된 내용이 주요 학습 내용입니다. 이 장에서 나오는 내용 중 1절의 계산내용은 간단한 계산문항으로 출제 가능하니 반드시 계산기를 통한 학습이 필요합니다.

주요 학습내용 점검

1. 은퇴소득 인출전략의 개념을 설명할 수 있다.
2. 수익률 적용방법에 대한 인출모델에 대해 설명할 수 있다.
3. 인출모델을 활용하는 방법에 대해 설명할 수 있다.
4. 인출전략 수립 절차를 설명할 수 있다.
5. 은퇴자산 연금화의 개념과 연금퍼즐에 대해 설명할 수 있다.
6. 은퇴자산을 연금화하는 방법을 설명할 수 있다.
7. 은퇴 후 지출관리 방안에 대해 설명할 수 있다.

출제빈도

교육내용	핵심키워드	학습중요도 상	학습중요도 중	학습중요도 하	예상 출제비중
제1절 은퇴소득 인출전략	• 은퇴자산 지속기간 • 수익률 발생 순서위험			○	0~1문항
제2절 은퇴자산의 연금화	• 연금퍼즐 • 주택연금 • 농지연금		○		0~1문항
제3절 은퇴 후 지출관리	• 생활비 • 특수목적자금 • 은퇴 후 지출관리			○	0~1문항

CHAPTER 07 은퇴소득 인출전략과 지출관리

지식형

01 다음 자료를 참조하여 지속가능한 인출률을 달성하기 위한 포트폴리오 운용수익률로 가장 적절한 것을 고르시오.

난이도 하

> 가. 은퇴기간 25년
> 나. 은퇴생활비 연간 78,800천 원(매년 초)
> 다. 물가상승률 4%
> 라. 은퇴자산 1,583,901천 원

① 6%
② 7%
③ 6.8%
④ 5.6%
⑤ 8%

기본서 페이지 299쪽
핵심 키워드 지속가능인출

+ 정답 및 해설

01 ① PV 1,583,901천 원 N 25 (기시)PMT 78,880 I 1.923
    0.01923 × 1.04 + 0.04 = 0.06(6%)

02 인출전략 수립 시 고려사항으로 가장 적절하지 않은 것은?

난이도 하

① 변동성을 고려할 경우 주식 비중이 높아질수록 어느 시점까지는 지속가능한 최대인출률이 커지다가 일정 수준 이상이 되면 오히려 감소한다.
② 지속가능한 (최대)인출률은 은퇴자가 원하는 소비수준을 달성하기 위한 비율이다.
③ 지속가능한 인출률이 적용된 인출금액이 현재 지출하고 있는 은퇴생활비와 동일하지 않을 수 있다.
④ 투자기간이 짧을수록 기간에 따른 투자수익률의 평준화가 짧아지므로 위험은 더 커진다.
⑤ 수익률 불확실성 위험과 높은 수익률 간에는 상충(trade off) 관계가 있으므로 적절한 균형이 필요하다.

기본서 페이지 308쪽
핵심 키워드 인출전략

03 은퇴설계와 관련된 내용으로 가장 적절하지 않은 것은?

난이도 중

① 연금퍼즐은 장수위험 헤지를 위한 방안인 연금을 활용하지 않고 일시금으로 보유하는 비합리적인 행태를 말한다.
② 자기통제 오류란 자신이 뜻하는 바를 이루려는 노력을 하지만 그러한 노력을 방해하는 환경 때문에 자신을 통제하지 못하는 것을 말한다.
③ 은퇴자금을 일시금 형태로 보유하게 되면 심리적으로 큰 목돈을 갖고 있다고 생각하기 때문에 필요시 인출하게 되는 금액에 대한 민감도가 떨어지는 경향을 닻내리기 효과로 설명할 수 있다.
④ 자가연금화방법은 자기통제 오류가 적은 은퇴자들에게 적절하다.
⑤ 자기통제 오류는 환경적 영향에 의하지 않은 내부적으로 발생하는 요인이므로 행동학적 오류를 범하지 않도록 주의하여야 한다.

기본서 페이지 317쪽
핵심 키워드 자기통제

정답 및 해설

02 ② 인출전략에서 제시하는 지속가능한 (최대)인출률은 은퇴자가 원하는 소비수준을 달성하기 위한 비율이 아니라 은퇴자의 희망소비수준과는 별개로 노후자금이 은퇴기간 동안 고갈되지 않도록 하면서 지속적으로 인출할 수 있는 수준을 나타내는 지속가능성에 우선순위를 두는 개념이다.

03 ⑤ 자기통제 오류란 의료비와 간병비가 증가하거나 생각보다 긴 기간 동안 생존하게 되는 경우가 많으므로 환경요인에 의해서도 나타나게 된다.

04 주택연금에 대한 설명으로 가장 적절하지 않은 것은?

① 집값을 초과하여 연금을 수령하였더라도 상속인에게 청구되지 않는다.
② 주택연금은 일정 기간을 정하여 연금을 받는 확정기간방식을 선택할 수도 있다.
③ 확정기간방식은 의료비 등 목돈이 필요한 경우 수시로 찾아 쓰는 개별인출제도를 활용할 수 있다.
④ 신탁방식은 주택소유권자가 신탁등기를 함으로써 가입자가 사망하더라도 남은 배우자는 소유권 이전 없이 자동으로 승계된다.
⑤ 저당권방식은 주택일부를 보증금을 받고 임대하는 것이 가능하기 때문에 거주하면서 임대소득도 얻을 수 있다는 장점이 있다.

기본서 페이지 324쪽
핵심 키워드 주택연금

05 주택연금에 대한 설명으로 가장 적절하지 않은 것은?

① 주거 용도의 오피스텔을 소유한 경우도 이용할 수 있다.
② 주택연금 가입주택을 가입자 또는 배우자가 실제로 거주지로 이용하고 있어야 한다.
③ 종신연금의 경우 수령하는 연금액을 정액형, 초기증액형, 정기증가형을 선택할 수 있다.
④ 주택연금 지킴이 통장을 활용하면 월 300만 원까지만 입금이 가능하고 입금된 금액에 대한 압류가 금지된다.
⑤ 주택담보대출이 남아있는 경우에도 연금대출한도의 50~90% 범위 안에서 일시에 목돈을 찾아 대출잔액을 상환하고 남은 돈으로 평생 연금을 수령할 수 있다.

기본서 페이지 324쪽
핵심 키워드 주택연금

+ 정답 및 해설

04 ⑤ 신탁방식은 저당권방식에서는 불가능했던 주택 일부를 보증금을 받고 임대하는 것이 가능하기 때문에 거주하면서 임대소득도 얻을 수 있다는 장점이 있다.
05 ④ 주택연금 지킴이 통장을 활용하면 월지급금 중 최저생계비에 해당하는 금액까지만 입금이 가능하다.

06 농지연금에 대한 설명으로 가장 적절하지 않은 것은?

① 영농경력이 5년 이상인 55세 이상의 농지소유자가 소유한 농지를 담보로 노후생활 안정자금을 매월 연금으로 수령하는 제도이다.
② 농지연금을 받던 농업인이 사망할 경우 배우자가 55세 이상이고 연금승계를 선택한 경우에만 배우자 사망 시까지 계속해서 농지연금을 받을 수 있다.
③ 연금을 받으면서 담보농지를 직접 경작하거나 임대할 수 있어 연금이외의 추가소득을 얻을 수 있다.
④ 6억 원 이하 농지는 재산세가 전액 감면되어 절세측면에서도 도움이 된다.
⑤ 농지연금지키미통장에 가입하여 월 일정금액까지는 압류위험으로부터 연금을 보호받을 수 있다.

기본서 페이지 325쪽
핵심 키워드 농지연금

07 연금계좌의 의료비 인출과 관련된 설명으로 가장 적절하지 않은 것은?

① 연금수령 요건을 충족한 연금계좌 가입자 본인 및 부양가족의 의료비에 한정된다.
② 의료목적으로 인출하는 경우에는 연금형태로 인출하는 것으로 간주하여 연금소득세가 적용된다.
③ 미용이나 성형 등의 시술은 제외된다.
④ 1명당 하나의 연금계좌만 의료비연금계좌로 지정하여 인출할 수 있다.
⑤ 연금계좌의 연금계좌취급자가 지정에 동의하는 경우에 한정된다.

기본서 페이지 331쪽
핵심 키워드 의료비

➕ 정답 및 해설

06 ① 영농경력이 5년 이상인 60세 이상의 농지소유자가 소유한 농지를 담보로 노후생활 안정자금을 매월 연금으로 수령하는 제도이다. 종신형과 경영이양형은 60세 이상, 기간 정액형은 5년의 경우 78세 이상, 10년의 경우 73세 이상, 15년은 68세 이상, 20년인 경우는 63세 이상인 경우에 가입이 가능하다.

07 ① 연금수령 요건을 충족한 연금계좌 가입자 본인의 의료비에 한정된다.

CFP 수험전략

제8장 비재무적 은퇴설계

수험전략
비재무적 은퇴설계에 대한 출제 예상문항수는 0~1문항입니다. 은퇴 후 비재무적 요소로 웰다잉에 대한 내용, 은퇴 후 주거에 대한 내용 등 보편적인 은퇴에 대한 내용으로 기술된 장입니다. 일반적인 내용이므로 가볍게 읽어보면 어렵지 않은 내용이지만, 연명의료결정제도, 노후 주거유형과 관련 디자인, 노인일자리의 유형 등은 꼭 살펴볼 필요가 있습니다.

주요 학습내용 점검
1. 비재무적 은퇴설계의 영역을 설명할 수 있다.
2. 노화에 따른 건강관리와 준비의 중요성에 대해 설명할 수 있다.
3. 생애말기설계에 대해 설명할 수 있다.
4. 장기간병에 대한 대안을 수립할 수 있다.
5. 은퇴 후 시간관리의 의의와 방법을 설명할 수 있다.
6. 은퇴 후 여가활동 준비의 필요성과 방법을 설명할 수 있다.
7. 은퇴 후 주거환경의 중요성에 대해 설명할 수 있다.

출제빈도

교육내용	핵심키워드	학습중요도 상	학습중요도 중	학습중요도 하	예상 출제비중
제1절 비재무적 은퇴설계 개요	• 비재무적 영역			O	0~1문항
제2절 건강관리와 생애말기설계	• 웰빙, 웰다잉 • 사전연명의료의향서 • 연명의료계획서		O		0~1문항
제3절 시간관리와 여가활동	• 노인일자리 유형 • NPO, NGO • 콘보이모델			O	0~1문항
제4절 은퇴 후 주거	• 고령자노인 주거 유형 • 시니어 코하우징 • 컬렉티브 하우스 • 유니버셜디자인		O		0~1문항

CHAPTER 08 비재무적 은퇴설계

01 사전연명의료의향서에 대한 설명으로 가장 적절하지 않은 것은?

① 작성된 사전연명의료의향서는 언제든지 의사를 변경하거나 철회할 수도 있다.
② 작성자가 임종과정에 진입하게 되는 시점에 담당의사가 연명의료정보처리시스템에서 그 내용을 조회하여 반드시 환자에게 직접 확인하고 연명의료를 유보 또는 중단할 수 있다.
③ 임종과정에 환자가 의사능력이 없는 의학적 상태라면 담당의사는 사전연명의료의향서를 확인하여 연명의료를 유보 또는 중단할 수 있다.
④ 사전연명의료의향서는 전자문서를 포함하여 본인이 직접 문서로 작성하는 것을 말한다.
⑤ 사전연명의료의향서는 19세 이상의 성인 본인이 직접 작성하여야 한다.

기본서 페이지 344쪽
핵심 키워드 웰다잉

+ 정답 및 해설

01 ③ 임종과정에 환자가 의사능력이 없는 의학적 상태라면 담당의사와 전문의 1인이 함께 사전연명의료의향서를 확인하여야 연명의료를 유보 또는 중단할 수 있다.

● 사전연명의료의향서와 연명의료계획서 비교

구분	사전연명의료의향서	연명의료계획서
대상	19세 이상의 성인	말기환자 또는 임종과정에 있는 환자
작성	본인이 직접 작성	환자의 요청에 의해 담당의사가 작성
연명의료 중단결정사항	심폐소생술, 인공호흡기착용, 혈액투석, 항암제 투여 여부	
설명의무	상담자	담당의사
등록	보건복지부 지정 사전연명의료의향서 등록기관	의료기관 윤리위원회를 설치·등록한 의료기관

* 출처 : 국립연명의료관리기관(2021 연명의료결정제도

02 노인일자리 유형에 대한 설명으로 가장 적절하지 않은 것은?

① 공익형은 65세 이상 기초연금수급자가 대상이며, 대기자가 없는 경우 60~64세의 차상위 계층도 참여가 가능하다.
② 시장형사업단이나 취업알선형은 만 60세 이상으로 사업특성 적합자를 대상으로 한다.
③ 공공형 일자리는 공익활동유형과 재능나눔 활동으로 나눌 수 있다.
④ 시장형 사업단 유형은 민간형 유형으로 참여자 인건비 일부를 보충지원하고 추가 사업 수익으로 연중 운용하는 노인일자리이다.
⑤ 시니어인턴십은 만 50세 이상의 고용촉진을 위해 기업에 인건비를 지원하여 계속 고용을 유도하는 사업을 말한다.

기본서 페이지 355쪽
핵심 키워드 노인 일자리

정답 및 해설

02 ⑤ ● 노인일자리 유형

구분	유형	정의	활동성격
공공형	공익활동	노인이 자기만족과 성취감 향상 및 지역사회 공익 증진을 위해 참여하는 활동	봉사 (사회공헌)
	재능나눔 활동	재능을 보유한 노인이 자기만족과 성취감 향상, 지역사회 공익 증진을 위해 자발적으로 참여하는 봉사 성격의 각종 활동	
	사회서비스형	노인의 경력과 활동 역량을 활용하여 사회적 도움이 필요한 영역(지역사회 돌봄, 안전 관련 등)에 서비스를 제공하는 일자리	
민간형	시장형사업단	참여자 인건비 일부를 보충지원하고 추가 사업 수익으로 연중 운영하는 노인일자리	근로
	취업알선형	수요처의 요구에 의해서 일정 교육을 수료하거나 관련된 업무 능력이 있는 자를 해당 수요처로 연계하여 근무기간에 대한 일정 임금을 지급받을 수 있는 일자리	
	시니어인턴십	만 60세 이상자의 고용촉진을 위해 기업에 인건비를 지원하여 계속 고용 올 유도하는 사업	
	고령자 친화기업	고령자가 경쟁력을 가질 수 있는 적합한 직종에서 다수의 고령자를 고용하는 기업 설립 지원	

03 다음에 설명하는 주거형태로 가장 적절한 것은?

난이도 중

> 노인과 젊은이들이 골고루 입주해서 주방과 거실을 공유함으로써 세대고립을 막고 결합가정의 역할을 한다는 측면에서 정서적, 심리적인 안정을 얻고 제2의 가정을 이룰 수 있다는 점이 장점이다.

① 실버타운
② 노인공동생활가정
③ 시니어 코하우징
④ 컬렉티브 하우스
⑤ 노인복지주택

기본서 페이지 371쪽
핵심 키워드 주거 형태

정답 및 해설

03 ④ 컬렉티브 하우스는 '따로 또 같이' 사는 대안 주거이다. 공동 거실, 공동 세탁실, 공동 주방, 목공예실, 바비큐실 등 공동주거공간이 있고 개인 방이 따로 있다. 특히, 컬렉티브 하우스는 사별여성노인에게 더욱 적합하다.

04 유니버셜디자인의 4원리로 가장 적절하지 않은 것은?

난이도 하

① 장애인을 위한 디자인
② 기능을 지원하는 디자인
③ 수용가능한 디자인
④ 접근가능한 디자인
⑤ 안전한 디자인

기본서 페이지 378쪽
핵심 키워드 유니버셜 디자인

➕ 정답 및 해설

04 ① 유니버셜디자인은 장애인을 위한 디자인에 한정되었던 베리어프리디자인과 차이가 있다.

◎ 유니버셜디자인의 4원리

유니버셜디자인의 4원리	주요 내용
기능을 지원하는 디자인 (Supportive Design)	기능상 필요한 도움을 제공하되 도움을 제공해 주는데 어떠한 부담도 야기시키지 않음
수용가능한 디자인 (Adaptable Design)	상품이나 환경이 다양하게 변화하는 대다수 사람들의 요구를 충족시킴
접근가능한 디자인 (Accessible Design)	장애물이 제거된 상태를 의미하며, 많은 사람들에게 방해가 되거나 위협적인 물리적 환경을 변화시킴
안전한 디자인 (Safety-Oriented Design)	안전사고 등의 기존 문제를 제거하기 위해 개선하며, 안전사고가 발생하지는 않더라도 이를 사전에 방지함

*출처 : 문화체육관광부(2022). 유니버셜디자인 가이드라인

www.epasskorea.com

PART 04
CFP CERTIFIED FINANCIAL PLANNER

지식형 부동산설계

- CHAPTER 01 부동산시장분석
- CHAPTER 02 부동산설계 관련 법
- CHAPTER 03 부동산투자분석
- CHAPTER 04 부동산투자
- CHAPTER 05 부동산금융
- CHAPTER 06 부동산설계 사례

제1장 부동산시장분석

수험전략

부동산시장분석은 3 ~ 4문항이 출제될 수 있습니다. 중요하게 공부해야 하는 부분으로는 부동산의 개념과 특징, 부동산시장의 특징, 공간시장과 자산시장의 연계, 상가 투자의 특징과 상가 유형, 조세정책의 효과, 임대료와 분양가 규제 대한 내용을 조금 더 살펴보기를 권합니다.

주요 학습내용 점검

1. 부동산의 특징과 부동산시장의 특징을 설명할 수 있다.
2. 공간서비스 임대시장과 자산시장의 연계에 대하여 이해하고 설명할 수 있다.
3. 상가의 특징과 시장에 대한 전반적인 이해를 할 수 있다.
4. 부동산 조세정책(보유세, 거래세)의 경제적 효과에 대해 설명할 수 있다.
5. 임대료와 분양가규제에 대한 영향과 경제적 효과에 대해 설명할 수 있다.

출제빈도

교육내용	핵심키워드	학습중요도 상	학습중요도 중	학습중요도 하	예상 출제비중
제1절 부동산시장의 이해와 접근	• 부동산의 개념과 특징 • 부동산시장의 특징 • 공간시장과 자산시장의 연계 • 상가 투자의 특징과 상가 유형	○			2~4문항
제2절 부동산시장과 정책	• 조세정책의 효과 • 임대료와 분양가 규제	○			1~2문항

CHAPTER 01 부동산시장분석

지식형

01 부동산의 개념과 특징에 대한 설명으로 가장 적절하지 않은 것은?

① 토지는 그 자체적으로 움직일 수 없고 이동이 불가능하기 때문에 부동산 임장활동의 중요성이 부각된다.
② 부동산은 공공성이 크고 일반적으로 개인의 자산에서 차지하는 금액적 비중이 높다.
③ 토지 외에 건축물도 건축기간이 있기 때문에 즉각적으로 공급될 수 없는 비탄력적인 공급곡선을 갖게 되는데 이러한 특성은 단기적으로 수요에 의해 가격이 불안정해지기 쉬운 원인이 된다.
④ 부동산의 희소성으로 인해 부동산의 가격 및 수익은 개별화되며, 사용이나 판매에 있어 대체가능성이 없게 만드는 원인이 되기도 한다.
⑤ 토지는 시간이 흐름에 따라 소모되거나 마멸되지 않는다.

기본서 페이지 9 ~ 10쪽
핵심 키워드 부동산의 개념과 특징
① 고정성 혹은 비이동성 ② 영속성 ③ 이질성 ④ 부증성 또는 희소성 ⑤ 제도적 제한

+ 정답 및 해설

01 ④ 이질성에 대한 설명이다.
이질성이란?
똑같은 땅은 존재하지 않는다. 위치, 지형, 면적, 지세, 지반, 접근성 등 똑같은 토지는 없다. 이러한 이질성으로 인해 부동산의 가격 및 수익은 개별화되며, 사용이나 판매에 있어 대체가능성이 없게 만드는 원인이 되기도 한다.

02 부동산시장의 특징에 대한 설명으로 가장 적절하지 않은 것은?

① 부동산 거래는 다른 재화에 비해 높은 거래비용이 수반된다.
② 신규 공급의 규모는 기존 재고에 비해 매우 작기 때문에 급격한 수요의 증가는 부동산 폭등을 야기하는 원인이 된다.
③ 단기적으로 부동산의 공급은 고정되어 있다.
④ 부동산 수요는 분화되거나 계층화되어 있다.
⑤ 부동산에 있어 나라 전체를 아우르는 하나의 시장은 있다.

기본서 페이지 11 ~ 12쪽

핵심 키워드 부동산시장의 특징
① 지역성과 시장 분할 ② 즉각적 수급 조정이 어려움 ③ 높은 거래비용 ④ 수요의 분화와 계층화

정답 및 해설

02 ⑤ 지역성과 시장 분할에 대한 설명이다.

지역성과 시장 분할이란?
부동산의 고정성, 부증성, 개별성 등의 특성으로 인해 시장은 분할되며 각 지역적 시장을 갖게 한다. 부동산에 있어 나라 전체를 아우르는 하나의 시장은 없다. 각 부동산의 유형, 규모, 품질 등에 따라 시장이 나뉘지며 지역적인 특성과 가격 차이로 인해 지역시장을 갖게 한다.

03 디파스퀠리·위튼 모형(D-W 모델)의 사분면별 내용을 적절하게 연결된 것은?

난이도 상

	A. 신규 건설량 결정	가. 1사분면
	B. 임대료 결정	나. 2사분면
	C. 재고량 결정	다. 3사분면
	D. 자산가격 결정	라. 4사분면

	가	나	다	라
①	D	B	C	A
②	A	C	B	D
③	B	D	A	C
④	D	A	C	B
⑤	B	A	D	A

기본서 페이지 15쪽

핵심 키워드 임대료 결정 → 자산가격 결정 → 신규 건설량 결정 → 재고량 결정

정답 및 해설

03 ③ 공간의 재고가 주어지면 그 공급에 맞는 수요가 재고와 일치되는 임대료가 결정(1사분면) → 결정된 임대료에 균형에서의 자본환원율을 적용하면 그에 맞는 자산가격이 결정(2사분면) → 주어진 자산가격에 그 기간 동안 신규 건설량 결정(3사분면) → 재고의 일부는 감가상각이나 멸실로 인해 감소하게 되고 균형상태에서는 공간 재고량 결정(4사분면)

04 주거용 부동산시장에 대한 설명으로 가장 적절하지 않은 것은?

① 갭투자 방식은 향후 재계약시 시세가 유지되지 않는다면 소위 역전세가 발생하여 임대인은 물론 임차인도 금전적 피해가 발생할 수 있다는 사실을 인지하고 여유 있는 자금력으로 접근하는 것이 좋다.
② 전세가격은 주택의 현재 사용가치를 나타내고 매매가격은 사용가치에 투자가치를 더한 미래가치를 나타낸다.
③ 대출 규제가 강화되면 충분한 자기자금을 보유하지 않거나 대출 상환에 적정한 소득이 없는 가구는 주택 매수를 포기하거나 매수 대신 임차를 결정하게 된다.
④ 경제학적으로 금리와 부동산만을 놓고 보면 경제학적으로 비례 관계이다.
⑤ 주택시장의 공급은 단기적으로는 고정(완전 비탄력적)이지만 수요가 증가함에 따라 가격이 올라가고 그 가격에 상응하는 신규 공급물량이 증가하므로 장기주택공급곡선는 우상향하는 형태를 띠게 된다.

기본서 페이지 17~22쪽
핵심 키워드 금리와 부동산의 관계

정답 및 해설

04 ④ 경제학적으로 금리와 부동산만을 놓고 보면 경제학적으로 반비례 관계이다.
금리가 상승하면 시중의 예금금리가 오르고 시장의 유동성을 흡수하기 시작한다. 또한 기 대출자의 이자상환부담이 증가하고 신규 투자자들도 자금의 조달비용이 높아져 수요가 위축된다. 이러한 수요의 위축은 부동산가격의 하락을 가져오는 요인으로 작용할 수 있다.
반대로 금리가 하락하면 시중의 예금금리 하락으로 부동산 등의 대체투자처로 자금이 이동하는 현상이 발생한다. 또한 대출금리의 하락은 자금의 조달비용이 낮아져 구매력을 높이고 레버리지를 일으키려는 수요자가 많아진다.

05 상업용 부동산시장에 대한 설명으로 가장 적절하지 않은 것은?

① 주민의 수준을 통해 상권의 성숙도를 짐작할 수 있다.
② 상업용지는 수익성 토지로서 개발이 가장 활발하고 필요에 의한 변화의 압력이 가장 큰 지역이다.
③ 사람의 통행이 적고 자동차만 많이 다니는 지역보다는 자동차가 적고 사람이 많이 모여들 수 있는 지역이 좋다.
④ 출퇴근 업무 통행은 주로 직장의 이동을 위한 이동으로 일상생활 통행 보다 긴 거리를 말하며 하루에 출퇴근 시 2번 이상 통행하게 되며 주말에는 통행이 없다는 특징이 있다.
⑤ 용지의 입지를 결정하는데 도로의 여건이나 구조가 많은 영향을 미친다.

기본서 페이지 22 ~ 25쪽
핵심 키워드 상업용지의 시장분석

+ 정답 및 해설

05 ① 상권이라 함은 상업의 세력이 미치는 범위를 말하는데 이러한 상권을 분석하기 위해서는 배후지에 거주하는 주민들의 수준과 상권의 성숙도를 조사해야 한다. 주민의 수준이란 해당 배후지에 거주하는 주민들의 연령, 성별, 소득, 학력, 선호도 등을 말한다. 이런 사항들은 잠재고객들의 소비성향을 추정할 수 있는 자료로 쓰이며 이 자료를 기준으로 해당 상권의 고객의 수를 짐작할 수 있다. 상권의 성숙도는 해당 상권의 발달 수준을 말하는데 해당 지역의 지가 및 임대료 수준, 교통량, 매상고 등을 세밀하게 분석하면 상권의 번영 정도를 파악할 수 있다. 또한 해당 지역의 개발계획 및 도시계획사항을 조사하면 해당 상권의 전망도 예측할 수 있다.

06 아래에서 설명하고 있는 상가 유형으로 가장 적절한 것은?

난이도 하

> 장기적인 관점에서 접근해야 하며 자금력과 경험이 많은 투자자들이 선호하는 유형이다.

① 주상복합 및 오피스텔 상가 ② 중심지 상가
③ 테마 상가 ④ 아파트 단지 내 상가
⑤ 상가주택

기본서 페이지 26 ~ 28쪽
핵심 키워드 상가 유형별 특징

07 다음 중 상권분석의 요소에 대한 설명으로 가장 적절하지 않은 것은?

난이도 중

① 중심업무지구나 광역상권을 제외한 일반주거용 혹은 업무용 배후 세대는 일반적으로 도보 10분 거리를 심리적·물리적 한계로 본다.
② 상가는 눈에 잘 띄어야 매출이 상승할 가능성이 높다.
③ 배후 세대는 많고 그들이 이용할 상권이 작으면 작을수록 투자가치는 높다.
④ 상가들이 모여 있는 상업지역을 상권이라고 한다.
⑤ 유동층이 건물의 이면을 주로 다니는 경우도 많기 때문에 반드시 넓은 통행로가 주동선이 되지는 않는다.

기본서 페이지 28 ~ 30쪽
핵심 키워드 상권의 개념

+ 정답 및 해설

06 ②

상가 유형	특징
아파트 단지 내 상가	단지 내 고정 고객이 확보되어 있어 수익이 안정적이고 업종 자체가 경기에 큰 영향을 받지 않아 상대적으로 공실 위험이 적음
근린 상가	배후지의 주 동선 및 교통을 이용하는 동선과 연결되는 여부가 중요하며 시기적으로 배후의 아파트단지의 입주보다 늦게 입점하는 상가가 유리
주상복합 및 오피스텔 상가	입지가 좋은 곳은 땅값도 비싸기 때문에 분양가 역시 대체로 높아 수익률 저하로 이어질 수 있음
중심지 상가	장기적인 관점에서 접근해야 하며 자금력과 경험이 많은 투자자들이 선호
테마 상가	소액투자가 가능
상가주택	점포겸용 단독주택으로 은퇴 계층에게 선호도가 높음

07 ④ 상권의 사전적 의미는 '상가들이 영업활동을 위해 고객을 끌어들일 수 있는 지역적 범위'를 말한다. 상가들이 모여 있는 상업지역이 아닌 해당 상업지역에 소비를 하러 오는 소비자들이 거주하는 곳의 범위를 상권이라고 하며 강남역 상권, 홍대입구역 상권 등 소비형태를 가진 지역을 말한다.

08 다음 중 정부의 조세정책 효과에 대한 설명으로 가장 적절하지 않은 것은?

난이도 ⓒ

① 조세의 귀착을 볼 때 자가 거주의 경우 부동산의 가격하락을 통해 소유자가 세금을 부담하지만 임대부동산의 경우 임대료 상승을 통해 임차인에게 전가한다는 점에서 차이가 있다.
② 양도세가 부과되면 사용자 비용을 증가시켜 결과적으로 부동산의 신규 수요를 위축시킨다.
③ 주택에 부과되는 양도소득세는 저소득층의 주거비용을 증가시키고 고소득층의 조세납부 연기로 인한 소득보전효과로 인하여 소득분배를 악화시키며 주거이동과 노동이용의 제약을 가져와 생산요소의 효율적 배분을 저해할 가능성이 있다.
④ 동결효과란 가격이 오른 부동산 처분을 기피함으로써 부동산 공급이 감소하는 효과를 의미한다.
⑤ 조세는 정부의 재정 충당에 주요한 재원으로 활용될 뿐만 아니라 해당 부동산을 거래하거나 보유하는 경제주체의 의사결정에 영향을 미쳐 거래의 유인과 보유의 의사결정에 영향을 미치며 이는 시장 전체에서 거래되는 재고 공급량에 영향을 미치게 된다.

기본서 페이지 32~39쪽
핵심 키워드 정책적 효과

정답 및 해설

08 ② 양도세가 부과되면 사용자 비용을 증가시켜 결과적으로 부동산의 신규 공급을 위축시킨다. 이러한 경제적 효과는 동결효과(Lock In Effect)의 유무와 거래량과 가격 그리고 조세의 귀착이 달라지게 된다.

09 다음 중 부동산가격 규제와 주거복지정책에 대한 설명으로 가장 적절하지 않은 것은?

난이도 하

① 임대료 보조정책은 수혜자가 낮은 임차료를 지불하며 그 가격에 효용을 극대화할 수 있는 입지를 선택할 수 있지만 공공임대주택은 입주자에게 고정된 입지와 주거서비스가 제공되기 때문에 임대료 보조정책에 비해 효용의 증가폭은 적다고 볼 수 있다.
② 분양가상한제는 신규 주택의 공급을 감소시키는 결과를 초래할 수 있으며 이러한 공급의 감소는 장기적으로 주택가격을 상승시키는 요인으로 작용할 수 있다.
③ 공동임대주택정책은 일정한 요건을 갖춘 가구에게 민간임대주택 임차료의 일정 부분을 정부가 대신 지불하는 정책이다.
④ 분양가상한제는 가격의 상승 우려가 있는 지역에서 공동주택의 가격(분양가)을 국토교통부령이 정하는 기준에 따른 분양가격 이하로 규제하는 주택수요관리정책이다.
⑤ 임대료 규제는 더 높은 가격을 지불할 능력이 있는 임차인들로 인해 암시장이 형성되는 등 부작용을 발생시킨다.

기본서 페이지 39 ~ 42쪽
핵심 키워드 부동산가격 규제와 주거복지정책

+ 정답 및 해설

09 ③ 임대료 보조정책
- 임대료 보조정책은 일정한 요건을 갖춘 가구에게 민간임대주택 임차료의 일정 부분을 정부가 대신 지불하는 정책이다.
- 공동임대주택은 정부가 임대주택을 직접 건설하여 일정한 요건을 갖춘 저소득층 가구에게 공급하는 주택이다.

제2장 부동산설계 관련 법

수험전략

부동산설계 관련 법은 4~5문항이 출제될 수 있습니다. 중요하게 공부해야 하는 부분으로는 국토계획과 수도권정비계획, 혁신도시와 기업도시, 부동산 매매와 사례, 부동산 임대차와 사례, 주택임대차보호법과 상가임대차보호법 비교에 대한 내용을 조금 더 살펴보기를 권합니다.

주요 학습내용 점검

1. 국토종합계획이 무엇인지 설명할 수 있다.
2. 기업도시와 혁신도시의 특징을 설명할 수 있다.
3. 부동산 매매와 부동산 임대차의 특징을 설명할 수 있다.
4. 주택임대차보호법과 상가건물임대차보호법의 특징을 설명할 수 있다.

출제빈도

교육내용	핵심키워드	학습중요도 상	학습중요도 중	학습중요도 하	예상 출제비중
제1절 국토의 계획 및 이용에 관한 사항	• 국토계획 • 수도권정비계획			○	1~2문항
제2절 도시 및 토지이용정책	• 혁신도시 개발 유형 • 기업도시 사업시행자에 대한 지원			○	0~1문항
제3절 부동산 매매 및 임대차 관련 법	• 부동산 매매 • 부동산 매매 사례 • 부동산 임대차 • 부동산 임대차 사례 • 주택임대차보호법과 상가임대차보호법의 비교	○			3~5문항

CHAPTER 02 부동산설계 관련 법

01 국토의 계획 및 이용에 관한 설명으로 가장 적절하지 않은 것은?

① 용도지역은 도시지역, 관리지역, 농림지역, 자연환경보전지역으로 구성되어 있다.
② 국토종합계획은 20년을 단위로 하여 수립한다.
③ 수도권정비계획에서는 인구·산업집중 억제를 위한 과밀억제권역, 이전하는 인구·산업을 수용하기 위한 성장관리권역, 수질 및 녹지보전 등을 위한 자연보전권역의 3개 권역체제로 나누어 관리하고 있다.
④ 지역의 경제 및 생활권역의 발전에 필요한 연계·협력사업 추진을 위하여 1개 이상의 지방자치단체가 상호 협의하여 설정하거나 해당지역의 장기적인 발전 방향을 제시하는 계획을 초광역권계획이라고 한다.
⑤ 토지거래계약허가제는 토지의 투기적 거래와 지가의 급격한 상승이 있거나 그러한 우려가 있는 지역에 시행하게 된다.

기본서 페이지 46 ~ 57쪽
핵심 키워드 국토의 계획 및 이용

+ 정답 및 해설

01 ④ 지역의 경제 및 생활권역의 발전에 필요한 연계·협력사업 추진을 위하여 2개 이상의 지방자치단체가 상호 협의하여 설정하거나 지방자치법 제199조의 특별지방자치단체가 설정한 권역으로, 특별시·광역시·특별자치시 및 도·특별자치도의 행정구역을 넘어서는 권역(초광역권)을 대상으로 하여 해당지역의 장기적인 발전 방향을 제시하는 계획을 초광역권계획이라고 한다.

02 도시 및 토지이용정책에 대한 설명으로 가장 적절하지 않은 것은?

① 재해취약성분석은 재해에 안전한 도시를 위해 도시계획 수립단계부터 재해취약지역을 고려한 토지이용, 기반시설, 건축설계대책 등 재해를 고려하여야 한다.
② 제3기 수도권 신도시개발 컨셉은 서울 도심까지 30분내 출퇴근이 가능한 도시, 일자리를 만드는 도시이다.
③ 기업도시 개발 유형에는 산·학·연·관 연계를 통한 혁신을 창출하는 혁신거점 도시, 지역테마를 가진 개성있는 특성화 도시, 누구나 살고 싶은 친환경 녹색도시, 학습과 창의적 교류가 가능한 교육·문화 도시가 있다.
④ 토지이용규제는 국민의 재산권에 미치는 영향이 크기 때문에 토지이용규제 기본법에 따른 원칙 및 절차를 다른 법률에 우선하여 준수하도록 규정하고 있다.
⑤ 토지적성평가는 보전할 토지와 개발 가능한 토지를 체계적으로 판단할 수 있도록 계획을 입안하는 단계에서 정량적이고, 체계적인 판단 근거를 제공하기 위하여 실시하는 기초조사이다.

기본서 페이지 59~69쪽
핵심 키워드 도시 및 토지이용정책

정답 및 해설

02 ③ 혁신도시 개발 유형에는 산·학·연·관 연계를 통한 혁신을 창출하는 혁신거점 도시, 지역테마를 가진 개성 있는 특성화 도시, 누구나 살고 싶은 친환경 녹색도시, 학습과 창의적 교류가 가능한 교육·문화 도시가 있다.
기업도시란 산업입지와 경제활동을 위해 민간기업주도로 기업이 투자 이전계획을 가지고 직접 개발하는 도시를 말한다.

03 다음 중 기업도시 사업시행자에 대한 지원 내용으로 가장 적절하지 않은 것은?

① 정비기반시설 개발권 인정
② 제한적인 토지수용권 부여
③ 학교·병원·체육시설 설치상의 특례
④ 조세 및 부담금 감면
⑤ 투기지역 외에서 조성 토지와 주택 공급상의 예외 인정

기본서 페이지 70쪽
핵심 키워드 사업시행자에 대한 지원

04 다음 중 부동산 매매 계약금에 대한 설명으로 가장 적절한 것은?

① 계약금은 금전의 교부를 요건으로 한다.
② 계약금이 위약금의 성질을 가지기 위해서는 당사자 사이에 특약이 없어도 성립된다.
③ 민법은 계약금에 관하여 당사자 사이의 다른 약정이 없는 한 해약금으로 추정하고 있다. 그러므로 별도의 특약이 없다면 당사자 일방이 중도금 지급 등 이행에 착수하기 전까지 매도인은 계약금을 포기하고 매수인은 배액을 상환하여 매매계약을 해제할 수 있다.
④ 계약금은 매매계약의 요소이므로 계약금의 지급이 없으면 매매계약은 유효하게 성립되지 않는다.
⑤ 위약금은 이행 확보의 수단으로 교부되는 계약금을 의미한다.

기본서 페이지 72 ~ 73쪽
핵심 키워드 계약금의 성격

정답 및 해설

03 ① 기업도시 사업시행자에게 제한적인 토지수용권 부여, 학교·병원·체육시설 설치상의 특례, 투기지역 외에서 조성 토지와 주택 공급상의 예외 인정, 조세 및 부담금 감면을 지원하고 있다.

04 ⑤ ① 계약금은 금전이나 유가물의 교부를 요건으로 한다.
② 계약금이 위약금의 성질을 가지기 위해서는 당사자 사이에 특약이 있어야 한다.
③ 민법은 계약금에 관하여 당사자 사이의 다른 약정이 없는 한 해약금으로 추정하고 있다. 그러므로 별도의 특약이 없다면 당사자 일방이 중도금 지급 등 이행에 착수하기 전까지 매수인은 계약금을 포기하고 매도인은 배액을 상환하여 매매계약을 해제할 수 있다.
④ 계약금은 매매계약의 요소가 아니므로 계약금의 지급이 없어도 매매계약은 유효하게 성립될 수 있다.

05 다음 중 부동산 매매계약 시 유의사항에 대한 설명으로 가장 적절하지 않은 것은?

난이도 중

① 부동산 매수 시에 법적인 소유권을 확보하는 것도 중요하지만 물건 자체에 대한 확인도 중요하다.
② 매매계약 당시에 매수인이 거래 대상부동산에 흠결이 있음을 알지 못했다 하더라도 계약의 목적을 달성할 수 있는 경우에는 손해배상청구권만을 행사할 수 있다.
③ 매매계약 당시에 매수인이 거래 대상부동산에 흠결이 있음을 알지 못한 계약에 대하여 매수인은 손해배상청구권 또는 계약해제권을 매수인이 그 사실을 안 날로부터 1년 이내에 행사해야 한다.
④ 매매계약서 작성 이후 잔금이 지급될 때까지 시간이 많이 남았다면, 그 사이에 가등기 등 다른 권리가 등기되어 있는지 확인하고, 만일 이런 일이 생길 경우 어떻게 해결할 것인지 미리 계약서에 기재해 두어야 한다.
⑤ 매도인이나 매수인으로부터 대리권을 받지 아니하고 법률행위를 하는 경우 그 법률행위는 무권대리가 되어 원칙적으로 무효이다.

기본서 페이지 73~74쪽
핵심 키워드 매매계약시 유의사항

+ 정답 및 해설

05 ③ 매매계약 당시에 매수인이 거래 대상부동산에 흠결이 있음을 알지 못했다 하더라도 계약의목적을 달성할 수 있는 경우에는 손해배상청구권만을 행사할 수 있다. 그러나, 계약의 목적을 달성할 수 없는 경우에는 계약해제권을 행사할 수 있다. 이때, 매수인의 손해배상청구권 또는 계약해제권은 매수인이 그 사실을 안 날로부터 6개월 이내에 행사해야 한다.

06 매매계약 사례에 대한 설명으로 가장 적절하지 않은 것은?

① 매매계약 당시에 매수인이 거래대상 부동산에 흠결이 있음을 알지 못했다 하더라도 계약의 목적을 달성할 수 있는 경우에는 손해배상청구권만을 행사할 수 있다.
② 매매계약 당시에 매수인이 거래대상 부동산에 흠결이 있음을 알지 못한 경우 매수인은 손해배상청구권 또는 계약해제권을 그 사실을 안 날로부터 6개월 이내에 행사해야 한다.
③ 매매계약 당시에 1㎡당 가격을 지정하는 등 수량을 지정한 매매의 목적물이 부족하게 된 경우에는 그 사실을 안 날로부터 2년 이내에 부족한 부분 또는 멸실된 부분의 비율로 대금의 감액을 청구할 수 있다.
④ 중도금을 지불하기로 한 날짜가 10월 30일이면 그 전인 10월 20일에 매도인이 계약을 해제하고자 한다면 매수인으로부터 받은 1억 원의 배액인 2억 원을 매수인에게 지불하고 계약 해제를 할 수 있다.
⑤ 매매계약금은 매매계약이 체결되었다는 증거금이며 매매계약 후 계약당사자 일방이 이행에 착수할 때까지 계약을 해제하는 경우 해약금의 성격을 가진다.

기본서 페이지 74 ~ 75쪽
핵심 키워드 사례별 기준

정답 및 해설

06 ③ 매매계약 당시에 1㎡당 가격을 지정하는 등 수량을 지정한 매매의 목적물이 부족하게 된 경우에는 그 사실을 안 날로부터 1년 이내에 부족한 부분 또는 멸실된 부분의 비율로 대금의 감액을 청구할 수 있다. 그러나, 잔존한 나머지 부분만으로 매수의 목적을 달성할 수 없다면 계약 전부를 해제할 수 있고 손해배상도 청구할 수 있다.

07 주택임대차보호법에 대한 설명으로 가장 적절하지 않은 것은?

① 임대차에 대한 규정은 민법에도 있으나 주택의 임대차에 관하여 민법에 대한 특례 규정이다.
② 주택임대차보호법은 주거용 건물의 전부 또는 일부의 임대차에 관하여 적용하며 그 임차주택의 일부가 주거 외의 목적으로 사용되는 경우에도 적용대상이 된다.
③ 국민의 주거생활 안정을 보장하고 임차인의 불편을 해소함은 물론 그 임차권을 보호하여 안정된 임차생활을 할 수 있도록 주택임대차보호법이 제정되었다.
④ 임대차는 그 등기가 없는 경우에도 임차인이 주택의 인도와 주민등록을 마친 날부터 제3자에 대하여 효력이 생긴다.
⑤ 일시 사용을 위한 임대차임이 명백한 경우에는 적용하지 아니한다.

기본서 페이지 76~77쪽
핵심 키워드 대항력 성립 기준

정답 및 해설

07 ④ 임대차는 그 등기가 없는 경우에도 임차인이 주택의 인도와 주민등록을 마친 때에는 그 다음 날부터 제3자에 대하여 효력이 생긴다. 임대차가 끝난 후 보증금이 반환되지 아니한 경우 임차인은 임차주택의 소재지를 관할하는 지방법원, 지방법원지원 또는 시·군 법원에 임차권등기명령을 신청할 수 있다.

08 주택임대차보호법에 대한 설명으로 가장 적절한 것은?

난이도 중

① 임대인이 임대차기간이 끝나기 6개월 전부터 2개월 전까지의 기간에 임차인에게 갱신 거절의 통지를 하지 아니하거나, 계약조건변경에 관한 통지를 하지 아니한 경우에는 그 기간이 끝난 때에 전 임대차와 동일한 조건으로 다시 임대차한 것으로 본다.
② 임차인이 임대차기간이 끝나기 1개월 전까지 통지하지 아니한 경우 계약조건변경에 관한 통지를 하지 아니한 경우에는 그 기간이 끝난 때에 전 임대차와 동일한 조건으로 다시 임대차한 것으로 본다.
③ 임대인은 임대차기간이 끝나기 6개월 전부터 2개월 전까지의 기간 이내에 임차인이 계약갱신을 요구할 경우 거절할 수 있다.
④ 증액 청구는 약정한 차임이나 보증금의 10분의 1의 금액을 초과하지 못한다.
⑤ 기간을 정하지 아니하거나 2년 미만으로 정한 임대차는 그 기간을 정한 기간으로 본다.

기본서 페이지) 77쪽
핵심 키워드) 주택임대차보호법 주요 내용

+ 정답 및 해설

08 ① ② 임차인이 임대차기간이 끝나기 2개월 전까지 통지하지 아니한 경우 계약조건변경에 관한 통지를 하지 아니한 경우에는 그 기간이 끝난 때에 전 임대차와 동일한 조건으로 다시 임대차한 것으로 본다.
③ 임대인은 임대차기간이 끝나기 6개월 전부터 2개월 전까지의 기간 이내에 임차인이 계약갱신을 요구할 경우 정당한 사유 없이 거절하지 못한다.
④ 증액 청구는 약정한 차임이나 보증금의 20분의 1의 금액을 초과하지 못한다.
⑤ 기간을 정하지 아니하거나 2년 미만으로 정한 임대차는 그 기간을 2년으로 본다.

09 주택임대차보호법 사례에 대한 설명으로 가장 적절하지 않은 것은?

① 아파트 소유자의 배우자일지라도 아파트 소유자로부터 그 배우자 자신이 계약 체결에 관한 위임을 받았다는 것을 증명하지 못하면 그 계약의 유효함을 보장받을 수 없다.

② 임대인은 임대차계약 후 또는 보증금의 증액이 있은 후 1년 이내에는 보증금 증액 청구를 임차인에게 할 수 없다.

③ 계약기간이 1년이 지났고 보증금이 5억 원인데 임대인이 보증금 5,000만 원의 인상을 계속 요구하는 경우에는 법원에 가서 보증금의 5%인 2,500만 원을 공탁하면 그 집에서 계속 거주할 수 있다.

④ 임차인이 보증금을 돌려받을 때까지는 임대차가 종료되더라도 임대차관계가 유지되는 것으로 여겨지므로 임대인과 임차인은 임대차계약상의 권리의무가 그대로 존속된다.

⑤ 임대차가 종료되었는데도 집주인이 보증금을 돌려주지 않는 경우에는 임대인과 보증금반환계약서를 작성한 후 이사를 가면 된다.

기본서 페이지 78 ~ 79쪽
핵심 키워드 사례별 기준

+ 정답 및 해설

09 ⑤ 임대차가 종료되었는데도 집주인이 보증금을 돌려주지 않는 경우에는 이사를 가면 대항력과 우선변제권이 없어지기 때문에 보증금을 반환받을 때까지 이사를 가지 않는 것이 좋다. 그러나 이사를 가야 한다면 임차권등기명령제도를 이용하여 임차권등기를 한 후 임치권등기가 되어 있는 것을 확인한 후 이사를 가는 것이 좋다.

10 상가건물임대차보호법에 대한 설명으로 가장 적절하지 않은 것은?

난이도 중

① 상가건물임대차보호법은 상가건물의 임대차에 관하여 민법에 대한 특례를 규정하여 국민 경제생활의 안정을 보장함을 목적으로 제정되었다.
② 임차인은 1년 미만으로 정한 기간이 유효함을 주장할 수 있다.
③ 기간을 정하지 아니하거나 기간을 1년 미만으로 정한 임대차는 그 기간을 1년으로 본다.
④ 임대차는 그 등기가 없는 경우에도 임차인이 건물의 인도와 사업자등록을 신청하면 그 다음 날부터 제3자에 대하여 효력이 생긴다.
⑤ 사업자등록의 대상이 되는 상가건물의 임대차에 대하여 적용하지만 일정한 보증금액 이상인 임대차에만 적용된다.

기본서 페이지 79쪽
핵심 키워드 상가건물임대차보호법 적용 대상 기준

+ 정답 및 해설

10 ⑤ 사업자등록의 대상이 되는 상가건물의 임대차(임대차 목적물의 주된 부분을 영업용으로 사용하는 경우 포함)에 대하여 적용하지만 일정한 보증금액 이하인 임대차에만 적용된다.

11 상가건물임대차보호법에 대한 설명으로 가장 적절한 것은?

난이도 중

① 임차인의 차임 연체액이 2기 차임액에 달하는 때에는 임대인은 계약을 해지할 수 있다.
② 임대차가 종료한 경우에도 임차인이 보증금을 돌려받을 때까지는 임대차 관계는 존속하는 것으로 본다.
③ 임대인이 임대차기간이 만료되기 6개월 전부터 2개월 전까지 임차인에게 갱신거절의 통지(또는 임대차조건의 변경 통지 포함)를 하지 아니한 경우에는 그 기간이 만료된 때에 전 임대차와 동일한 조건으로 다시 임대차한 것으로 본다.
④ 임대차의 존속기간은 2년으로 본다.
⑤ 임차인은 언제든지 임대인에게 계약해지의 통고를 할 수 있고, 임대인이 통고를 받은 날부터 2개월이 지나면 효력이 발생한다.

기본서 페이지 79~80쪽
핵심 키워드 상가건물임대차보호법 주요 내용

정답 및 해설

11 ② ① 임차인의 차임 연체액이 3기 차임액에 달하는 때에는 임대인은 계약을 해지할 수 있다.
③ 임대인이 임대차기간이 만료되기 6개월 전부터 1개월 전까지 임차인에게 갱신 거절의 통지(또는 임대차조건의 변경 통지 포함)를 하지 아니한 경우에는 그 기간이 만료된 때에 전 임대차와 동일한 조건으로 다시 임대차한 것으로 본다.
④ 임대차의 존속기간은 1년으로 본다.
⑤ 임차인은 언제든지 임대인에게 계약해지의 통고를 할 수 있고, 임대인이 통고를 받은 날부터 3개월이 지나면 효력이 발생한다.

12 상가건물임대차보호법에 대한 설명으로 가장 적절하지 않은 것은?

① 임대인은 임대차기간이 끝나기 6개월 전부터 임대차 종료시까지 임차인이 주선한 신규 임차인이 되려는 자로부터 임차인이 권리금을 지급받는 것을 방해하여서는 아니 된다.
② 차임 또는 보증금이 임차건물에 관한 조세, 공과금, 그 밖의 부담의 증감이나 '감염병의 예방 및 관리에 관한 법률'에 따른 제1급 감염병 등에 의한 경제사정의 변동으로 인하여 상당하지 아니하게 된 경우에는 당사자는 장래의 차임 또는 보증금에 대하여 증감을 청구할 수 있다.
③ 증액의 경우에는 청구 당시의 차임 또는 보증금의 100분의 2의 금액을 초과하지 못한다.
④ 임대인이 임차인의 권리금회수기회를 방해하여 임차인에게 손해를 발생하게 한 때에는 그 손해를 배상할 책임이 있다.
⑤ 임차인의 계약갱신요구권은 최초의 임대차기간을 포함한 전체 임대차기간이 10년을 초과하지 아니하는 범위에서만 행사할 수 있다.

기본서 페이지 80쪽
핵심 키워드 상가건물임대차보호법 주요 내용

+ 정답 및 해설
12 ③ 증액의 경우에는 청구 당시의 차임 또는 보증금의 100분의 5의 금액을 초과하지 못한다.

13 상가건물임대차보호법 사례에 대한 설명으로 가장 적절하지 않은 것은?

난이도 중

① 권리금은 임차보증금의 일부가 아니다.
② 임대인은 임차인의 권리금 회수 기회를 보호해야 하며, 이를 위반하여 임차인에게 손해를 발생하게 한 경우에는 그 손해를 배상할 책임이 있다.
③ 임차인은 계약서에 10개월을 계약기간으로 하였다면 임대차 기간은 10개월이다.
④ 임차인이 자신의 사업을 경영하기 위해 시설개수비용이나 부착한 물건의 비용을 지출한 경우에는 유익비로 인정하지 않는다.
⑤ 유익비는 임차인이 임차물의 객관적 가치를 증가시키기 위해 투입한 비용이다.

기본서 페이지 80~81쪽
핵심 키워드 상가건물임대차보호법 사례

+ 정답 및 해설

13 ③ 임차인은 계약서에 10개월을 계약기간으로 하였더라도 1년의 임대차 기간을 주장할 수 있다. 또한 장사가 계속 잘되어 계약기간을 연장하고 싶다면 계약갱신요구권을 행사하여 최초 임대차 기간을 포함한 10년까지 연장이 가능하다.

14. 주택임대차보호법과 상가건물임대차보호법의 비교 내용으로 가장 적절한 것은?

번호	구분	주택임대차보호법	상가건물임대차보호법
①	계약갱신요구권	2회	총 10년까지 (매 1년마다 요구)
②	최단 존속기간	2년	2년
③	최우선변제비율	주택가액의 1/2범위 내	상가건물가액의 1/3범위 내
④	차임 인상 제한	연 10% 이내	연 5% 이내
⑤	월세전환이율	연 10%와 '기준금리 + 2%' 중 낮은 것	연 12%와 '기준금리 × 4.5배' 중 낮은 것

기본서 페이지 82쪽

핵심 키워드 주택임대차보호법과 상가건물임대차보호법 기준

정답 및 해설

14 ⑤

구분	주택임대차보호법	상가건물임대차보호법
계약갱신요구권	1회	총 10년까지 (매 1년마다 요구)
최단 존속기간	2년	1년
최우선변제비율	주택가액의 1/2범위 내	상가건물가액의 1/2범위 내
차임 인상 제한	연 5% 이내	연 5% 이내
월세전환이율	연 10%와 '기준금리 + 2%' 중 낮은 것	연 12%와 '기준금리 × 4.5배' 중 낮은 것
대항요건	주택의 인도 + 주민등록	건물의 인도 + 사업자등록
적용 대상	주택임대차 (일시 사용 ×)	사업자등록을 한 상가건물임대차 (일정 보증금액 이하만 해당)

제3장 부동산투자분석

수험전략

부동산투자분석은 5~7문항이 출제될 수 있습니다. 중요하게 공부해야 하는 부분으로는 부동산감정평가의 순서, 부동산가격 발생과 형성, 표준지공시지가, 개별공시지가, 주택가격공시제도, 원가방식, 비교방식, 수익방식, 부동산 유형별 감정평가, 수익률과 투자가치를 활용한 투자의사결정, 자기자본수익률에 대한 내용을 조금 더 살펴보기를 권합니다.

주요 학습내용 점검

1. 부동산 가격발생요인과 가격형성요인을 설명할 수 있다.
2. 공시지가제도를 이해하고 다양한 공시가격을 설명할 수 있다.
3. 원가방식, 비교방식, 수익방식을 이용하여 부동산가치평가를 할 수 있다.
4. 다양한 수익률의 개념을 이해하고 내부수익률을 구할 수 있다.
5. 순현재가치의 개념을 이해하고, 순현가를 구할 수 있다.
6. 자기자본수익률을 구할 수 있다.

출제빈도

교육내용	핵심키워드	학습중요도 상	학습중요도 중	학습중요도 하	예상 출제비중
제1절 부동산가격 발생과 형성	• 감정평가액에 관한 규칙 • 부동산가격 발생 • 부동산가격 형성			O	0~1문항
제2절 부동산가격공시제도	• 표준지공시지가 • 개별공시지가 • 표준주택가격 • 개별주택가격 • 공동주택가격		O		1~2문항
제3절 부동산가치평가	• 원가방식을 이용한 부동산가치평가 • 비교방식을 이용한 부동산가치평가 • 직접환원법에 사용하는 용어 • 부동산 유형별 감정평가	O			2~4문항
제4절 투자의사결정	• 수익률의 개념 • 내부수익률순현가법 • 수익성지수법 • 자기자본수익률	O			2~4문항

CHAPTER 03 부동산투자분석

01 감정평가에 관한 규칙에 대한 설명으로 가장 적절하지 않은 것은?

난이도 하

① 기준시점은 대상물건의 가격 조사를 시작한 날짜로 한다.
② 실지조사가 불가능하거나 매우 곤란한 경우에는 실지조사를 하지 않을 수 있다.
③ 사전조사는 실지조사 전에 감정평가 관련 구비서류의 완비 여부 등을 확인하고, 대상물건의 공부 등을 통해 토지 등의 물리적 조건, 권리 상태, 위치, 면적 및 공법상의 제한 내용과 그 제한 정도 등을 조사하는 절차를 말한다.
④ 시산가액이란 감정평가방법을 적용하여 산정한 가액을 말한다.
⑤ 감정평가를 할 때는 대상물건별로 정한 감정평가방법 중 주된 방법을 적용하여 감정평가해야 한다. 다만, 주된 방법을 적용하는 것이 곤란하거나 부적절한 경우에는 다른 감정평가방법을 적용할 수 있다.

기본서 페이지 86 ~ 88쪽
핵심 키워드 감정평가 규칙

+ 정답 및 해설

01 ① 감정평가를 할 때에는 의뢰인과 협의하여 의뢰인, 대상물건, 감정평가 목적, 기준시점, 감정평가 조건, 기준가치, 관련 전문가에 대한 자문 또는 용역에 관한 사항, 수수료 및 실비에 관한 사항을 정한다. 기준시점은 대상물건의 가격 조사를 완료한 날짜로 한다. 다만, 기준시점을 미리 정하였을 때에는 그 날짜에 가격 조사가 가능한 경우에만 기준시점으로 할 수 있다. 감정평가사는 필요한 경우 전문가에 대한 자문 등을 거쳐 감정평가를 할 수 있다.

02 부동산가격 발생과 부동산가격 형성에 대한 설명으로 가장 적절한 것은?

① 부동산에 있어서 이전 가능성이란 쾌적성과 수익성뿐만 아니라 생산성의 개념도 포함된 것으로 보통 활용가치가 있는 것을 의미한다.
② 유효수요는 재화에 대한 인간의 욕망의 정도에 비해 그 재화의 충족수단으로서의 공급이 양적으로 유한하여 상대적으로 부족한 상태를 말한다.
③ 인근지역이란 대상부동산이 속하지 아니하는 지역으로서 유사지역과 유사한 특성을 갖는 지역을 말한다.
④ 지역요인은 대상물건이 속한 전체 사회에서 대상물건의 이용과 가격수준 형성에 전반적으로 영향을 미치는 요인을 말한다.
⑤ 최유효이용은 객관적으로 보아 통상의 이용 능력을 가진 사람이 부동산을 합법적이고 합리적이며 최고·최선의 방법으로 이용하는 것을 말한다.

기본서 페이지 89~91쪽
핵심 키워드 부동산가격 발생과 부동산가격 형성 요인

➕ 정답 및 해설

02 ⑤ ① 부동산에 있어서 효용이란 쾌적성과 수익성뿐만 아니라 생산성의 개념도 포함된 것으로 보통 활용가치가 있는 것을 의미한다.
② 희소성은 재화에 대한 인간의 욕망의 정도에 비해 그 재화의 충족수단으로서의 공급이 양적으로 유한하여 상대적으로 부족한 상태를 말한다.
③ 유사지역이란 대상부동산이 속하지 아니하는 지역으로서 인근지역과 유사한 특성을 갖는 지역을 말한다.
④ 일반요인은 대상물건이 속한 전체 사회에서 대상물건의 이용과 가격수준 형성에 전반적으로 영향을 미치는 일반적인 요인을 말한다.

03 표준지공시지가에 대한 설명으로 가장 적절하지 않은 것은?

① 국토교통부 장관은 토지이용 상황이나 주변 환경, 그 밖의 자연적·사회적 조건이 일반적으로 유사하다고 인정되는 일단의 토지 중에서 선정한 표준지에 대하여 매년 공시기준일 현재 단위면적(m^2)당 적정가격을 조사 및 평가한다.
② 표준지는 대표성, 중요성, 안정성, 확정성이 있는 토지를 선정한다.
③ 표준지는 과세대상 필지를 대상으로 선정하기 때문에 국·공유지는 제외한다.
④ 공시된 지가에 이의가 있는 자는 공시일로부터 30일 이내에 서면으로 국토교통부 장관에게 이의를 신청할 수 있다.
⑤ 표준지공시지가는 조세부과나 공공용지의 매수 또는 수용·사용에 대한 보상 등을 위하여 지가를 산정할 필요가 있을 때 그 기준이 된다.

기본서 페이지 93 ~ 96쪽
핵심 키워드 표준지 선정 기준

04 개별공시지가에 대한 설명으로 가장 적절하지 않은 것은?

① 시장·군수·구청장이 결정·공시한 개별공시지가는 토지 관련 세제 등의 기초자료로 활용하게 된다.
② 개별공시지가는 시장·군수·구청장이 매년 6월 31일까지 결정·공시한다.
③ 개별공시지가는 토지 관련 세제와 개발부담금 등 각종 부담금의 산정기준이 되기 때문에 국민의 재산권에 큰 영향을 끼친다. 그러므로 개별공시지가를 결정 및 공시하기에 앞서 지가 열람을 통한 토지소유자 등의 의견을 듣도록 되어 있다.
④ 개별공시지가는 비교표준지의 공시지가에 토지가격비준표에 나와 있는 토지특성별 배율을 종합한 가격배율을 곱하여 산정하는 비교방식에 의하여 산정한다.
⑤ 개별공시지가는 국토교통부, 지방자치단체 등 관계기관이 합동으로 조사하고 있으며, 국토교통부장관이 매년 공시하는 표준지공시지가를 기준으로 지가 산정 대상토지의 지가형성요인에 관한 표준적인 비교표 즉, 토지가격비준표를 사용하여 개별공시지가를 산정하게 된다.

기본서 페이지 98 ~ 99쪽
핵심 키워드 개별공시지가 공시일

정답 및 해설

03 ③ 표준지는 과세대상 필지를 대상으로 선정한다. 다만, 국·공유지의 토지가 일반 재산이거나 여러 필지로서 일단의 넓은 지역을 이루고 있는 경우에는 국·공유지에서도 표준지를 선정한다.
04 ② 개별공시지가는 시장·군수·구청장이 매년 5월 31일까지 결정·공시한다. 토지관련 국세 및 지방세의 부과기준이 되며, 개발부담금 등 각종 부담금의 부과기준으로도 활용된다.

05 주택가격공시제도에 대한 설명으로 가장 적절하지 않은 것은?

난이도 상

① 표준주택가격은 국가·지방자치단체 등의 기관이 그 업무와 관련하여 개별주택가격을 산정하는 경우에 그 기준이 되며, 개별주택 및 공동주택의 가격은 주택시장의 가격정보를 제공하고, 국가·지방자치단체 등이 과세 등의 업무와 관련하여 주택의 가격을 산정하는 경우에 그 기준으로 활용될 수 있다.
② 전국의 단독주택을 대상으로 국토교통부 장관이 매년 공시하는 표준주택가격을 기준으로 시장·군수·구청장이 산정하여 공시한 주택가격을 개별주택가격이라고 한다.
③ 공동주택가격 공시제도는 부동산 과표를 현실화하여 공평과세를 실현하고 보유세 및 거래세 등 각종 과세기준을 단일화하기 위하여 도입되었다.
④ 공동주택가격 공시제도는 토지와 건물을 각각 구별하여 산정하는 방식과는 다르게 일반적인 거래 관행에 맞게 토지와 건물의 가격을 구별하여 조사·산정한 적정가격을 말한다.
⑤ 공동주택가격이란 부동산공시법 제18조 및 같은 법 시행령 제40조에 따라 국토교통부 장관이 매년 공시기준일(1월 1일에 정기공시, 6월 1일에 추가공시) 현재 공동주택의 적정가격을 조사·산정하여 공시한 가격을 말한다.

기본서 페이지 101~104쪽
핵심 키워드 주택가격공시제도 개념

+ 정답 및 해설

05 ④ 공동주택가격 공시제도는 토지와 건물을 각각 구별하여 산정하는 방식과는 다르게 일반적인 거래 관행에 맞게 토지와 건물의 가격을 일괄하여 조사·산정한 적정가격을 말한다.

06 부동산가치평가 중 원가방식에 대한 설명으로 가장 적절하지 않은 것은?

① 재조달원가란 대상물건을 기준시점에 재생산하거나 재취득하는데 필요한 적정 원가의 총액을 말한다.
② 적산법은 대상물건의 기초가액에 기대이율을 곱하여 산정된 기대수익에 대상물건을 계속하여 임대하는 데에 필요한 경비를 더하여 대상물건의 임대료(사용료를 포함)를 산정하는 감정평가방법을 말한다.
③ 인근지역의 경제적 상태, 주위환경, 시장상황 등 대상물건의 가치에 영향을 미치는 경제적 요소들의 변화에 따른 감가요인을 기능적 감가라 한다.
④ 부동산 감가총액을 경제적 내용연수로 나누어서 매년 감가액으로 산출하는 방법을 정액법이라 한다.
⑤ 준공된지 3년 된 건물을 평가하고자 한다. 건물의 연면적은 200m^2이며 이 건물의 3년 전 재조달원가는 m^2당 100만 원이었고, 지금은 m^2당 130만 원의 비용이 드는 것으로 조사되었을 때 이 건물의 가치는 234,000천 원이다. (내용연수는 30년으로 추정되며, 정액법으로 감가한다.)

기본서 페이지 109~111쪽
핵심 키워드 감가요인의 종류

정답 및 해설

06 ③ • 경제적 감가요인 : 인근지역의 경제적 상태, 주위환경, 시장상황 등 대상물건의 가치에 영향을 미치는 경제적 요소들의 변화에 따른 감가요인
• 물리적 감가요인 : 대상물건의 물리적 상태 변화에 따른 감가요인
• 기능적 감가요인 : 대상물건의 기능적 효용 변화에 따른 감가요인

07 부동산가치평가 중 비교방식에 대한 설명으로 가장 적절하지 않은 것은?

① 거래사례비교법은 대상물건과 가치형성요인이 같거나 비슷한 물건의 거래사례를 비교하여 대상물건의 현황에 맞게 사정보정, 시점수정, 가치형성요인 비교 등의 과정을 거쳐 대상물건의 가액을 산정하는 감정평가방법을 말한다.
② 가장 일반적으로 많이 사용하는 방식으로 시장성의 원리에 기초한 감정평가방식이다.
③ 2023년 7월 1일 거래사례토지가 3억 원에 거래된 경우 2024년 1월 1일이 기준시점이라면 적절한 가격은 301,485,000원이다. (단, 지가는 2023년 3분기에 1% 상승하였고, 4분기에는 0.5% 하락하였다.)
④ 평가하고자 하는 물건의 거래사례를 찾았으나 매도인의 급매로 8% 저가에 거래된 물건이었다. 거래사례가격이 2억 원이었다면 적절한 가격은 184,000,000원이다.
⑤ 5억 원에 거래된 사례부동산을 찾았는데, 대상부동산은 사례부동산보다 10% 정도 우세하다고 판단이 되는 경우 적절한 가격은 550,000,000원이다.

기본서 페이지 111~114쪽
핵심 키워드 비교방식 산출 방식

정답 및 해설

07 ④ 200,000,000 × (100/92) = 217,391,304원
비교방식 산출 방식
→ 가격 × 사정보정 × 시점수정 × 가격형성요인
⇒ 가격 × (100/사정보정치) × (1 ± 시점수정치) × (대상/사례)

08 부동산가치평가 중 수익방식에 대한 설명으로 가장 적절하지 않은 것은?

난이도 상

① 수익분석법은 일반기업 경영에 의하여 산출된 총수익을 분석하여 대상물건이 일정한 기간에 산출할 것으로 기대되는 순수익에 대상물건을 계속하여 임대하는 데에 필요한 경비를 더하여 대상물건의 임대료를 산정하는 감정평가방법으로 이 방법에 의해 산정 된 임대료를 '수익임료'라고 한다.
② 수익환원법은 대상물건이 장래 산출할 것으로 기대되는 순수익이나 미래의 현금흐름을 환원하거나 할인하여 대상물건의 가액을 산정하는 감정평가방법을 말한다.
③ 평가하고자 하는 건물의 가능총수익은 연간 1억 2,000만 원이며 공실율은 5%이다. 영업경비는 연간 3,400만 원이다. 시장추출법에 의한 환원율(자본환원율)은 8.00%라고 할 때 수익가액(수익가치)은 1,000,000,000원이다.
④ 직접환원법에서 사용할 환원율은 여러 가지 방법으로 구할 수 있으나, 시장추출법으로 구하는 것을 원칙으로 한다.
⑤ 단일기간의 순수익을 적절한 환원율로 환원하여 대상물건의 가액을 산정하는 방법 할인현금흐름분석법이라 한다.

기본서 페이지 114~116쪽
핵심 키워드 직접환원법과 할인현금흐름분석법의 개념

정답 및 해설

08 ⑤ • 직접환원법 : 단일기간의 순수익을 적절한 환원율로 환원하여 대상물건의 가액을 산정하는 방법
• 할인현금흐름분석법 : 대상물건의 보유기간에 발생하는 복수기간의 순수익(현금흐름)과 보유기간 말의 복귀가액에 적절한 할인율을 적용하여 현재가치로 할인한 후 더하여 대상물건의 가액을 산정하는 방법

09 직접환원법을 이용하여 부동산의 가치를 구할 때 사용하는 용어로 가장 적절한 것은?

① 용역 인건비 및 직영 인건비, 수도광열비, 수선유지비, 세금 및 공과금, 보험료, 대체충당금, 광고선전비 등 그 밖의 경비를 합산한 금액을 부채서비스액이라 한다.
② 보증금(전세금) 운용수익, 연간임대료, 연간관리비 수입을 유효총수익이라 한다.
③ 가능총수익에 공실 손실 상당액 및 대손충당금을 공제하여 산정한 후 주차수입과 광고수입 그 밖에 대상물건의 운용에 따른 주된 수입을 합산한 금액을 운영경비라 한다.
④ 대상물건에 귀속하는 적절한 수익으로서 유효총수익에서 영업경비를 공제하여 산정한 금액을 순영업소득이라 한다.
⑤ 순수익에서 사업소득세를 공제한 금액을 세전현금흐름이라 한다.

기본서 페이지 115쪽, 155쪽
핵심 키워드 직접환원법 산출 기준

정답 및 해설

09 ④ ① 용역 인건비 및 직영 인건비, 수도광열비, 수선유지비, 세금 및 공과금, 보험료, 대체충당금, 광고선전비 등 그 밖의 경비를 합산한 금액을 영업경비라 한다.
② 보증금(전세금) 운용수익, 연간임대료, 연간관리비 수입을 가능총수익이라 한다.
③ 가능총수익에 공실 손실 상당액 및 대손충당금을 공제하여 산정한 후 주차수입과 광고수입 그 밖에 대상물건의 운용에 따른 주된 수입을 합산한 금액을 유효총수익이라 한다.
⑤ 순수익에서 부채서비스액을 공제한 금액을 세전현금흐름이라 한다.

10 토지의 감정평가에 대한 설명으로 가장 적절하지 않은 것은?

① 비교표준지는 인근지역에 있는 표준지 중에서 대상토지와 용도지역, 이용상황, 주변환경 등이 같거나 비슷한 표준지를 선정해야 한다.
② 인근지역에 적절한 표준지가 없는 경우에는 인근지역과 유사한 지역적 특성을 갖는 동일수급권 안의 유사지역에 있는 표준지를 선정할 수 있다.
③ 지가변동률을 적용하는 것이 불가능하거나 적절하지 아니한 경우에는 한국은행이 조사·발표하는 생산자물가지수에 따라 산정된 생산자물가상승률을 적용해야 한다.
④ 비교표준지가 있는 지역과 대상토지가 있는 지역 모두 공시기준일을 기준으로 한다.
⑤ 비교표준지의 개별요인은 공시기준일을 기준으로 하고 대상토지의 개별요인은 기준시점을 기준으로 한다.

기본서 페이지 117~118쪽
핵심 키워드 토지의 감정평가 기준

+ 정답 및 해설

10 ④ 지역요인 비교 : 비교표준지가 있는 지역의 표준적인 획지의 최유효이용과 대상토지가 있는 지역의 표준적인 획지의 최유효이용을 판정, 비교하여 산정한 격차율을 적용하되, 비교표준지가 있는 지역과 대상토지가 있는 지역 모두 기준시점을 기준으로 한다.

11. 부동산 유형별 감정평가에 대한 설명으로 가장 적절하지 않은 것은?

① 임대료를 감정평가할 때에는 임대사례비교법을 적용해야 한다.
② 한 필지의 토지가 둘 이상의 용도로 이용되고 있거나 적절한 감정평가액의 산정을 위하여 필요하다고 인정되는 경우에는 둘 이상의 거래사례를 선정할 수 있다.
③ 임대료는 산정 기간 동안에 임대인에게 귀속되는 모든 경제적 대가에 해당하는 실질임대료를 구하는 것을 원칙으로 한다.
④ 구분소유부동산을 감정평가할 때에는 건물(전유부분과 공유부분)과 대지용권을 구별하여 거래사례비교법을 적용하여야 한다.
⑤ 건물을 감정평가할 때에는 원가법을 적용해야 한다.

기본서 페이지 118~121쪽
핵심 키워드 유형별 감정평가 기준

12. 수익률을 활용한 투자의사결정에 대한 설명으로 가장 적절하지 않은 것은?

① 투자수익률이 요구수익률보다 더 클 때 투자를 한다.
② 실현수익률이 투자자가 생각한 투자수익률보다 높게 나왔다면 결과론적으로 투자를 잘 한 것이 된다.
③ 수익형 부동산에서 가장 많이 활용되는 투자수익률은 내부수익률로 투자로부터 기대되는 현금유입의 현재가치와 현금유출의 현재가치를 같게 하는 할인율을 말한다.
④ 요구수익률이란 대상부동산에 투자하기 위해 투자자가 요구하는 최소한의 수익률이다.
⑤ 순수익은 일반적으로 순영업소득(NOI)으로 계산된다.

기본서 페이지 123~127쪽
핵심 키워드 투자의사결정 기준

정답 및 해설

11 ④ 구분소유부동산이란 집합건물의 소유 및 관리에 관한 법률에 따라 구분소유권의 대상이 되는 건물부분과 그 대지사용권(대지지분소유권을 의미)을 말한다. 구분소유부동산을 감정평가할 때에는 건물(전유부분과 공유부분)과 대지용권을 일체로 한 거래사례비교법을 적용하여야 한다. 구분소유부동산을 감정평가할 때에는 층별, 위치별 효용요인을 반영하여야 한다.

12 ② 실현수익률이란 투자하기 전에 수익률을 산정해 보는 것이 아니라 투자 후 실제 투입된 비용대비 실제 발생한 순수익을 가지고 계산해 보는 것을 말한다. 만일 실현수익률이 투자자가 생각한 요구수익률보다 높게 나왔다면 결과론적으로 투자를 잘한 것이 된다. 반대로 실현수익률이 요구수익률보다 낮게 나왔다면 왜 낮게 나왔는지 원인을 분석하고 대책을 마련해야 한다.

13 아래 사례의 IRR로 가장 적절한 것은?

> 김씨는 마음에 드는 상가건물을 매입하고자 한다. 이 상가에 현재 8억 원을 투자하면 임대료 수입으로 1년 후에 6천만 원, 2년 후에 7천만 원, 3년 후에 8천만 원이 발생할 것으로 예상되며, 3년 후 최소 8억 원에 매도가 가능할 것으로 예상된다. 현재 저축은행의 예금금리가 연 5.00%이다. (단, 세금과 비용 등은 계산하지 않는다.)

① 5.68% ② 6.68% ③ 7.68%
④ 8.68% ⑤ 9.68%

기본서 페이지 128쪽
핵심 키워드 IRR 계산 프로세스

14 투자가치를 활용한 투자의사결정에 대한 설명으로 가장 적절하지 않은 것은?

① 순현재가치(순현가, NPV : Net Present Value)값은 투자안에서 발생하는 현금흐름 중 현금유입의 현재가치에서 현금유출의 현재가치를 차감한 값을 말한다.
② 투자안이 1개라면 NPV > 0 인 경우에 투자를 하며, NPV < 0 이라면 투자를 하지 않는다.
③ 수익성지수법(PI : Profitability Index)은 투자안의 규모가 서로 다를 때 사용하기 좋은 평가기법이다.
④ 수익성지수는 현금유입의 현가를 현금유출의 현가로 나눈 값으로서 투자수익비용비율(B/C ratio : Benefi Cost Ratio, 또는 비용편익비율)이라고도 한다.
⑤ PI는 NPV > 0 이면 PI > 0, NPV < 0 이면, PI < 0 이 된다.

기본서 페이지 130 ~ 131쪽
핵심 키워드 수익성지수 기준

+ 정답 및 해설

13 ④ CFO −800,000   C01 60,000
        C02 70,000   C03 880,000
        CPT IRR

14 ⑤ 화폐의 시간가치를 고려하여 계산된 투자액의 단위당 효율성을 나타내는 PI는 NPV > 0이면 PI > 1, NPV < 0이면, PI < 1이 된다. NPV = 0이면 PI = 1이 된다.
수익성지수로 투자판단을 할 때 투자안이 하나라면 PI > 1 인지 확인하여야 하고, 투자안이 2개 이상이라면 수익성지수가 모두 1보다 큰지 확인하고 그 중에서 가장 큰 것을 골라야 한다.

15

난이도 중

작은 규모의 빌딩이 50억 원일 때, 매년 3억 원의 수익이 발생할 것으로 기대된다. 30억 원을 대출받을 수 있고, 대출이자율이 연 5.00%일 때 자기자본수익률은 얼마인가?

① 5.5%
② 6.5%
③ 7.5%
④ 8.5%
⑤ 9.5%

기본서 페이지) 140쪽
핵심 키워드) 자기자본수익률

+ 정답 및 해설

15 ③ • 전체 총투자수익률은 = 3억/50억 = 6.00%
 • 자기자본수익률 = 총투자수익률 + (총투자수익률 − 대출이자율)
   × (대출비중/자기자본비중)
 = 6% + (6% − 5%) × (30/20)
 = 6% + 1.5%
 = 7.5%

CFP 수험전략

제4장 부동산투자

수험전략

부동산투자는 4~6문항이 출제될 수 있습니다. 중요하게 공부해야 하는 부분으로는 주택담보금융, DSR 계산 예시, 수익형 부동산의 가치산정, 수익률의 종류, 임대사업자의 주요 의무사항과 임차인 혜택, 부동산권리분석, 경매를 이용한 부동산투자, 공매를 이용한 부동산투자에 대한 내용을 조금 더 살펴보기를 권합니다.

주요 학습내용 점검

1. 대출금리의 종류와 대출상환방식의 장단점에 대하여 설명할 수 있다.
2. 수익형 부동산의 가치산정의 기본 개념을 설명할 수 있다.
3. 수익률의 종류와 개념에 대해 설명할 수 있다.
4. 주택임대사업자의 주요 의무사항에 대하여 설명할 수 있다.
5. 부동산권리분석의 개념과 의의에 대해 설명할 수 있다.
6. 공매부동산의 종류와 경매와의 차이점에 대해 설명할 수 있다.

출제빈도

교육내용	핵심키워드	학습중요도			예상 출제비중
		상	중	하	
제1절 주거용 부동산	• 대출금 상환방식 및 장단점 • DSR 계산			○	0~1문항
제2절 수익형 부동산	• 자본환원계수 • 영업소득을 통한 세후현금흐름 산정과정 • 자본이득을 통한 세후현금흐름 산정과정 • 종합수익률 • 종합환원율	○			2~4문항
제3절 주택임대사업을 이용한 투자	• 주택임대사업자 혜택 • 임대인의 주요 의무사항 • 임차인 혜택	○			1~2문항
제4절 권리분석을 통한 경공매 투자	• 말소기준권리 • 경매의 종류 • 경매 절차 • 공매부동산의 종류 • 공매 시 배당 순서			○	1~2문항

CHAPTER 04 부동산투자

01 주택담보금융에 대한 설명으로 가장 적절하지 않은 것은?

① 대출이자율(대출금리)는 수신금리, 위험프리미엄(위험대가), 인플레이션율로 구성되어 있다.
② 대출금 신청자의 자금계획 또는 니즈에 맞추어 운용이 가능한 대출금리는 변동금리이다.
③ 담보물이 동일하다면 대출기간이 긴 경우, 담보물이 없는 신용대출인 경우, 담보물의 수익성이 불확실한 경우에는 원리금회수위험이 높아진다.
④ 위험프리미엄은 부동산의 수익성 및 환가성이 낮을수록, 동일한 부동산에 대해서도 대출기간이 길어질수록 높다.
⑤ 수신(조달)금리는 대출금리에 가장 많은 영향을 미치는 중요한 요인으로 대출금리의 조달 원가라고 할 수 있다.

기본서 페이지 147쪽
핵심 키워드 대출금리별 특징과 장단점

+ 정답 및 해설

01 ②

종류	특징	장단점
고정금리	담보대출 취급시점의 금리가 약정기간 동안 동일하게 적용	실세금리 상승기에도 동일한 금리가 적용되므로 추가 이자부담 없으나 변동금리보다 금리가 높음
변동금리	시장 기준금리의 변동 약정주기(3~6개월)에 따라 금리를 변경 적용	금리 상승기에 상승폭만큼 이자부담이 증가하고 금리 하락기에는 하락폭만큼 이자부담이 감소
혼합형 금리	일정 기간 고정금리 적용 후 잔여기간 변동금리 적용	고정금리와 변동금리의 특징을 혼합한 형태로 대출금 신청자의 자금계획 또는 니즈에 맞추어 운용이 가능

02 대출금 상환방식에 대한 설명으로 가장 적절한 것은?

① 초기 비용부담이 가장 큰 것은 원리금균등분할상환방식이다.
② 원금균등분할상환방식은 초기에는 낮은 금액을 상환하고, 매월 상환금액이 증가하는 상환방식이다.
③ 거치 후 원리금균등분할상환방식은 약정기간 중에는 상환에 대한 부담이 없으나, 만기시상환 대책을 강구해야 한다.
④ 점증상환방식은 일정 기간 동안은 이자만 납부하고 원금은 상환하지 않기 때문에 대출 초기에 자금부담을 완화시킬 수 있다.
⑤ 약정기간 동안의 전체 상환액이 가장 큰 것은 원리금균등분할상환방식이다.

기본서 페이지 148쪽
핵심 키워드 대출금 상환방식의 장단점

정답 및 해설

02 ⑤   ① 초기 비용부담이 가장 큰 것은 원금균등분할상환방식이다.
② 점증상환방식은 초기에는 낮은 금액을 상환하고, 매월 상환금액이 증가하는 상환방식이다.
③ 만기일시상환방식은 약정기간 중에는 상환에 대한 부담이 없으나, 만기시상환 대책을 강구해야 한다.
④ 거치 후 원리금균등분할상환방식은 일정 기간 동안은 이자만 납부하고 원금은 상환하지 않기 때문에 대출 초기에 자금부담을 완화시킬 수 있다.

03 연소득이 1억 원인 직장인 A씨는 상가에 투자하고자 한다. 상가는 5년간 보유 후 매도할 예정이다. 다음 정보를 보고 총부채원리금상환비율(DSR)로 가장 적절한 것은?

난이도 하

(단위 : 원)

대출	구분	금액
신용대출	신용대출액	100,000,000
	연간원금상환액	20,000,000
	연간이자상환액	5,000,000
담보대출	주택담보대출액	400,000,000
	연간원리금상환액	22,915,934

① 42.92%
② 27.92%
③ 22.92%
④ 49.92%
⑤ 47.92%

기본서 페이지 151쪽

핵심 키워드 총부채원리금상환비율(DSR) = 전체 부채의 원리금상환액/연간소득

정답 및 해설

03 ⑤ 총부채원리금상환비율(DSR) = 전체부채의원리금상환액/연간소득
[신용대출 연간원금상환액(20,000,000원) + 신용대출 연간이자상환액(5,000,000원) + 담보대출 연간원리금상환액(22,915,934원)]/연간소득(100,000,000원)
= 47.92%

04 수익형 부동산의 가치산정에 대한 설명으로 가장 적절하지 않은 것은?

난이도

① 수익형 부동산에서 장래 발생하는 수익은 부동산 운영으로 인해 발생하는 영업소득과 기간 말 수익형 부동산 처분으로 인해 발생하는 자본이득으로 구분된다.
② 가능총수익 산정시 현재 공실면적이 없다면 투자자와 상담하여 고려하지 않을 수 있다.
③ 세후현금흐름 산정 시 사업소득세 또는 법인세는 대상부동산과 관련이 있는 세금 부분만 해당된다.
④ 할인현금흐름분석법은 할인율 및 양도가액의 예측에 있어 주관이 개입될 가능성이 크다는 한계가 있다.
⑤ 일정 누적액을 기간말에 만들기 위해 매 기간마다 적립해야 할 액수를 구함하는 자본환원계수는 감채기금계수이다.

기본서 페이지 153~159쪽
핵심 키워드 가능총수익 산정 시 잠재공실 반영

정답 및 해설

04 ② 가능총수익은 현재 수익형 부동산 상황에 맞게 완전하게 산정되어야 하며 공실률과 대손상각비를 합리적으로 추정하여야 한다. 공실률은 흔히 공실면적을 임대면적으로 나눈 비율로 정의되는데, 현재 공실면적이 없다 하더라도 잠재공실은 발생 가능하다. 공실률의 경우 공신력 있는 보고서를 통해 과거 데이터를 활용할 수 있으며, 한국토지주택공사의 공모지침서를 통해 지역과 임대조건율에 따라 제시하는 공실률을 활용할 수도 있다.

05 아래에서 설명하고 있는 종합환원율로 가장 적절한 것은?

> 부동산 보유기간 동안에 예상되는 소득수익, 부동산 가치의 상승 또는 하락, 지분형성분을 토대로 종합환원율을 산정한다.

① 금융적투자결합법   ② 조성법   ③ 부채감당법
④ 엘우드법   ⑤ 시장추출법

기본서 페이지 162쪽
핵심 키워드 종합환원율 개념

06 주택임대사업자에 대한 설명으로 가장 적절하지 않은 것은?

① 임대주택은 취득 유형에 따라 임대를 목적으로 건설하여 임대하는 민간건설임대주택과 주택을 매입하여 임대하는 민간매입임대주택으로 구분한다.
② 임대주택을 관할하는 시·군·구청 주택과에서 주택임대사업자등록 신청서를 작성하여 신청해야 한다.
③ 주택임대사업자란 공공주택 사업자가 아닌 자로서 1호 이상의 민간임대주택을 취득하여 임대사업을 할 목적으로 민간임대주택에 관한 특별법 제5조에 따라 등록한 자를 말한다.
④ 주택 임대목적으로 매입하여 취득일로부터 60일 이내에 주택임대사업자로 등록할 경우 취·등록세 면제 또는 감면을 받을 수 있다.
⑤ 취·등록세 면제 또는 감면을 받기 위한 조건으로는 전용면적 $60m^2$ 이하, 공동주택과 오피스텔, 건축주로부터 최초 분양 받아야 한다.

기본서 페이지 169~172쪽
핵심 키워드 주택임대사업자 등록 신청

➕ 정답 및 해설

05 ④ 시장추출법은 대상부동산과 유사한 최근의 매매사례로부터 종합환원율을 찾아내는 것으로 시장으로부터 직접 종합환원율을 추출하는 방법이다. 금융적투자결합법은 대출자와 지분투자자의 요구수익률이 다른 점에서 착안한 것으로 대출자의 대출비율, 대출상수와 지분투자자의 지분비율, 지분환원율의 가중평균을 통해 산출된다.
엘우드법은 금융적투자결합법을 발전시킨 방법으로 부동산 보유기간 동안에 예상되는 소득수익, 부동산 가치의 상승 또는 하락, 지분형성분을 토대로 종합환원율을 산정한다. 부채감당법은 저당투자자의 입장에서 부채감당률에 근거하여 환원이율을 구하는 방법이다.

06 ② 신청자 본인이 거주하고 있는 관할 시·군·구청 주택과에서 주택임대사업자등록 신청서를 작성하여 신청해야 한다.

07 임대사업자의 주요 의무사항과 과태료에 대한 설명으로 가장 적절한 것은?

① 임대사업자 설명의무는 임대차계약 시 주요 의무사항으로 위반 시 과태료는 1,000만 원이다.
② 임대차계약 신고의무는 임대차계약 후 주요 의무사항으로 위반 시 과태료는 1,000만 원이다.
③ 임대차계약 유지의무는 임대사업자의 기타 의무사항으로 위반 시 과태료는 1,000만 원이다.
④ 임대료 증액 제한의무는 임대차계약 후 주요 의무사항으로 위반 시 과태료는 3,000만 원이다.
⑤ 보고·검사 요청 시 협조의무는 임대차계약 시 주요 의무사항으로 위반 시 과태료는 500만 원이다.

기본서 페이지 174~176쪽
핵심 키워드 임대사업자의 주요 의무사항과 과태료

+ 정답 및 해설

07 ④ ① 임대사업자 설명의무는 임대차계약 시 주요 의무사항으로 위반 시 과태료는 500만 원이다.
② 임대차계약 신고의무는 임대차계약 시 주요 의무사항으로 위반 시 과태료는 1,000만 원이다.
③ 임대차계약 유지의무는 임대차계약 후 주요 의무사항으로 위반 시 과태료는 1,000만 원이다.
⑤ 보고·검사 요청 시 협조의무는 임대사업자의 기타 의무사항으로 위반 시 과태료는 500만 원이다.

08 말소기준권리에 대한 설명으로 가장 적절하지 않은 것은?

① 말소기준권리에 해당하는 것으로는 (가)압류, (근)저당권, 임차권, 경매개시결정등기가 있다.
② 대위변제 방법에 따라 말소기준권리가 변동할 수 있다.
③ 대위변제란 소멸될 위기에 있는 후순위권리자가 선순위의 저당권 등을 대신 변제하는 것을 말한다.
④ 대위변제자 기준 후순위 말소기준권리보다 선순위에 해당하게 되므로 소멸되지 아니하고 인수되는 권리가 될 수 있다.
⑤ 말소기준권리란 매각 결과 소멸되는 권리와 인수되는 권리의 기준이 되는 권리로 말소기준권리 보다 앞선 권리들은 매각 후 소멸되지 아니하며, 말소기준권리 이후에 설정된 권리들은 말소기준권리와 함께 소멸되는 것을 말한다.

기본서 페이지 179쪽
핵심 키워드 말소기준권리 기준

09 관습법상 법정지상권과 공유지분소유자의 우선매수권에 대한 설명으로 가장 적절하지 않은 것은?

① 관습법상 법정지상권이 성립되기 위해서는 토지와 그 지상 건물이 애초부터 원시적으로 동일인의 소유에 속하고 있어야 한다.
② 관습법상 법정지상권이 성립되기 위해서는 토지와 건물의 소유권이 달라질 때 건물철거특약이 없어야 한다.
③ 공유자의 우선매수권이란 공유지분 경매에서 다른 지분소유자에게 입찰일에 최고가매수신고인이 써낸 가격으로 우선 매수할 수 있는 기회를 부여하는 민사집행법상의 권리이다.
④ 공유자가 우선매수신고를 한 경우에는 최고가매수신고인을 차순위 신고인으로 본다.
⑤ 법원은 최고가매수신고인이 있더라도 그 공유자에게 매각을 허가해야 한다.

기본서 페이지 180~181
핵심 키워드 관습법상 법정지상권 성립요건

+ 정답 및 해설

08 ① 말소기준권리에 해당하는 것으로는 (가)압류, (근)저당권, 담보가등기, 경매개시결정등기가 있다.

09 ① 토지와 건물이 동일인의 소유에 속하고 있어야 한다. 이는 대법원 판례에 따라 관습법상 법정지상권이 성립하려면 토지와 그 지상 건물이 애초부터 원시적으로 동일인의 소유에 속하였을 필요는 없고, 그 소유권이 유효하게 변동될 당시에 동일인이 토지와 그 지상 건물을 소유하였던 것으로 족하다.

10 경매의 종류에 대한 설명으로 가장 적절하지 않은 것은?

① 집행권원이란 일정한 사법상의 급여청구권의 존재 및 범위를 표시함과 동시에 그 청구권을 실현할 수 있는 집행력을 인정한 공정의 증서로 확정된 종국판결문, 화해조서, 집행력 있는 공정증서 등을 말한다.
② 강제경매는 채권이 아닌 물권을 통해 소송을 제기하고 집행권원을 받아 경매를 진행하는 것이다.
③ 임의경매란 저당권, 전세권, 담보가등기 등 담보물권을 가진 채권자가 담보권 행사에 의해 경매가 진행되는 것을 말한다.
④ 임의경매는 강제경매와 달리 그 실행에 집행권원을 요하지 아니한다.
⑤ 강제경매란 채권 발생 당시에는 해당 물건의 경매에 대한 예정이 없었으나 채권자가 판결을 통해 채무자의 재산을 압류하여 경매를 진행하는 것을 말한다.

기본서 페이지 181~182쪽
핵심 키워드 강제경매 개념

+ 정답 및 해설

10 ② 강제경매는 물권이 아닌 채권을 통해 소송을 제기하고 집행권원을 받아 경매를 진행하는 것이다. 예컨대 A는 친구 B에게 개인적으로 차용증을 쓰고 돈을 빌렸으나 이를 갚지 못하였다. B는 A에게 소송을 제기하였고 법원에 승소 판결을 받은 B가 집행권원을 토대로 경매를 진행하는 것이 바로 강제경매이다.

11 경매 절차에 대한 설명으로 가장 적절한 것은?

① 법원이 정한 최저경매가격으로 압류채권자의 채권에 우선하는 부동산상의 모든 부담과 경매비용을 변제하면 남는 것이 없다고 인정한 때에는 경매절차를 법원이 직권으로 취소한다.
② 경매신청은 신청인 소재지 관할 법원에 하여야 한다.
③ 채무자에 대한 개시결정의 송달은 경매절차 진행의 적법유효요건으로 되어 있기 때문에 경매개시결정문 정본 또는 사본을 채무자에게 송달하게 된다.
④ 최초의 매각기일은 공고일로부터 7일 이상의 간격을 두고 하게 된다.
⑤ 입찰보증금은 입찰가격의 1/10 이상을 제출한다.

> 기본서 페이지 182~186쪽
> 핵심 키워드 경매 기준

12 배당요구종기까지 반드시 배당요구를 하여야 할 채권자를 모두 묶인 것은?

> 가. 집행력이 있는 판결문 정본을 가진 채권자
> 나. 민법, 상법, 기타 법률에 의하여 우선변제청구권이 있는 채권자
> 다. 첫 경매개시결정기입등기 후에 가압류한 채권자
> 라. 국세 등의 교부청구권자

① 가, 나
② 가, 라
③ 가, 나, 다
④ 가, 다, 라
⑤ 가, 나, 다, 라

> 기본서 페이지 184쪽
> 핵심 키워드 배당요구종기까지 반드시 배당요구를 하여야 할 채권자

+ 정답 및 해설

11 ① ② 경매신청은 대상부동산 소재지 관할 법원에 하여야 한다.
③ 채무자에 대한 개시결정의 송달은 경매절차 진행의 적법유효요건으로 되어 있기 때문에 경매개시결정문 정본을 채무자에게 송달하게 된다.
④ 최초의 매각기일은 공고일로부터 14일 이상의 간격을 두고 하게 된다.
⑤ 입찰보증금은 입찰가격의 1/10이 아니라 최저매각가격의 1/10 이상을 제출한다.

12 ⑤

13 경매 진행 내용에 대한 설명으로 가장 적절하지 않은 것은?

① 입찰기일에 최고가매수인이 정해지면 집행법원은 매각기일로부터 1주 이내인 매각결정기일에 이해관계인의 의견을 들은 후 매각의 허부를 결정한다.
② 매각허가결정에 대하여 항고를 하고자 하는 사람은 보증으로 매각대금의 1/10에 해당하는 현금 또는 유가증권을 공탁하여야 한다.
③ 대금납부의무를 이행하지 아니한 경우 집행법원은 입찰보증금을 몰수하여 국고에 편입시키고 차순위매수신고인에 대한 매각허가 여부를 결정한다.
④ 채권자는 배당요구종기까지 법원에 그 채권의 원금, 이자, 비용, 기타 부대채권의 계산서를 제출하여야 한다.
⑤ 계산서를 제출하지 아니한 채권자는 배당요구의 종기 이후에는 채권액을 보충할 수 없다.

기본서 페이지 187~188쪽
핵심 키워드 입찰보증금을 몰수 기준

14 공매부동산의 특징에 대한 설명으로 가장 적절한 것은?

① 유입자산의 소유자는 금융회사이다.
② 수탁재산의 명도책임은 매수인이 부담한다.
③ 압류재산의 소유자는 한국자산관리공사이다.
④ 국유재산의 명도책임은 기획재정부가 진다.
⑤ 유입자산 계약체결 후 매매대금의 1/2 이상을 납부하고 근저당권을 설정하는 조건으로 매매대금을 전액 납부하지 않아도 소유권 이전이 가능하다.

기본서 페이지 192~194쪽
핵심 키워드 공매부동산의 개념과 특징

+ 정답 및 해설

13 ③ 대금납부의무를 이행하지 아니한 경우 집행법원은 입찰보증금을 몰수하여 배당금에 편입시키고 차순위매수신고인에 대한 매각허가 여부를 결정한다. 차순위매수신고인이 정해지지 않은 경우이거나 차순위매수신고인도 매각대금을 납부하지 않은 경우는 재매각입찰을 실시하게 된다.

14 ⑤ ① 유입자산의 소유자는 한국자산관리공사이다.
② 수탁재산의 명도책임은 매도인이 부담한다.
③ 압류재산의 소유자는 체납자이다.
④ 국유재산의 명도책임은 매수인이 진다.

15

다음 중 공매 시 배당순위 절차를 순서대로 나열한 것은?

> 가. 제3취득자가 경매목적 부동산에 투입한 필요비 또는 유익비
> 나. 당해세와 그 가산금
> 다. 담보물권, 등기된 임차권, 우선변제권이 있는 임대차보호법상 임차권
> 라. 집행비용
> 마. 주택임대차보호법 또는 상가건물임대차보호법상 최우선변제권

① 라 → 가 → 마 → 나 → 다
② 라 → 마 → 나 → 가 → 다
③ 라 → 나 → 다 → 가 → 마
④ 라 → 다 → 가 → 나 → 마
⑤ 라 → 다 → 가 → 마 → 나

기본서 페이지 198쪽
핵심 키워드 공매 시 배당순위

정답 및 해설

15 ①

구분	항목
0순위	집행비용
1순위	제3취득자가 경매목적 부동산에 투입한 필요비 또는 유익비
2순위	① 주택임대차보호법 또는 상가건물임대차보호법상 최우선변제권 ② 근로기준법상 최종 3개월분 임금, 재해보상금
3순위	당해세와 그 가산금
4순위	법정기일이 말소기준권리보다 앞서는 조세채권
5순위	담보물권, 등기된 임차권, 우선변제권이 있는 임대차보호법상 임차권
6순위	임금, 재해보상금, 그 밖에 근로관계로 인한 채권(근로기준법 제38조 제1항)
7순위	일반 조세채권
8순위	의료보험료, 국민연금 등 공과금
9순위	일반채권

CFP 수험전략

제5장 부동산금융

수험전략

부동산설계 사례는 0~1문항이 출제될 수 있습니다. 중요하게 공부해야 하는 부분으로는 프로젝트 파이낸싱의 개념과 사업수익률, 신탁의 종류와 특징, 신탁과 관련된 세금에 대한 내용을 조금 더 살펴보기를 권합니다.

주요 학습내용 점검

1. 프로젝트 파이낸싱의 개념과 사업수익률을 산정할 수 있다.
2. 신탁의 종류와 특징에 대해 설명할 수 있다.
3. 신탁과 관련된 세금에 대해 설명할 수 있다

출제빈도

교육내용	핵심키워드	학습중요도			예상 출제비중
		상	중	하	
제1절 프로젝트 파이낸싱	• 프로젝트 파이낸싱의 개념과 사업수익률		○		0~1문항
제2절 부동산신탁	• 신탁의 종류와 특징 • 신탁과 관련된 세금		○		0~1문항

CHAPTER 05 부동산금융

01 다음 중 프로젝트 파이낸싱에 대한 설명으로 가장 적절하지 않은 것은?

난이도 하

① 프로젝트 파이낸싱이란 시행사 등 개별사업주체와 경제적, 법적으로 독립된 회사를 설립한 뒤, 해당 사업의 미래 발생할 현금흐름을 담보로 하여 사업에 필요한 자금을 조달하는 금융기법이다.
② 법적으로 독립된 회사이므로 사업주 모회사 재무상태표에 차입금이 표시되지 않는 이점이 있다.
③ 사업주의 신용이나 담보가 아닌 해당 사업의 사업성에 따라 채무의 상환 여부가 결정된다.
④ 배당가능이익의 100분의 80 이상을 배당한 경우 그 금액은 해당 배당을 결의한 잉여금 처분의 대상이 되는 사업연도의 소득금액에서 공제한다.
⑤ 프로젝트 파이낸싱의 담보에는 우선수익권, 건설공사보험, 보험근질권설정계약, 차주의 사업시행권포기각서, 예금 및 주식근질권설정계약이 있다.

기본서 페이지 201~204쪽
핵심 키워드 프로젝트 파이낸싱

+ 정답 및 해설

01 ④ 2025년 12월 31일 이전에 끝나는 사업연도에 대하여 대통령령으로 정하는 배당가능이익의 100분의 90 이상을 배당한 경우 그 금액은 해당 배당을 결의한 잉여금 처분의 대상이 되는 사업연도의 소득금액에서 공제한다.

02 프로젝트금융투자회사(PFV)의 설립요건에 대한 설명으로 가장 적절한 것은?

① 한시적으로 설립된 회사로서 존립기간이 3년 이상일 것
② 발기인은 은행, 투자매매업자, 종합금융회사, 보험회사, 신탁업자, 여신전문금융회사 또는 국민연금공단이어야 하며, 해당 발기인이 100분의 5 이상의 자본금을 출자할 것
③ 자본금이 20억 원 이상일 것
④ 자산관리회사와 자금관리사무수탁회사가 동일인일 것
⑤ 자산관리, 운영 및 처분에 관한 업무를 자금관리사무수탁회사에 위탁할 것

기본서 페이지 203쪽
핵심 키워드 프로젝트금융투자회사(PFV)의 설립요건

정답 및 해설

02 ②
① 한시적으로 설립된 회사로서 존립기간이 2년 이상일 것
③ 자본금이 50억 원 이상일 것 다만, 사회기반시설에 대한 민간투자법 제4조 제2호에 따른 방식으로 민간투자사업을 시행하는 투자회사의 경우에는 10억 원 이상일 것
④ 자산관리회사와 자금관리사무수탁회사가 동일인이 아닐 것
⑤ 자산관리, 운영 및 처분에 관한 업무를 자금관리회사에 위탁할 것
  • '자본시장과 금융투자업에 관한 법률'에 따른 자금관리사무수탁회사에 자금관리업무를 위탁할 것
  • 본점 외의 영업소를 설치하지 아니하고 직원과 상근하는 임원을 두지 아니할 것

03 부동산 투자신탁에 대한 설명으로 가장 적절하지 않은 것은?

① 관리신탁이란 부동산 소유자가 신탁계약기간 동안 소유권을 수탁자에게 이전한 뒤 수탁자는 신탁계약에 따라 부동산 소유권, 임대차, 세무관리 등 업무를 수행한 뒤 다시 위탁자에게 소유권을 이전하는 것이다.
② 담보신탁이란 부동산 소유자인 위탁자가 자신의 채권자에 대한 채무를 담보하기 위한 신탁으로 수탁자는 해당 부동산을 관리하고 수익자를 위탁자로 설정하는 것이다.
③ 생활숙박시설로서 30실 이상이거나 생활숙박시설 영업장의 면적이 해당 건축물 연면적의 3분의 1 이상인 경우 분양관리신탁의 대상이 된다.
④ 토지신탁이란 수탁자가 토지를 이전 받은 뒤 해당 토지로 용지를 조성하거나, 건물을 신축하여 임대 또는 분양 등의 방법을 수행하여 그 수익을 수익자로 지정된 자에게 교부하는 것으로 일반적으로 '개발신탁'이라고 부르기도 한다.
⑤ 처분신탁이란 부동산 소유자가 처분절차에 어려움이 있거나, 특수부동산이나 규모가 큰 부동산으로 매수인이 제한적으로 존재할 경우, 계약일 이후 잔금일까지 기간이 장기일 경우 해당 부동산을 안정적으로 처분하기 위하여 활용된다.

기본서 페이지 210 ~ 215쪽
핵심 키워드 부동산신탁의 종류

+ 정답 및 해설

03 ② 담보신탁이란 부동산 소유자인 위탁자가 자신의 채권자에 대한 채무를 담보하기 위한 신탁으로 수탁자는 해당 부동산을 관리하고 수익자를 위탁자의 채권자로 설정하는 것이다. 위탁자는 수탁자에게 부동산 담보를 통해 수익권증서를 발급받고, 이를 채권자에게 교부하면서 자금을 대출받는다.

CFP 수험전략

제6장 부동산설계 사례

수험전략
부동산설계 사례는 1~2문항이 출제될 수 있습니다. 중요하게 공부해야 하는 부분으로는 DSR 규제 사례, 재건축사업의 의의와 용어, 재건축사업과 재개발사업의 차이, 오피스텔투자 시 장단점과 유의사항에 대한 내용을 조금 더 살펴보기를 권합니다.

주요 학습내용 점검
1. 고객의 대출상황에 맞는 DSR 규제 사례에 대하여 숙지하고 상담할 수 있다.
2. 재건축사업의 의의와 용어에 대해 설명할 수 있다.
3. 재건축사업과 재개발사업의 차이에 대해 설명할 수 있다.
4. 오피스텔투자 시 장단점과 유의사항에 대해 설명할 수 있다.

출제빈도

교육내용	핵심키워드	학습중요도 상	학습중요도 중	학습중요도 하	예상 출제비중
제1절 주거용 부동산 투자사례	• 주택보급률 • 자가보유율과 자가점유율 • DSR 적용 사례			○	0~1문항
제2절 정비사업 투자사례	• 재건축사업의 의의와 용어 • 재건축사업과 재개발사업의 차이	○			1~2문항
제3절 수익형 부동산 투자사례	• 오피스텔투자 시 장단점 • 오피스텔투자 시 유의사항		○		0~1문항

CHAPTER 06 부동산설계 사례

01 주거용 부동산 투자에 대한 설명으로 가장 적절하지 않은 것은?

① 주택보급률은 특정 국가 또는 특정 지역의 주택 재고가 그곳에 거주하고 있는 가구들의 수에 비하여 얼마나 부족한지 또는 여유가 있는지를 총괄적으로 보여주는 양적지표라고 할 수 있다.
② 자가점유율이란 일반가구 중 자신이 소유한 주택에서 자신이 살고 있는 주택의 비율을 의미한다.
③ 주택보급률 산정 시 주택수에는 다가구주택을 각 호수별로 계산하고, 일반가구수는 총가구수에서 보육원 등과 같은 집단가구는 산정에서 빼나 외국인가구는 산정에 삽입한다.
④ 주택보급률이 100%를 넘어간다면 이론적으로 일반가구수에 비해 주택수가 많다는 것으로 단순히 생각하면 우리나라의 주택이 부족하지는 않다.
⑤ 2023년 자가보유율이 전년 대비 하락한 주요 원인은 금리인상과 부동산시장의 불확실성 때문인 것으로 해석해 볼 수 있다.

기본서 페이지 223 ~ 225쪽
핵심 키워드 주택보급률 산정 방법

+ 정답 및 해설

01 ③ 주택보급률 = (주택수/일반가구수) × 100
　　　주택수에는 다가구주택을 각 호수별로 계산하고, 일반가구수는 총가구수에서 보육원 등과 같은 집단가구와 외국인가구를 빼서 산정한다.

02 재건축사업과 관련하여 사업성분석에 필요한 용어설명으로 가장 적절하지 않은 것은?

① 권리가액이란 조합원들이 주장할 수 있는 권리의 가치로서 감정평가액에서 비례율을 곱한 금액을 의미한다.
② 총사업비는 사업을 진행하는데 들어간 비용의 총액으로, 공사비(시공비)와 기타사업비(금융비용, 보상비용, 기타비용 등)으로 구성되어 있다.
③ 비례율이 1보다 크다면 사업성이 좋은 것으로 판단하는데 종후자산평가액에서 총사업비를 빼고 이것을 다시 종전자산평가액으로 나누어서 구한다.
④ 조합원 분담금은 조합원 분양가에서 권리가액을 뺀 금액으로 조합원들이 분양을 받기 위해 추가로 부담해야 하는 금액을 말한다.
⑤ 감정평가액은 재개발·재건축에서는 보상의 기준과 조합원의 공식적 자산 금액으로 사용된다.

기본서 페이지 235~237쪽
핵심 키워드 재건축사업과 관련하여 사업성분석에 필요한 용어

+ 정답 및 해설

02 ③ 비례율은 해당 부동산의 가치가 재개발·재건축 이후 얼마나 가치를 가지는지 가늠할 수 있는 비율로서 사업성을 나타내는 지표로 활용된다. 비례율이 100%보다 크다면 사업성이 좋은 것으로 판단하는데 종후자산평가액에서 총사업비를 빼고 이것을 다시 종전자산평가액으로 나누어서 구한다.

03 재개발과 재건축의 차이에 대한 설명이다. 가장 적절한 것은?

번호	구분	재개발	재건축
①	사업범위	정비기반시설이 양호하나 노후·불량건축물에 해당하는 공동주택 주거환경 개선	• 정비기반시설이 열악한 노후·불량 건축물 • 주거환경 개선, 사업지역·공업지역 등에서 도시의 기능 회복
②	조합설립 필요동의율	토지소유자의 4분의 3 이상 + 토지면적의 2분의 1 이상	주택단지 전체구분소유자의 4분의 3 이상 + 토지면적의 4분의 3 이상 + 각 동의 과반수 이상
③	조합원자격	건축물 및 그 부속토지를 모두 소유한 자(재개발사업에 동의한 자만)	토지소유자 또는 건축물의 소유자 (조합설립 동의와 관계없이)
④	임대주택 비율	상한 용적률과 법적 상한 용적률 차이의 50%(시·도 조례에 따라 상이)	전체세대수 또는 전체 연면적의 20% (시·도 조례에 따라 상이)
⑤	안전진단	실시함(동법시행령에 따라 실시하지 않을 수 있음)	실시하지 않음

기본서 페이지 244쪽
핵심 키워드 재개발과 재건축의 차이

+ 정답 및 해설

03 ②

구분	재개발	재건축
사업범위	정비기반시설이 열악한 노후·불량건축물 주거환경 개선, 사업지역·공업지역 등에서 도시의 기능 회복	정비기반시설이 양호하나 노후·불량건축물에 해당하는 공동주택 주거환경 개선
조합설립 필요동의율	토지소유자의 4분의 3 이상 + 토지면적의 2분의 1 이상	주택단지 전체구분소유자의 4분의 3 이상 + 토지면적의 4분의 3 이상 + 각 동의 과반수 이상
조합원자격	토지소유자 또는 건축물의 소유자 (조합설립 동의와 관계없이)	건축물 및 그 부속토지를 모두 소유한 자 (재건축사업에 동의한 자만)
임대주택 비율	전체세대수 또는 전체 연면적의 20% (시·도 조례에 따라 상이)	상한 용적률과 법적 상한 용적률의 차이의 50%(시·도 조례에 따라 상이)
안전진단	실시하지 않음	실시함(동법시행령에 따라 실시하지 않을 수 있음)
세입자대책	있음	없음
개발부담금	없음	부과(초과이익환수법)
근거법령	도시 및 주거환경정비법	

04 오피스텔 투자에 대한 설명으로 가장 적절하지 않은 것은?

난이도 하

① 시간이 지날수록 물리적·경제적 감가상각이 작아 아파트보다 시세차익 기대가 크다.
② 다가구주택의 경우 임대수익을 바라보고 건물 전체를 구입해야 하나 오피스텔은 호실(세대)별로 투자할 수 있어 초기 자본이 적게 들어간다.
③ 아파트를 대체할 이러한 소형주거공간의 인기는 더욱 커질 것으로 예상된다.
④ 낮은 전용률과 상대적으로 비싼 관리비가 발생한다.
⑤ 오피스텔은 주택법을 적용받는 아파트와는 달리 건축법을 적용받고 지어지며, 청약을 통해 분양권인 상태에서 일반임대사업자로 물건을 등록하면 주택수에 포함되지 않는다.

기본서 페이지 253 ~ 255쪽
핵심 키워드 적은 대지지분 및 재건축의 어려움

+ 정답 및 해설

04 ① 오피스텔은 번화가나 대로변의 작은 대지에 가용한 용적률을 최대한 활용하여 건축하기 때문에 대지지분이 적고 그로 인해 재건축은 현실적으로 어렵다. 이러한 이유로 시간이 지날수록 물리적·경제적 감가상각이 커지게 되어 아파트와 같은 시세차익을 기대하기는 어렵다.

지식형 투자설계

CERTIFIED FINANCIAL PLANNER
CFP PART 05

- CHAPTER 01 거시경제와 금융시장
- CHAPTER 02 현대 포트폴리오 이론
- CHAPTER 03 투자성 금융상품 위험등급과 고객의 투자성향
- CHAPTER 04 주식 및 채권투자
- CHAPTER 05 투자전략
- CHAPTER 06 자산배분전략
- CHAPTER 07 투자설계 프로세스
- CHAPTER 08 대체자산 및 구조화상품

제1장 거시경제와 금융시장

수험전략

경제환경분석은 이자율과 환율 등 거시경제지표의 이해가 중요합니다. GDP를 결정하는 원인 및 이자율이 어떻게 결정되고 이자율은 어떠한 요인에 의하여 변동하는지 시장의 메커니즘을 이해해야 하며, 환율의 결정이론과 환위험 관리 방법도 숙지해두는 것이 좋습니다. 경기지표에 대한 내용을 챙기면서 경기순환의 개념을 이해하고 경기를 예측하는 각 방법들의 특징을 정리해두어야 합니다.

주요 학습내용 점검

1. 총수요와 총공급 모형에 따른 거시경제의 균형을 설명할 수 있다.
2. 이자율과 환율이 결정되는 원리를 이해할 수 있다.
3. 경기동향을 판단하고 예측하는 방법을 이해할 수 있다.
4. 경제정책이 금융시장에 미치는 영향을 이해할 수 있다.

출제빈도

교육내용	핵심키워드	학습중요도 상	학습중요도 중	학습중요도 하	예상 출제비중
제1절 총수요와 총공급	• 총수요곡선	O			1문항
	• 총공급곡선		O		
	• 국가경제의 균형		O		
제2절 이자율 및 환율의 결정	• 이자율의 결정		O		1문항
	• 환율의 결정	O			
제3절 경기동향 판단 및 예측	• 경기순환		O		1문항
	• 경기동향 판단 및 예측	O			
제4절 거시경제정책	• 재정정책과 금융시장		O		1문항
	• 재정정책과 금융시장			O	

CHAPTER 01 거시경제와 금융시장

지식형

01 폭설로 교통이 두절되고 비닐하우스가 무너져 농작물피해가 발생하였다. 우하향하는 총수요곡선과 우상향하는 총공급곡선을 이용하여 이러한 자연재해가 단기 경제에 미치는 영향은?

① 물가수준은 상승하고 실질 GDP는 감소한다.
② 물가수준은 하락하고 실질 GDP는 감소한다.
③ 물가수준은 상승하고 실질 GDP는 증가한다.
④ 물가수준은 상승하고 실질 GDP는 불변이다.
⑤ 물가수준은 하락하고 실질 GDP는 증가한다.

기본서 페이지 11~19쪽
핵심 키워드 GDP

정답 및 해설

01 ① 불리한 공급충격 : 총공급 감소(총공급곡선 좌측이동). 물가 상승, 실질 GDP 감소

02

다음은 중앙은행의 통화정책수단들을 조합한 것이다. 이 중 가장 확장적인 기조의 정책조합은?

① 공개시장 매각 – 법정지급준비율 인상 – 재할인율 인상
② 공개시장 매각 – 법정지급준비율 인하 – 재할인율 인상
③ 공개시장 매입 – 법정지급준비율 인상 – 재할인율 인하
④ 공개시장 매입 – 법정지급준비율 인하 – 재할인율 인하
⑤ 공개시장 매입 – 법정지급준비율 인상 – 재할인율 인상

기본서 페이지 11 ~ 19쪽
핵심 키워드 통화정책수단

정답 및 해설

02 ④ ① 공개시장 매각 ⇨ 본원통화 감소 ⇨ 통화공급량 감소
법정지급준비율 인상 ⇨ 통화승수 감소 ⇨ 통화공급량 감소
재할인율 인상 ⇨ 본원통화 감소 ⇨ 통화공급량 감소
② 공개시장 매각 ⇨ 본원통화 감소 ⇨ 통화공급량 감소
법정지급준비율 인하 ⇨ 통화승수 증가 ⇨ 통화공급량 증가
재할인율 인상 ⇨ 본원통화 감소 ⇨ 통화공급량 감소
③ 공개시장 매입 ⇨ 본원통화 증가 ⇨ 통화공급량 증가
법정지급준비율 인상 ⇨ 통화승수 감소 ⇨ 통화공급량 감소
재할인율 인하 ⇨ 본원통화 증가 ⇨ 통화공급량 증가
④ 공개시장 매입 ⇨ 본원통화 증가 ⇨ 통화공급량 증가
법정지급준비율 인하 ⇨ 통화승수 증가 ⇨ 통화공급량 증가
재할인율 인하 ⇨ 본원통화 증가 ⇨ 통화공급량 증가
⑤ 공개시장 매입 ⇨ 본원통화 증가 ⇨ 통화공급량 증가
법정지급준비율 인상 ⇨ 통화승수 감소 ⇨ 통화공급량 감소
재할인율 인상 ⇨ 본원통화 감소 ⇨ 통화공급량 감소

03 화폐공급을 증가시키는 요인만을 모두 고른 것은?

ㄱ. 중앙은행의 통화안정증권 매입 ㄴ. 외환시장에서 중앙은행의 달러 매입
ㄷ. 은행들의 초과지급준비율 하락 ㄹ. 예금은행에 대한 재할인율 하락

① ㄱ
② ㄴ, ㄷ
③ ㄱ, ㄴ, ㄹ
④ ㄱ, ㄴ, ㄷ, ㄹ
⑤ ㄴ, ㄹ

기본서 페이지 11~19쪽
핵심 키워드 화폐공급

04 다음 이자율 결정에 대한 설명 중 가장 적절하지 않은 것은?

① 명목이자율과 물가상승률은 양(+)의 상관관계를 갖고 있다.
② 이자율은 경기가 수축국면으로 전환된 직후에는 더욱 상승하는 경향을 갖고 있을 뿐 아니라 경기가 본격적인 회복국면으로 진입한 후에야 비로소 상승하는 경향이 나타난다.
③ 경상수지 흑자 또는 적자가 늘어났을 때는 자금공급은 물론 자금수요도 영향을 받기 때문에 자본수지가 동일한 양만큼 변화했을 때 보다 이자율의 상승 또는 하락의 정도가 더 크게 나타난다.
④ 원화의 가치상승 기대는 원화자산에 대한 수요를 늘림으로써 국내이자율의 상승요인으로 작용한다.
⑤ 자본자유화는 국내이자율의 변동성을 크게 하는 요인으로 작용한다.

기본서 페이지 17~24쪽
핵심 키워드 이자율결정

+ 정답 및 해설

03 ④ ㄱ. 통화안정증권 매입 : 본원통화 증가 ⇨ 통화공급 증가
(단, 통화안정증권 : 한국은행이 본원통화 조절을 위해 발행하는 증권)
ㄴ. 중앙은행 달러 매입 : 외환보유고 증가, 본원통화 증가 ⇨ 통화공급 증가
ㄷ. 초과지준율 하락 : 신용승수 증가 ⇨ 총예금 증가, 통화공급 증가
통화승수 증가 ⇨ 통화공급 증가
ㄹ. 재할인율 하락 : 은행에 대한 대출 증가, 본원통화 증가 ⇨ 통화공급 증가

04 ④ 원화의 가치상승 기대는 원화자산에 대한 수요를 늘림으로써 국내이자율의 하락요인으로 작용한다.

05 여러 경기지표를 해석하는 방법을 설명한 것으로 적절하지 않은 것은?

① 경기확산지수는 변화방향만을 종합하여 지수화한 것으로 경기국면의 판단 및 예측과 경기전환점 식별에 유용한 지표이다.
② 경기종합지수는 경기순환변동의 방향, 진폭, 전환점, 경기변동속도까지 파악할 수 있다.
③ 동행종합지수 순환변동치란 계절변동, 불규칙변동, 추세변동요인을 제거한 것으로서 경기국면의 전환점을 판단하려는데 적합하다.
④ 기업경기실사지수가 50이하이면 경기를 부정적으로 보는 업체가 긍정적으로 보는 업체보다 많다는 의미이다.
⑤ 계량모형은 설정, 추정, 모의실험의 과정을 거쳐 작성된다.

기본서 페이지 25~31쪽
핵심 키워드 경기지표의 해석

＋ 정답 및 해설

05 ④ 기업경기실사지수는 100을 경기전환점으로 하여 100보다 작으면 경기하강, 100보다 큰 경우 경기상승으로 예측한다.

06 다음 경기지표의 설명이나 해석 방법으로 적절한 것은?

난이도 중

① 향후 경기국면과 전환점 단기예측에는 선행지수 전년동월비가 사용되는 데 이 지표가 현재까지와 반대방향으로 3개월 이상 연속하여 움직이면 경기전환점 발생신호로 본다.
② 선행종합지수는 비교적 가까운 장래의 경기동향을 예측하는 지표로 건설수주액, 회사채유통수익률, 소비재수입액 등이 구성 지표이다.
③ 기업경기실사지수가 80에서 90으로 상승하면 경기를 부정적으로 보는 업체가 긍정적으로 보는 업체보다 적다는 의미이다.
④ 거시계량 경제모형은 단지 시간변수나 당해 시계열의 과거 관측치 또는 일부 관심 경제변수 간의 상관관계에 바탕을 두고 작성한다.
⑤ 우리나라에서 현재의 경기동향을 파악하기 위해 동행종합지수를 분석하는 데, 계절변동, 불규칙변동, 순환변동요인을 제거한 수치가 사용된다.

기본서 페이지 25~31쪽
핵심 키워드 경기지표의 해석

정답 및 해설

06 ①   ② 회사채유통수익률, 소비재수입액은 후행 종합지수 구성지표에 해당한다.
③ 기업경기실사지수가 100 미만이면 경기를 부정적으로 보는 업체가 긍정적으로 보는 업체보다 많다는 의미다.
④ 시계열모형에 대한 설명이다.
⑤ 계절변동, 불규칙변동, 추세변동요인을 제거한 수치가 사용된다.

07 경기동향의 분석 및 예측에 대한 다음 설명 중 가장 적절한 것은?

① 경기종합지수는 경기변동의 진폭을 알 수 있으나 경기국면 및 전환점은 분석할 수 없다.
② 동행종합지수로는 광공업생산지수, 상용근로자수, 건설기성액, 소매판매액지수, 비농림어업취업자수 등이 있다.
③ 동행종합지수에 대해서는 추세변동요인까지 제거한 순환변동치를 작성하여 경기의 국면 및 전환점 판단 시 보조자료로 활용하고 있다.
④ 향후 경기국면과 전환점의 단기예측에는 동행지수 순환변동치가 주로 이용된다.
⑤ 동행지수 순환변동치와 선행지수 전년동월비는 그 크기, 증감율, 진폭 등이 큰 의미를 가지므로 그 내용에 대한 분석이 이루어져야 한다.

기본서 페이지 25~31쪽
핵심 키워드 경기동향분석

+ 정답 및 해설

07 ③ ① 경기종합지수로 경기변동의 진폭, 방향, 국면 및 전환점은 물론 변동속도까지도 분석할 수 있다.
② 상용근로자수는 후행지표이다.
④ 향후 경기국면과 전환점의 단기예측에는 선행지수의 전년동월비를 주로 사용한다.
⑤ 동행지수 순환변동치와 선행지수 전년동월비는 그 크기, 증감율, 진폭 등이 큰 의미를 갖지 않으므로 움직이는 방향에 유의해야 한다.

08 경기순환의 원인에 대한 설명 중 가장 적절하지 않은 것은?

① 경기순환은 먼저 경제에 어떤 충격요인이 발생하며 이러한 충격에 대해 경제가 반응하는 과정에서 경기순환이 발생한다고 이해한다.
② 케인즈는 경기순환이 나타나는 것을 통화당국의 자의적인 통화량조절 때문이라고 주장한다.
③ 루카스와 같은 경제학자들은 일반물가수준 변화 등에 대한 판단착오로 인해 공급과 수요를 변화시켜 경제변동을 초래한다고 본다.
④ 슘페터는 경기순환과 경제발전의 원인이 생산요소의 새로운 결합 또는 기술혁신에 있다고 보았다.
⑤ 경기순환이 지속성과 변동성을 보이는 이유는 유발투자의 역할을 강조하는 견해와 자본재 투자에서 건설기간을 강조하는 견해가 있다.

기본서 페이지 25~31쪽
핵심 키워드 경기순환 원인

---

09 다음 중 총공급곡선을 오른쪽으로 이동시키는 요인만을 모두 고른 것은?

| ㄱ. 실질임금 상승 | ㄴ. 원자재 가격 하락 |
| ㄷ. 신기술 개발 | ㄹ. 정부지출 증가 |

① ㄱ, ㄹ
② ㄴ, ㄷ
③ ㄱ, ㄷ, ㄹ
④ ㄱ, ㄴ, ㄷ, ㄹ
⑤ ㄱ, ㄴ, ㄷ

기본서 페이지 11~19쪽
핵심 키워드 총공급곡선

+ 정답 및 해설

08 ② 통화량 조절에 의한 경기순환은 프리드만이 주장하였다.

09 ② ㄱ. 실질임금 상승 시 노동수요량 감소. 총공급 감소
ㄴ. 원자재 가격이 하락하면 비용이 감소하므로 총공급곡선 하방(우측) 이동. 유리한 공급충격
ㄷ. 기술진보(신기술 개발)시 비용이 감소하므로 총공급곡선 하방(우측) 이동
ㄹ. 정부지출 변화는 총수요 변화 요인

10 다음 중 이자율이 상승하는 요인으로만 올바르게 모두 묶인 것은?

> 가. 경기가 침체국면에 들어서 기업의 자금수요가 감소한다.
> 나. 시장에서 유동성효과가 지배적으로 나타나고 있다.
> 다. 경상수지와 자본수지가 흑자다.
> 라. 외국통화에 대한 원화의 평가절상이 기대된다.
> 마. 기대인플레이션과 소득효과가 시장에서 관찰되는 상황이다.

① 가, 나
② 다, 라
③ 다
④ 나, 다, 마
⑤ 마

기본서 페이지 17~24쪽
핵심 키워드 이자율 상승요인

정답 및 해설

10 ⑤ 가. 경기에 따라 이자율은 +관계로 후행한다.
경기침체 → 투자감소(화폐수요감소), 소득감소(화폐수요감소) → 이자율 하락
나, 마. 통화정책에 따라 유동성효과, 소득효과, 피셔효과의 크기에 따라 이자율은 변동한다.
유동성효과가 지배적일 경우 : 통화의 공급에 따른 통화공급 증가(유동성) → 이자율 하락
소득효과, 피셔효과가 지배적일 경우 : 통화공급에 따른 소득의 증가, 인플레이션 상승 → 이자율 상승
다. 경상수지와 자본수지는 이자율과 -관계이다.
경상수지흑자 → 통화공급의 증가 → 이자율 하락
라. 원화가치가 상승하면(환율하락) 원화자산에 대한 기대수익률이 증가하고, 곧 원화자산에 대한 수요가 증가하기 때문에 국내 이자율이 하락한다.

11 2025년 현재 빅맥 햄버거는 미국에서 2.5달러에 판매되고 있고 우리나라에서는 3,000원에, 일본에서는 300엔에 판매되고 있다. 다음 중 구매력평가설에 의한 환율로 가장 적절한 것은?

① 1,200 ₩/$, 1,000 ₩/100¥
② 1,000 ₩/$, 1,200 ₩/100¥
③ 1,100 ₩/$, 1,000 ₩/100¥
④ 1,100 ₩/$, 1,100 ₩/100¥
⑤ 1,000 ₩/$, 1,100 ₩/100¥

기본서 페이지 17 ~ 24쪽
핵심 키워드 구매력평가설

+ 정답 및 해설

11 ① 구매력 평가설에 의할 경우 환율은 다음과 같다.
3,000원/2.5달러 = 1,200/$
3,000원/300엔 = 1,000/100엔

제2장 현대 포트폴리오 이론

수험전략

투자이론에서는 포트폴리오이론을 습득하기 위한 투자수학으로 개별증권의 기대수익률과 위험을 측정하는 평균과 분산 값의 측정을 기초로 공분산과 상관계수 등 통계의 기본에 대하여 학습하고 포트폴리오이론과 자본자산가격결정모형을 챙겨둘 필요가 있습니다. 특히 CAPM은 출제빈도가 높고 투자이론의 핵심이기도 합니다. 차익거래 가격결정이론과 효율적 시장이론도 추가적으로 정리해두는 것이 좋은 대비가 되겠습니다.

주요 학습내용 점검

1. 투자포트폴리오 구성을 위한 다양한 통계량을 이해하고 활용할 수 있다.
2. 포트폴리오의 기대수익률과 위험, 분산투자 및 확률우위에 관한 개념을 이해하고 적용할 수 있다.
3. 최적포트폴리오를 이해하고 포트폴리오 선택에 활용할 수 있다.
4. 자본가격결정이론의 가정을 기초로 자본시장선과 증권시장선을 이해하고 투자 의사결정에 활용할 수 있다.
5. 차익거래가격결정의 이론과 배경을 이해하고 활용할 수 있다.
6. 다양한 성과평가 지표를 활용하여 적합한 투자안을 선택할 수 있다.

출제빈도

교육내용	핵심키워드	학습중요도 상	학습중요도 중	학습중요도 하	예상 출제비중
제1절 수익률 통계기초	• 수익률분포		O		1문항
	• 상관계수 및 회귀분석	O			
제2절 포트폴리오이론의 기초	• 분산투자		O		1문항
	• 확률우위		O		
제3절 최적포트폴리오	• 투자자 효용함수	O			1문항
	• 최적포트폴리오의 구성		O		
	• 단일지표모형		O		
제4절 자본자산가격결정이론	• 자본자산가격결정이론의 가정		O		2문항
	• 자본시장선		O		
	• 증권시장선		O		
	• 자본시장선과 증권시장선의 관계		O		
	• 증권시장선의 활용		O		
제5절 차익거래가격결정이론과 성과평가	• CAPM이론의 실증분석 및 한계		O		1문항
	• 차익거래가격결정이론	O			
	• 다요인모형(Multi-factor Model)	O			
	• 성과평가		O		

CHAPTER 02 현대 포트폴리오 이론

01 다른 증권수익률과의 관계를 나타내주는 공분산과 상관계수에 대한 설명으로 적절하지 않은 것은?

① 공분산은 두 증권의 수익률이 서로 어느 정도 관련이 있는지를 추정하는 지표다.
② 공분산이 양수이면 두 자산의 수익률이 같은 방향으로 움직인다는 것을 의미한다.
③ 공분산의 문제점은 그 값들이 범위의 제한이 없다는 것이다.
④ 상관계수는 공분산을 표준화한 것으로 두 증권수익률의 관계를 (−)1과 (+)1 사이 범위에서 설명한다.
⑤ 두 증권수익률의 공분산을 각 증권수익률의 분산으로 나누면 공분산을 표준화시킬 수 있다.

기본서 페이지 51~56쪽
핵심 키워드 공분산과 상관계수

+ 정답 및 해설

01 ⑤ 두 증권수익률의 공분산을 각 증권수익률의 표준편차로 나누면 공분산을 표준화시킬 수 있다.

02 다음 자산 간의 지배관계를 가장 올바르게 나타낸 것은?

난이도 하

자산	A	B	C	D	E
기대수익률	10%	12%	10%	15%	13%
표준편차	12%	17%	9%	18%	15%

① 주식 B는 주식 A를 지배한다.
② 주식 C는 주식 A를 지배한다.
③ 주식 D는 주식 B를 지배한다.
④ 주식 E는 주식 C를 지배한다.
⑤ 주식 A는 주식 B를 지배한다.

기본서 페이지 57 ~ 63쪽
핵심 키워드 지배원리

03 다음 포트폴리오 이론에 대한 설명 중 적절한 것은?

난이도 상

① 자본시장선은 개별기업의 수익률과 시장수익률 간의 관계를 나타내는 모형이다.
② 증권시장선 보다 위쪽에 위치한 주식은 현재 주가가 고평가되어 있고, 아래쪽에 위치한 주식은 저평가되어 있다는 것을 말한다.
③ 적은 주식을 보유한 포트폴리오의 베타보다 많은 주식을 보유한 포트폴리오의 베타가 쉽게 변하는 경향이 있다.
④ 차익거래가격결정이론에 따르면 거시경제변수의 예상하지 못한 변화도 자산 수익률에 영향을 미친다고 한다.
⑤ 차익거래가격결정이론에서는 그 자산의 고유한 특성에 의해 발생하는 위험은 인정하지 않는다.

기본서 페이지 57 ~ 76쪽
핵심 키워드 포트폴리오 이론

+ 정답 및 해설

02 ② 주식 C는 주식 A와 수익률은 같지만 위험이 더 적다.
03 ④ ① 자본시장선은 기대수익률과 위험과의 관계를 설명한다.
   ② 증권시장선 보다 위쪽에 위치한 주식은 저평가, 아래쪽에 위치한 주식은 고평가 상태다.
   ③ 적은 주식을 보유한 포트폴리오의 베타가 쉽게 변한다.
   ⑤ 차익거래가격결정이론은 자산의 고유한 특성에 의해 발생하는 위험이 포함된다.

04 시장수익률 15%, 무위험이자율 10%, 베타 1.6, 주식의 기대수익률이 16%일 때 적절한 것은?

난이도 하

① 주가가 과대평가되었다.
② 주가가 과소평가되었다.
③ 주가가 균형수익률을 유지하였다.
④ 과소 과대 여부를 비교하는 것이 불가능하다.
⑤ 주어진 자료로는 요구수익률은 측정할 수 없다.

기본서 페이지 77 ~ 89쪽
핵심 키워드 요구수익률

05 다요인 모형에 대한 다음 설명 중 가장 적절하지 않은 것은?

난이도 중

① 자본시장은 완전경쟁 상태이며, 자산의 수익률은 정규분포과정을 통해 설명되어 진다는 가정을 전제로 하고 있다.
② 상대적으로 저평가된 주식을 사고 고평가된 주식을 공매도하는 차익거래를 하는 사람이 많아지고 이를 통해 시장이 균형을 찾아간다는 것이다.
③ 어떤 자산의 수익률은 정상적으로 예측이 가능한 수익과 예측하지 못한 변수에 의한 수익에 의해 결정된다고 보았다.
④ CAPM과 마찬가지로 APT에서도 분산된 포트폴리오에서 비체계적인 위험인 특정자산의 고유한 특성으로 인한 수익률 변화를 제거할 수 있다고 본다.
⑤ 개별주식이나 포트폴리오의 체계적 위험은 다양하고 복잡하며, 또 서로 얽혀있기 때문에 CAPM에서 베타만으로 체계적 위험 전부를 파악할 수 없다.

기본서 페이지 90 ~ 96쪽
핵심 키워드 다요인 모형

+ 정답 및 해설

04 ① 요구수익률 = 10% + 1.6 × (15% − 10%) = 18%이므로, 기대수익률보다 높아 고평가되어 있다.
05 ① 정규분포를 가정한 모형은 CAPM모형인데 반해 APT모형은 자산의 수익률은 여러 변수로 이루어진 확률과정을 통해 설명하고 있다.

06 위험조정 성과평가 척도에서 비체계적 위험을 고려한 평가척도로 적절하게 열거한 것은?

난이도 ⓒ

① 샤프척도와 정보비율
② 샤프척도와 트레이너척도
③ 젠센척도와 정보비율
④ 샤프척도와 젠센척도
⑤ 트레이너척도와 젠센척도

기본서 페이지 97~103쪽
핵심 키워드 위험조정 성과평가 척도

07 위험조정 성과평가 척도와 이에 대한 설명이 잘 연결된 것은?

난이도 ⓒ

성과평가척도	설명
가. 샤프척도	A. 증권선택능력만을 평가하기 때문에 자산배분권한이 없는 간접투자상품 펀드매니저의 평가척도로 적합하다.
나. 정보비율	B. 총위험 한 단위 당 실현된 초과수익률을 의미하며, 높을수록 위험조정 후 성과가 우수하다는 의미이다.
다. 트레이너척도	C. 체계적 위험 한 단위 당 실현된 초과수익률을 의미하며, 높을수록 위험조정 후 성과가 우수하다는 의미이다.
라. 젠센척도	D. 벤치마크수익률과 펀드수익률 간의 차이 혹은 두 수익률간의 회귀분석을 이용한다.

① 가 - A, 나 - B, 다 - C, 라 - D
② 가 - B, 나 - A, 다 - C, 라 - D
③ 가 - C, 나 - D, 다 - A, 라 - B
④ 가 - C, 나 - A, 다 - B, 라 - D
⑤ 가 - B, 나 - D, 다 - C, 라 - A

기본서 페이지 97~103쪽
핵심 키워드 위험조정 성과평가 척도

＋ 정답 및 해설

06 ① 샤프척도는 총위험 측정치인 표준편차로 위험을 고려하여 평가하므로 비체계적 위험이 포함되고 정보비율은 젠센의 알파를 추적오차로 나누어 측정하므로 비체계적 위험이 고려된 측정치다.

07 ⑤ 샤프척도 - 총위험(표준편차) 대비 초과수익률
트레이너척도 - 체계적 위험(베타) 대비 초과수익률
젠센척도 - 증권선택능력 평가
정보비율 - 벤치마크수익률과 펀드수익률 간의 차이 혹은 두 수익률간의 회귀분석을 이용

08 아래의 위험조정 성과평가 방법의 산식이 적절하지 않은 것은?

① 젠센척도 = 포트폴리오 베타 × (벤치마크 포트폴리오 평균수익률 – 무위험 수익률 평균)
② 샤프척도 = (포트폴리오 평균수익률 – 무위험이자율)/포트폴리오 표준편차
③ 트레이너척도 = (포트폴리오 평균수익률 – 무위험이자율)/포트폴리오 베타
④ 정보비율 = (펀드수익률 – 벤치마크 수익률)/Tracking Error(추적오차)
⑤ 소르티노 비율 = (기대수익률 – 위험이자율)/하락변동성

기본서 페이지 97 ~ 103쪽
핵심 키워드 위험조정 성과평가 척도

09 다음 중 위험조정성과에 관한 설명으로 옳지 않은 것은?

① 샤프지수와 트레이너지수는 동일한 운용기간과 동일한 유형의 펀드를 대상으로 비교해야 한다.
② 샤프지수는 총위험 1단위당 무위험 초과수익률을 나타내는 지표이다.
③ 트레이너지수는 체계적 위험 1단위당 무위험 초과수익률을 나타내는 지표로서 이 값이 클수록 투자성과가 우수하다고 평가한다.
④ 젠센의 알파지수는 포트폴리오의 수익률이 균형상태에서의 수익률보다 얼마나 높은지를 나타내는 지표로 그 값이 클수록 성공적인 투자성과를 나타낸다.
⑤ 샤프지수는 뮤추얼펀드를 운용하는 펀드매니저의 증권선택 능력을 측정할 때 유용하게 사용한다.

기본서 페이지 97 ~ 103쪽
핵심 키워드 위험조정 성과평가 척도

+ 정답 및 해설

08 ① 젠센척도는 CAPM모형에서 상수항인 알파로 성과를 평가한다.
09 ⑤ 젠센의 알파는 뮤추얼펀드를 운용하는 펀드매니저의 증권선택 능력을 측정할 때 유용하게 사용한다.

10 난이도 상

수익률이 정규분포라 가정 시, 다음 자산 A, B의 수익률 구간에 대하여 가장 적절한 것은?

자산	투자비중	표준편차
A	50%	8%
B	50%	6%

※ 단, 두 자산의 상관계수는 0이며, 포트폴리오 기대수익률은 12%라 가정

① 7%~17% : 68%, 2~22% : 95%
② 7%~17% : 99%, 2~22% : 95%
③ 7%~17% : 68%, 2~22% : 99%
④ 7%~17% : 95%, 2~22% : 68%
⑤ 7%~17% : 95%, 2~22% : 99%

기본서 페이지 51~56쪽
핵심 키워드 정규분포

정답 및 해설

10 ① 포트폴리오의 표준편차 = $\sqrt{(0.5 \times 0.08)^2 + (0.5 \times 0.06)^2}$ = 5%
±1σ = 7%~17% : 68.26%
±2σ = 2%~22% : 95.45%

11

다음 투자포트폴리오를 보고 가장 적절하지 않은 것은 무엇인가?

난이도 상

개별자산	보유비중	기대수익률	표준편차
주식	30%	12%	15%
채권	40%	5%	2%
부동산	30%	4%	7%

※자산간 상관계수로 주식과 채권 = -0.2, 주식과 부동산 = -0.1, 채권과 부동산 = 0.1임

① 기대수익률이 10%가 되기 위해서는 반드시 주식이 포함되어야 한다.
② 현재 포트폴리오의 기대수익률은 6.8%이다.
③ 주식 50%, 채권 50% 투자 시 포트폴리오의 기대수익률은 8.5%이다.
④ 포트폴리오의 표준편차는 4.72%이다.
⑤ 주식 50%, 채권 50% 투자 시 포트폴리오의 표준편차는 7.55%이다.

기본서 페이지 66~70쪽
핵심 키워드 공분산과 상관계수

정답 및 해설

11 ⑤ 포트폴리오의 표준편차(주식과 채권에 각각 50% 투자 시)
$= \sqrt{0.5^2 \times 0.15^2 + 0.5^2 \times 0.02^2 + 2 \times 0.5 \times 0.5 \times (-0.2) \times 0.15 \times 0.02} = 7.37\%$

12

다음은 증권시장선을 이용하여 위험자산을 평가한 것이다. 다음 자산 중 고평가된 자산으로 모두 묶인 것은?

주식	베타계수	무위험 이자율	시장 위험프리미엄	예상수익률
A	0.7	7%	3.5%	12.5%
B	1	7%	3.5%	9.42%
C	1.3	7%	3.5%	8.57%
D	1.5	7%	3.5%	10.00%
E	−0.3	7%	3.5%	7.5%

① A, B, C
② B, C, D
③ C, D, E
④ A, D, E
⑤ A, B, C, E

기본서 페이지 77~89쪽
핵심 키워드 증권시장선 분석

+ 정답 및 해설

12 ② 증권시장선보다 아래쪽에 위치한 주식은 현재 주가가 고평가되어 있다는 것을 의미한다.
즉, "요구수익률 > 기대수익률(예상수익률)"인 경우를 찾으면 된다.
* 요구수익률 = $R_f + \beta[E(R_m) - R_f]$

13 과거 3년간 성과가 우수했던 3개 주식형 집합투자기구를 선정하였다. 다음 중 젠센지수, 트레이너지수, 정보비율이 가장 우수한 펀드로 연결된 것을 고르시오. (무위험이자율 5%로 가정함)

집합투자기구	벤치마크 수익률	실현수익률	베타	Tracking error
A 인덱스형	17.0%	20.5%	1.1	2.5%
B 성장형	17.0%	24.0%	1.2	3.0%
C 가치형	17.0%	18.7%	0.8	2.0%

	젠센지수	트레이너지수	정보비율
①	A 인덱스형	B 성장형	C 가치형
②	B 성장형	A 인덱스형	A 인덱스형
③	C 가치형	B 성장형	A 인덱스형
④	A 인덱스형	C 가치형	B 성장형
⑤	B 성장형	C 가치형	B 성장형

기본서 페이지 97 ~ 103쪽
핵심 키워드 위험조정 성과평가 척도

정답 및 해설

13 ⑤   1) 젠센알파 = 실현수익률 − 요구수익률
- A : 20.5 − 18.2 = +2.3%
  요구수익률 = 5 + 1.1 × (17 − 5) = 18.2%
- B : 24.0 − 19.4 = +4.6%
  요구수익률 = 5 + 1.2 × (17 − 5) = 19.4%
- C : 18.7 − 14.6 = +4.1%
  요구수익률 = 5 + 0.8 × (17 − 5) = 14.6%

2) 트레이너척도 = (실현수익률 − 무위험이자율)/베타
- A : (0.205 − 0.05)/1.1 = 0.141
- B : (0.24 − 0.05)/1.2 = 0.158
- C : (0.187 − 0.05)/0.8 = 0.171

3) 정보비율 = (펀드수익률 − 벤치마크 수익률)/Tracking error
- A : (20.5 − 17)/2.5 = 1.4
- B : (24.0 − 17)/3.0 = 2.33
- C : (18.7 − 17)/2.0 = 0.85

14. 다음 사항에서 젠센의 알파로 적절한 것은?

- 시장 연평균수익률 = 10%
- 해당 포트폴리오의 베타 = 1.3
- 무위험수익률 = 8%
- 해당포트폴리오의 실제수익률 = 12%

① 0.011 ② 0.012
③ 0.014 ④ 0.015
⑤ 0.016

기본서 페이지) 97 ~ 103쪽
핵심 키워드) 위험조정 성과평가 척도

15. 다음의 뮤츄얼 펀드에 대한 자료를 가지고 총위험 대비 수익률 평가가 가장 우수한 것으로 적절한 것은?

펀드명	평균수익률	베타계수	표준편차
A	10%	0.80	0.18
B	11%	0.90	0.22
C	12%	1.00	0.26
D	13%	1.10	0.32
E	14%	1.20	0.36

※ 무위험 이자율 6.5%

① A ② B
③ C ④ D
⑤ E

기본서 페이지) 97 ~ 103쪽
핵심 키워드) 위험조정 성과평가 척도

정답 및 해설

14 ③ 젠센의 알파 = 펀드의 수익률 − 펀드의 요구수익률 = 12% − [8% + 1.3 × (10% − 8%)] = 1.4%

15 ③ * 샤프척도 : $\dfrac{\text{펀드 연평균수익률} - \text{연평균 무위험수익률}}{\text{펀드의 표준편차}}$

A : 0.1944, B : 0.2045, C : 0.2115, D : 0.2031, E : 0.2083

16 다음 표에 대한 분석 중 적절하지 않은 것은?

Fund	벤치마크 수익률	Fund 실현수익률	Fund 베타	Tracking error
A 인덱스펀드	10%	12%	1.0	1.2%
B 코스닥펀드	12%	14%	1.4	1.8%

※ 무위험이자율 : 5%

① A 인덱스펀드의 젠센알파는 +2%로 증권선택능력이 있다.
② B 코스닥펀드의 젠센알파는 -0.8%로 증권선택능력이 없다.
③ A 인덱스펀드의 벤치마크보다 트레이너 척도가 높다.
④ B 코스닥펀드는 벤치마크보다 트레이너 척도가 높다.
⑤ A 인덱스펀드는 B 코스닥펀드보다 정보비율이 높다.

기본서 페이지 97~103쪽
핵심 키워드 위험조정 성과평가 척도

정답 및 해설

16 ④ ① A 인덱스펀드의 젠센알파 = 12%-10% = +2%
  * k = 5% + 1 × (10%-5%) = 10%
② B 코스닥펀드의 젠센알파 = 14%-14.8% = -0.8%
  * k = 5% + 1.4 × (12%-5%) = 14.8%
③ A 인덱스펀드의 트레이너척도 = (0.12-0.05)/1.0 = 0.07
  벤치마크 트레이너척도 = (0.10-0.05)/1.0 = 0.05
④ B 코스닥펀드의 트레이너척도 = (0.14-0.05)/1.4 = 0.0643
  벤치마크 트레이너척도 = (0.12-0.05)/1.0 = 0.07
⑤ A 인덱스펀드 정보비율 = (12%-10%)/1.2% = 1.667
  B 코스닥펀드 정보비율 = (14%-12%)/1.8% = 1.111

제3장 투자성 금융상품 위험등급과 고객의 투자성향

수험전략

Var측정기법 및 최대손실낙폭(MDD) 대해서 정확한 이해가 필요하며, 투자성 금융상품의 위험등급에 대한 이해가 필요하다. 투자성 금융상품과 투자위험 및 위험 측정, 위험등급에 대해서는 숙지해야 합니다. 또한 고객의 투자성향 분석인 위험인지성향, 위험수용성향, 위험감수능력 고객의 투자성향 파악에 대해서도 숙지해야 합니다.

주요 학습내용 점검

1. 투자성 금융상품의 손실위험을 이해할 수 있다.
2. 투자성 금융상품의 위험등급을 산정하는 방법을 이해할 수 있다.
3. 고객의 투자성향을 분석하고 이에 적합한 금융상품을 선정할 수 있다.

출제빈도

교육내용	핵심키워드	학습중요도 상	학습중요도 중	학습중요도 하	예상 출제비중
제1절 투자성 금융상품의 손실위험	• 최대손실예상액(VaR)	○			1문항
	• 최대손실낙폭(MDD)	○			
제2절 투자성 금융상품의 위험등급	• 투자성 금융상품과 투자위험		○		1문항
	• 투자성 금융상품의 위험 측정		○		
	• 투자성 금융상품별 위험등급		○		
제3절 고객의 투자성향 분석	• 위험인지성향		○		1문항
	• 위험수용성향		○		
	• 위험감수능력		○		
	• 고객의 투자성향 파악			○	

CHAPTER 03 투자성 금융상품 위험등급과 고객의 투자성향

01 보유 포지션의 10일 VaR를 99% 신뢰수준에서 측정한 결과가 1억이다. 이에 대한 설명으로 맞는 것은?

① 현재 보유 포지션을 10일 동안 보유할 경우 최악의 상황에서 1억의 손실이 발생한다.
② 정상적 시장을 가정할 경우 10일 동안 포지션을 보유하더라도 1억 이상의 손실은 발생하지 않을 것이라고 99% 확신한다.
③ VaR의 크기로 보아 위험을 청산하거나 헤지하는 데 걸리는 시간은 1일 정도이면 충분한 포지션이다.
④ 1%의 확률로 10일 동안 발생가능한 최대 손실액이 1억이다.
⑤ VaR는 확률 개념을 이용한 표준편차를 계산한다.

기본서 페이지 107~112쪽
핵심 키워드 VaR

+ 정답 및 해설

01 ② VaR는 정상적 시장에서 현재 보유하고 있는 포트폴리오를 그대로 유지할 경우 일정 기간 동안 발생가능한 최대손실액을 특정 신뢰수준에서 측정한 값이다.

02 K 주식 보유 포지션(현재가치 100)의 10일 VaR를 95% 신뢰수준에서 측정하기 위한 자료가 다음과 같다. 베타매핑 방법과 개별매핑 방법에 의한 VaR는?

- K 주식의 일일 변동성 : 1%
- 주가지수의 일일 변동성 : 1%
- K 주식과 주가지수의 상관관계 : 0.8

① 1.65, 1.32
② 4.17, 5.22
③ 5.22, 4.17
④ 1.32, 1.65
⑤ 1.48, 1.67

기본서 페이지 107~112쪽
핵심 키워드 VaR

03 10day VaR=4.3억이면 250day VaR는?

① 13.6억
② 21.5억
③ 68.0억
④ 107.5억
⑤ 111.5억

기본서 페이지 107~112쪽
핵심 키워드 VaR

+ 정답 및 해설

02 ②
- 개별매핑 VaR=100×1.65×0.01×$\sqrt{10}$ =5.22
- K주식의 베타=(0.01/0.01)×0.8=0.8
- 베타매핑 VaR=100×1.65×(0.01×0.8)×$\sqrt{10}$ =4.17

03 ② 시간의 제곱근 공식을 이용하여 풀면 250day VaR=10day VaR×$\sqrt{250/10}$ =21.5억

04 95% 신뢰수준의 델타-노말 VaR=10억이면 99% 신뢰수준의 VaR는?

난이도 중

① 10.4억
② 9.6억
③ 14.1억
④ 12.8억
⑤ 14.8억

기본서 페이지 107~112쪽
핵심 키워드 VaR

05 장외파생상품 위험도 분류에 따라 금리스왑은 어떤 분류에 해당하나?

난이도 중

① 회피
② 경고
③ 주의
④ 위험
⑤ 위기

기본서 페이지 107~112쪽
핵심 키워드 장외파생상품 위험도 분류

+ 정답 및 해설

04 ③ 신뢰계수만 1.65에서 2.33으로 바꾸어 계산하면 된다.
05 ③ 주의 : 금리스왑, 옵션매수 (원금 초과 손실이 가능하나, 손실범위가 제한적인 상품)에 해당한다.

제4장 주식 및 채권투자

수험전략

주식의 가치평가 및 투자전략에서는 주식의 가치평가 방법을 구분하고 각 평가방법에 따라 평가를 할 수 있어야 합니다. 현금흐름할인모형에 의한 평가와 상대가치평가모형은 매회 출제빈도가 높은 부분이므로 구체적으로 사례를 가지고 평가하는 방법을 연습해둘 필요가 있습니다. 또한 가중평균자본비용을 구하여 경제적 부가가치를 이용하여 기업가치를 평가하는 방법도 숙지해야 하며 포트폴리오의 투자전략에 대한 이론도 챙겨두어야 합니다. 채권의 가치평가 및 투자전략에서는 채권수익률과 채권의 가격이 가장 기초이론으로 챙겨야 할 부분입니다. 수익률의 종류도 숙지하고 채권의 가격도 계산할 수 있어야 하며 채권수익률과 채권가격과의 관계는 출제빈도가 높은 분야입니다. 채권수익률의 기간구조이론도 각각의 특징을 정리해 두고 채권가격이 금리변동에 따라 변하는 듀레이션과 볼록성의 성격을 파악하여 채권투자전략을 적절하게 구사하는 방법도 익혀둘 필요가 있습니다.

주요 학습내용 점검

1. 주식의 개념을 이해하고 가치평가모형을 활용하여 주식을 분석할 수 있다.
2. 채권의 개념을 이해하고 채권투자를 위한 분석기법을 학습한다.
3. 기본적 분석과 기술적 분석의 개념을 학습한다.

출제빈도

교육내용	핵심키워드	학습중요도 상	학습중요도 중	학습중요도 하	예상 출제비중
제1절 주식투자분석	• 주식가치평가 개요		○		2문항
	• 현금흐름할인방법	○			
	• 상대가치평가방법		○		
	• 조건부청구권방법	○			
제2절 채권투자분석	• 채권가격 계산	○			2문항
	• 채권가격정리와 수익률의 기간구조	○			
	• 채권의 가격변동성 분석	○			
제3절 기본적 분석과 기술적 분석	• 기본적 분석 기법		○		1문항
	• 기술적 분석 기법		○		

CHAPTER 04 주식 및 채권투자

01 다음 중 EV/EBITDA 평가모형에 대한 설명으로 옳지 않은 것은?

① EV/EBITDA 비율은 내재가치(수익가치)와 기업가치를 비교하는 투자지표로서 이 비율이 낮을수록 주가는 저평가된 것으로 해석된다.
② EV는 기업가치로서 시가총액에 순차입금을 더해서 구하고, EBITDA는 이자비용, 법인세비용, 유·무형자산 상각비 차감 전 순이익을 의미한다.
③ EV/EBITDA 평가모형은 경제상황 악화로 기업의 부도가능성이 높아지면서 현금흐름이 중요해지는 상황에서 유용하게 사용된다.
④ EV/EBITDA 평가모형은 감가상각방법 등의 회계처리방법에 의해 크게 영향을 받는다.
⑤ EV/EBITDA 평가모형은 철강산업 등 자본집약산업에 유용하게 사용된다.

기본서 페이지 154쪽
핵심 키워드 EV/EBITDA

정답 및 해설

01 ④ EV/EBITDA 평가모형은 감가상각비를 차감하기 전 영업이익을 사용하므로 감가상각방법 등의 회계처리방법에 의해 크게 영향을 받지 않는다.

02 다음 여러 가지 채권 중에서 이론적 복할인 방법으로 계산한 채권 단가와 관행적 복할인 방법으로 계산한 채권가격 간 차이가 가장 많은 것으로 적절한 것은?

난이도 중

① 만기가 360일 남은 통화안정증권
② 만기가 10일 남은 산업금융채권
③ 만기가 6개월 남은 산업금융채권
④ 만기가 5년 남은 국민주택 1종 채권
⑤ 만기가 10년 남은 국민주택 2종 채권

기본서 페이지 159~168쪽
핵심 키워드 채권단가계산

03 다음 채권의 세전 매매단가로 적절한 것은?

난이도 중

- 종류 : 산업금융채권(할인채)
- 만기일 : 2025. 7. 26
- 매매일 : 2024. 8. 12
- 매매수익률 : 6.20%
- 발행일 : 2024. 7. 26
- 표면금리 : 6.50%
- 만기잔존일수 : 348일

① 9,255
② 9,441
③ 9,627
④ 9,813
⑤ 10,000

기본서 페이지 159~168쪽
핵심 키워드 채권단가계산

+ 정답 및 해설

02 ③ 잔존기간이 6개월 남은 시기의 차이가 가장 크게 나타나고 있다.
  [참조]
  • 이론적 복할인 방식의 계산 : $\dfrac{Fn}{(1+r)^n \times (1+r)^{d/365}}$
  • 관행적 복할인 방식의 계산 : $\dfrac{Fn}{(1+r)^n \times (1+r \times d/365)}$

03 ② 할인채의 세전단가 = 10,000/(1 + 유통수익률 × d/365)
           = 10,000/(1 + 0.062 × 348/365) = 9,441원(원미만 절사)

04 다음과 같은 이표채를 매매하는 경우 세전단가로 적절한 것은?

난이도 상

- 발행조건 : 발행일 2024년 7월 6일, 만기일 2027년 7월 6일, 표면금리 7%(3개월 이표), 액면 10,000원
- 매매조건 : 매매일 2025년 6월 20일, 매매수익률 8.9%

① 9,655원
② 9,792원
③ 9,816원
④ 9,830원
⑤ 9,442원

기본서 페이지 159~168쪽
핵심 키워드 채권단가계산

05 말킬(Malkiel)의 채권가격정리에 대한 설명으로 적절하지 않은 것은?

난이도 하

① 채권가격과 채권수익률은 반비례 관계이다.
② 만기가 긴 채권이 만기가 짧은 채권보다 가격변동폭이 크다.
③ 만기가 길어질수록 채권가격 변동폭의 증가율이 체감한다.
④ 만기가 일정할 때 같은 폭의 채권수익률 변동은 가격하락폭이 상승폭보다 크다.
⑤ 표면이자율이 낮은 채권이 수익률 변동에 따른 가격변동폭이 크다.

기본서 페이지 169쪽
핵심 키워드 말킬(Malkiel)의 채권가격정리

정답 및 해설

04 ②
- 3개월 이자금액 : 10,000원 × 7%/4 = 175원
- 잔존기간 중 가장 가까운 이표 수령일 : 2025년 7월 6일
- 잔존기간 중 총 이표 수령횟수 : 2025년 7월 6일부터 2027년 7월 6일까지 9회
- 2025년 7월 6일의 현재가치 : 175CF0, 175CF1(7), 10,175CF2, 8.9/4 I, NPV = 9,830.3895
- 2025년 6월 20일의 세전 매매단가 : 9,830.3895/(1 + 0.089/4 × 16/91) = 9,792

05 ④ 만기가 일정할 때 같은 폭의 채권수익률 변동은 가격상승폭이 하락폭보다 크다.

06 다음 중 채권수익률의 기간구조이론에 대한 설명으로 가장 적절하지 않은 것은?

난이도 하

① 불편기대이론은 장기채권 수익률은 단기채권에 예상되는 수익률들의 기하평균과 같다고 설명한다.
② 불편기대이론에서는 단기채권과 장기채권이 완전 대체관계에 있다고 가정한다.
③ 유동성 선호이론에서는 투자자가 단기채권보다 장기채권을 선호한다고 주장한다.
④ 유동성선호이론에 의한 수익률곡선이 불편기대이론에 의한 수익률 곡선보다 유동성 프리미엄만큼 더 높게 수익률곡선이 위치한다.
⑤ 시장분할이론에 따르면 만기에 따라 서로 다른 시장이 존재하며 만기가 다른 채권의 이자율은 서로 다른 시장에서의 수요공급에 따라 독립적으로 결정된다고 주장한다.

기본서 페이지 171쪽
핵심 키워드 기간구조이론

+ 정답 및 해설

06 ③ 유동성 선호이론에서는 투자자가 장기채권보다 단기채권을 선호한다고 주장한다.

07 채권의 만기와 만기수익률의 관계를 설명하는 이론에 대한 설명 중 맞는 것을 모두 묶은 것은?

난이도 상

> 가. 시장분할이론은 이자율의 기간구조가 사람들의 미래이자율에 대한 기대에 따라 다르게 나타난다고 설명한다.
> 나. 유동성 선호이론에서 투자자들은 위험 중립형을 가정한다.
> 다. 만기가 길어짐에 따라 채무불이행 가능성이 높아지지만 채권의 가격변동은 작아진다.
> 라. 유동성선호이론에 의한 수익률 곡선은 불편기대이론에 의한 수익률곡선보다 높은 수준이다.
> 마. 시장분할이론에 따르면 장기채권 시장의 이자율이 높으면 단기채권투자자가 장기채권 시장으로 이동한다고 한다.

① 가, 나, 다, 라, 마 ② 가, 다, 라
③ 나, 다, 마 ④ 가, 라
⑤ 라

기본서 페이지 171 ~ 182쪽
핵심 키워드 기간구조이론

정답 및 해설

07 ⑤ 가. 불편기대이론에 대한 설명이다.
나. 불편기대이론에서 투자자들은 위험 중립형을 가정한다.
다. 만기가 길어짐에 따라 채권의 가격변동은 커진다.
마. 시장분할이론에서는 서로 다른 투자집단들의 이동을 생각하지 않는다.

08 채권의 가격 변동성을 분석하는 지표에 대한 다음 설명으로 적절하지 않은 것은?

① 듀레이션은 채권의 만기까지 각 기간에 들어오는 현금흐름의 현재가치를 기간별로 가중하여 채권투자액을 회수하는 데 걸리는 가중평균상환기간을 말한다.
② 순수 할인채는 만기와 듀레이션이 같고, 이표채의 경우 만기보다 듀레이션이 작으며, 영구채의 경우 만기와 관계없이 채권수익률에 의해 듀레이션이 결정된다.
③ 표면이자율이 높을수록 듀레이션이 길어지고, 채권수익률이 높아질수록 듀레이션이 길어지며, 잔존만기가 길어질수록 듀레이션이 길어진다.
④ 채권의 수익률 변동이 있을 때 듀레이션만을 가지고 채권가격을 예측하면 항상 실제가격보다 낮게 평가된다.
⑤ 채권의 듀레이션이 증가하면 채권가격선의 기울기가 가파르게 되어 볼록성은 체증적으로 증가한다.

기본서 페이지 171~182쪽
핵심 키워드 기간구조이론

정답 및 해설

08 ③ 표면이자율이 높을수록 듀레이션이 짧아지고, 채권수익률이 높아질수록 듀레이션이 짧아진다.

09 듀레이션과 볼록성에 대한 다음 설명 중 적절하지 않은 것은?

① 듀레이션은 채권의 만기까지 각 기간에 들어오는 현금흐름의 현재가치를 기간별로 가중하여 채권투자액을 회수하는 데 걸리는 가중평균상환기간을 말한다.
② 표면이자율이 높을수록 듀레이션이 작아지고, 채권수익률이 높아질수록 듀레이션이 작아지며, 잔존만기가 길어질수록 듀레이션이 길어진다.
③ 순수 할인채는 만기와 듀레이션이 같고, 채권 만기 이전에 이자지급을 하는 이표채의 경우 표면 만기보다 듀레이션이 항상 작다.
④ 이자율이 상승하면 듀레이션으로 예측한 가격에다 채권가격의 볼록성을 차감하여 새로운 채권가격을 예측한다.
⑤ 만기가 없는 영구채의 경우 만기와 관계없이 채권수익률에 의해 듀레이션이 결정된다.

기본서 페이지 171～182쪽
핵심 키워드 기간구조이론

10 현재 이 채권의 수정듀레이션이 2.5이고, 채권수익률이 2% 올랐다면 현재의 채권가격 10,000에서 수익률변화에 따른 새로운 채권가격으로 적절한 것은?

① 9,250 ② 9,500
③ 9,750 ④ 10,250
⑤ 10,500

기본서 페이지 171～182쪽
핵심 키워드 기간구조이론

+ 정답 및 해설

09 ④ 듀레이션으로 예측한 가격에다 채권가격의 볼록성을 더하여 새로운 채권가격을 예측한다.
10 ② 채권가격의 변화율 = −수정듀레이션 × 채권수익률의 변화
    채권가격의 변화율 = −2.5 × 0.02 = −0.05
    새로운 채권가격 = 10,000 − 0.05 × 10,000 = 9,500

11

다음 자료를 토대로 채권을 매수하여 만기까지 보유 시 보유기간이자에 대한 세금(부가세포함)을 계산한 것으로 적절한 것은?

- 채권의 종류 : 국민주택 1종(액면가 : 100,000,000원, 연단위 복리채)
- 표면금리 : 3.00%
- 발행일 : 2024년 1월 31일
- 만기일 : 2029년 1월 31일
- 매수일 : 2025년 11월 1일

① 1,486,290원 ② 1,634,910원 ③ 2,034,900원
④ 2,238,390원 ⑤ 2,440,110원

기본서 페이지 159 ~ 168쪽
핵심 키워드 채권단가계산

12

FRN(변동금리부채권)을 다음과 같은 조건에 발행하였다. 오늘이 이자결정일이고 고시된 91일물 CD 금리가 4.50%이라면 다음 번 이자지급일에 지급해야 하는 이자금액으로 적절한 것은?

- 채권 발행금액 : 10,000,000천 원
- 이자지급기간 : 3개월
- 가산금리 : 2.00%
- 최저금리 : 3.00%
- 만기 5년 변동금리부 채권
- 기준금리 : 91일물 CD금리
- 최고금리 : 10.00%

① 100,000천 원 ② 150,000천 원 ③ 162,500천 원
④ 500,000천 원 ⑤ 650,000천 원

기본서 페이지 159 ~ 168쪽
핵심 키워드 채권단가계산

➕ 정답 및 해설

11 ②
- 만기일까지의 복리이자금액 : 1억 원 × {(1 + 0.03)5 − 1} = 15,927,407원
- 매수일까지의 복리이자금액 : 1억 원 × {(1 + 0.03)(1 + 274/365) − 1} = 5,311,048원
- 보유기간 이자에 대한 세금 : (15,927,407 − 5,311,048) × 15.4% = 1,634,910원

12 ③ 다음 번 이자 지급이율 = 4.50% + 2.00% = 6.50%
이자지급금액 = 10,000,000천 원 × 0.065/4 = 162,500천 원(3개월분 이자)

13 이 비율이 높으면 생산한 제품을 남겨두는 기간이 짧아서 빨리 판매가 된다는 것을 의미하고 더 많은 제품을 생산할 필요가 있다는 신호이다. 이 비율은?

① 유동비율 ② 총자산회전율
③ 재고자산회전율 ④ 고정산자산회전율
⑤ PER

기본서 페이지 184~191쪽
핵심 키워드 재무비율

14 기업의 성장성 비율에 대한 설명으로 적절하지 않은 것은?

① 매출액증가율은 수익성을 평가하기 위한 비율이다.
② 기업 자체를 비교할 때는 전년도와 금년도 실적을 비교한다.
③ 산업평균에 비해 자사의 규모는 어느 정도인지를 파악하는 것도 중요하다.
④ 기업의 매출액증가율이 전년도에 비해 15% 증가하였다고 해도 동종 산업평균이 18%증가했다면 시장점유율 측면에서 오히려 감소한 것이다.
⑤ 매출 성장률(Sales Growth Rate)은 기업의 외형적 성장을 나타내는 지표이다.

기본서 페이지 184~191쪽
핵심 키워드 재무비율

정답 및 해설

13 ③ 재고자산회전율로 파악한다. 활동성 지표의 분자 값은 모두 매출액이다.
14 ① 매출액증가율은 성장성을 평가하기 위한 비율이다.

15 어느 기업의 총자본은 2,000억원, 자기자본은 1,000억 원, 순이익은 200억 원, 배당금액은 80억 원이다. 재투자수익률(ROE)이 일정할 경우 이 기업의 배당성장률은?

① 4% ② 6%
③ 8% ④ 12%
⑤ 15%

기본서 페이지 184~191쪽
핵심 키워드 재무비율

16 다음 재무정보를 이용하여 구한 자기자본이익률(ROE)은?

- 자기자본 : 100억 원
- 타인자본 : 200억 원
- 매출액 : 300억 원
- 매출액순이익률 : 10%

① 10% ② 20%
③ 30% ④ 40%
⑤ 50%

기본서 페이지 184~191쪽
핵심 키워드 재무비율

정답 및 해설

15 ④ 배당성장률 = 자기자본이익률 × 사내유보율 = 0.2 × 0.6 = 0.12

16 ③ ROE = 매출액순이익률 × 총자본회전율 × 부채레버리지 = 10% × 1 × 3 = 30%
- 총자본회전율 = 매출액/총자본 = 300억/300억 = 1(회)
- 부채레버리지 = 총자본/자기자본 = 300억/100억 = 3(배)

17 어느 기업의 목표 총자본이익률은 30%이다. 총자본회전율이 3회전일 경우 매출액순이익률은?

난이도 중

① 0.1%   ② 1%   ③ 10%
④ 90%   ⑤ 100%

기본서 페이지 184 ~ 191쪽
핵심 키워드 재무비율

18 '이 비율이 100% 미만이면, 영업활동을 통한 수익으로는 이자를 충당하지 못했다는 의미이다.' 이 비율이란?

난이도 하

① 이자보상비율   ② 부채비율   ③ 유동비율
④ 고정비율   ⑤ 성장성비율

기본서 페이지 184 ~ 191쪽
핵심 키워드 재무비율

19 A기업의 영업이익과 순이익은 각각 2억 원과 1억 5천만 원이다. 또 이 기업의 이자비용은 5천만 원이다. 이 경우 A기업의 이자보상비율은?

난이도 하

① 25%   ② 33%   ③ 300%
④ 400%   ⑤ 500%

기본서 페이지 184 ~ 191쪽
핵심 키워드 재무비율

정답 및 해설

17 ③ 총자본이익률(30%) = 매출액순이익률 × 총자본회전률(3회), 따라서 매출액순이익률은 10%
18 ① 이자보상비율이다.
19 ④ 이자보상비율 = 영업이익/이자비용 = 2억/0.5억 = 4, 즉 400%

20 패턴분석에 대한 설명으로 적절하지 않은 것은?

① 삼봉천장형은 왼쪽 어깨에서 가장 많은 거래량이 발생한다.
② 확대형은 바닥권에서 형성되어 주가를 상승으로 이끄는 반전패턴이다.
③ 깃대형은 패턴의 형성기간 중에 거래량이 점차 감소하는 경향이 있다.
④ 다이아몬드형은 주가상승 시 거래량이 증가하고, 주가하락 시 거래량이 감소한다.
⑤ 시계열 패턴 분석은 시간에 따라 변화하는 데이터에서 계절성, 추세, 순환성 등을 분석하는 것이다.

기본서 페이지 191~202쪽
핵심 키워드 기술적 분석

21 다음 추세분석에 대한 설명으로 가장 거리가 먼 것은?

① 하락추세의 주추세선은 저점끼리 연결한 선이다.
② 저항선의 돌파는 적극 매수신호로 해석한다.
③ 주가가 이동평균선을 돌파한 직후가 매매신호이다.
④ 주가가 천장국면에 진입하면 주가가 상승함에도 불구하고 거래량은 감소하는 경향을 보인다.
⑤ MACD, RSI, ADX, Bollinger Bands 등은 추세의 강도, 과매수/과매도 상태를 확인하는 지표이다.

기본서 페이지 191~202쪽
핵심 키워드 기술적 분석

+ 정답 및 해설

20 ② 확대형은 바닥권에서는 나타나지 않는다. 보통 활황의 정점에서 발생하여 주가를 하락으로 이끄는 반전패턴이다.
21 ① 하락추세의 주추세선은 고점끼리 연결한 선이다.

22 다음 중 거래량 지표에 속하는 것은?

① ADR
② RSI
③ OBV
④ MACD
⑤ 스토캐스틱

기본서 페이지 191~202쪽
핵심 키워드 기술적 분석

23 기술적 지표가 바닥권을 나타내는 것은?

① 투자심리선 50%
② VR 150%
③ ADR 120%
④ RSI 25%
⑤ K 180%

기본서 페이지 191~202쪽
핵심 키워드 기술적 분석

+ 정답 및 해설

22 ③ OBV와 VR이 거래량 지표에 속한다.
23 ④ RSI가 25% 수준이면 바닥(침체)권이다.

24

다음의 자료를 가지고 표면이자율 6%, 만기 3년 연 단위 후급 이표채의 수정 듀레이션으로 적절한 것은? (현재 채권수익률 7%)

기간(t)	유입현금	유입현금의 현재가치(A)	t×A
1	600	560.75	560.75
2	600	524.06	1,048.13
3	10,600	8,652.76	25,958.27
합계		10,000	27,567.15

① 2.38(년) ② 2.58(년)
③ 2.76(년) ④ 2.92(년)
⑤ 3.00(년)

기본서 페이지 159~168쪽
핵심 키워드 채권단가계산

25

표면이율 10%, 액면금액 10,000원, 만기 3년인 어떤 할인채가 수익률 6.5%일 때 단가가 8,278.4원이다. 만약 이 채권의 수익률이 1% 하락할 때 듀레이션에 의해 추정된 채권가격 변동률과 가격변동폭은 얼마인가?

① 2.8%, 232원 ② 2.8%, 248원
③ 3.0%, 300원 ④ 3.0%, 248원
⑤ 40%, 40원

기본서 페이지 159~168쪽
핵심 키워드 채권단가계산

정답 및 해설

24 ② 듀레이션의 계산 : 27,567.15/10,000 = 2.756715
수정 듀레이션의 계산 : 2.756715/1.07 = 2.5764

25 ①
- 채권가격변동률 = $-\dfrac{3}{1+0.065} \times -1\% = 2.8\%$
- 채권가격변동폭 = $-\dfrac{3}{1+0.065} \times -0.01 \times 8{,}278.4 = 232$원

26 채권의 볼록성(Convexity)에 대한 설명 중 가장 거리가 먼 것은?

① 다른 조건이 일정한 경우 표면이율이 낮을수록 볼록성은 커진다.
② 다른 조건이 일정한 경우 만기수익률이 높을수록 볼록성은 커진다.
③ 다른 조건이 일정한 경우 잔존기간이 길어질수록 볼록성은 커진다.
④ 동일한 듀레이션에서 볼록성이 큰 채권은 작은 채권보다 항상 높은 가격을 지닌다.
⑤ 금리가 변할 때, 듀레이션만으로 설명되지 않는 채권 가격의 비선형적인 변화를 보정하기 위한 개념이다.

기본서 페이지 159~168쪽
핵심 키워드 채권단가계산

---

27 현재 5.30%인 A 회사채 유통수익률이 시중금리 하락에 따라 1%p 하락한 4.30%가 될 경우 A 회사채의 시장가격의 변화로 적절한 것은?

- 현재 채권가격 : 9,918원
- 발행일 : 2024년 11월 14일
- 유통수익률 : 5.30%
- 볼록성 : 5.29
- 표면이자율 : 4.5%(3개월 마다 이자지급)
- 만기일 : 2027년 11월 14일
- 듀레이션 : 2.81

① 277원 상승
② 277원 하락
③ 272원 상승
④ 271원 하락
⑤ 180원 상승

기본서 페이지 159~168쪽
핵심 키워드 채권단가계산

정답 및 해설

26 ② 만기수익률이 높을수록 볼록성은 작아진다.

27 ①
- 수정듀레이션 = 듀레이션/(1 + r) = 2.81/(1 + 0.053/4) = 2.77
- 채권가격 변동률 = [-수정듀레이션 $\times \Delta r$) + [1/2 $\times$ 볼록성 $\times (\Delta r)^2$]
  = -2.77 $\times$ (-0.01) + 1/2 $\times$ 5.29 $\times$ (-0.01)2 = 0.0280
- 채권가격 변동금액 = 9,918 $\times$ 0.0280 = 277.35 상승

CFP 수험전략

제5장 투자전략

수험전략

파생상품 운용전략에서는 선물가격의 이해를 기본으로 선물의 투자전략을 꼼꼼히 챙겨두셔야 합니다. 헤지거래에서 매도헤지와 매입헤지를 구분하고 헤지계약수를 산출하는 문제도 출제빈도가 높습니다. 투기거래와 차익거래 및 스프레드거래는 개념이해가 필요합니다. 주식투자전략과 채권투자전략의 각각을 구분하는 것이 필요합니다.

주요 학습내용 점검

1. 주식투자전략을 이해하고 활용할 수 있다.
2. 채권투자전략을 이해하고 활용할 수 있다.
3. 위험관리를 위한 파생상품의 활용방법을 이해할 수 있다.

출제빈도

교육내용	핵심키워드	학습중요도			예상 출제비중
		상	중	하	
제1절 주식투자전략	• 액티브전략		○		1문항
	• 패시브전략		○		
	• 스마트베타전략	○			
제2절 채권투자전략	• 액티브전략		○		1문항
	• 패시브전략		○		
제3절 위험관리를 위한 파생상품 활용	• 현물과 선물의 관계	○			1문항
	• 선물을 활용한 헤지전략	○			
	• 옵션을 활용한 헤지전략	○			

CHAPTER 05 투자전략

01 다음 중 주식투자전략에 관한 설명으로 옳지 않은 것은?

① 주식투자전략은 크게 소극적(passive) 투자전략과 적극적(active) 투자전략으로 구분할 수 있다.
② 적극적 투자전략은 마켓타이밍, 테마선택, 종목선택 중 적어도 한 가지 이상의 전략을 실전에 적용한다.
③ 적극적 투자전략은 주식시장이 비효율적이라 전제하고 위험수준 이상의 초과수익을 얻으려는 전략이다.
④ 소극적 투자전략은 주식시장이 효율적이라 전제하고 예측활동이 거의 없이 시장 평균수익을 추구하는 전략이다.
⑤ 기본적 분석으로 내재가치 저평가 종목을 찾아내는 것과 기술적 분석을 이용한 마켓타이밍 선택은 소극적인 투자전략의 한 방법이 된다.

기본서 페이지 205~212쪽
핵심 키워드 주식투자전략

02 기본적 분석으로 내재가치 저평가 종목을 찾아내는 것과 기술적 분석을 이용한 마켓타이밍 선택은 적극적인 투자전략의 한 방법이 된다. 다음 중 소극적(passive) 투자전략에 해당되지 않는 것은?

① 단순 매수·보유전략
② 포뮬라 플랜(formula plan)
③ 인덱스펀드 투자전략
④ 평균투자법
⑤ 적립식투자법

기본서 페이지 205~212쪽
핵심 키워드 주식투자전략

+ 정답 및 해설

01 ⑤ ⑤는 적극적 투자전략의 한 방법이다.
02 ② 포뮬라 플랜(formula plan)은 적극적 투자전략의 하나이다.

03 다음 중 운용스타일에 따른 투자전략에 관한 설명으로 옳지 않은 것은?

난이도 하

① 스타일이란 비슷한 수익패턴을 보이는 운용방식의 집합이다.
② 가치투자 스타일에 의한 투자전략에는 저PER 투자, 역행투자, 고배당수익률 투자방식 등이 있다.
③ 성장 관련주는 매출증가율이 시장보다 높고, 높은 PER과 높은 PBR을 보이며, 매출액에 비해 높은 주가를 형성한다.
④ 일반적으로 경기 저성장기나 침체기에는 성장투자 스타일의 투자전략이 유리하고, 경기 성장기에는 가치투자 스타일이 상대적으로 유리한 경향이 있다.
⑤ 혼합투자 스타일은 가치투자와 성장투자를 절충한 것으로 시장지향 스타일이라고 한다.

기본서 페이지 205~212쪽
핵심 키워드 주식투자전략

+ 정답 및 해설

03 ④ 일반적으로 경기 저성장기나 침체기에는 가치투자 스타일의 투자전략이 유리하고, 경기 성장기에는 성장투자 스타일이 상대적으로 유리한 경향이 있다.

04 다음은 적극적 종목선정 방법 및 운용스타일에 따른 전략에 관한 설명이다. 옳지 않은 것은?

① 강세시장에는 베타계수가 낮은 종목군을, 약세시장에는 높은 종목군을 포트폴리오에 포함시키는 것이 좋다.
② 이례적 현상이란 시장의 비효율성으로 인해 발생하는 현상으로 초과수익을 암시하는 현상들이다.
③ 대표적인 이례현상으로는 기업규모효과, 저PER효과, 소외기업효과, 1월효과 등이 있다.
④ 가치투자 스타일에 의한 투자전략은 해당 종목의 미래 성장성 보다는 현재의 시장가치를 중시한다.
⑤ 성장투자 스타일에 의한 투자전략은 현재의 수익이나 자산가치보다 미래의 수익이나 성장성을 중시한다.

기본서 페이지 205 ~ 212쪽
핵심 키워드 주식투자전략

+ 정답 및 해설

04 ① 강세시장에는 베타계수가 높은 종목군을, 약세시장에는 베타계수가 낮은 종목군을 포트폴리오에 포함시키는 것이 좋다.

05 다음 ( )안에 들어갈 말로 순서대로 적절하게 나열된 것은?

- 시장전체의 금리수준이 일정하더라도 잔존기간이 짧아지면 수익률이 하락하여 채권가격이 상승하는데 이것을 (가)라 한다.
- (나)은 채권별 보유량을 잔존기간마다 동일하게 유지하여 시세 변동의 위험을 평준화시키고 수익성도 적정수준 확보하는 전략이다.
- (다)이란 채권 또는 채권 포트폴리오의 듀레이션을 투자기간과 일치시키는 것을 말한다.

	가	나	다
①	숄더효과	바벨형 만기전략	스프레드 운용전략
②	숄더효과	사다리형 만기전략	스프레드 운용전략
③	숄더효과	사다리형 만기전략	채권면역전략
④	롤링효과	사다리형 만기전략	채권면역전략
⑤	롤링효과	바벨형 만기전략	채권면역전략

기본서 페이지 213~224쪽
핵심 키워드 채권투자전략

정답 및 해설

05 ④ 수익률곡선이 우상향 하는 경우 숄더효과와 롤링효과가 나타난다. 채권면역전략은 금리변동에 따른 가격변동위험과 재투자위험을 상쇄시키는 전략이다.

06

다음 채권수익률과 채권가격의 관계에 대한 설명 중 적절하게 설명된 것으로 모두 묶인 것은?

> 가. 채권수익률이 상승하면 채권가격은 하락한다.
> 나. 만기가 짧은 채권이 만기가 긴 채권보다 일정한 수익률 변동에 대한 가격 변동폭이 크다.
> 다. 채권수익률 변동에 따른 채권가격 변동폭은 만기가 길수록 증가하나 그 증가율은 체감한다.
> 라. 만기가 일정할 때 채권수익률하락으로 인한 가격 상승폭이 같은 폭의 채권수익률 상승으로 인한 가격 하락폭보다 크다.
> 마. 표면이자율이 낮은 채권이 높은 채권보다 일정한 수익률 변동에 따른 가격변동폭이 크다.

① 가, 라, 마
② 가, 다, 라, 마
③ 나, 다, 라, 마
④ 다, 라
⑤ 가, 나, 라, 마

기본서 페이지 213~224쪽
핵심 키워드 채권투자전략

+ 정답 및 해설

06 ② 나. 만기가 긴 채권일수록 수익률 변동에 대한 가격변동폭이 크다.

07 금리가 상승할 것이라고 예상할 경우 투자전략으로 적절한 것은?

> • 현재, 채권펀드의 총규모 : 100억 원
> • 채권펀드의 듀레이션 : 2.26
> • 만기 3년 표면금리 5%인 이표채이다.

① 만기 3년 표면금리 5%인 이표채를 만기 3년 표면금리 6%인 복리채로 교체한다.
② 만기 3년 표면금리 5%의 이표채를 만기 5년 표면금리 5%의 이표채로 교체한다.
③ 채권펀드의 듀레이션 2.55로 조정한다.
④ 현재 보유한 채권보다 표면금리가 낮은 만기 1년 할인채로 교체한다.
⑤ 만기 3년 표면금리 5%인 이표채를 만기 3년 표면금리 3%인 이표채로 교체한다.

기본서 페이지 213~224쪽
핵심 키워드 채권투자전략

정답 및 해설

07 ④ 채권수익률 상승 시 듀레이션이 짧은 채권 위주로 포트폴리오를 개편하며, 듀레이션이 짧은 채권이란 표면금리가 높은 채권을 의미하며, 복리채보다는 이표채가 유리하다.

08 다음 헤지(Hedge)거래에 대한 설명으로 적절하지 않은 것은?

① 헤지거래는 현재나 장래에 취할 현물포지션에서 발생하는 가격변동 위험을 피하기 위해 선물시장을 이용하는 거래다.
② 헤지거래는 현물의 포지션에 따라 매도헤지와 매수헤지로 나눌 수 있다.
③ 헤지거래도 베이시스 위험은 있으나 시장위험에 비하여 상대적으로 적다.
④ 베이시스가 변하는 경우 완전헤지가 불가능하고 위험의 일정 부분만 헤지할 수 있다.
⑤ 헤지비율은 헤지를 하기 위해 필요한 선물계약의 단위수를 의미한다.

[기본서 페이지] 229쪽
[핵심 키워드] 헤지(Hedge)거래

09 선물투자 전략과 이에 대한 포지션 설명이 적절한 것은?

① 매도 헤지거래 : 현물시장에서 매도포지션을 보유한 상태에서 선물을 매수하는 것
② 매도 차익거래 : 선물가격이 고평가될 때 선물을 매도하고 현물을 매수하는 것
③ 매수 헤지거래 : 현물시장에서 매수포지션을 보유한 상태에서 선물을 매도하는 것
④ 프로그램 매매 : 주식 집단(Basket)을 컴퓨터의 도움으로 동시에 매매하는 것
⑤ 스프레드매매 : Call 옵션을 매수(매도)하고 Put 옵션을 매도(매수)하는 것

[기본서 페이지] 229 ~ 235쪽
[핵심 키워드] 선물투자 전략

+ 정답 및 해설

08 ② 헤지거래는 헤지거래에서 취한 선물의 포지션에 따라 매도헤지와 매수헤지로 나눌 수 있다.

09 ④ ① 매수 헤지거래에 대한 설명이다.
② 매수 차익거래에 대한 설명이다.
③ 매도 헤지거래에 대한 설명이다.
⑤ Call 옵션을 매수(매도)하고 Put 옵션을 매도(매수)하는 것은 합성선물전략

10. 채권투자전략 중 소극적 운용전략을 설명한 것으로 연결이 잘못된 것은?

㉠ 채권별 비중을 각 잔존기간별로 동일하게 유지한다.
㉡ 채권투자성과가 일정한 채권지수를 따르도록 구성한다.
㉢ 투자기간과 채권의 듀레이션을 일치시켜 운용수익률을 목표수익률과 일치시킨다.
㉣ 채권에서 발생하는 현금흐름 수입이 채권투자를 위해 조달된 부채의 상환흐름과 일치하거나 상회하도록 구성한다.

① ㉠ – 사다리형 만기전략
② ㉡ – 인덱스전략
③ ㉢ – 바벨형 만기전략
④ ㉣ – 현금흐름일치전략
⑤ ㉢ – 면역전략

기본서 페이지 213~224쪽
핵심 키워드 채권투자전략

11. 적극적 운용전략을 설명한 것으로 연결이 잘못된 것은?

㉠ 수익률 포기교체와 수익률 취득교체로 구분된다.
㉡ 금리변화가 예상될 때 장·단기 채권을 교체함으로써 투자수익을 극대화할 수 있다.
㉢ 수익률곡선이 우상향의 기울기를 가진 경우에 언제나 실시될 수 있는 채권투자기법으로 롤링효과와 숄더효과가 있다.
㉣ 서로 다른 두 종목 간의 수익률 스프레드가 일시적으로 확대되거나 축소될 경우 이 시점을 이용하여 교체한다.

① ㉠ – 채권교체전략
② ㉡ – 불릿(bullet)형 전략
③ ㉢ – 수익률곡선타기전략
④ ㉣ – 스프레드 운용전략
⑤ ㉡ – 금리예측전략

기본서 페이지 213~224쪽
핵심 키워드 채권투자전략

➕ 정답 및 해설

10 ③ ㉢은 면역전략이다.
11 ② ㉡은 금리예측 전략이다. 참고로 불릿형 전략은 중기채만 보유하는 전략이다.

12 2025년 8월 18일 현재 KOSPI200 지수는 305다. 2025년 9월물 선물의 이론가를 다음의 정보를 가지고 계산한 값으로 적절한 것은? (현물-선물 패리티이론으로 계산)

- 2024년 9월물 만기일 : 2025. 9. 14
- 만기까지 잔존기간 : 27일
- 90일 CD 수익률 : 2.0%
- 기간 중 배당금 : 0.00

① 305.00
② 305.13
③ 305.45
④ 305.60
⑤ 305.75

기본서 페이지 229 ~ 235쪽
핵심 키워드 선물투자 전략

+ 정답 및 해설

12 ③ 이론선물가격(F) = 305 × (1 + 0.02 × 27/365) − 0.00 = 305.45

CFP 수험전략

제6장 자산배분전략

수험전략

자산배분전략에서는 자산배분전략의 정의와 각 자산배분전략의 특징을 정리해둘 필요가 있습니다. 전략적 자산배분은 자산배분의 프로세스와 구체적인 방법 등을 챙겨두고 전술적 자산배분은 이론적 배경과 활용방안을 이해해 두는 것이 좋습니다. 보험자산배분에서는 이론적 배경과 구체적인 방법을 숙지해두고 국제분산투자로 기존의 포트폴리오 이론과 달리 어떠한 효과가 있는지 내용이해도 중요합니다. 또한 목표연계 자산배분전략 중 부채 연계투자 및 목표연계투자에 대해서도 공부해야 합니다.

주요 학습내용 점검

1. 자산배분전략을 수립하는 방법을 이해하고 활용할 수 있다.
2. 위험성향별 자산배분전략을 수립하는 방법을 이해하고 활용할 수 있다,
3. 생애주기별 자산배분전략을 수립하는 방법을 이해하고 활용할 수 있다.
4. 전술적 자산배분전략을 수립하는 방법과 성과를 분해하는 방법을 이해할 수 있다.
5. 목표연계투자전략을 수립하는 방법을 이해하고 활용할 수 있다.

출제빈도

교육내용	핵심키워드	학습중요도			예상 출제비중
		상	중	하	
제1절 목표수익률 기준 자산배분전략	• 자산배본전략 수립 프로세스		○		1문항
	• 자산배분전략 수립 예시			○	
제2절 고객 유형별 자산배분전략	• 투자성향별 자산배분		○		1문항
	• 생애주기별 자산배분			○	
제3절 전략적-전술적 자산배분전략	• 전략적 자산배분		○		1문항
	• 전술적 자산배분		○		
제4절 목표연계 자산배분전략	• 부채 연계투자	○			1문항
	• 목표연계투자		○		

CHAPTER 06 자산배분전략

01 다음의 전략적자산배분의 과정을 순서대로 나열한 것이 적절한 것은?

> A. 지속적인 관리
> B. 자산과 자산군의 선택
> C. 자산종류별 기대수익, 위험, 상관관계 추정
> D. 최적의 자산구성 선택
> E. 투자자의 투자목적 및 투자제약조건 파악

① A – B – C – D – E
② B – C – E – D – A
③ C – E – B – D – A
④ D – E – A – B – C
⑤ E – B – C – D – A

기본서 페이지 253 ~ 258쪽
핵심 키워드 전략적자산배분

정답 및 해설

01 ⑤ 전략적 자산배분 프로세스

02 자산배분에 대한 다음의 설명 중 전술적 자산 배분에 해당되는 것을 모두 묶은 것은?

난이도 중

가. 투자자의 투자목적과 제약조건을 충분히 반영하여 장기적인 포트폴리오의 자산구성을 정하는 의사결정
나. 여러 자산집단을 대상으로 장기적인 구성비율과 중기적으로 개별 자산집단의 투자비율 변화폭 결정
다. 자산집단을 선택하고 자산 종류별 기대수익, 위험, 상관관계를 추정하며 이를 토대로 최적의 자산 구성
라. 자산집단의 가격변화에 따라 자산구성을 적극적으로 변화시키고 고수익을 지향하는 전략
마. 자산의 시장가격이 고평가되면 매도하고, 저평가되면 매수하는 역투자전략
바. 다수의 투자자가 새로운 정보에 과잉반응하면 발생하는 가격 착오 현상을 이용
사. 자산집단의 가격은 장기적으로는 평균반전 과정을 따르기 때문에 이를 이용하는 전략

① 가, 나, 다, 라
② 나, 다, 라, 마
③ 다, 라, 마, 바
④ 라, 마, 바, 사
⑤ 마, 바, 사, 나

기본서 페이지 253~258쪽
핵심 키워드 전략적자산배분

정답 및 해설

02 ④ 전략적 자산배분 : 가, 나, 다
전술적 자산배분 : 라, 마, 바, 사

03 자산집단의 기대수익률을 추정하는 방법에 대한 설명 중 적절하지 않은 것은?

① 추세분석법이란 과거의 장기간 수익률을 분석하여 미래의 수익률로 사용하는 방법이나 우리나라는 구조적 변화가 있었다는 점을 감안해야 한다.
② 시나리오 분석법은 여러 가지 경제변수 간 상관성을 고려하여 시뮬레이션 함으로써 수익률 추정의 합리성을 높이는 방법이다.
③ 근본적 분석방법은 회귀분석, 자본자산 가격결정모형(CAPM), 차익거래 가격결정모형(APT) 등의 방법을 이용하여 기대수익률을 추정한다.
④ 시장공통 예측치를 사용할 수 있는 데 채권기대수익률은 수익률곡선, 주식기대수익률은 배당할인모형이나 현금흐름방법 등을 사용한다.
⑤ 추세분석법, 시나리오 분석법, 근본적 분석법, 시장공통 예측치 사용방법 중 시나리오 분석법이 가장 객관적인 접근 방법이다.

기본서 페이지) 253~258쪽
핵심 키워드) 전략적자산배분

04 다음 중 포트폴리오 전략에 관한 설명으로 옳지 않은 것은?

① 소극적 전략은 시장이 효율적인 것을 전제로 하여 초과수익을 얻고자 하는 시도 대신 시장전체 평균 수준의 투자수익을 얻거나 투자위험을 감수하고자 하는 방법이다.
② 소극적 전략은 시장 포트폴리오를 구성하거나 인덱스펀드나 지수 ETF를 주로 활용한다.
③ 소극적 전략의 단순 매입보유전략은 저평가된 증권을 선별한 후 장기 보유한다.
④ 증권선택전략은 저평가된 자산 발굴을 통해 알파를 추구하는 전략이다.
⑤ 시장의 이례현상인 1월효과, 기업규모효과, 소외기업효과 등은 적극적 전략이 가능함을 나타내는 사례들이다.

기본서 페이지) 253~258쪽
핵심 키워드) 전략적자산배분

+ 정답 및 해설

03 ⑤ 시나리오 분석법은 시나리오별 발생확률을 주관적으로 결정해야 한다는 단점이 있다.
04 ③ 소극적 전략의 단순 매입보유전략은 증권을 선별하지 않고 무작위로 선택하여 장기보유 한다. 즉 특정 우량증권이나 포트폴리오를 선택하고자 하는 의도적인 노력 없이 단순히 무작위적으로 선택한 증권을 매입하여 보유하는 전략이다.

제7장 투자설계 프로세스

수험전략

투자설계 프로세스에서는 투자설계의 과정을 순서대로 숙지하는 것은 기본이고 각 단계별 특징과 주의사항을 정리해둘 필요가 있습니다. 예를 들면 투자자의 분류나 투자지침서에 대한 작성방법 등을 챙겨두어야 합니다. 또한 각 프로세스별 특징으로 구체적인 투자전략이나 재무상태의 분석 및 평가방법 혹은 모니터링 방법도 챙겨둘 필요가 있습니다. 또한 자산배분전략 수립 및 주식포트폴리오 구성, 채권포트폴리오 구성에 대해서도 숙지해야 합니다.

주요 학습내용 점검

1. 고객정보를 활용하여 투자목표를 도출하는 방법을 이해하고 활용할 수 있다.
2. 투자목표 달성을 위한 자산배분전략을 수립하는 방법을 이해하고 활용할 수 있다.
3. 자산별 포트폴리오를 구성하고 리밸런싱하는 방법을 이해하고 활용할 수 있다.
4. 투자정책서를 작성하는 방법을 이해하고 활용할 수 있다.

출제빈도

교육내용	핵심키워드	학습중요도 상	학습중요도 중	학습중요도 하	예상 출제비중
제1절 투자목표 설정	• 고객정보 수집			○	1문항
	• 투자목표 달성 지표			○	
제2절 자산배분전략 수립	• 자산배분전략 수립		○		1문항
	• 자산배분전략 점검		○		
제3절 자산별 포트폴리오 구성 및 밸런싱	• 주식포트폴리오 구성		○		1문항
	• 채권포트폴리오 구성		○		
	• 대체투자자산과 분산투자효과		○		
제4절 투자정책서 작성	• 투자목표 및 투자전략 수립		○		1문항
	• 리스크관리 및 리밸런싱		○		

CHAPTER 07 투자설계 프로세스

01 투자설계 과정에서 고객의 재무상태 분석 및 평가와 관련된 설명으로 적절하지 않은 것은?

난이도 하

① 투자할 수 있는 기간이 짧다면 상대적으로 높은 위험을 감수할 수 있어 장기 성장형 포트폴리오를 선호하고 자본이득에 초점을 맞출 수 있다.
② 큰 규모의 투자자산에서는 투자위험, 최소투자 한도의 크기, 유동성 등을 고려하여 다양한 자산배분안을 수립할 수 있다.
③ 고객이 가까운 시일에 큰 지출이 예상되는 경우나 비상시에 대비한 자금을 준비할 경우에는 좀더 유동성이 높은 자산에 배분비중을 높여야 한다.
④ 현금흐름을 파악하는 것은 현 시점에서 저축 가능금액이 얼마인지를 파악하고 장래 발생할 지출이 어느 정도인지를 파악하고자 하는 것이다.
⑤ 재무설계사는 기존 자산에 대하여 자산군별로 투자수익률과 예상 투자수익률을 비교하여 현 상태대로 투자가 계속될 경우 기대수익률 달성이 가능한지를 검토한다.

기본서 페이지 283 ~ 285쪽
핵심 키워드 재무상태분석

+ 정답 및 해설

01 ① 투자기간이 짧다면 위험을 회피하며 안정적 수입확보 자산구성이 바람직하다. 투자할 수 있는 기간이 길다면 상대적으로 높은 위험을 감수할 수 있어 장기 성장형 포트폴리오를 선호하고 자본이득에 초점을 맞출 수 있다.

02 다음의 '투자정책서'에 대한 내용 중 가장 적절하지 않은 것은?

① 투자정책서는 고객과 재무설계사 사이의 논쟁이나 오해 또는 분쟁의 소지를 줄여 주며 상호합의와 이해의 기초를 마련해 준다.
② 투자정책서는 재무설계사가 지켜야 할 원칙을 문서화한 것이다.
③ 투자정책서는 불확실한 시장상황에서도 고객에게 투자결정이나 상품을 소개해 줄 수 있도록 도와주는 역할을 한다.
④ 투자지침은 모든 중요한 요소가 정책에 명확하게 명시되어 있어야 한다.
⑤ 투자지침은 위험조정 후 수익에 대한 현실적인 기대치에서 출발하여 보수적으로 작성되어야 한다.

> 기본서 페이지) 306~312쪽
> 핵심 키워드) 투자정책서

03 다음의 '자산배분전략의 수립'에 대한 설명 중 그 내용이 가장 적절하지 않은 것은?

① 전략적 자산배분은 자산시장의 상대적 가치변화로부터 투자이익을 획득하기 위해 자산구성을 변경하는 적극적 투자전략이다.
② 전술적 자산배분이란 시장변화 방향을 예상하여 사전적으로 자산구성을 변동해 나가는 전략이다.
③ 현금성 상품은 유동성이 아주 높고 원금회수가 안정적이나, 대신 상대적으로 낮은 확정이자를 수령하는 상품이다.
④ 우선주는 확정배당 기금을 약속하는 경우 채권적 성격이 강한 주식이라 볼 수 있고 단지 우선적인 배당률만 보장하는 경우 주식에 더 가깝다.
⑤ 대체투자는 전통적인 자산군과의 낮은 상관관계로 인해 기대수익률을 유지하면서 위험을 감소할 수 있다.

> 기본서 페이지) 283~285쪽
> 핵심 키워드) 자산배분전략의 수립

+ 정답 및 해설

02 ⑤ 투자지침은 보수적이거나 이상적이면 안되고 현실적이어야 한다.
03 ① 자산시장의 상대적 가치변화로부터 투자이익을 획득하기 위해 자산구성을 변경하는 적극적 투자전략은 전술적 자산배분에 해당한다. 전략적 자산배분은 장기적인 자산구성비율과 중기적으로 개별자산이 취할 수 있는 투자비율의 한계를 결정하는 의사결정이다.

04 다음 중 투자정책서에 포함되어야 할 정보내용으로 적절한 것으로만 모두 묶인 것은?

가. 투자목표 및 투자우선순위	나. 세전기대수익률
다. 미래 필요자금의 추정	라. 자산배분 전략
마. 위험요소 분석	

① 가, 나, 다
② 나, 다, 라, 마
③ 가, 나, 다, 라
④ 가, 다, 라, 마
⑤ 가, 나, 다, 라, 마

기본서 페이지 306~312쪽
핵심 키워드 투자정책서

+ 정답 및 해설

04 ④ 위험수용성향과 세후목표수익률이 포함되어야 한다.

제8장 대체자산 및 구조화상품

수험전략

자산배분과 금융상품에서는 금융상품의 분류를 전통적인 방법이나 투자대상에 따라 구분하는 방법을 숙지할 필요가 있습니다. 금융상품의 종류별 특징도 주식상품과 채권상품을 비교하여 정리하고 혼합형상품과 대체투자상품도 특징을 챙겨둘 필요가 있습니다. 특히 대체투자상품인 헤지펀드, 프라이빗 에쿼티, 부동산투자, 원자재투자, 기타 대체자산에 대해서도 숙지해야 합니다.

주요 학습내용 점검

1. 대체자산의 운용전략 및 구조를 학습한다.
2. 구조화상품의 구조를 예시를 중심으로 학습한다.

출제빈도

교육내용	핵심키워드	학습중요도			예상 출제비중
		상	중	하	
제1절 대체투자상품	• 헤지펀드		○		1문항
	• 프라이빗 에쿼티	○			
	• 부동산투자		○		
	• 원자재투자		○		
	• 기타 대체자산		○		
제2절 구조화상품	• 자산유동화증권	○			1문항
	• 주가연계증권		○		

CHAPTER 08 대체자산 및 구조화상품

01 자산유동화증권(ABS)에 대한 설명으로 가장 거리가 먼 것은?

① 자산유동화란 금융기관 또는 일반기업이 보유한 자산으로부터 발생하는 현금흐름만을 담보로 자금을 조달하는 기법을 말한다.
② 발행기관 또는 보증기관의 원리금 상환능력이 중요하다.
③ 자산보유자는 기초자산을 모아서 이를 자산유동화회사에 양도한다.
④ 자산유동화회사는 양도받은 기초자산을 담보로 자산유동화증권을 발행하여 일반투자자에게 매각하고, 매각대금을 자산보유자에게 지급한다.
⑤ 자산유동화증권(ABS)의 대상자산으로는 자동차 할부금, 카드대금, 주택담보대출, 학자금 대출, 통신요금 채권 등이 있다.

기본서 페이지 328~332쪽
핵심 키워드 구조화상품

02 자산유동화증권(ABS)의 내부신용보강 장치인 선·후순위 구조화에 대한 설명으로 가장 거리가 먼 것은?

① 상환우선권은 선>중>후순위의 순서로 이루어진다.
② 손실은 선>중>후순위의 순서로 흡수된다.
③ 발행금리는 후>중>선순위의 순서로 결정된다.
④ 선·후순위 구조화 이외에도 현금흐름차액적립, 초과담보 등이 내부신용보강 장치에 해당한다.
⑤ 손실이 발생해도 후순위가 먼저 흡수하므로 안정성이 담보된다.

기본서 페이지 328~332쪽
핵심 키워드 구조화상품

+ 정답 및 해설

01 ② 일반적인 채권은 발행기관의 원리금 상환능력을 기초로 발행되는데 반해 유동화증권은 자산보유자로부터 완전히 분리되기 때문에 기초자산의 현금흐름이 중요하다.
02 ② 손실은 후>중>선순위의 순서로 흡수된다. 즉 후순위 구조가 가장 위험이 크다.

03 자산유동화증권(ABS)의 종류에 대한 설명으로 가장 거리가 먼 것은?

① 일반 CDO는 자산소유권은 이전되지 않고 신용위험만 이전되는 것이다.
② Secondary CBO는 기존에 발행된 회사채를 기초자산으로 한 ABS이다.
③ CLO는 금융기관의 대출채권을 기초자산으로 발행한다.
④ MBS는 주택저당채권을 기초로 발행된 자산유동화증권을 말한다.
⑤ 신용카드채 ABS는 카드사가 보유한 채권을 기반으로 발행된다.

기본서 페이지 328~332쪽
핵심 키워드 구조화상품

04 다음 대체투자상품에 대한 설명 중 적절한 것은?

① 상장펀드를 통한 투자는 사모투자에 비해 자유로운 운용이 가능하지만 낮은 유동성과 상대적으로 높은 투자리스크가 단점으로 지적된다.
② LBO는 벤처캐피탈보다 성숙단계에 있는 현존 기업에 대해서 100% 또는 경영권 행사가 가능한 수준의 지분을 보유하기 위한 투자이다.
③ 헤지펀드의 상대가치 전략군은 연관성이 큰 증권과의 상대적인 가격 차이를 이용하여 수익을 창출하는 전략으로 가장 위험하고 수익성이 높은 유형의 전력군이다. 그렇지만 아직 우리나라에서 헤지펀드의 설립과 운용이 아직 허용되지 않는다.
④ 인프라자산은 전통적인 자산군에 비해 상대적으로 장기의 투자기간, 높은 개발비용에 따른 진입장벽의 특징으로 인해 안정적인 수익제공은 불가능하기 때문에 주목을 받지 못하고 있다.
⑤ 상품펀드의 상품자산은 자산의 가치가 예측가능한 투기형 자산으로서 장기적인 국내외 정세와 경제 여건의 변화에 노출되기 쉽다.

기본서 페이지 315~324쪽
핵심 키워드 대체투자상품

➕ 정답 및 해설

03 ① 일반 CDO와는 달리 자산소유권은 이전되지 않고 신용위험만 이전되는 것을 합성 CDO라고 한다.
04 ② ① 사모펀드를 통한 투자는 상장펀드에 비해 자유로운 운용이 가능하다.
③ 헤지펀드의 대상가치 전략군은 안정적인 수익을 창출하는 전략군이다.
④ 인프라자산은 안정적인 수익을 제공하는 장기적인 투자대상으로 주목받고 있다.
⑤ 상품펀드는 자산의 가치가 예측가능한 현금흐름에 기초하지 않은 투기형 자산이다.

05 상품 포트폴리오 구성 시 사용하는 네 가지 분산투자전략으로 적절하게 설명한 것으로만 묶인 것은?

> 가. 투자스타일의 분산 : 여러 가지 스타일 펀드들을 가지고 포트폴리오를 짜면 최상의 분산투자가 된다.
> 나. 투자시점의 분산 : 신중한 투자자일수록 적립식 투자나 분할투자로 투자시점을 다양하게 분산하는 방법을 사용한다.
> 다. 투자지역의 분산 : 해외자산에 투자하는 경우 주관적 판단에 따라 의존하여 다양한 지역에 투자하는 것이 바람직하다.
> 라. 투자통화의 분산 : 환율변동을 관리하는 방법은 투자통화를 분산하여 포트폴리오를 구성하거나 환헤지를 하는 방법이 있다.

① 가, 나, 다
② 가, 나, 라
③ 나, 다, 라
④ 가, 다
⑤ 가, 나, 다, 라

기본서 페이지 315~324쪽
핵심 키워드 대체투자상품

06 상장지수 집합투자기구(ETF)에 관한 설명으로 옳지 않은 것은?

① ETF는 특정지수와 연동되는 수익률을 얻을 수 있도록 설계된 집합투자상품이다.
② ETF는 인덱스펀드로서 추가형, 상장형 집합투자기구이다.
③ ETF 집합투자증권은 집합투자기구 설립 또는 설정일로부터 90일 이내에 거래소시장에 상장해야 한다.
④ ETF는 실시간 시장가격으로 매매할 수 있고, 거래비용이 저렴하며 성과측정이 투명하다.
⑤ ETF에서 연동하여 운용하는 지수는 그 구성 종목이 10종목 이상이어야 한다.

기본서 페이지 315~324쪽
핵심 키워드 대체투자상품

+ 정답 및 해설

05 ② 다. 해외자산에 투자하는 경우 막연한 주관적 판단에 의존해 투자하는 것이 아니라 우리나라와 반대로 움직이는 시장에 다양하게 분산투자해야 한다.
06 ③ ETF 집합투자증권이 집합투자기구 설정 또는 설립일로부터 30일 이내에 증권시장에 상장되어야 한다.

07 특별자산펀드에 관한 설명으로 옳지 않은 것은?

① 자본시장법에서 특별자산의 개념을 증권 및 부동산을 제외한 경제적 가치가 있는 모든 자산으로 포괄적으로 규정하고 있다.
② 투자대상 자산의 특별성으로 인하여 위험이나 수익구조를 이해하기 어렵다.
③ 폐쇄형으로 설정되기 때문에 유동성이 낮다.
④ 다른 펀드에 비해 투자기간이 비교적 단기이다.
⑤ 실물펀드의 경우 일반적인 보수나 수수료 이외에 실물의 보관, 유통과 관련한 비용 및 세금에 대한 검토가 필요하다.

기본서 페이지) 315~324쪽
핵심 키워드) 대체투자상품

08 시행회사에 자금을 빌려준 후, 그 이자를 받아 배당해 주는 부동산펀드 상품으로 대출형부동산펀드라고 하는 것은?

① 프로젝트 파이낸싱(PF)형 부동산펀드
② 임대수익형 부동산펀드
③ 직접개발형 부동산펀드
④ 경매 · 공매형 부동산펀드
⑤ 증권형 부동산펀드

기본서 페이지) 315~324쪽
핵심 키워드) 대체투자상품

+ 정답 및 해설

07 ④ 다른 펀드에 비해 투자기간이 비교적 장기이다.
08 ① 프로젝트 파이낸싱(PF)형 부동산펀드는 대출형부동산펀드로 국내 부동산펀드의 가장 일반적이고 많은 형태이다.

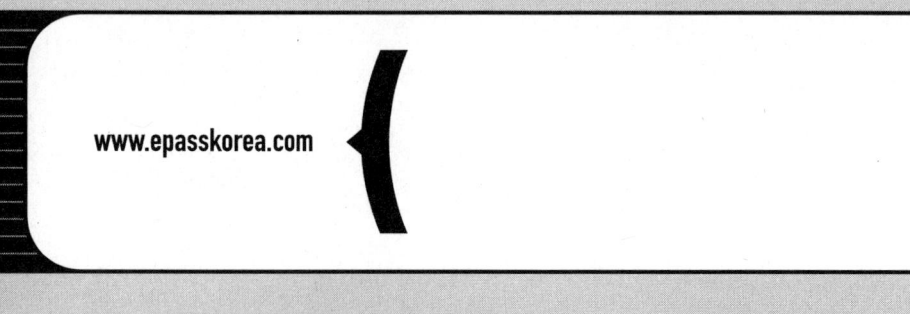

지식형 세금설계

CERTIFIED FINANCIAL PLANNER
CFP PART 06

CHAPTER 01	세금설계 총론
CHAPTER 02	소득세
CHAPTER 03	법인세
CHAPTER 04	부가가치세
CHAPTER 05	금융자산과 세금
CHAPTER 06	부동산자산과 세금
CHAPTER 07	은퇴소득과 세금

CFP 수험전략

제1장 세금설계 총론

수험전략

세금설계 총론은 2~3문항 출제를 예상합니다. 각 개별 세목별로 공통되는 세법 내용을 정리해 놓은 파트이므로 총론부분에서 학습하는 내용은 소득세, 법인세, 부가가치세, 상속세, 증여세 등에 공통적으로 적용되는 기본적인 내용입니다. 교재 전면개정으로 조세징수권 소멸시효에 대한 내용이 추가되었기에 보다 집중 있는 학습이 요구됩니다. 앞으로 학습하게 될 개별 세목에서 반복적으로 나올 내용이므로 깊이 있게 학습하길 바랍니다.

주요 학습내용 점검

1. 세금설계의 개념을 이해하고 세무대리와의 차이점을 설명할 수 있다.
2. 수정신고와 경정청구에 대해 이해하고 비교 설명할 수 있다.
3. 가산세 제도에 대해 이해하고 설명할 수 있다.
4. 국세부과의 제척기간과 조세징수권 소멸시효에 대해 이해하고 차이점을 설명할 수 있다.
5. 세무조사에 대해 설명할 수 있으며 조세불복절차에 대해 이해하고 설명할 수 있다.

출제빈도

교육내용	핵심키워드	학습중요도 상	학습중요도 중	학습중요도 하	예상 출제비중
제1절 세금설계의 개념	• 세금설계와 세무대리			O	0~1문항
제2절 세금의 신고납부	• 수정신고와 경정청구 • 가산세 • 국세부과의 제척기간 • 조세징수권 소멸시효	O			1~2문항
제3절 세무조사와 조세구제제도	• 세무조사 • 조세불복절차		O		1문항

CHAPTER 01 세금설계 총론

01 다음은 세금설계에 대한 설명이다. 가장 적절한 것은?

① 세금설계는 별도의 독립적인 재무설계의 한 분야로서 실행이 가능하므로 다른 재무설계 분야와 별도로 실행하는 것이 일반적이다.
② 종합소득세, 퇴직소득세 및 양도소득세는 동일한 세율구조로 되어 있으나 이 중 단기보유 양도 및 주식, 파생상품 등의 양도소득세는 별개의 세율구조로 되어 있다.
③ 과세표준이 2억 원 이하인 성실신고확인대상 소규모 법인의 적용 법인세율은 9%(지방소득세 별도)이다.
④ 일정한 소득이 있는 상태에서 소득이 더 증가 또는 감소되었을 때 증가된 소득이나 감소된 소득에 적용되는 세율을 초과세율이라고 한다.
⑤ 절세행위는 위법한 행위로서 회피 또는 포탈한 세액이 추가 징수되며 가산세가 부과된다.

기본서 페이지 11 ~ 15쪽
핵심 키워드 세금설계 개념

+ 정답 및 해설

01 ② ① 세금설계는 별도의 독립적인 재무설계의 한 분야로서 실행되기 보다는 다른 재무설계 분야에 포함되어 실행되는 것이 일반적이다.
③ 과세표준이 2억 원 이하인 성실신고확인대상 소규모 법인의 적용 법인세율은 19%(지방소득세 별도)이다.
④ 일정한 소득이 있는 상태에서 소득이 더 증가 또는 감소되었을 때 증가된 소득이나 감소된 소득에 적용되는 세율을 한계세율이라고 한다.
⑤ 절세행위는 세법에서 인정되는 방법에 의하여 합법적으로 조세부담을 경감시키는 행위를 말한다.

02 세금의 신고와 납부에 대한 다음 설명 중 가장 적절한 것은?

난이도 상

① 이미 신고한 과세표준 및 세액이 산출한 세액보다 과대하거나 환급세액이 과소한 경우 과세표준신고서를 법정신고기한까지 제출하지 않은 자도 수정신고를 할 수 있다.
② 상속세나 증여세는 당초의 신고가 납세의무를 확정하는 효력이 없으므로 수정신고를 하는 경우에도 납세의무를 확정하는 효력이 없다.
③ 기한후신고를 하는 경우에는 납세자 입장에서 가산세를 감면받는 실익이 있으며 기한후신고시 해당 국세의 납세의무를 확정하는 효력이 있다.
④ 과세표준신고서를 법정신고기한까지 제출한 자는 과세표준 및 세액을 과대신고하거나 환급세액을 과소신고한 경우 법정신고기한이 지난 후 10년 이내에 관할 세무서장에 청구할 수 있다.
⑤ 결정 또는 경정으로 인하여 증가된 과세표준 및 세액에 대해서 해당 처분이 있음을 안 날로부터 90일 이내에 경정을 청구할 수 있다.

기본서 페이지 23~25쪽
핵심 키워드 수정신고와 경정청구

+ 정답 및 해설

02 ② ① 과세표준신고서를 법정신고기한까지 제출하지 않은 자는 수정신고를 할 수 없다.
③ 기한후신고를 하더라도 해당 국세의 납세의무를 확정하는 효력이 없다.
④ 법정신고기한이 지난 후 5년 이내에 관할 세무서장에 청구할 수 있다.
⑤ 안 날로부터 3개월 이내에 경정청구 가능

03 가산세와 관련한 다음 설명 중 가장 적절하지 않은 것은?

① 무신고가산세는 법정신고기한까지 세법에 따른 과세표준신고서를 제출하지 아니한 경우 부과하게 되며 일반적인 무신고가산세율은 20%이다.
② 과소신고가산세는 법정신고기한까지 세법에 따른 과세표준신고서를 제출한 경우로서 신고하여야 할 세액보다 적게 신고한 경우에 적용되며 부정행위로 인한 과소신고가산세율은 40%이다.
③ 상속세나 증여세 과세표준을 과소신고한 경우에는 과소신고납부세액에 10%를 가산하여 부과한다.
④ 법정납부기한까지 납부하여야 할 세액 중 납부고지서에 따른 납부기한까지 납부하지 아니한 세액에 3%를 추가한다.
⑤ 과세표준신고서를 법정신고기한까지 제출하지 않은 자가 법정신고기한이 지난 후 일정한 기간 이내에 기한후신고를 하는 경우에는 무신고가산세액에서 일정 감면율을 적용한 금액을 감면한다.

기본서 페이지 25~28쪽
핵심 키워드 가산세

04 국세부과의 제척기간에 대한 설명 중 가장 적절하지 않은 것은?

① 부과제척기간이 만료되는 날 이후에는 과세관청에서 조세를 부과할 수 있는 부과권을 더 이상 행사할 수 없다.
② 성실사업자가 아닌 개인사업자의 경우 종합소득세에 대한 부과제척기간 기산일은 6월 1일이다.
③ 종합부동산세의 경우 과세기준일인 매년 6월 1일이 제척기간의 기산일이 된다.
④ 부담부증여에 따라 증여세와 함께 양도소득세가 과세되는 경우 무신고일 때 국세부과 제척기간은 7년이다.
⑤ 포탈세액 산출의 기준이 되는 재산가액이 50억 원을 초과하는 경우에는 상속 또는 증여가 있음을 안 날로부터 1년 이내에 상속세 및 증여세를 부과할 수 있다.

기본서 페이지 29~31쪽
핵심 키워드 국세부과제척기간

+ 정답 및 해설

03 ③ 상속세나 증여세 과세표준을 과소신고한 경우에는 과소신고가산세를 적용하지 않는다.
04 ④ 부담부증여에 따라 증여세와 함께 양도소득세가 과세되는 경우 무신고일 때 국세부과 제척기간은 15년이다.

05 다음은 조세징수권 소멸시효에 대한 설명이다. 옳은 설명은 몇 개인가?

가. 조세징수권 소멸시효란 과세관청이 조세징수권을 일정 기간동안 계속하여 그 권리를 행사하지 않는 경우 그 조세징수권을 소멸시키는 제도이다.
나. 소멸시효기간의 완성으로 국세와 강제징수비 및 이자상당액도 함께 소멸하게 된다.
다. 일반적인 경우 조세징수권 소멸시효기간은 10년이다.
라. 과세관청의 납부고지, 독촉, 교부청구, 압류 등의 사유로 과세관청의 권리를 행사하는 경우에는 조세징수권의 소멸시효가 정지된다.
마. 분납기간, 납부고지의 유예, 압류유예기간, 연부연납기간 등의 기간이 종료한 후 새로 진행하며, 다시 소멸시효 전체 기간을 진행해야 소멸시효가 완성된다.

① 1개
② 2개
③ 3개
④ 4개
⑤ 5개

기본서 페이지 32~33쪽
핵심 키워드 조세징수권 소멸시효

정답 및 해설

05 ② 다. 일반적인 경우 조세징수권의 소멸시효기간은 5년임
라. 과세관청의 납부고지, 독촉, 교부청구, 압류 등의 사유로 과세관청의 권리를 행사하는 경우에는 조세징수권의 소멸시효가 중단된다.
마. 분납기간, 납부고지의 유예, 압류유예기간, 연부연납기간 등의 기간이 종료한 후 잔여기간만 진행이 되면 소멸시효가 완성된다.

06 다음 중 수시선정 세무조사 대상이 아닌 것은?

① 무작위추출방식으로 표준조사를 하려는 경우
② 납세협력의무를 이행하지 아니한 경우
③ 거래 내용이 사실과 다른 혐의가 있는 경우
④ 납세자에 대한 구체적인 탈세 제보가 있는 경우
⑤ 탈루나 오류의 혐의가 인정할 만한 명백한 자료가 있는 경우

기본서 페이지 35 ~ 36쪽
핵심 키워드 세무조사

07 다음은 조세구제제도에 대한 설명이다. 가장 적절한 것은?

① 납부고지하려는 세액이 50만 원 이상 과세예고통지를 받은 자는 과세예고통지를 받은 날부터 30일 이내에 해당 세무서장 또는 지방국세청장에게 과세전적부심사를 신청할 수 있다.
② 이의신청을 한 경우에 감사원 심사청구를 제기하거나 국세청에 심사청구 또는 조세심판원에 심판청구를 제기할 수 있다.
③ 이의신청절차를 거치지 않고 국세청에 심사청구, 조세심판원의 심판청구, 감사원에 심사청구를 제기할 수 있으며 중복하여 청구가 가능하다.
④ 이의신청, 심사청구 또는 심판청구는 일반적으로 해당 처분의 집행에 효력을 미치게 되므로 그 기간 동안에 세금을 납부하지 않더라도 별다른 불이익을 받지 않는다.
⑤ 불복청구에 대한 결정에 대하여 당사자가 일정한 청구기간 내에 다음 심급에 불복청구를 하지 않거나 일정한 제소기간 내에 행정소송을 제기하지 않는 경우에는 그 결정은 확정된다.

기본서 페이지 37 ~ 41쪽
핵심 키워드 조세불복절차

+ 정답 및 해설

06 ① 무작위추출방식으로 표준조사를 하려는 경우는 정기선정 세무조사 대상이다.

07 ⑤ ① 50만 원이 아니라 100만 원이다.
② 이의신청을 한 경우에 감사원 심사청구를 제기할 수 없다.
③ 세 가지 절차 중 하나를 선택하여 청구할 수 있으며 중복하여 청구는 할 수 없다.
④ 이의신청, 심사청구 또는 심판청구는 세법에 특별한 규정이 있는 것을 제외하고는 해당 처분의 집행에 효력을 미치지 아니한다.

CFP 수험전략

제2장 소득세

수험전략

소득세는 세금설계과목에서 가장 많은 10～12문항 출제가 예상됩니다. 세금설계를 배우는 가장 큰 목적은 세금을 계산하는 것으로서 현재 본인이 처해있는 상황에서 가장 절세할 수 있는 금액을 산출하는 것이 목표라고 볼 수 있습니다. 종합소득세의 계산구조와 비거주자의 소득세 신고내용을 학습하여야 합니다. 종합소득세를 계산하는 문제를 대비하기 위해서는 종합소득세 계산방법과 적용세율에 대한 이해와 암기가 반드시 필요합니다. 비교적 암기할 내용이 상당히 많으므로 정독과 충분한 문제풀이를 병행해야 합니다.

주요 학습내용 점검

1. 소득세 과세원칙과 과세방법을 설명할 수 있다.
2. 종합소득과 종합소득금액에 대한 개념을 이해하고 설명할 수 있다.
3. 종합소득공제를 이해하고 종합소득세를 계산할 수 있다.
4. 거주자와 비거주자와의 차이점을 이해하고 비거주자에 대한 소득세 과세체계를 설명할 수 있다.

출제빈도

교육내용	핵심키워드	학습중요도 상	학습중요도 중	학습중요도 하	예상 출제비중
제1절 소득세 개요	• 종합과세, 분리과세, 분류과세 • 소득세 납세의무자 • 종합소득과 종합소득금액		○		1문항
제2절 사업소득과 세금	• 공동사업에 대한 소득금액 • 사업소득 과세방법 • 결손금 • 간주임대료 계산방법	○			2～3문항
제3절 근로소득과 세금	• 비과세 근로소득 • 일용직근로자의 과세방법		○		1문항
제4절 기타소득과 세금	• 기타소득과 사업소득의 구분 • 종합과세와 분리과세			○	0～1문항
제5절 종합소득세	• 종합소득공제 • 기본공제와 추가공제 • 신용카드 소득공제 • 자녀세액공제 • 연금계좌세액공제 • 보장성보험료세액공제 • 의료비세액공제 • 교육비세액공제 • 기부금	○			3～4문항
제6절 원천징수와 연말정산	• 원천징수세율 • 연말정산			○	0～1문항
제7절 비거주자의 소득세 과세	• 거주자와 비거주자의 구분 • 비거주자의 과세방법		○		1～2문항
제8절 소득세 절세방안	• 소득세 절세방안			○	0～1문항

CHAPTER 02 소득세

지식형

01 다음 소득세에 대한 설명이다. 가장 적절한 것은?

① 소득세의 개인의 부담능력에 따라 과세하는 응능과세제도를 취하고 있으며 그 납세자와 담세자가 다른 간접세에 해당한다.
② 원칙적으로 모든 과세대상 소득을 합산하여 과세하는 종합과세제도를 채택하고 있으나 퇴직소득과 양도소득에 대하여는 분리과세제도를 택하고 있다.
③ 사망한 피상속인의 종합소득세 납세의무를 상속인이 승계함으로 상속인은 상속세 납부 후 얻게 되는 상속재산의 한도 내에서 피상속인의 종합소득세를 납부해야 한다.
④ 개인사업자가 6월 30일에 사업장을 폐업을 하였다면 과세기간은 1월 1일부터 6월 30일까지이다.
⑤ 소득세 신고 및 납부기한과 관련해서 7월 30일에 해외로 출국하는 경우에는 7월 30일까지 신고 및 납부를 해야 한다.

기본서 페이지 45 ~ 48쪽
핵심 키워드 소득세

+ 정답 및 해설

01 ③ ① 소득세는 그 납세자와 담세자가 동일한 직접세에 해당한다.
② 퇴직소득과 양도소득에 대하여는 분류과세제도를 택하고 있다.
④ 사업자의 경우 폐업을 하는 경우에도 과세기간에 영향을 받지 않음으로 과세기간은 1월 1일부터 12월 31일까지이다.
⑤ 7월 30일에 해외로 출국하는 경우에는 7월 29일까지 신고 및 납부를 해야 한다.

02 사업소득과 관련한 다음 설명 중 가장 적절하지 않은 것은?

난이도 중

① 사업소득은 비영리의 목적을 가지고 독립적으로 계속적이면서 반복적으로 행하는 사회적 활동에서 발생한 소득을 의미한다.
② 국내에 기준시가 12억 원 이하의 1개의 주택을 임대하여 발생하는 주택임대소득은 과세하지 아니한다.
③ 주택 외의 부동산임대업에서 발생한 결손금은 주택 외의 부동산임대업에서 발생한 소득금액만 공제가 가능하다.
④ 사업용 고정자산의 감가상각비와 관련하여 감가상각 한도초과액에 대해서는 필요경비 불산입한다.
⑤ 초과인출금에 대한 지급이자는 필요경비에서 불산입한다.

기본서 페이지 51~54쪽
핵심 키워드 사업소득 일반

03 공동사업에 대한 소득금액에 대한 다음 설명 중 가장 적절하지 않은 것은?

난이도 상

① 사업소득이 발생하는 사업을 공동으로 경영하여 그 손익을 분배하는 공동사업의 경우에는 해당 사업을 경영하는 장소를 1거주자로 보아 해당 사업에서 발생한 사업소득을 계산한다.
② 경영에 참여한 공동사업자가 분배받은 소득금액은 사업소득으로 과세된다.
③ 출자만 한 공동사업자가 받은 소득금액은 배당소득으로 과세된다.
④ 생계를 같이 하는 자와 공동사업을 하는 경우로서 손익분배비율을 거짓으로 정하는 경우에는 그 특수관계인의 소득금액은 주된 공동사업자의 소득금액으로 본다.
⑤ 특수관계인간의 손익분배비율을 위장하여 소득세의 누진부담을 회피하는 경우에는 특수관계인은 거주자의 공동사업에 대한 소득세에 대해 연대납세의무가 있다.

기본서 페이지 55~56쪽
핵심 키워드 공동사업에 대한 소득금액

＋ 정답 및 해설

02 ① 비영리 목적이 아닌 영리의 목적이다.
03 ① 사업소득이 아니라 사업소득금액을 계산한다.

04 다음은 사업소득과 관련한 과세방법에 대한 설명이다. 가장 적절한 것은?

① 의료보건용역의 원천징수세율은 5%이다.
② 작곡가가 직업상 제공하는 인적용역의 원천징수세율은 5%이다.
③ 일정한 요건을 갖춘 접대부에게 지급하는 봉사료의 원천징수세율은 5%이다.
④ 사업소득은 종합소득에 합산하여 과세하는 것이 원칙이나 일정한 주택임대소득에 대하여는 분류과세 할 수 있는 특례규정을 두고 있다.
⑤ 보험모집인 등은 연말정산된 사업소득 외의 다른 소득이 없는 경우에도 해당 과세기간에 대한 과세표준확정신고를 해야 한다.

기본서 페이지 56~57쪽
핵심 키워드 사업소득 과세방법

---

05 다음은 결손금 소급공제에 따른 환급에 대한 설명이다. 옳은 것은 몇 개인가?

가. 중소기업 또는 중견기업의 사업소득에서 발생한 결손금일 것
나. 결손금 발생 연도와 그 직전연도의 소득세를 신고기한 내에 신고하였을 것
다. 직전 연도에 납부한 세액이 존재할 것
라. 해당 과세기간의 과세표준 확정신고기한 내에 소급공제환급신청을 할 것

① 0개　② 1개
③ 2개　④ 3개
⑤ 4개

기본서 페이지 65쪽
핵심 키워드 결손금 소급공제

정답 및 해설

04 ③ ① 의료보건용역의 원천징수세율은 3%이다.
② 작곡가가 직업상 제공하는 인적용역의 원천징수세율은 3%이다.
④ 일정한 주택임대소득에 대하여는 분리과세 할 수 있는 특례규정을 두고 있다.
⑤ 보험모집인 등은 연말정산된 사업소득 외의 다른 소득이 없는 경우에도 해당 과세기간에 대한 과세표준확정신고를 하지 않아도 된다.

05 ④ 중견기업은 해당하지 않는다.

06 부동산 임대사업자에 대한 다음 설명 중 가장 적절하지 않은 것은?

① 국내에 기준시가 12억 원 이하의 1개의 주택을 소유하는 자의 주택임대소득은 비과세이다.
② 구분징수하는 전기료를 포함하여 임대료 외 별도로 관리비의 명목으로 지급받는 금액이 있는 경우에는 이를 총수입금액에 산입한다.
③ 주택의 간주임대료는 3주택 이상이면서 보증금 등의 합계액이 3억 원을 초과하는 경우에만 총수입금액에 산입한다.
④ 총수입금액의 합계액이 2,000만 원 이하인 자의 주택임대소득은 종합소득과세표준에 합산하지 않고 분리과세를 신고 납부할 수 있다.
⑤ 등록임대주택이란 지자체와 세무서에 모두 임대사업자로 등록하고 임대료 등의 증가율이 5%를 초과하지 않은 임대주택을 의미한다.

(기본서 페이지) 66 ~ 70쪽
(핵심 키워드) 부동산임대사업자

07 다음 중 비과세 근로소득에 해당하는 것은?

① 복무중인 장교가 받는 급여
② 종업원이 퇴직한 후에 지급받는 직무발명보상금으로서 700만 원 이하의 금액
③ 종교인 소득 중 월 20만 원 이하의 식사대
④ 업무와 관련한 교육 또는 훈련을 위하여 회사의 지급기준에 따라 지급된 종업원 자녀의 학자금
⑤ 단체순수보장성보험의 보험료 중 연 70만 원 이하의 보험료

(기본서 페이지) 74쪽
(핵심 키워드) 근로소득 비과세

정답 및 해설

06 ② 구분징수하는 전기료는 총수입금액에 산입하지 않는다.
07 ⑤ ① 복무중인 장교가 받는 급여가 아니라 병이 받는 급여
② 종업원이 퇴직한 후에 지급받는 직무발명보상금으로서 700만 원 이하의 금액은 기타소득에 해당한다.
③ 종교인 소득 중 월 20만 원 이하의 식사대는 기타소득에 해당한다.
④ 업무와 관련한 교육 또는 훈련을 위하여 회사의 지급기준에 따라 지급된 종업원 자녀의 학자금은 과세 근로소득이다.

08 계약기간이 10개월로 하여 건설현장에서 근무중인 나현장씨의 하루 급여액이 250,000원인 경우 원천징수세액(지방소득세 제외)과 세후 하루 급여액은 얼마인가?

① 원천징수세액 0원, 세후 하루 급여액 250,000원
② 원천징수세액 1,350원, 세후 하루 급여액 198,650원
③ 원천징수세액 2,025원, 세후 하루 급여액 247,975원
④ 원천징수세액 2,700원, 세후 하루 급여액 247,300원
⑤ 원천징수세액 3,000원, 세후 하루 급여액 247,000원

기본서 페이지 75 ~ 76쪽
핵심 키워드 일용직근로자 원천징수세액

09 기타소득에 대한 다음 설명 중 가장 적절한 것은?

① 계약금이 위약금과 배상금으로 대체되는 경우와 뇌물에 따라 받은 금품은 원천징수를 해야 한다.
② 소기업·소상공인 공제부금의 해지일시금에 대한 원천징수세액은 기타소득금액의 20%이다.
③ 골동품을 양도하는 경우 수입금액이 1억 원 이하일 때는 필요경비를 80% 적용한다.
④ 공익사업과 관련하여 지역권을 설정하거나 대여함으로써 발생하는 소득에 대한 필요경비는 기타소득금액의 80%이다.
⑤ 연금계좌로부터 연금외 수령한 기타소득에 대한 원천징수세액은 기타소득금액의 15%이다.

기본서 페이지 79 ~ 80쪽
핵심 키워드 기타소득

+ 정답 및 해설

08 ④ • 원천징수세액 : [(250,000원 − 150,000원) × 6%] − (6,000원 × 55%) = 2,700원
• 세후 하루 급여액 : 250,000원 − 2,700원 = 247,300원

09 ⑤ ① 계약금이 위약금과 배상금으로 대체되는 경우와 뇌물에 따라 받은 금품은 원천징수의무가 없다.
② 20%가 아니라 15%이다.
③ 80%가 아니라 90%를 적용한다.
④ 80%가 아니라 60%이다.

10 이몽룡씨는 전문강사로 강의를 하고 받는 수입으로 생활을 하고 있다. 이몽룡씨가 받는 강사료에 대한 소득 구분으로 적절한 것은?

① 근로소득
② 기타소득
③ 사업소득
④ 양도소득
⑤ 이자소득

기본서 페이지 82쪽
핵심 키워드 강사료

11 다음은 종합소득공제에 관한 설명이다. 가장 적절한 것은?

① 12월 31일 기준으로 법률혼관계 또는 사실혼관계인 배우자는 기본공제대상자가 된다.
② 기본공제에 해당하는 아버지의 나이가 70세가 넘었다면 추가로 150만 원의 공제를 받을 수 있다.
③ 과세기간의 과세기간 중에 해당 나이에 해당되는 날이 있는 경우라면 기본공제대상자로 보지 않는다.
④ 국내 비상장법인으로부터 배당소득만 1,800만 원인 처남(만 18세)에 대하여도 종합소득공제 중 기본공제를 받을 수 있다.
⑤ 부녀자공제와 한부모공제 모두에 해당하는 경우에는 최대 150만 원의 추가공제를 받을 수 있다.

기본서 페이지 85~87쪽
핵심 키워드 인적공제

+ 정답 및 해설

10 ③ 이몽룡씨의 강사료는 계속적이고 반복적으로 발생하므로 사업소득에 해당한다.
11 ④ ① 사실혼관계인 배우자는 기본공제대상자가 될 수 없다.
② 150만 원이 아니라 100만 원이다.
③ 과세기간의 과세기간 중에 해당 나이에 해당되는 날이 있는 경우에는 기본공제대상자로 본다
⑤ 부녀자공제와 한부모공제 모두에 해당하는 경우에는 100만 원의 추가공제를 받을 수 있다.

12 다음 중 종합소득공제에 대한 설명으로 가장 적절한 것은?

① 종합소득공제의 미공제분은 그 다음연도로 이월하여 종합소득금액에서 공제한다.
② 직계비속과 직계비속의 배우자가 모두 장애인이면 직계비속의 배우자도 기본공제대상자가 될 수 있다.
③ 기본공제대상인 직계비속 또는 입양자가 있는 배우자가 없는 남자의 경우는 한부모공제를 받을 수 없다.
④ 해당 과세기간의 종합소득금액이 3천만 원 이하인 부양가족이 없는 미혼여성도 부녀자공제를 받을 수 있다.
⑤ 장애인은 연령과 소득금액에 관계없이 기본공제대상자가 된다.

기본서 페이지 85 ~ 87쪽
핵심 키워드 종합소득공제

정답 및 해설

12 ② ① 종합소득공제의 미공제분은 그 다음연도로 이월하지 못한다.
③ 기본공제대상인 직계비속 또는 입양자가 있는 배우자가 없는 남자의 경우도 한부모공제를 받을 수 있다.
④ 해당 과세기간의 종합소득금액이 3천만 원 이하인 미혼여성이라 하더라도 부양가족이 있는 세대주의 경우 부녀자 공제를 받을 수 있다.
⑤ 장애인은 연령요건을 보지 않으나, 소득요건을 보기 때문에 소득금액이 연간 100만 원을 초과한 경우 기본공제대상이 될 수 없다.

13 난이도 상

여성근로자 성춘향씨의 당해연도 귀속소득에 대한 종합소득공제 자료이다. 성춘향씨의 가족에 대한 소득공제를 받는 경우에 인적공제 합계액을 고르시오.

가족	연령	소득현황	비고
본인	32세	총급여액 5,000만 원	근로소득금액 3,775만 원
남편	34세	총급여액 500만 원	근로소득만 있음
장남	4세	–	
장녀	2세	–	
차녀	6개월	–	당해연도 7월 1일 출생
어머니	68세	–	장애인

① 9,500,000원
② 11,000,000원
③ 11,500,000원
④ 14,500,000원
⑤ 15,000,000원

기본서 페이지 84 ~ 87쪽
핵심 키워드 인적공제

정답 및 해설

13 ②
- 기본공제 = 900만 원(본인, 남편, 장남, 장녀, 차녀, 어머니)
  * 남편 : 해당 과세기간의 소득금액이 100만 원 이상일지라도 총급여액 500만 원 이하의 근로소득만 있는 경우 소득요건을 충족한 것으로 본다.
- 추가공제 = 200만 원(장애인공제)
  * 부녀자공제는 종합소득금액이 3,000만 원 초과자이므로 대상이 되지 않는다.

14 다음은 소득공제에 관한 설명이다. 가장 적절하지 않은 것은?

① 주택담보노후연금을 가입하는 당시 기준시가 9억원 이하의 주택에 대해서는 200만 원을 한도로 주택담보노후연금 이자비용공제를 적용받을 수 있다.
② 주택임차차입금 원리금상환액 소득공제금액은 원리금상환액의 40% 이하이며 주택청약종합저축소득공제와 합산하여 연 400만 원을 초과할 수 없다.
③ 무주택자인 근로자가 기준시가 6억 원 이하의 주택을 취득하는 경우에는 장기주택저당차입금 이자상환액 소득공제가 가능하다.
④ 소기업·소상공인 공제부금 소득공제 대상자는 개인사업자만 가능하다.
⑤ 2000년 12월 31일 이전에 가입한 개인연금저축의 경우에는 연간 72만 원을 한도로 납입금액의 40%까지 소득공제가 가능하다.

기본서 페이지 88 ~ 91쪽
핵심 키워드 물적공제

15 다음 중 의료비세액공제 대상으로 가장 적절하지 않은 것은?

① 시력보정용 안경과 콘택트렌즈의 구입비용으로 1인당 50만 원 이하의 금액
② 질병예방을 위해 지급하는 비용
③ 치료, 요양을 위해 의약품(한약포함)을 구입한 비용
④ 상해로 입원한 입원의료비 중 실손의료보험의 보험금으로 보전받은 금액
⑤ 일정한 요건을 충족한 산후조리비용으로서 출산 1회당 200만 원 이내 금액

기본서 페이지 99 ~ 100쪽
핵심 키워드 기본공제

+ 정답 및 해설

14 ④ 법인사업체를 운영하는 대표자도 가입대상자이다.
15 ④ 보험회사로부터 수령한 보험금으로 지급한 의료비는 의료비세액공제 대상이 아니다.

16 특별세액공제 중 교육비세액공제와 관련한 다음 설명 중 가장 적절하지 않은 것은?

① 근로자 본인에 대한 교육비는 금액 한도없이 전액 공제대상이 되며 대학원에 대한 교육비도 공제된다.
② 교육비세액공제에 있어서 부양가족은 연령에 관계가 없으며 근로자의 배우자, 직계존속, 직계비속, 형제자매 및 입양자를 말한다.
③ 처남이나 처제가 기본공제대상자(연령제한 없음)인 부양가족에 해당하는 경우 교육비세액공제 가능하다.
④ 초등학교 취학 전 아동의 학원 및 체육시설 관련 교육비는 공제 가능하지만, 취학 후의 학원비는 공제가 불가능하다.
⑤ 기본공제대상자인 장애인의 재활교육을 위하여 지급하는 특수교육비 비용은 한도 없이 전액 공제한다.

기본서 페이지 100~101쪽
핵심 키워드 교육비공제

17 다음은 원천징수제도에 대한 설명이다. 적절하지 않은 것은?

① 원천징수하여야 할 세금이 1,000원 미만일 때는 징수하지 않으며, 이자소득의 경우에도 소액부징수대상 소득에 포함한다.
② 원천징수제도를 통하여 과세당국은 과세근거를 확보하고, 세금을 걷는 비용을 절감할 수 있으며 세금체납의 위험을 줄일 수 있다.
③ 완납적 원천징수는 원천징수로써 과세를 종결하고 따로 정산을 하지 않는 방식이다.
④ 원천징수의무자는 원천징수한 소득세를 그 징수일이 속하는 달의 다음 달 10일까지 납부하는 것이 원칙이다.
⑤ 예납적 원천징수의 경우 이미 원천징수 된 소득도 합산하여 소득세를 계산한 후 원천징수세액은 기납부세액으로 납부할 세액에서 차감해 준다.

기본서 페이지 126~129쪽
핵심 키워드 원천징수제도

+ 정답 및 해설

16 ② 직계존속은 교육비공제 대상이 아니다.
17 ① 이자소득의 경우에는 소액부징수 대상이 아니므로 1,000원 미만이라도 원천징수한다.

18 거주자와 비거주자에 대한 다음 설명 중 가장 적절하지 않은 것은?

① 거주자는 국내외 모든 소득에 대해 납세의무를 지는 무제한 납세의무자가 되며, 비거주자의 경우에는 국내 원천소득에 대해서만 납세의무를 지는 제한 납세의무자가 된다.
② 거주자와 비거주자의 구분은 납세의무에 따른 차이만 있을 뿐 적용되는 종합소득공제에는 차이가 없다.
③ 거주자와 비거주자의 구분은 국적과는 다른 개념으로 국내에 주소를 두거나 일정 기간 이상 거소를 두었는가를 기준으로 판단한다.
④ 비거주자에게 국내에서 소득이 발생한다 할지라도 그 소득이 소득세법상 명시적으로 열거되지 아니한 경우라면 조세조약의 체결여부에 상관없이 국내에서 과세되지 아니한다.
⑤ 조세조약에서 국내원천소득으로 보지 아니한 소득은 국내 세법상 국내원천소득에 해당된다 할지라도 국내에서 과세할 수 없다.

기본서 페이지 131 ~ 135쪽
핵심 키워드 거주자와 비거주자

정답 및 해설

18 ② 비거주자는 본인에 대한 기본공제와 추가공제만 가능하다.

19

사업소득자의 절세방안과 유의사항으로 가장 적절한 것은?

① 납부할 세금이 없는 경우 반드시 신고를 할 필요는 없다.
② 복식장부대상자가 종합소득세 신고시 복식부기에 따라 기장하여 소득금액을 계산하는 경우에는 기장세액공제를 받을 수 있다.
③ 기타소득이 300만 원 이하인 경우에는 종합과세와 분리과세 중 유리한 방향으로 선택하여 신고할 수 있다.
④ 법인전환시 단지 종합소득세 세율과 법인세 세율과의 차이만을 고려하여 결정한다.
⑤ 실질적으로 동업을 하는 경우 공동사업자로 등록한다.

기본서 페이지 137~141쪽
핵심 키워드 절세방안

정답 및 해설

19 ⑤ ① 납부할 세금이 없더라도 신고를 하면 사업 폐지 이후 15년 간 이월결손금 공제를 받을 수 있다.
② 복식장부대상자가 아니라 간편장부대상자인 경우이다.
③ 기타소득이 아니라 기타소득금액이다.
④ 법인전환시에는 여러 가지를 고려해야 한다.

제3장 법인세

수험전략

법인세는 1~2문항 정도 출제될 수 있습니다. 법인세 부분은 상대적으로 출제 문항은 많지 않지만 법인세 과세방법 및 세무조정과 소득처분에 대한 전반적인 이해가 필요하며 특히 법인세와 소득세와의 차이점을 중심으로 학습하기를 권합니다.

주요 학습내용 점검

1. 법인세 과세방법을 설명할 수 있다.
2. 세무조정과 소득처분에 대한 개념을 이해하고 설명할 수 있다.
3. 법인세와 소득세의 차이점을 이해하고 설명할 수 있다.

출제빈도

교육내용	핵심키워드	학습중요도			예상 출제비중
		상	중	하	
제1절 법인세 개요	• 법인유형별 납세의무			○	0~1문항
제2절 법인세 과세방법	• 결산조정과 신고조정 • 소득처분 • 부당행위계산부인			○	0~1문항
제3절 법인세와 소득세 비교	• 순자산증가설과 소득원천설 • 포괄주의와 열거주의		○		1문항

CHAPTER 03 법인세

01 법인 유형별 납세의무의 범위에 대한 설명으로 가장 적절한 것은?

① 비영리내국법인은 국내수익사업에서 발생하는 소득에 대해서만 납세의무가 있다.
② 영리외국법인은 국내원천소득에 대해서 납세의무가 없다.
③ 영리내국법인은 국외원천소득에 대해서 납세의무가 없다.
④ 모든 법인은 토지 등 양도소득에 대해 양도소득세를 부담한다.
⑤ 외국영리법인은 청산소득에 대한 법인세납세의무가 있다.

기본서 페이지 146쪽
핵심 키워드 법인 유형별 납세의무

02 세무조정과 관련한 다음 설명 중에서 가장 적절한 것은?

① 손금불산입이란 결산서상 수익으로 계상하지 않았으나 세법상 익금에 해당하는 금액을 말한다.
② 익금불산입이란 결산서상 비용으로 계상하지 않았으나 세법상 손금에 해당하는 금액을 말한다.
③ 신고조정이란 결산서상에 비용으로 계상한 경우에만 손금으로 인정되는 세무조정 유형이다.
④ 결산조정이란 결산서상에 수익, 비용으로 계상한 금액과 세법상의 익금, 손금금액이 다른 경우에는 반드시 세무조정을 해야 하는 유형이다.
⑤ 결산조정항목의 경우 결산서에 비용을 과소계상한다면 그 부족금액에 대해서 추가적으로 손금산입을 할 수 없다.

기본서 페이지 150쪽
핵심 키워드 세무조정

정답 및 해설

01 ④ ① 비영리내국법인은 국내외수익사업에서 발생하는 소득에 대해서만 납세의무가 있다.
② 영리외국법인은 국내원천소득에 대해서 납세의무가 있다.
③ 영리내국법인은 국외원천소득에 대해서 납세의무가 있다.
⑤ 영리외국법인은 청산소득에 대한 법인세납세의무가 없다.

02 ⑤ ① 익금산입에 대한 내용이다. ② 손금산입에 대한 내용이다. ③ 결산조정에 대한 내용이다.
④ 신고조정에 대한 내용이다.

03 다음은 부당행위계산부인에 대한 설명이다. 가장 적절한 것은?

① 법인세법상 부당행위계산의 부인은 모든 법인에 적용이 되며 일정 요건을 충족해야함은 물론 조세부담을 감소시키려는 의도가 있어야 한다.
② 자산을 시가보다 높은 가액으로 매입하였을 경우 시가와 거래가액의 차액이 3억 원 이상이거나 시가의 30%에 상당하는 금액 이상인 경우에 한하여 적용한다.
③ 부당행위계산에 해당하는 경우에는 시가와의 차액 등을 익금에 산입하여 당해 법인의 각 사업연도의 소득금액을 계산한다.
④ 법인이 그 법인의 임원과의 거래에서 법인과 임원이 부당하게 이익을 본 경우라면 임원은 배당으로 소득처분한다.
⑤ 부당행위계산의 부인이란 내국법인의 행위 또는 소득금액의 계산이 비특수관계인과의 거래로 인하여 그 법인의 소득에 대한 조세의 부담을 부당하게 감소시킨 것으로 인정되는 경우에 해당한다.

기본서 페이지 152~154쪽
핵심 키워드 부당행위계산부인

정답 및 해설

03 ③ ① 조세부담을 감소시키려는 의도는 필요하지 않다.
② 시가와 거래가액의 차액이 3억 원 이상이거나 시가의 5%에 상당하는 금액 이상인 경우다.
④ 상여로 소득처분한다.
⑤ 비특수관계인이 아닌 특수관계인이다.

04 법인세와 소득세에 대한 다음의 비교 설명 중 가장 적절하지 않은 것은?

난이도 하

번호	구분	법인세(법인사업자)	소득세(개인사업자)
①	과세방식	순자산증가설 (포괄주의)	소득원천설 (열거주의·유형별포괄주의)
②	대표자 급여	비용처리 불가	비용처리 불가
③	사업양도	주식양도 형태	영업권 형태
④	의사결정	이사회의 협의 필요	의사결정이 자유롭고 신속
⑤	세율	4단계 초과누진세율	8단계 초과누진세율

기본서 페이지 158쪽

핵심 키워드 법인세와 소득세 비교

+ 정답 및 해설

04 ② 법인사업자의 대표자의 급여는 비용처리가 가능하다.

CHAPTER 03 법인세

제4장 부가가치세

수험전략

부가가치세는 2~3문항 출제를 예상합니다. 부가가치세는 개인사업자와 법인사업자에게만 과세되는 세금으로써 납세의무자, 과세기간, 과세표준, 세율, 신고기한 등으로 구분하여 비교, 정리하면서 효율적으로 학습하도록 하여야 합니다.

주요 학습내용 점검

1. 부가가치세의 개념을 이해하고 부가가치세 납세의무자를 구분하여 설명할 수 있다.
2. 부가가치세 계산구조를 파악하고 설명할 수 있다.
3. 영세율과 면세제도의 차이점을 이해하고 설명할 수 있다.

출제빈도

교육내용	핵심키워드	학습중요도 상	학습중요도 중	학습중요도 하	예상 출제비중
제1절 부가가치세 개요	• 부가가치세법상 사업자의 구분과 요건 • 부가가치세 과세기간 • 영세율과 면세	○			1~2문항
제2절 부가가치세 계산구조	• 매입세액과 의제매입세액 • 부가가치세 신고납부		○		1문항
제3절 간이과세제도	• 간이과세자 • 간이과세의 포기			○	0~1문항
제4절 부가가치세 절세방안	• 부가가치세 절세방안			○	0~1문항

CHAPTER 04 부가가치세

01 부가가치세의 특징에 대한 다음 설명 중 가장 적절하지 않은 것은?

① 부가가치세의 징수 주체는 지방자치단체이다.
② 10% 단일세율을 적용한다.
③ 납세자와 담세자가 구별된 간접세이다.
④ 납세의무자의 부양가족, 기초생활비 등 인적사항을 고려하지 않는 물세이다.
⑤ 사업자가 납부하여야 할 부가가치세액은 매출세액에서 매입세액을 공제하여 계산하는 전단계세액공제법이다.

기본서 페이지 166쪽
핵심 키워드 부가가치세 특징

02 다음은 부가가치세의 과세기간에 대한 설명이다. 가장 적절한 것은?

① 일반과세자의 1기 중 확정 : 매년 1월 1일 ~ 3월 31일
② 간이과세자 중 세금계산서 발행한 간이과세자 : 매년 1월 1일 ~ 12월 31일
③ 일반 간이과세자의 예정 : 매년 1월 1일 ~ 6월 30일
④ 신규사업자 과세기간 : 사업개시일 ~ 12월 31일
⑤ 폐업자의 과세기간 : 폐업일이 속하는 과세기간 개시일 ~ 폐업일

기본서 페이지 168쪽
핵심 키워드 과세기간

+ 정답 및 해설

01 ① 부가가치세의 징세주체는 국가이다.
02 ⑤ ① 매년 4월 1일 ~ 6월 30일
② 예정 : 1월 1일 ~ 6월 30일, 확정 : 매년 7월 1일 ~ 12월 31일
③ 매년 1월 1일 ~ 12월 30일
④ 사업개시일 ~ 그 날이 속한 과세기간의 종료일

03 부가가치세법상 과세거래가 아닌 것으로 올바르게 짝지어진 것은?

가. 재화의 공급
나. 재화의 사업상 증여
다. 폐업시 잔존재화
라. 토지의 공급
마. 용역의 수입

① 가, 나 ② 나, 다
③ 다, 마 ④ 라, 마
⑤ 다, 라

기본서 페이지: 170~171쪽
핵심 키워드: 과세거래 기본서

04 영세율제도와 면제제도에 대한 설명으로 가장 적절하지 않은 것은?

번호	구분	영세율제도	면세제도
①	특징	소비지국 과세원칙 실현	소득 대비 세부담의 역진성 완화
②	납세의무자	부가가치세법상 납세의무자에 해당	부가가치세법상 납세의무자에 해당하지 않음
③	매출세액	0%	납부의무 면제
④	매입세액	공제 가능	공제 불가
⑤	면세 정도	부분면세	불완전면세

기본서 페이지: 174쪽
핵심 키워드: 영세율제도와 면세제도

정답 및 해설

03 ④ 용역의 수입, 토지의 공급은 부가가치세 과세대상 거래가 아니다.
04 ⑤ 영세율제도는 완전면세이다.

05 부가가치세법상 매입세액으로 공제 받을 수 있는 경우로 가장 적절한 것은?

① 사업자가 자기의 사업을 위하여 사용할 목적으로 공급받는 재화에 대한 부가가치세액
② 세금계산서 필요적 기재사항의 부실기재
③ 사업과 직접 관련이 없는 지출에 대한 매입세액
④ 토지에 관련된 매입세액
⑤ 비영업용 소형승용자동차 구입과 임차 및 유지에 관한 매입세액

기본서 페이지 177쪽
핵심 키워드 매입세액

06 다음 중 사업자등록에 대한 설명으로 가장 적절하지 것은?

① 사업자등록이란 과세행정업무의 효율적인 운영을 위하여 사업에 관한 사항을 과세관청의 공부에 등재하는 것을 의미한다.
② 사업장이 둘 이상인 사업자는 사업자단위로 해당 사업자의 본점 또는 주사무소 관할 세무서장에게 등록을 신청할 수 있다.
③ 사업자등록 신청을 하기 전의 매입세액은 매출세액에서 공제받지 못한다.
④ 신규로 사업을 시작하려는 자도 개업개시일로부터 20일 이내에 사업자 등록을 신청해야 하며 사업개시 전에는 사업자등록을 할 수 없다.
⑤ 사업개시일부터 등록을 신청한 날의 직전일까지의 공급가액의 1% 가산세를 부담한다.

기본서 페이지 169쪽
핵심 키워드 사업자등록

+ 정답 및 해설

05 ① 나머지는 매입세액으로 공제 받을 수 없는 경우에 해당한다.
06 ④ 신규로 사업을 시작하려는 자는 사업개시일 이전이라도 사업자 등록을 신청할 수 있다.

07 다음은 부가가치세와 관련하여 과세표준에 대한 설명이다. 가장 적절하지 않은 것은?

① 과세표준이란 납세의무자가 납부해야 할 세액산출의 기초가 되는 과세대상 수량 또는 가액을 의미한다.
② 부가가치세의 과세표준은 기타 명목 여하에 불구하고 대가관계에 있는 모든 금전적 가치가 있는 것을 포함한 공급대가의 합계액으로 한다.
③ 금전 외의 대가를 받는 경우에는 자기가 공급한 재화나 용역의 시가로 한다.
④ 특수관계인과의 거래를 함에 있어서 재화나 용역의 공급에 대하여 부당하게 낮은 대가를 받는 경우에는 자기가 공급한 재화나 용역의 시가로 한다.
⑤ 특수관계인과의 거래를 함에 있어서 특수관계인에게 사업용부동산을 무상으로 임대한 경우에는 자기가 공급한 재화 또는 용역의 시가로 한다.

기본서 페이지 175~176쪽
핵심 키워드 과세표준

08 일반과세자인 김환희씨는 올해 1기 확정신고기간에 부가가치세를 자진하여 신고를 하였다. 과세표준이 3억 원이고 세금계산서 매입세액이 1,500만 원(사업무관 매입세액 300만 원 포함)이라고 할 때 납부할 부가가치세액은 얼마인가?

① 1,000만 원
② 1,500만 원
③ 1,800만 원
④ 2,000만 원
⑤ 3,000만 원

기본서 페이지 178~179쪽
핵심 키워드 부가가치세액

+ 정답 및 해설

07 ② 공급대가가 아닌 공급가액이며 공급대가는 공급가액과 부가가치세를 합한 금액을 의미한다.
08 ③ 매출세액 3,000만 원(= 3억 원 × 10%) − 매입세액 1,200만 원(= 1,500만 원 − 300만 원) = 1,800만 원

09 부가가치세 신고납부에 대한 다음 설명 중 가장 적절하지 않은 것은?

① 사업자는 각 과세기간 중 예정신고기간이 끝난 후 25일 이내에 각 예정신고기간에 대한 과세표준과 납부세액 또는 환급세액을 납세지 관할 세무서장에게 신고하여야 한다.
② 징수해야 할 금액이 50만 원 미만이거나 간이과세자에서 해당 과세기간 개시일 현재 일반과세자로 변경된 경우에는 징수하지 않는다.
③ 일반환급은 확정신고기한 경과 후 30일 이내에 환급을 한다.
④ 조기환급의 경우 조기환급신고기한 경과 후 30일 이내에 환급을 한다.
⑤ 조기환급신고기간은 예정신고기간 또는 과세기간 최종 3월 중 매월 또는 매 2월이다.

기본서 페이지) 179 ~ 181쪽
핵심 키워드) 부가가치세 신고납부

10 다음 중 조기환급대상자로만 바르게 묶인 것은?

가. 영세율 대상이 되는 경우
나. 사업설비를 신설, 취득하는 경우
다. 사업설비를 확장 또는 증축하는 경우
라. 재무구조개선계획이 진행 중인 경우
마. 면세사업자인 경우

① 가
② 가, 나
③ 가, 나, 다
④ 가, 나, 다, 라
⑤ 가, 나, 다, 라, 마

기본서 페이지) 181쪽
핵심 키워드) 조기환급

+ 정답 및 해설

09 ④ 조기환급신고기한 경과 후 15일 이내에 환급한다.
10 ④ 면세사업자는 조기환급대상자에 해당하지 않는다.

11

간이과세에 대한 다음 설명 중 가장 적절한 것은?

① 직전 연도 공급대가의 합계액이 1억 400만 원에 미달하는 변호사와 공인회계사와 같은 전문 직종을 운영하는 개인사업자는 간이과세 사업자가 될 수 있다.
② 간이과세가 적용되지 않는 다른 사업장을 보유하고 있는 사업자의 경우에는 간이과세자 적용이 배제된다.
③ 징수해야 할 금액이 100만 원 미만이거나 간이과세자에서 일반과세자로 변경된 간이과세자의 경우에는 징수하지 않는다.
④ 공급대가의 합계액이 7,500만 원 미만이면 그 과세기간의 납부세액의 납부의무를 면제한다.
⑤ 간이를 포기한 경우에는 일반과세자에 관한 규정을 적용받으려는 달의 1일부터 2년이 되는 날이 속하는 과세기간까지는 간이과세자에 관한 규정을 적용받지 못한다.

기본서 페이지 182~185쪽
핵심 키워드 간이과세자

정답 및 해설

11 ② ① 전문 직종은 간이과세 사업자가 될 수 없다.
③ 100만 원이 아니라 50만 원이다.
④ 7,500만 원이 아니라 4,800만 원이다.
⑤ 2년이 아니라 3년이다.

12 다음은 부가가치세 절세방안에 대한 설명이다. 적절하지 않은 것은?

난이도 ❸

① 사업준비단계에서 인테리어 등의 비용이 발생한다면 사업개시 전 미리 사업자등록을 하여 매입세금계산서를 받고 매입세액을 공제할 수 있다.
② 사업을 포괄적으로 양도하면 재화의 공급으로 보지 않기 때문에 부가가치세가 과세되지 않는다.
③ 거래상대방이 폐업자이거나, 세금계산서가 다른 사업자 명의로 발급된 때에는 실제 거래를 하였더라도 매입세액을 공제받을 수 없다.
④ 사업자가 공급한 재화 또는 용역에 대한 외상매출금의 전부 또는 일부가 거래상대방의 부도·파산 등으로 대손처리되어 부가가치세를 회수할 수 없게 된 경우에는 그 징수하지 못한 부가가치세액을 대손이 확정된 날이 속하는 과세기간의 매출세액에서 공제받을 수 있다.
⑤ 조기환급신고를 하면 관할세무서에서는 사실을 확인할 수 신고기한이 경과한 날로부터 30일 이내에 사업자에게 환급을 해준다.

기본서 페이지 187~191쪽
핵심 키워드 간이과세자

+ 정답 및 해설

12 ⑤ 조기환급신고를 하면 관할세무서에서는 사실을 확인한 후 신고기한 경과 후 15일 이내에 사업자에게 환급해준다.

제5장 금융자산과 세금

수험전략

금융자산과 세금은 3~4문항 출제를 예상합니다. 종합소득 중 이자소득과 배당소득을 학습하는 부분입니다. 금융소득은 자산소득의 일종으로 세법상 좀 더 엄격하게 과세를 하고 있습니다. 2025년 시행 예정인 금융투자소득세와 관련한 내용도 함께 학습을 함으로써 금융기관 종사자라면 수험내용뿐만 아니라 실무적으로도 상당히 중요한 부분이므로 좀 더 신경을 써서 학습하길 바랍니다.

주요 학습내용 점검

1. 현행 금융세제의 특징을 이해하고 설명할 수 있다.
2. 금융투자소득세에 대한 내용을 이해하고 현행 금융세제와 비교하여 설명할 수 있다.
3. 금융소득 종합과세를 이해하고 계산할 수 있다.

출제빈도

교육내용	핵심키워드	학습중요도 상	학습중요도 중	학습중요도 하	예상 출제비중
제1절 금융세제 개요	• 금융투자소득 • 금융투자소득세		O		1문항
제2절 금융상품별 세금	• 신탁이익의 과세 • 채권과 세금 • 주식과 세금 • 집합투자기구(펀드)와 세금 • 보험과 세금		O		1문항
제3절 금융소득 종합과세와 절세방안	• 금융소득종합과세	O			1~2문항

CHAPTER 05 금융자산과 세금

01 금융상품과 금융세제에 대한 다음 설명 중 가장 적절하지 않은 것은?

① 금융상품은 원본손실의 가능 여부에 따라 비금융투자상품과 금융투자상품으로 구분한다.
② 금융투자상품은 원본의 초과손실 가능 여부에 따라 증권과 파생상품으로 나눈다.
③ 현행 소득세법에서는 금융상품으로 발생한 소득에 대해 이자소득, 배당소득, 양도소득으로 구분하고 있다.
④ 채권의 이자소득과 매매차익은 현행 소득세법에서는 과세대상이다.
⑤ 상장주식의 소액주주 매매차익을 제외한 펀드 내 주식매매차익은 배당소득으로 과세한다.

기본서 페이지 195~197쪽
핵심 키워드 금융상품과 금융세제

02 신탁이익에 대한 과세와 관련한 설명 중 가장 적절하지 않은 것은?

① 특정금전신탁은 위탁자가 금전의 운용방법을 특정하지 않고 수탁자에게 위임하여 수탁자가 미리 정하여진 신탁계약이나 약관에서 정한대로 운용한다.
② 도관이론은 신탁 자체는 도관에 불과하기 때문에 수익자 또는 위탁자를 납세의무자로 삼아야 한다는 이론이다.
③ 실체이론은 신탁재산 자체가 소득 등의 귀속 단위가 되기 때문에 신탁을 납세의무자로 봐야한다는 이론이다.
④ 도관이론이 적용되는 경우에는 소득의 원천별로 구분하여 수익자에게 원천징수한다.
⑤ 실체이론이 적용되는 경우에는 신탁이익 지급시 배당소득으로 원천징수한다.

기본서 페이지 198~200쪽
핵심 키워드 신탁이익에 대한 세금

+ 정답 및 해설

01 ④ 채권의 매매차익은 과세하지 않는다.
02 ① 특정금전신탁이 아닌 불특정금전신탁에 대한 설명이다.

03 다음은 채권과 주식에 대한 세금과 관련한 설명이다. 가장 적절하지 않은 것은?

① 채권의 이자는 금융소득이므로 다른 금융소득과 합산하여 2,000만 원을 초과하는 경우에는 금융소득종합과세 대상이 된다.
② 2017년까지 발행된 만기 10년 이상인 장기채권을 3년 이상 보유한 경우 분리과세를 신청할 수도 있다.
③ 채권에 대한 매매차익은 현행 소득세법에서 과세대상 소득으로 열거하고 있지 않다.
④ 주식에 대한 배당소득은 금융소득이므로 다른 금융소득과 합산하여 2,000만 원을 초과하는 경우에는 금융소득종합과세 대상이 된다.
⑤ 배당소득은 배당가산액(Gross-up)을 가산한 것을 말한다.

기본서 페이지 200 ~ 202쪽
핵심 키워드 채권과 주식에 대한 세금

04 다음은 주식의 처분에 대한 양도소득세 관련 내용이다. 가장 적절한 것은?

① 중소기업(소액주주)의 주식(1년 미만 보유)의 양도소득세 세율은 30%이다.
② 직전사업연도 종료일 현재 유가증권시장 대기업의 주식을 0.5%(시가총액 9억 원) 소유하였으나, 당해연도 초에 추가로 1%의 주식을 취득 후 1.5%를 보유한 당해연도에 양도하는 자는 양도소득세 과세대상이 아니다.
③ 양도소득세 계산시 장기보유특별공제는 적용되지 않으므로 양도차익이 양도소득금액이 된다.
④ 코스닥 상장법인 주식을 직전연도 종료일에 시가 50억 원(지분율 : 1%) 소유자가 양도시점에 시가 40억 원으로 하락한 후(지분율 0.8%) 양도시 양도소득세가 비과세 된다.
⑤ 5월 5일에 주식을 양도한 경우 예정 신고·납부기한은 7월 31일이다.

기본서 페이지 201 ~ 204쪽
핵심 키워드 주식의 처분

+ 정답 및 해설

03 ⑤ 배당가산액을 가산한 것을 배당소득금액이라고 한다.
04 ③ ① 중소기업주식(소액주주)의 양도세율은 10%이다.
② 지분율의 경우 직전사업연도종료일 또는 양도시점을 기준으로 하므로 대주주에 해당한다.
④ 직전 사업연도 종료일 현재 시가총액기준에 따른 대주주로 양도소득세가 과세된다.
⑤ 8월 31일이다.

05 다음 중 주식의 양도소득세 계산구조에 대한 설명으로 가장 적절한 것은?

난이도 중

① 주식을 장기간 보유하다가 양도한 경우 보유기간에 따라 양도차익에 장기보유특별율을 적용하여 장기보유특별공제를 해준다.
② 양도가액과 취득가액은 실지거래가액으로 계산함을 원칙으로 하며, 취득가액을 확인할 수 없는 경우에는 환산취득가액을 적용하고 환산취득가액의 1%를 필요경비로 개산공제한다.
③ 주식을 1년 미만 보유하다가 양도한 경우에는 양도소득기본공제를 적용받을 수 없다.
④ 비상장 중소기업주식을 대주주가 6개월 보유하다가 양도한 경우 과세표준이 3억 원 이하라면 양도소득세 세율은 20%(지방소득세 별도)를 적용한다.
⑤ 상장대기업주식을 대주주가 1년 6개월 보유하다가 양도한 경우 양도소득세 세율은 30%(지방소득세 별도)를 적용한다.

기본서 페이지 202~203쪽
핵심 키워드 주식의 양도소득세

정답 및 해설

05 ④ ① 주식양도소득세 계산 시 장기보유특별공제는 없다.
② 환산취득가액의 1%가 아닌 취득 당시의 기준시가의 1%이다.
③ 양도소득기본공제 가능하다.
⑤ 30%가 아닌 20%(과세표준 3억원 초과분은 25%)이다.

06 다음은 집합투자기구와 세금에 대한 설명이다. 가장 적절하지 않은 것은?

난이도 중

① 도관이론에 의하면 집합투자기구에서 발생한 이익이 투자자에게 분배될 때 투자자에게 과세된다.
② 실체이론은 집합투자기구를 과세상 독립적인 실체로 보고 운용의 성과로 귀속되는 수익을 집합투자기구의 이익으로 본다.
③ 현행 세제하에서 비적격집합투자기구 이익에 대해서는 배당소득으로 구분하여 과세하고 적격집합투자기구는 소득의 원천에 따라 이자, 배당, 양도소득 등으로 구분하여 과세한다.
④ 금융투자소득세 체계하에서는 집합투자증권의 환매 및 양도소득금액에 대해서는 금융투자소득세로 과세한다.
⑤ 집합투자기구 이익의 수입시기는 투자자에게 소득이 분배되는 때이다.

기본서 페이지 205~207쪽
핵심 키워드 집합투자기구 세금

07 저축성보험의 비과세 요건에 대한 다음 설명 중 가장 적절하지 않은 것은?

난이도 하

① 보장성보험은 보험차익에 대해서 과세하지 않는다.
② 원칙적으로 저축성보험은 보험차익에 대해서 과세한다.
③ 월적립식의 비과세 요건은 5년 이상 300만 원 이하의 월납(선납시에는 기본보험료 6개월 이내) 및 보험계약 10년 이상 유지이다.
④ 비 월적립식 중 일시납인 경우 비과세 요건은 모든 저축성보험을 합산하여 총 1억 원 이하이다.
⑤ 종신형 연금보험의 비과세 요건은 55세 이후 연금수령, 사망시 연금재원 소멸(기대여명 이내 보증) 및 연금개시 후 해지불가이다.

기본서 페이지 207쪽
핵심 키워드 저축성보험 비과세 요건

+ 정답 및 해설

06 ③ 적격집합투자기구 이익은 배당소득, 비적격집합투자기구 이익은 소득의 원천에 따라 과세한다.
07 ③ 300만 원 이하가 아니라 150만 원 이하이다.

08 다음 중 금융소득종합과세에 대한 설명으로 가장 적절한 것은?

① 국외에서 발생한 금융소득으로서 국내에서 대리인이 원천징수하지 아니한 것과 공동사업을 할 경우 출자공동사업자의 배당소득도 금융소득에 해당하므로 기준금액을 초과한 경우에만 종합과세된다.
② 금융소득합산과세 여부 판단 시, 기준금액 초과 여부를 판단할 때는 금융소득금액 2천만 원을 기준으로 판단한다.
③ 금융소득종합과세 여부 판단시, 기준금액 초과 여부를 판단할 때는 원천징수 후의 금액으로 판단한다.
④ 출자공동사업자의 배당소득은 금융소득종합과세 여부 판단 시 제외된다.
⑤ 금융소득종합과세 시 합산되는 금융소득금액과 금융소득 외 다른 종합소득금액을 합산한 금액에 대하여 기본세율(금융소득금액 중 2천만 원까지는 14%)을 적용하여 산출세액을 계산한 후 분리과세방식 산출세액과 비교하여 적은 금액을 종합소득 산출세액으로 한다.

기본서 페이지 211쪽
핵심 키워드 금융소득종합과세

09 다음 중 무조건 종합과세 대상 금융소득에 해당하는 것은?

① 출자공동사업자의 손익분배비율에 해당하는 금액
② 직장공제회 반환초과금
③ 법원에 납부한 보증금 등에서 발생한 이자소득
④ 실지 명의가 확인되지 않은 금융소득
⑤ 1거주자로 보는 법인이 아닌 단체가 받은 이자소득

기본서 페이지 212쪽
핵심 키워드 무조건 종합과세

+ 정답 및 해설

08 ④ ① 금액여부에 관계없이 무조건 종합과세되는 금융소득이다.
② 가산전 금액(금융소득)으로 판단한다.
③ 원천징수전의 금액으로 판단한다.
⑤ 분리과세방식 산출세액과 비교하여 큰 금액을 종합소득 산출세액으로 한다.

09 ① 나머지는 무조건 분리과세 대상 금융소득이다.

10

다음과 같이 과세연도 중 금융소득이 발생할 경우 산출세액은 얼마인가? (단, 종합소득공제는 300만 원으로 가정함)

> 가. 출자공동사업자의 손익분배비율에 따라 받은 배당소득 500만 원
> 나. 다른 종합소득금액이 1,500만 원

① 112만 원
② 122만 원
③ 132만 원
④ 142만 원
⑤ 152만 원

기본서 페이지 213쪽
핵심 키워드 금융소득종합과세

11

다음 중 Gross-up 금액 계산에 대한 설명으로 가장 적절한 것은?

① Gross-up가산율은 11%를 적용한다.
② 종합과세되는 금융소득 중 2,000만 원을 초과하여 기본세율이 적용되는 부분에 해당되는 Gross-up대상 배당소득에 대해서만 Gross-up을 적용한다.
③ 종합과세되는 금융소득 중 2천만 원을 구성하는 순서는 이자소득, Gross-up 대상 배당소득, Gross-up대상이 아닌 배당소득 순으로 구성한다.
④ 거주자의 경우 국내외소득에 대하여 소득세를 납부할 책임이 있으므로, 외국법인으로부터 받은 배당소득에 대해서도 Gross-up을 적용한다.
⑤ 종합과세되는 배당소득은 기준소득금액의 한도내에 포함되어 있는 경우에는 이중과세의 조정을 한다.

기본서 페이지 215쪽
핵심 키워드 Gross-up

정답 및 해설

10 ④ 142만 원 = 500만 원 × 14% + (1,500만 원 − 300만 원) × 6%

11 ② ① 귀속법인세율 10%
③ 이자소득 → Gross-up 대상이 아닌 배당소득 → Gross-up 대상인 배당소득
④ 내국법인으로부터 받은 배당소득에 대해서만 Gross-up을 적용한다.
⑤ 기준소득금액 한도 내에 포함되어 있는 경우에는 이중과세 조정을 하지 않는다.

12 다음과 같이 과세연도 중 금융소득이 발생할 경우 금융소득금액은 얼마인가?

난이도 상

> 가. 국내은행 정기예금이자 : 1,000만 원
> 나. 집합투자기구로부터의 이익 : 500만 원(모두 과세소득에 해당)
> 다. 국내 비상장법인으로부터의 현금배당 : 1,500만 원
> 라. 세금우대종합저축이자 : 500만 원

① 3,000만 원 ② 3,100만 원 ③ 3,165만 원
④ 3,220만 원 ⑤ 3,610만 원

기본서 페이지 215쪽
핵심 키워드 금융소득금액

---

13 금융소득 및 금융투자소득에 대한 절세방안과 관련한 다음 설명 중 가장 적절하지 않은 것은?

난이도 하

① 비과세나 분리과세상품을 활용하면 금융소득종합과세를 피할 수 있다.
② 연금계좌에 납입하는 자기부담금 합계액을 연 900만 원을 한도로 하여 세액공제를 적용한다.
③ 개인종합자산관리계좌(ISA)에 대한 과세특례 요건을 충족한 경우 금융소득 및 금융투자소득의 합계액 200만 원 또는 400만 원까지 비과세하고 초과분은 종합과세한다.
④ 예금이나 적금의 이자를 어느 한 해에 금융소득이 집중되면 매년 균등하게 이자를 받는 경우보다 세금면에서 불리하게 될 수도 있다.
⑤ 금융재산을 가족에게 미리 분산하여 증여한다면 금융소득종합과세의 부담을 줄일 수 있다.

기본서 페이지 217 ~ 219쪽
핵심 키워드 금융소득 및 금융투자소득 절세방안

+ 정답 및 해설

12 ② 세금우대종합저축은 분리과세로 제외되며, 나머지 금융소득(3,000만 원) 중에서 2,000만 원 초과에 해당하는 현금배당소득 1,000만 원(3,000만 원 − 정기예금 1,000만 원 − 펀드 500만 원 − 현금배당 500만 원)에 대하여 10%의 귀속법인세(100만 원)가 가산되므로 금융소득금액은 3,000만 원 + 100만 원 = 3,100만 원이다.

13 ③ 초과분은 분리과세한다.

CFP 수험전략

제6장 부동산자산과 세금

수험전략

부동산자산과 세금은 5~6문항 출제 예상합니다. 부동산의 취득 시 발생하는 취득세, 보유 시 발생하는 재산세와 종합부동산세 그리고 양도 시 발생하는 양도소득세를 학습하는 부분입니다. 부동산 양도 시 양도소득세와 관련한 계산문제에 대한 대비가 필요하기 때문에 이에 대한 양도소득세 계산구조와 적용세율을 반드시 이해하고 암기해야 합니다. 또한 부동산 양도와 관련한 특수한 경우에도 보다 집중력 있는 학습이 요구됩니다. 각종 비과세 규정을 중심으로 단계별 학습을 하길 바랍니다.

주요 학습내용 점검

1. 부동산 취득세에 대한 내용을 이해하고 취득세가 중과되는 경우를 설명할 수 있다.
2. 부동산 보유와 관련한 재산세와 종합부동산세를 이해하고 그 차이점을 비교하여 설명할 수 있다.
3. 부동산 양도소득세 계산구조를 이해하고 계산할 수 있다.
4. 부동산 양도와 관련한 특수한 경우를 이해하고 설명할 수 있다.

출제빈도

교육내용	핵심키워드	학습중요도 상	학습중요도 중	학습중요도 하	예상 출제비중
제1절 부동산 취득 시 세금	• 취득세 개요 • 부동산 취득세 세율 • 취득세 중과 및 감면		○		1문항
제2절 부동산 보유 시 세금	• 재산세 • 종합부동산세		○		1문항
제3절 부동산 양도 시 세금	• 양도가액과 취득가액 • 장기보유특별공제 • 양도소득세율 • 1세대 1주택 비과세	○			2~3문항
제4절 부동산 양도와 관련된 특수 문제	• 부동산과 부가가치세 • 이월과세 • 부당행위계산부인 • 증여추정 • 부담부증여		○		1문항

CHAPTER 06 부동산자산과 세금

01 다음은 취득세 납세의무자와 신고납부와 관련한 설명이다. 옳은 것은 모두 몇 개인가?

> 가. 개인과 법인뿐만 아니라 사단, 재단 및 그 밖의 단체도 취득세 납세의무가 있다.
> 나. 유상으로 취득세 과세물건을 취득한 자는 그 취득한 날부터 60일 이내에 그 과세표준에 세율을 적용하여 산출한 세액을 신고납부해야 한다.
> 다. 증여로 취득한 경우에는 취득일이 속하는 달의 말일부터 3개월 이내에 신고납부해야 한다.
> 라. 상속으로 인하여 취득한 경우에는 상속개시일이 속하는 달의 말일부터 6개월 이내에 신고납부해야 한다.
> 마. 연부로 취득하는 것은 그 사실상의 연부금 지급일에 취득한 것으로 본다.

① 1개
② 2개
③ 3개
④ 4개
⑤ 5개

기본서 페이지 224 ~ 225쪽
핵심 키워드 납세의무자와 신고납부

+ 정답 및 해설

01 ⑤ 모두 맞는 말이다.

02 2주택을 보유한 김단희씨는 서울 소재 주택을 시가 10억 원에 추가로 취득하였다. 서울시는 조정대상지역에 해당하며, 주택분 취득세(부가세 제외)는 얼마인가?

① 11,000,000원
② 80,000,000원
③ 120,000,000원
④ 130,000,000원
⑤ 350,000,000원

기본서 페이지 229쪽
핵심 키워드 취득세

03 부동산의 보유 관련 세금에 대한 설명 중 가장 적절하지 않은 것은?

① 부동산 보유와 관련된 세금으로 재산세와 종합부동산세가 있으며, 매년 6월 1일을 기준일로 한다.
② 종합합산과세대상토지와 별도합산과세대상토지에 대한 재산세와 종합부동산세는 가족이 공동소유의 형태로 소유한 경우 절세할 수 있다.
③ 주택에 대한 재산세는 부부 공동소유로 절세를 할 수 없지만, 종합부동산세는 절세할 수 있다.
④ 재산세는 주택(부속토지 포함), 토지, 건축물로 구분하여 시·군·구별로 과세한다.
⑤ 상가건물에 대해서는 공동소유시 재산세를 절감할 수 있다.

기본서 페이지 237~238쪽
핵심 키워드 보유관련 세금

+ 정답 및 해설

02 ③ 조정대상지역내 3주택 이상 : 10억 원 × 12% = 120,000,000원
03 ⑤ 건물은 단일세율이므로 재산세가 절세가 되지 않는다.

04 다음 중 재산세와 종합부동산에 대한 비교이다. 가장 적절한 것은?

난이도 중

번호	구분	재산세	종합부동산세
①	과세대상	주택, 토지, 건축물	주택, 토지, 건축물
②	납세의무자	6월 1일 현재 소유자	6월 1일 현재 소유자
③	과세방법	토지 : 인별과세 주택 : 건별과세	토지 : 인별과세 주택 : 건별과세
④	과세대상	주택 : 9억 원(12억 원) 초과분 종합합산토지 : 5억 원 초과분 별도합산토지 : 80억 원 초과분	주택 : 9억 원(12억 원) 초과분 종합합산토지 : 5억 원 초과분 별도합산토지 : 80억 원 초과분
⑤	세율	누진세율	누진세율

기본서 페이지 249쪽
핵심 키워드 재산세와 종합부동산세의 비교

정답 및 해설

04 ②

구분	재산세	종합부동산세
과세대상	주택, 토지, 건축물	주택, 토지
과세방법	토지 : 인별과세 주택 : 건별과세	토지 : 인별과세 주택 : 인별과세
과세표준	주택 : 시가표준액 × 공정시장가액비율 종합합산토지 : 시가표준액 × 공정시장가액비율 별도합산토지 : 시가표준액 × 공정시장가액비율	주택 : 9억 원(12억 원) 초과분 × 공정시장가액비율 종합합산토지 : 5억 원 초과분 × 공정시장가액비율 별도합산토지 : 80억 원 초과분 × 공정시장가액비율
세율	종합합산토지 및 별도합산토지 : 누진세율 분리과세토지 : 단일세율 주택 : 누진세율	종합합산토지 및 별도합산토지 : 누진세율 주택 : 누진세율

05 다음은 재산세 납세절차에 대한 설명이다. 가장 적절한 것은?

① 고지서 1장당 재산세로 징수할 세액이 5,000원 미만인 경우에는 해당 재산세를 징수하지 않는다.
② 토지에 대한 납부기한 매년 7월 16일부터 7월 31일까지이다.
③ 해당 재산에 대한 재산세의 산출세액이 직전 연도의 해당 재산에 대한 재산세액 상당액의 100분의200을 초과하는 경우에는 100분의 200에 해당하는 금액을 해당 연도에 징수할 세액으로 한다.
④ 주택의 경우에는 세부담 상한을 적용하지 않는다.
⑤ 재산세의 납부세액이 250만 원을 초과하는 경우에는 2개월 이내에 분할납부할 수 있다.

기본서 페이지 242~243쪽
핵심 키워드 재산세 납세절차

06 다음 중 주택분 종합부동산세에 대한 설명으로 가장 적절하지 않은 것은?

① 1세대 1주택자인 경우 주택공시가격 합계금액이 12억 원 초과하는 경우에 종합부동산세가 부과된다.
② 종합부동산세 납세지 관할세무서는 거주자의 주소지 관할세무서를 기준으로 한다.
③ 1세대 1주택자로서 보유기간 5년 이상이면 20%, 10년 이상이면 40%, 15년 이상이면 50%의 장기보유세액공제를 받을 수 있다.
④ 1세대 1주택자로서 연령이 만 60세 이상이면 20%, 65세 이상이면 30%, 70세 이상이면 40%의 노령자세액공제를 받을 수 있다.
⑤ 법인이 소유한 주택에 대해서 개인과 같이 공제금액을 적용한다.

기본서 페이지 244쪽
핵심 키워드 주택분 종합부동산세

+ 정답 및 해설

05 ④ ① 5,000원 → 2,000원
② 9월 16일부터 9월 30일까지이다.
③ 200 → 150
⑤ 2개월 이내 → 3개월 이내
06 ⑤ 법인의 소유한 주택에 대해서는 공제금액이 없다.

07 이몽룡 씨와 성춘향 씨는 현재 부부인데 이몽룡 씨의 명의로 되어 있는 부동산을 아내인 성춘향 씨와 공동명의로 할 생각을 가지고 있다. 만약 이몽룡 씨와 성춘향 씨가 공동소유로 소유형태를 변환하는 경우 절세할 수 있는 것이 아닌 것은?

① 나대지 등 종합합산과세대상 토지에 대한 재산세
② 상가 부수토지 등 별도합산과세대상 토지에 대한 재산세
③ 주택분 재산세
④ 주택분 종합부동산세
⑤ 토지에 대한 종합부동산세

기본서 페이지 252쪽
핵심 키워드 공유를 통한 절세

08 부동산의 양도소득세에 대한 다음의 설명 중 가장 적절한 것은?

① 취득 당시의 실지거래가액을 확인할 수 없는 경우 취득가액은 환산취득가액 등으로 구하게 되며, 이 경우 등기된 토지, 건물의 필요경비는 개산공제율 1%가 적용된 금액으로 산정한다.
② 3년 이상 보유기간이 되는 등기자산으로서 국내 소재 토지와 건물에 대해서는 일반적으로 장기보유특별공제가 적용되지만, 주식에 대해서는 적용되지 않는다.
③ 당해연도에 2개 이상의 부동산을 양도하는 경우 양도소득기본공제를 각각 적용받는다.
④ 미등기자산을 양도하는 경우 양도소득세율은 60%이다.
⑤ 1세대 1주택자로서 비과세요건을 충족한 고가주택을 양도하는 경우 장기보유특별공제를 최대 30%를 적용받을 수 있다.

기본서 페이지 260 ~ 265쪽
핵심 키워드 양도소득세

정답 및 해설

07 ③ 주택분 재산세는 물건별 과세이므로 공동소유시 재산세가 절감되지 않음
08 ② ① 등기된 토지와 건물에 대한 개산공제율은 3%이다.
　　　③ 합산하여 연 250만 원을 공제한다.
　　　④ 70%를 적용한다.
　　　⑤ 최대 80%를 적용한다.

09 다음은 장기보유특별공제에 대한 설명이다. 가장 적절하지 않은 것은?

① 미등기양도자산과 조정대상지역에 있는 주택으로서 양도소득세 중과대상에 해당하는 주택은 제외한다.
② 부동산을 취득할 수 있는 권리 중 조합원으로부터 취득한 것이 아닌 조합원입주권은 장기보유특별공제를 받을 수 있다.
③ 일반 토지와 건축물의 장기보유특별공제율은 최대 40%이다.
④ 1세대 1주택자의 보유기간 장기보유특별공제율은 최대 40%이다.
⑤ 1세대 1주택자의 거주기간 장기보유특별공제율은 최대 40%이다.

기본서 페이지 264~265쪽
핵심 키워드 장기보유특별공제

10 다음 중 양도소득세율로 가장 적절하지 않은 것은?

① 보유기간 10개월된 사업용 토지의 양도 : 50%
② 1년 6개월 보유한 1세대 1주택의 양도 : 40%
③ 2년 보유 및 거주한 1세대 1주택자의 주택 양도(조정대상지역에 해당함) : 비과세
④ 5년간 보유한 등기된 비사업용토지의 양도 : 기본세율 + 10%
⑤ 보유기간이 3년인 미등기된 토지 양도 : 70%

기본서 페이지 266~267쪽
핵심 키워드 양도소득세율

정답 및 해설

09 ③ 최대 30%이다.
10 ② 주택 및 조합원입주권은 1년 이상 2년 미만 보유시 60%가 적용된다.

11 부동산의 양도소득세와 관련한 다음의 설명 중 가장 적절한 것은?

난이도 중

① 양도소득세 과세대상 자산을 양도한 거주자는 양도한 날이 속하는 반기의 말일부터 2개월 이내에 납세지 관할 세무서장에게 신고 및 납부하여야 한다.
② 예정신고를 한 자는 양도소득세액이 변동되지 않는 경우에도 해당 연도의 다음 연도 5월 1일부터 5월 31일까지 납세지 관할 세무서장에게 확정신고를 하여야 한다.
③ 납부할 세액이 2,000만 원을 초과하는 자는 납부기한 경과 후 2개월 이내에서 분할납부할 수 있다.
④ 기초연금 수급자가 부동산 양도 당시 1주택자로서 해당 부동산을 10년 이상 보유하고 양도한 경우 부동산 양도금액을 연금계좌에 납입한 경우 연금계좌납입액의 10%(1억 원 한도)를 세액공제 받을 수 있다.
⑤ 1과세기간 중 2회 이상 양도하는 경우 양도차손은 양도차손이 발생한 자산과 다른 세율을 적용받는 자산의 양도소득금액에서 먼저 공제한다.

기본서 페이지 268~269쪽
핵심 키워드 양도소득세

+ 정답 및 해설

11 ④ ① 반기의 말일이 아니고 달의 말일이다.
② 양도소득세액이 변동되지 않는 경우에는 확정신고를 하지 않아도 된다.
③ 2,000만 원이 아니고 1,000만 원이다.
⑤ 다른 세율이 아니고 같은 세율을 적용받는 자산의 양도소득금액에서 먼저 공제한다.

12 일시적 1세대 2주택자의 양도소득에 대한 비과세와 관련한 다음 설명 중 가장 적절한 것은?

① 국내에 1주택을 소유한 1세대가 종전주택을 양도하기 전에 신규주택을 취득함으로써 일시적으로 2주택이 된 경우 종전주택을 취득한 날부터 1년 이상이 지난 후 신규주택을 취득하고 신규주택을 취득한 날부터 3년 이내에 종전주택을 양도하는 경우에 1세대 1주택으로 보아 비과세 규정을 적용한다.

② 65세 이상의 직계존속을 동거봉양하기 위하여 세대를 합침으로써 1세대가 2주택을 보유하게 되는 경우 세대를 합친 날부터 10년 이내에 자녀의 주택을 양도하는 경우에는 1세대 1주택으로 보아 비과세 규정을 적용한다.

③ 1주택을 보유하는 자가 1주택을 보유하는 자와 혼인함으로써 1세대가 2주택을 보유하게 되는 경우 혼인한 날부터 10년 이내에 먼저 양도하는 주택은 1세대 1주택으로 보아 비과세 규정을 적용한다.

④ 상속받은 주택과 일반주택을 국내에 각각 1개씩 소유하고 있는 1세대가 상속주택을 양도하는 경우에는 국내에 1개의 주택을 소유하고 있는 것으로 보아 1세대 1주택 비과세 여부를 판정한다.

⑤ 취학 등의 부득이한 사유로 취득한 수도권 밖에 소재하는 주택과 일반주택을 국내에 각각 1개씩 소유하고 있는 1세대가 부득이한 사유가 해소된 날부터 2년 이내에 일반주택을 양도하는 경우에는 국내에 1개의 주택을 소유하고 있는 것으로 보아 1세대 1주택 비과세 여부를 판정한다.

기본서 페이지 271 ~ 273쪽
핵심 키워드 일시적 1세대 2주택 비과세 특례

정답 및 해설

12 ①
① 신규주택을 취득한 날부터 3년 이내 종전주택을 양도하는 경우에 비과세 적용이 가능하다.
② 65세 이상이 아닌 60세 이상의 직계존속을 봉양하는 경우이다.
③ 10년 이내가 아니라 5년 이내에 양도하여야 한다.
④ 상속주택이 아니라 일반주택을 양도하여야 한다.
⑤ 해소된 날부터 3년 이내에 일반주택을 양도하는 경우이다.

13 다음 중 고가주택에 대한 양도소득세 부과에 대한 설명으로 가장 적절하지 않은 것은?

난이도 중

① 등기된 고가주택에 대해 양도소득기본공제(250만 원)가 적용된다.
② 12년 보유 및 거주한 실거래가액 15억 원인 공동주택(1세대 1주택)에 대하여 장기보유특별공제율은 양도차익의 80%이다.
③ 일반적으로 공동주택의 기준시가가 12억 원 이하라면 고가주택이 아니므로 1세대 1주택 비과세요건만 충족하면 비과세 된다.
④ 1세대 1주택일 경우 양도소득세율은 일반주택(다주택 등 제외)과 같다.
⑤ 1세대 1주택자인 경우에는 양도가액 중 12억 원 초과분에 한하여 과세된다.

기본서 페이지 273~274쪽
핵심 키워드 고가주택 양도소득세

14 다음 중 비사업용 토지에 해당하는 것은?

난이도 중

① 10년간 소유한 토지로서 취득 후 8년간은 비사업용으로 사용했으나 최근 2년간은 지목 본래의 용도(사업용)에 사용한 토지
② 20년간 소유한 토지로서 취득 후 17년간 비사업용으로 사용하였으나 최근 3년간은 본래의 용도에 사용한 토지
③ 15년간 소유한 토지로서 취득 후 14년간 정상적으로 본래의 용도에 사용하였으나 최근 1년간은 사업용으로 사용하지 않은 토지
④ 10년간 소유한 토지로서 6년간은 사업용으로 사용하였으나, 최근 4년간 비사업용으로 사용한 토지
⑤ 20년간 소유한 토지로서 취득 후 11년은 사업용으로 사용하였으나 그 이후 9년간은 비사업용으로 사용한 토지

기본서 페이지 277쪽
핵심 키워드 비사업용 토지

+ 정답 및 해설

13 ③ 기준시가 기준이 아니고 실거래가 기준이다.
14 ⑤ ① 최근 3년 중 2년 이상 사업용 사용토지 : 사업용 토지
② 최근 5년 중 3년 이상 사업용 사용토지 : 사업용 토지
③ 전체 소유기간 중 60% 이상 사업용 사용토지 : 사업용 토지
④ 전체 소유기간 중 60% 이상 사업용 사용토지 : 사업용 토지

15 양도소득세 절세방안에 대한 다음의 설명으로 가장 적절하지 않은 것은?

① 양도차손은 다음 과세연도로 이월되지 않기 때문에 당해연도에 다른 부동산 등의 양도를 통한 양도차손의 통산을 고려하면 절세할 수 있다.
② 부동산 양도시 6월 1일 전에 잔금을 받는 경우 당해연도의 재산세와 종합부동산세를 절감할 수 있다.
③ 가업상속공제가 적용된 자산에 대한 양도소득세 계산시 장기보유특별공제의 적용을 위한 보유기간은 피상속인이 해당 자산을 취득한 날부터 양도일까지로 계산한다.
④ 일반주택을 소유한 자가 상속주택을 상속받게 되는 경우, 상속주택을 먼저 양도하는 경우에는 비과세를 적용받을 수 있게 된다.
⑤ 대체취득으로 일시적으로 2주택이 된 경우에는 3년 이내에 기존 주택을 양도하는 경우에는 1세대 1주택 비과세요건을 갖춘 경우에는 비과세된다.

기본서 페이지 278~283쪽
핵심 키워드 절세방안

16 부동산의 취득과 양도 시 부가가치세에 대한 다음의 설명으로 가장 적절하지 않은 것은?

① 부동산을 일반과세자로부터 취득하는 경우에는 공급가액의 10%에 해당하는 부가가치세를 부담하게 되지만, 토지와 국민주택규모 이하의 주택에 대해서는 면세된다.
② 부동산을 취득하는 경우 부담한 매입세액은 주택임대사업자로 등록한 경우에는 매입세액을 환급받을 수 있다.
③ 사업의 포괄적 양·수도에 해당하는 경우에는 부가가치세가 발생하지 않는다.
④ 일반과세자가 특수관계자에게 부담부증여를 하는 경우에는 부가가치세 문제가 발생하지 않는다.
⑤ 상가를 취득 후 건물에 대한 부가가치세를 환급받으려면 사업자등록을 신청해야 한다.

기본서 페이지 285~289쪽
핵심 키워드 부가가치세

정답 및 해설

15 ④ 상속주택과 일반주택을 보유한 경우 일반주택을 먼저 양도하는 경우에는 상속주택은 주택수에 산입하지 않으므로 1세대 1주택자에 해당되어 비과세를 적용한다.
16 ② 주택임대업은 면세사업에 해당하므로 부가가치세법상 사업자가 아니다. 따라서 부가가치세가 발생하지 않는다.

17 다음은 증여자 양도의제와 배우자 등 이월과세의 비교이다. 가장 적절한 것은?

① 배우자 등 이월과세는 배우자등으로부터 증여받은 자산은 5년 이내 양도 시 적용한다.
② 배우자등 이월과세의 납세의무자는 당해 자산의 증여자이다.
③ 증여자 양도의제 적용시 세율은 증여자의 당초 취득일부터 계산한다.
④ 증여자 양도의제 시 증여세 납부액은 필요경비에 산입한다.
⑤ 증여자 양도의제의 경우에는 연대납세의무가 없다.

기본서 페이지) 296쪽
핵심 키워드) 증여자 양도의제 및 배우자 등 이월과세

18 다음 중 아버지가 아들에게 시가 5억원인 상가건물을 3억원에 양도한 경우 발생할 수 있는 세금에 대한 설명으로 가장 적절하지 않은 것은?

① 아버지는 양도소득세를 납부하여야 하며, 시가보다 2억 원 적은 금액으로 양도하였지만 시가의 5%에 상당하는 2천 5백만 원 이상의 차이가 나므로 시가인 5억 원을 양도가액으로 한다.
② 아들은 저가로 양수하였으며, 시가와의 차액이 2억 원이지만, 시가의 30%에 상당하는 1억 5천만 원보다 크므로 "2억 원－Min[1.5억 원, 3억 원]＝5천만 원"은 증여에 해당되어 5천만 원에 대해 증여세를 납부하여야 한다.
③ 부당행위계산부인 규정은 특수관계자와의 거래로 인하여 그 소득에 대한 조세부담을 부당하게 감소시킨 것으로 인정되는 경우에 적용된다.
④ 아들이 추후 해당 상가건물을 양도할 경우 양수가액 3억 원이 아닌 시가에 해당하는 5억 원이 취득가액이 된다.
⑤ 특수관계자간 양도의 경우 시가의 계산은 양도가액 및 취득가액은 상증세법상의 규정을 준용하여 평가한 가액에 의한다.

기본서 페이지) 292～293쪽
핵심 키워드) 부당행위계산부인

+ 정답 및 해설

17 ③ ① 5년이 아니고 10년이다.
② 증여받은 배우자등이다.
④ 필요경비에 산입하지 않고 증여세를 환급한다.
⑤ 연대납세의무가 있다.

18 ④ 취득가액은 3억 원 + 증여재산가액(2억 원 － Min(1.5억 원, 3억 원) = 5,000만 원) = 3억 5,000만 원이다.

19 배우자 또는 직계존비속간의 양도 및 증여에 대한 다음의 설명으로 가장 적절하지 않은 것은?

난이도 중

① 배우자 등에게 양도한 경우에는 증여한 것으로 간주되며, 대가 지급사실이 명백한 경우에도 증여로 과세된다.
② 배우자 등에게 양도 시 증여추정되는 경우에 증여세가 과세되며, 양도소득세는 과세되지 않는다.
③ 제3의 특수관계자에 양도한 후 이를 다시 3년 이내에 배우자 등에게 양도한 경우에는 직접 배우자 등에게 증여한 것으로 추정한다.
④ ③의 증여추정에 해당하는 경우에는 증여가액은 특수관계인인 제3자가 양도하는 당시의 가액으로 한다.
⑤ ③에 해당하는 증여추정의 경우 애초 양도소득세와 제3자의 양도소득세 결정세액의 합계액이 증여추정에 따른 증여세보다 클 경우에는 증여추정규정을 적용하지 않는다.

기본서 페이지 299~300쪽
핵심 키워드 증여추정 기본서

+ 정답 및 해설

19 ① 배우자등에게 양도한 경우 증여추정이 적용되며, 대가지급여부 등 실질내용에 따라 양도 사실이 명백히 입증되는 경우에는 양도로 본다.

20 다음 부동산의 부담부증여 시의 양도차익은 얼마인가?

구분	금액	비고
증여가액	800,000,000원	상증법상의 시가
채무액	600,000,000원	
실지취득가액	400,000,000원	
취득당시 기준시가	300,000,000원	
기타 필요경비	20,000,000원	

① 285,000,000원
② 300,000,000원
③ 380,000,000원
④ 385,000,000원
⑤ 450,000,000원

기본서 페이지 301 ~ 302쪽
핵심 키워드 부담부증여

정답 및 해설

20 ①
- 양도가액 = 800,000,000 × 600,000,000 / 800,000,000 = 600,000,000원
- 취득가액 = 400,000,000 × 600,000,000 / 800,000,000 = 300,000,000원
- 기타 필요경비 = 20,000,000 × 600,000,000 / 800,000,000 = 15,000,000원
- 양도차익 = 285,000,000원

21 상속, 증여받은 부동산의 양도소득세에 대한 다음의 설명으로 가장 적절한 것은?

① 상속을 원인으로 한 부동산을 취득한 후 해당 부동산을 양도하는 경우에 장기보유특별공제와 양도소득세율의 적용받는 기간은 상속개시일부터 기산하여 기간을 산정한다.
② 특수관계자(배우자 및 직계존비속 제외)에게 자산을 증여한 후 10년 이내에 해당 재산을 양도하는 경우에는 세액의 비교없이 직접 양도한 것으로 보아 양도소득세를 계산한다.
③ 배우자등에게 증여한 후 10년 이내에 이를 다시 양도한 경우에는 증여세와 양도소득세의 합계액이 애초 증여자가 양도하는 경우의 양도소득세와 비교하여 더 적은 경우에는 배우자등 이월과세 규정을 적용한다.
④ 배우자등 이월과세 규정이 적용되는 경우, 애초 증여당시에 혼인관계가 있었지만, 현재 이혼한 상태인 경우에는 배우자등 이월과세는 적용되지 않는다.
⑤ 증여자 양도의제의 경우에는 연대납세의무가 있지만, 배우자등 이월과세의 경우에는 연대납세의무가 없다.

기본서 페이지 304 ~ 306쪽
핵심 키워드 증여자 양도의제 및 배우자 등 이월과세

정답 및 해설

21 ⑤ ① 장기보유특별공제는 상속개시일을, 세율 적용시는 피상속인의 취득일을 기산일로 한다.
② 증여자 양도의제 규정이 적용되기 위해서는 증여자의 증여세와 수증자의 양도소득세의 합계금액이 증여자 양도의제에 따른 양도소득세보다 적은 경우에 적용되며, 양도소득이 해당 수증자에게 실질적으로 귀속되는 경우에는 증여자 양도의제 규정을 적용하지 않는다.
③ 배우자등 이월과세는 세액비교 없이 무조건 적용된다.
④ 애초 증여 당시 혼인관계가 성립되는 것으로 족하되, 양도일 현재 이혼상태인 경우에도 배우자등 이월과세규정은 적용된다. 단, 사망의 경우는 제외

제7장 은퇴소득과 세금

수험전략

은퇴소득과 세금은 1~2문항 출제를 예상합니다. 종합소득 중 하나인 연금소득과 종합소득은 아니지만 분류해서 과세되는 퇴직소득을 학습하는 부분입니다. 연금소득을 공적연금과 사적연금으로 구분해서 불입시의 세법내용과 연금수령시 세법내용을 구분해서 상품별로 비교해서 학습하는 것이 효율적입니다. 퇴직소득과 관련해서는 퇴직소득세 계산방식은 학습할 필요가 있습니다.

주요 학습내용 점검

1. 공적연금과 사적연금에 대한 과세체계를 이해하고 설명할 수 있다.
2. 퇴직소득세 계산구조를 이해하고 계산할 수 있다.

출제빈도

교육내용	핵심키워드	학습중요도			예상 출제비중
		상	중	하	
제1절 연금소득의 종류 및 개요	• 공적연금소득 • 사적연금소득			○	0~1문항
제2절 연금소득 과세체계	• 공적연금 연말정산 • 사적연금소득과 분리과세		○		1문항
제3절 기업경영 관련 퇴직연금 절세설계	• 임원의 퇴직소득 • 퇴직소득세 계산방식		○		1문항
제4절 은퇴자산 절세방안	• 은퇴자산 절세방안			○	0~1문항

CHAPTER 07 은퇴소득과 세금

01 공적연금에 대한 과세 체계에 대하여 알맞게 짝지은 것은?

구분		2001년 이전 납입분	2002년 이후 납입분
연금기여금(가입자부담금) 납입시		①	③
수령 시	연금	②	④
	일시금		⑤

① 전액 소득공제
② 전액 세액공제
③ 연금소득세
④ 연금소득세
⑤ 연금소득세

기본서 페이지 317쪽
핵심 키워드 공적연금 과세체계

정답 및 해설

01 ④ ① 소득공제 불가
② 전액 소득공제
③ 과세 제외
⑤ 퇴직소득세

02 다음 중 연금계좌에 대한 설명으로 가장 적절하지 않은 것은?

① 연금 개시 후 연간 연금수령한도 이내에서 인출한 금액은 연금소득세를 적용하지만 초과한 금액은 소득의 원천에 따라 퇴직소득세 또는 기타소득세가 적용된다.
② 사적연금소득 중 퇴직소득을 원천으로 받는 연금소득에 대해서는 금액에 관계없이 무조건 분리과세되고 사적연금 분리과세 한도에 포함되지 않는다.
③ 연금계좌에서 그 외 소득을 원천으로 연금수령 시에 사적연금 분리과세 한도 1,500만 원을 초과하게 되면 1,500만 원 초과분에 대해서 다른 종합소득과 합산하여 다음 해 5월에 신고납부한다.
④ 연금계좌에서 연금을 수령할 때 원천이 운용수익 및 소득·세액공제 받은 자기부담금이라면 연령에 따라 3~5%(지방소득세 포함 3.3~5.5%)의 세율로 원천징수한다.
⑤ 일시금이나 연금수령한도를 초과하여 수령하는 초과분에 대해서는 퇴직소득에 대해서는 퇴직소득세를 적용하고 그 외 소득에 대해서는 기타소득세를 적용하되 종합소득에 합산하지 않는다.

기본서 페이지 320~324쪽
핵심 키워드 연금소득

정답 및 해설

02 ③ 1,500만 원 초과분이 아니라 1,500만 원을 포함한 전액을 다른 종합소득과 합산하여 다음해 5월에 신고납부하거나 분리과세(15%) 중에서 선택한다.

03 퇴직소득에 대한 다음 설명 중 가장 적절하지 않은 것은?

① 퇴직소득은 공적연금 관련법에 따라 받는 일시금 및 사용자 부담을 기초로 하여 현실적인 퇴직을 원인으로 지급받는 소득을 말한다.
② 법인에서 상무이사의 직무에 종사하는 자는 법인세법상 임원이라 한다.
③ 법인세법상 임원퇴직금 한도초과액은 손금불산입되어 상여로 소득처분된 금액이므로 근로소득에 해당한다.
④ 소득세법상 임원퇴직소득한도와 관련하여 임원이 DC형 퇴직연금에 가입한 경우 회사가 납입한 사용자부담금에서 발생한 운용수익은 소득세법상 임원퇴직소득한도 계산시 제외하여 계산한다.
⑤ 정관이나 정관에서 위임한 규정이 임원퇴직급여규정이 있는 경우 법인세법상 퇴직소득의 한도는 임원퇴직급여규정에 따른 금액이다.

기본서 페이지 327~332쪽
핵심 키워드 퇴직소득

04 은퇴자산 절세방안에 대한 설명 중 가장 적절하지 않은 것은?

① 최대한 일찍 가입하고 최대한 늦게 인출한다.
② 자기부담금을 연금계좌입금한도까지 납부한다.
③ 중도인출과 해지 시에는 세법상 부득이한 사용에 해당하는지 확인한다.
④ 금융소득종합과세는 개인별로 적용되나 부부인 경우에는 합산한다.
⑤ 퇴직소득이연계좌는 소액이라도 즉시 연금개시하는 것이 좋다.

기본서 페이지 338~341쪽
핵심 키워드 절세방안

+ 정답 및 해설

03 ④ 회사가 납입한 사용자부담금에서 발생한 운용수익은 소득세법상 임원퇴직소득한도 계산시 포함하여 계산한다.
04 ④ 금융소득종합과세는 부부인 경우에도 합산되지 않는다.

www.epasskorea.com

PART 07 지식형 상속설계

CERTIFIED FINANCIAL PLANNER

- CHAPTER 01 상속설계 개관
- CHAPTER 02 상속개시 전 상속설계
- CHAPTER 03 상속개시 후 상속설계
- CHAPTER 04 상속집행과 분쟁해결
- CHAPTER 05 상속세 및 증여세의 이해
- CHAPTER 06 가업승계 설계
- CHAPTER 07 상속증여세 대응전략

CFP 수험전략

제1장 상속설계 개관

수험전략

상속설계 개관의 출제 예상문항수는 0~1문항입니다. 출제 비중은 적은 편이지만 상속설계 개요에 나오는 상속설계와 관련된 용어들을 잘 숙지
하여야 1장 이후의 내용을 학습하는 데 도움이 됩니다. CFP® 자격인증자의 역할과 책임도 꼭 한번은 읽어보시기 바랍니다.

주요 학습내용 점검

1. 상속의 주요 개념을 이해할 수 있다.
2. 상속설계에서 활용 가능한 법적 제도 및 관련 전문가를 구별할 수 있다.
3. 상속설계에서 CFP® 자격인증자의 역할과 한계를 이해할 수 있다.

출제빈도

교육내용	핵심키워드	학습중요도 상	학습중요도 중	학습중요도 하	예상 출제비중
제1절 상속설계 개요	• 상속설계 • 상속유형 • 민법, 상속세법, 증여세법			○	0~1문항
제2절 상속설계에서 CFP® 자격인증자의 역할과 책임	• CFP® 자격인증자의 역할 • CFP® 자격인증자의 책임과 한계 • 다른 전문가와의 협업			○	0~1문항

CHAPTER 01 상속설계 개관

01 상속과 관련된 설명으로 적절한 것을 모두 고르시오.

> 가. 현행 민법에서는 법정상속을 기본으로 한다.
> 나. 피상속인은 유언으로 상속인을 지정할 수 있다.
> 다. 유언이 없거나 유언이 무효인 경우 법정상속에 관한 규정이 보충적으로 적용된다.
> 라. 외국인의 경우 유언(변경 또는 철회 포함)은 유언 당시 유언자의 본국법에 따른다.
> 마. 유언대용신탁은 신탁계약 시(생전신탁)이 효력이 발생 해당한다.

① 가, 나, 다, 라, 마　　② 가, 다, 라, 마　　③ 나, 다, 라
④ 가, 라, 마　　⑤ 나, 라, 마

기본서 페이지 11쪽
핵심 키워드 법정상속, 유언상속

정답 및 해설

01 ② 나. 유언으로 상속인을 지정하는 것은 허용되지 않는다.

● 유언, 유언신탁, 유언대용신탁의 비교

구분	유언	유언신탁	유언대용신탁
법적근거	민법 제1065조	신탁법 제3조 제1항 제2호	신탁법 제59조
형식	자필증서, 녹음, 공정증서, 비밀증서, 구수증서(5가지)	• 유언장 작성·공증 및 신탁회사보관 • 신탁회사와 신탁계약 체결	신탁회사와 신탁계약 체결
재산관리 (효력발생)	유언자 사망 후 집행	위탁자 사망 후(사후신탁)	신탁계약 시(생전신탁)
주요내용	유언장에서 정한 바에 따름	수익자는 위탁자 사망 후 수익권 취득	• 위탁자 생전 수익자 및 사후 수익자를 달리 지정 가능하고, 위탁자 사후의 수익자만을 지정 가능 • 위탁자 생전 수익자 변경이 자유로움
상속과정 특징	• 최초 상속인에게만 상속 (연속상속 불가능) • 상속인이 사망 후 대응 불가	(좌동)	• 사실상 유언과 동일한 효과 발생 • 수익자연속신탁과 연계 가능

제2장 상속개시 전 상속설계

수험전략

상속개시 전 상속설계에 대한 출제 예상문항수는 3~5문항입니다. 성년 후견과 미성년 후견의 개시 사유와 후견인의 업무 수행 내용 및 개시 사유 등 후견사무에 대한 내용과 유언대용신탁을 활용한 상속설계 및 유언의 내용을 잘 숙지하여야 합니다. 특히 유언에 대한 내용은 유언의 개요와 유언의 방식 및 유언의 효력 등의 내용은 항상 출제 빈도가 높은 내용입니다.

주요 학습내용 점검

1. 성년후견, 미성년후견, 한정후견, 특정후견에 대해 이해하고 설명할 수 있다.
2. 유언신탁, 유언대용신탁, 수익자연속신탁에 대해 이해하고 설명할 수 있다.
3. 유언제도를 이해하고 상속설계에 활용할 수 있다.
4. 포괄유증과 특정유증의 차이점에 대해 이해하고 설명할 수 있다.

출제빈도

교육내용	핵심키워드	학습중요도			예상 출제비중
		상	중	하	
제1절 후견인을 이용한 자산관리	• 후견인 • 후견인의 종류 • 성년후견, 미성년후견		○		1~2문항
제2절 유언대용신탁을 활용한 상속설계	• 유언대용신탁 • 생전신탁 • 수익자연속신탁 • 유류분			○	0~1문항
제3절 유언을 이용한 자산이전	• 유언으로 할 수 있는 행위 • 유언의 방식 • 유언능력 • 유언의 증인 및 결격 • 포괄유증, 특정유증	○			2~3문항

CHAPTER 02 상속개시 전 상속설계

01 다음 중 후견감독인의 선임이 필수인 후견제도로 가장 적절한 것은?

① 임의후견
② 특정후견
③ 미성년후견
④ 성년후견
⑤ 한정후견

기본서 페이지 32쪽
핵심 키워드 후견감독인

02 성년후견제도에 대한 내용으로 가장 적절하지 않은 것은?

① 성년후견은 가정법원의 개시심판으로 개시된다.
② 후견등기제도가 있다.
③ 피성년후견인은 자신의 신상에 관하여 그의 상태가 허락하는 범위에서 단독으로 결정하는 것이 원칙이다.
④ 성년후견인이 피성년후견인에 대한 제3자의 권리를 양수하는 경우 피성년후견인은 이를 취소할 수 있다.
⑤ 피성년후견 대상인 본인은 성년후견개시 심판을 청구할 수 없다.

기본서 페이지 25쪽
핵심 키워드 성년후견제도

＋ 정답 및 해설

01 ① 임의후견을 위한 후견계약은 공정증서로 작성하며 그 계약은 등기하여야 하고, 다른 후견과 달리 이후 후견인 감독을 위한 후견감독인 선임이 필수이다.

02 ⑤ 가정법원은 질병, 노령, 그 밖의 사유로 인한 정신적 제약으로 사무를 처리할 능력이 지속적으로 결여된 사람 본인, 배우자, 4촌 이내 친족 등의 청구에 따라 성년후견개시 심판을 하게 되며, 성년후견은 가정법원의 개시심판으로 개시된다.

03 미성년후견에 대한 설명으로 적절한 것을 모두 고르시오.

가. 친권자가 유언으로 미성년후견인을 지정한 경우 단독 친권자의 사망 등으로 후견 개시원인이 발생한 때 유언으로 지정한 후견이 개시된다.
나. 미성년후견인은 미성년자의 사정에 따라 수인의 미성년후견인을 둘 수 있다.
다. 친권자가 있는 경우에도 미성년후견인을 선임하여 미성년후견을 개시할 수 있다.
라. 미성년후견인은 법정대리인으로서 상속회복청구권의 행사, 상속의 승인 또는 포기 등 신분행위에 대한 대리권을 갖게 된다.
마. 제3자가 무상으로 피후견인인 미성년자에게 재산을 수여하면서 미성년후견인의 관리에 반대하는 의사표시를 한 경우 후견인은 그 재산을 관리하지 못한다.

① 다, 라, 마
② 가, 다, 라, 마
③ 가, 나, 라, 마
④ 나, 다, 라, 마
⑤ 나, 라, 마

기본서 페이지 28쪽
핵심 키워드 미성년후견

04 성년후견제도에 대한 설명으로 가장 적절하지 않은 것은?

① 후견인은 본질적으로 피후견인을 대신하여 유언서를 작성하는 행위를 할 수 없다.
② 특정후견인이 피특정후견인의 행위를 목적으로 하는 채무를 부담할 경우 본인의 동의를 얻어야 한다.
③ 임의후견의 경우 필요한 경우 후견인 감독을 위한 후견감독인 선임을 선임할 수도 있다.
④ 임의후견을 위한 후견계약은 공정증서로 작성하며 그 계약은 등기하여야 한다.
⑤ 특정후견은 일상생활은 스스로 할 수 있지만 특정한 사안에 대한 일시적인 보호와 지원이 필요한 경우의 후견을 의미한다.

기본서 페이지 32쪽
핵심 키워드 성년후견제도

+ 정답 및 해설

03 ② 나. 미성년후견인은 성년후견과 다르게 한 명의 후견인만 가능하다.
04 ③ 임의후견은 후견인 감독을 위한 후견감독인 선임이 필수이다.

05

다음은 홍길동씨가 가입한 신탁이다. 홍길동씨는 어떤 신탁을 가입하였는가?

> 신탁(업)자와의 신탁계약을 통하여 별도의 유언장 작성이 없이도 생전에는 신탁회사가 신탁재산관리를 하고 위탁자를 수익자로 하여 수익을 지급하고 위탁자 사후에는 미리 지정한 수익자들에게 신탁재산을 배분하는 기능을 수행하는 제도이다.

① 유언신탁
② 불특정금전신탁
③ 수익자 연속 신탁
④ 유언대용신탁
⑤ 보험금청구권 신탁

기본서 페이지 35쪽
핵심 키워드 유언대용신탁

06

다음에 설명하는 내용 중 가장 적절하지 않은 것은?

① 부동산관리신탁은 신탁부동산의 소유권만을 관리, 보존하는 것을 목적으로 한다.
② 유언대용신탁은 엄격한 방식을 요구하는 유언장을 작성하거나 위탁자의 사망 후 복잡한 유언집행이나 상속절차를 거칠 필요 없다.
③ 유언대용신탁은 위탁자의 의사대로 위탁자의 생전 또는 사후 재산관리 및 재산처분이 가능하다.
④ 우리나라에서는 세월호 사건으로 생존한 이를 위한 재산보호를 위해 법정후견신탁이 이루어진 사례가 있다.
⑤ 유언대용신탁은 신탁법에 따른 신탁의 설정으로 유류분반환청구대상에서 제외된다.

기본서 페이지 46쪽
핵심 키워드 신탁제도

➕ 정답 및 해설

05 ④ 유언대용신탁에 대한 설명이다. 보험금청구권신탁의 도입으로 생명보험회사에 일반사망보험금을 청구할 수 있는 권리도 신탁재산으로 신탁할 수 있도록 허용되었다.

06 ⑤ 유언대용신탁에 의한 재산처분으로 유류분이 침해되면 유류분권자는 유류분반환청구권을 가지게 되고 그 반환의 대상 및 방법에 대해서는 상속법이 우선적으로 적용된다. 유언대용신탁의 신탁재산은 사인증여에 준하여 취급하여야 하며, 사인증여에는 유증에 관한 규정이 준용되므로, 유증과 같이 유류분반환대상이 되는 것으로 판단한 사례도 있다.

07 유언에 대한 설명으로 가장 적절하지 않은 것은?

① 유언의 내용에 따른 법적 효력이 귀속되는 수유자는 유언의 상대방이 아니다.
② 외국인의 유언(변경 또는 철회 포함)은 유언 당시 유언자의 본국법에 의하도록 되어 있다.
③ 유언의 기능은 사유재산에 대한 사적자치의 원칙이 사후에도 적용되는 것이다.
④ 유언의 대리에는 일정한 제한을 두고 있어 법이 정한 엄격한 형식을 따라야 유언의 효력이 생긴다.
⑤ 유언은 의사능력이 있는 만 17세에 달한 사람이 할 수 있다.

기본서 페이지) 50쪽
핵심 키워드) 유언

08 유언에 대한 설명으로 가장 적절하지 않은 것은?

① 자필증서유언서에는 반드시 날인(무인에 의한 경우에도 유효)이 있어야 한다.
② 공정증서에 의한 유언의 경우 유언자의 기명날인은 유언자의 의사에 따라 기명날인 한 것으로 볼 수 있는 경우 반드시 유언자 자신이 할 필요는 없다.
③ 비밀증서로 작성된 유언봉서는 그 표면에 기재된 날로부터 5일 내에 공증인 또는 법원서기에게 제출하여 그 봉인상에 확정일자인을 받아야 한다.
④ 증인결격자가 증인으로서 참여한 유언의 효력은 유언의 방식을 갖추지 못한 것으로 이러한 유언은 유언의 취소사유에 해당한다.
⑤ 구수증서에 의한 유언을 한 경우에는 그 증인 또는 이해관계인이 급박한 사유가 종료한 날로부터 7일 내에 법원에 그 검인을 신청해야 한다.

기본서 페이지) 63쪽
핵심 키워드) 유언

정답 및 해설

07 ④ 유언은 유언자의 독립된 의사에 의하여 행하여져야 하므로 유언의 대리는 허용되지 않으며, 유언자가 제한능력자라도 법정대리인의 동의를 필요로 하지 않는다. 유언은 단독행위이므로 수유자는 유언의 상대방이 아니다. 유언의 효력 발생에 있어 수유자의 동의 또는 승낙 여부는 필요하지 않다.

08 ④ 증인결격자가 증인으로서 참여한 유언의 효력은 유언의 방식을 갖추지 못한 것으로 원칙적으로 무효가 된다.

09

유언의 효력과 유증에 대한 설명으로 적절한 것을 모두 고르시오.

> 가. 자녀가 대학에 합격하면 내 재산의 반을 주겠다는 등의 유언은 정지 조건부 유언으로 볼 수 있다.
> 나. 유언의 무효 사유로는 의사표시에 착오 또는 사기 등이 있다.
> 다. 전후의 유언이 저촉되거나 유언 후의 생전행위가 유언과 저촉되는 경우에는 그 저촉된 부분의 전(前) 유언은 이를 철회한 것으로 보고 있다.
> 라. 포괄유증의 승인·포기의 효력은 유언자 사망 시로 소급하여 발생한다.
> 마. 조건부 유언의 경우 조건 성취 전에 수증자가 사망한 경우에는 유증의 효력은 발생하지 않는다.

① 가, 나, 다, 라, 마
② 가, 다, 라, 마
③ 나, 다, 라
④ 다, 라, 마
⑤ 가, 나, 라

기본서 페이지 64쪽
핵심 키워드 유언

+ 정답 및 해설

09 ② 나. 유언의 무효는 민법이 정한 방식을 갖추지 못한 경우 등 유언의 효력이 처음부터 발생하지 않는 것을 말한다. 유언의 취소는 유언 또한 의사표시로 행해지기 때문에 의사표시에 착오 또는 사기 등 민법에서 정한 취소사유가 발생하는 경우 이미 발생한 유언의 효력을 소급적으로 무효로 만드는 것을 의미한다.

10 유증에 대한 설명으로 가장 적절하지 않은 것은?

난이도 하

① 특정유증의 목적물이 유언자의 전 재산인 경우 등에는 포괄적 유증으로 인정되는 경우도 발생할 수 있다.
② 특정유증을 받은 수증자는 유언자의 사망 후 본인이 수유자임을 안 날로부터 3개월 이내에 특정유증을 승인하거나 포기할 수 있다.
③ 특정유증의 승인·포기 경우는 일부에 대하여도 가능하다.
④ 부담부유증의 부담의 불이행에 따라 그 유증의 효력이 당연히 소멸되지는 않지만 상속인 또는 유언집행자는 법원에 유언의 취소를 청구할 수 있다.
⑤ 유증자가 사망한 경우에 유증을 실행할 의무있는 사람을 유증의무자라고 하며, 원칙적으로 상속인이 유증의무자가 된다.

기본서 페이지 70쪽
핵심 키워드 유증

+ 정답 및 해설

10 ② 특정유증을 받은 수증자는 유언자의 사망 후 언제든지 특정유증을 승인하거나 포기할 수 있다.

제3장 상속개시 후 상속설계

> **수험전략**

상속개시 후 상속설계에 대한 출제 예상문항수는 6~8문항입니다. 상속개시의 원인, 실종선고, 동시사망추정, 상속결격과 상속순위 및 대습상속 등 법률관계 및 상속분의 계산 사례, 상속의 승인과 포기 상속재산의 분리 등 상속에 필요한 법률 내용과 구체적 상속분의 계산 등 매 장마다 모두 문제화할 수 있는 부분입니다. 하지만 한번 익숙하게 정리해두면 크게 어려운 부분은 아니므로 처음 학습할 때 개념 정리를 잘 해두는 것이 중요합니다.

> **주요 학습내용 점검**

1. 상속개시 원인 및 상속개시로 인한 상속 절차를 이해할 수 있다.
2. 상속능력과 상속결격에 대해 이해하고 설명할 수 있다.
3. 상속개시 시 법정상속인과 상속순위를 파악할 수 있다.
4. 상속의 대상 및 상속의 효과에 대하여 이해할 수 있다.
5. 특별수익과 기여분을 이해하고 설명할 수 있다.
6. 구체적 상속분을 계산할 수 있다.
7. 상속승인의 종류와 방식 및 효력을 이해할 수 있다.
8. 상속 포기의 요건과 방식 및 효력을 이해할 수 있다.
9. 상속결격사유를 알고 이에 대하여 설명할 수 있다.

> **출제빈도**

교육내용	핵심키워드	학습중요도			예상 출제비중
		상	중	하	
제1절 상속개시에 따른 법률관계	• 대습상속 • 동시사망추정 • 상속결격 • 공유관계 • 상속재산의 범위	○			3~6문항
제2절 상속분의 결정	• 법정상속분 • 특별수익 • 기여분 • 상속의 승인과 포기		○		3~4문항

CHAPTER 03 상속개시 후 상속설계

01 상속개시에 따른 법률관계에 대한 설명으로 가장 적절하지 않은 것은?

① 상속은 자연인이 사망하거나 법인이 소멸한 경우에 개시된다.
② 상속재산분할에 있어 상속분 산정을 위한 상속재산과 특별수익의 평가시점의 기준은 상속개시 시를 기준으로 판단한다.
③ 상속개시 시기는 상속인의 자격, 범위, 순위를 결정하는 기준이 된다.
④ 동시사망이 추정되는 2인 이상 상호 간에는 상속권이 인정되지 않는다.
⑤ 피상속인의 배우자와 자녀가 공동상속인인 경우 자녀가 전부 상속을 포기한다면 배우자가 단독상속한다.

기본서 페이지 75쪽
핵심 키워드 상속 법률관계

정답 및 해설

01 ① 상속은 자연인이 사망한 경우에만 개시되고, 상속개시의 원인은 피상속인의 사망이다.

02 상속에 관한 법률관계에 대한 설명으로 적절한 것을 모두 고르시오.

난이도 상

가. 조부가 사망하기 전에 부가 먼저 사망했다면 부의 배우자와 자녀는 조부의 상속재산을 대습상속 받을 수 있다.
나. 2013년 11월 1일 실종(보통실종)되었다면 실종기간 만료일인 2018년 10월 31일에 사망한 것으로 본다.
다. 특별한 사정이 없는 한 상속세 부과의 기준인 상속개시의 장소는 상속개시 당시의 피상속인의 주소지이다.
라. 상속재산의 처분에 수반되는 조세부담은 상속에 따른 비용이라고 할 수 없다.
마. 피상속인의 직계비속에 대한 상속권 상실제도가 민법개정으로 시행될 예정이다.

① 나, 라, 마
② 가, 다, 라, 마
③ 가, 라
④ 가, 나, 다, 라
⑤ 다, 라, 마

기본서 페이지 78쪽
핵심 키워드 실종

정답 및 해설

02 ② 나. 2013년 11월 1일 실종(보통실종)되었다면 실종기간 만료일인 2018년 11월 1일 오후 12시에 사망한 것으로 본다.
상속에 관한 비용에 대하여 구체적으로 살펴보면, 장례비용은 피상속인이나 상속인의 사회적 지위와 그 지역의 풍속 등에 비추어 합리적인 금액 범위 내라면 이를 상속비용에 포함되며, 상속재산의 관리·보존을 위한 소송비용도 상속에 관한 비용에 포함된다.

03 상속결격에 대한 설명으로 가장 적절하지 않은 것은?

① 상속결격사유가 상속개시 후에 생긴 경우에는 상속결격자에 해당되지 않는다.
② 고의로 조부를 살해하려고 한 손자는 자신의 부의 재산을 상속받을 수 없다.
③ 상속결격사유인 고의에 상속에 유리하다는 인식은 필요하지 않다고 본다.
④ 사기 또는 강박으로 피상속인의 상속에 관한 유언을 하게 한 경우 상속결격에 해당한다.
⑤ 강박으로 유언의 철회를 방해하였으나 미수에 그친 때에는 결격사유에 해당하지 않는다.

기본서 페이지 80쪽
핵심 키워드 상속결격

04 상속과 관련된 내용으로 가장 적절하지 않은 것은?

① 실종선고를 받은 경우에는 실종선고일이 대습상속의 기준일이 된다.
② 태아는 대습상속에 있어서도 태어난 것으로 본다.
③ 상속포기의 효력은 피상속인의 사망으로 개시된 상속에만 미치고, 그 후 피상속인을 피대습자로 하여 개시된 대습상속에까지 미치지는 않는다.
④ 피대습자의 배우자가 피대습자의 사망 후 재혼을 한 경우라도 피상속인 사망 당시 재혼을 하기 전이라면 피상속인과의 인척관계가 소멸하지 않고 대습상속인으로서 대습상속을 받을 수 있다.
⑤ 조부 A, 부 B, 자녀 C 그리고 C의 배우자 D가 있는 경우 C, B, A 순서로 사망한 경우 D는 A의 상속분을 재대습상속으로 받을 수 있다.

기본서 페이지 89쪽
핵심 키워드 상속 실종 대습

+ 정답 및 해설

03 ① 결격사유가 상속개시 전에 생긴 때에는 결격자는 상속이 개시되더라도 상속을 하지 못하며, 결격사유가 상속개시 후에 생긴때에는 개시된 상속이 소급해서 무효로 된다.
사기 또는 강박으로 피상속인의 상속에 관한 유언 또는 유언의 철회를 방해한 경우 이 사유로 상속결격이 되려면 방해행위에 의하여 유언행위 또는 유언철회라는 결과가 일어나지 않았어야 하고 방해를 했지만, 미수에 그친 때에는 결격사유에 해당하지 않는다.

04 ① 실종선고를 받은 경우에는 사망간주일인 실종기간 만료일이 상속개시 전이면 대습상속이 인정된다.

05 상속에 따른 법률효과에 대한 설명으로 적절한 것을 모두 고르시오.

> 가. 상속권 상실제도는 피상속인의 공정증서에 의한 유언이 없는 경우에도 적용될 수 있다.
> 나. 상속으로 인하여 재산은 포괄승계되는 것이기 때문에 상속등기 등 별도의 이전 방법이 없어도 당연히 상속인에게 이전된다.
> 다. 상속은 상속인이 상속 사실 등을 알지 못하더라도 당연히 승계된다.
> 라. 공동소유관계에 따라 공유물에 대한 보존행위는 공유지분의 과반수의 동의로 가능하다.
> 마. 각 공동상속인은 상속재산 전부에 대하여 상속분의 비율로 사용·수익할 수 있다.

① 가, 나, 다, 라, 마   ② 나, 라, 마   ③ 나, 다, 라, 마
④ 가, 나, 다, 마   ⑤ 다, 라, 마

기본서 페이지) 95쪽
핵심 키워드) 공유

정답 및 해설

05 ④ 라. 공동소유관계에 따라 공유물에 대한 보존행위는 공유자 단독으로 가능하고, 임대차 등 관리행위는 공유지분의 과반수의 동의로 가능하며, 공유물의 처분은 공유자 전원의 동의가 필요하다. 따라서 상속재산에 속하는 개개의 물건 또는 권리는 상속인 전원의 동의 없이 단독으로 처분할 수 없지만 각자의 상속분은 단독으로 처분할 수 있으며 각 공동상속인은 상속재산 전부에 대하여 상속분의 비율로 사용·수익 할 수 있다.

● 공동상속재산의 관리 및 처분

구분	내용
공동상속재산의 형태	공동소유 관계
공동상속재산의 보존행위(예를 들어 상속재산의 현상을 유지하고 그 멸실이나 훼손을 방지하기 위한 행위 등)	공유지분 중 각자의 지분에 기하여 보존행위는 공동상속인 각자가 단독으로 할 수 있음.
공동상속재산의 관리행위(예를 들어 상속재산의 이용 및 개량행위, 임대차 관리 등)	관리행위는 법정상속분의 과반수로 정함. 각 공동상속인은 상속재산 전부에 대하여 상속분의 비율로 사용 및 수익을 할 수 있고, 개개의 상속재산에 대해서도 상속분에 따라 사용 및 수익할 수 있음.
공동상속재산의 처분행위(예를 들어 매도 또는 근저당권 설정 등)	상속재산에 속하는 개개의 물건 또는 권리는 공동상속인 전원의 동의 없이 단독으로 처분할 수 없지만 각 공동상속인은 개개의 상속재산에 대하여 각자의 상속분을 단독으로 처분할 수 있으며, 상속재산 전체에 대한 상속분을 처분할 수 있음.

[상속권의 상실]
민법의 개정(2026.1.1.부터 시행)으로 피상속인의 직계존속의 상속권 상실이 가능하게 되었다. 그 주요 내용으로 피상속인은 공정증서에 의한 유언으로 피상속인의 직계존속이 다음의 사유에 해당하는 경우 상속권 상실의 의사표시를 할 수 있게 되었다. 피상속인의 유언이 없더라도 공동상속인은 피상속인의 직계존속으로서 다음의 사유가 있는 사람이 상속인이 되었음을 안 날부터 6개월 이내에 가정법원에 그 사람의 상속권 상실을 청구할 수 있게 되었다.

06 상속에 대한 설명으로 가장 적절하지 않은 것은?

① 피상속인이 보험계약자인 생명보험청구권은 상속인 고유의 재산으로 본다.
② 가분채무인 경우 상속개시와 동시에 당연히 법정상속분에 따라 공동상속인들에게 분할되어 귀속되는 것이 원칙이다.
③ 가분채권은 상속재산분할의 대상도 되지 않는 것이 원칙이다.
④ 보증한도액이 정해진 계속적 보증계약의 경우 보증인이 사망하였더라도 보증계약이 당연히 종료하는 것은 아니고 특별한 사정이 없는 한 상속인들이 보증인의 지위를 승계한다.
⑤ 상속개시 후 발생한 상속주식의 배당금, 상속부동산의 차임, 예금이자 등 상속재산의 과실은 상속재산이 아니다.

기본서 페이지 96쪽
핵심 키워드 상속재산 분할

➕ 정답 및 해설

06 ① ● 보험금청구권 관련 대법원 판례

구분	청구권자	
생명보험금청구권 (대법원 2002.2.8. 선고 2000다64502 판결)	보험계약자인 피상속인이 보험계약자 본인을 피보험자 및 수익자로 정한 경우 보험금 청구권은 상속재산이 된다.	보험계약자 = 수익자
생명보험청구권 (대법원 2001.12.23 선고 2000다31502 판결)	피상속인이 자기를 피보험자로 하고 수익자는 만기까지 자신이 생존하면 자신, 사망하면 상속인이라고만 지정한 경우 이 지정은 보험금청구권 발생 당시의 상속인인 자를 수익자로 하는 제3자를 위한 보험계약으로 볼 것이어서 상속인의 고유재산으로 되고, 상속재산이 되지 않는다.	상속인 = 수익자
생명/상해보험청구권 (대법원 2004.7.9 선고 2003다29463 판결)	보험계약자가 피보험자의 상속인을 보험수익자로 하여 맺은 생명보험계약에 있어서 피보험자의 상속인은 피보험자의 사망이라는 보험사고가 발생한 때에는 보험수익자의 지위에서 보험자에 대하여 보험금을 지급할 수 있고, 이 권리는 보험계약의 효력으로 당연히 생기는 것으로서 상속재산이 아니라 상속인의 고유재산이라고 할 것인데, 이는 상해의 결과로 사망한 때에 사망보험금이 지급되는 상해보험에 있어서 피보험자의 상속인을 보험수익자로 미리 지정해 놓는 경우는 물론, 생명보험의 보험계약자가 보험수익자의 지정권을 행사하기 전에 보험사고가 발생하여 상법 제733조에 의하여 피보험자의 상속인이 보험수익자가 되는 경우에도 마찬가지이다.	상속인 = 수익자

예금채권과 같은 가분채권의 경우 법정상속분에 따라 당연귀속되기 때문에 원칙적으로 상속재산분할의 대상이 되지 않지만 예외적으로 공동상속인간 법정상속분 이외 고려할 사항들(초과특별수익자의 존재, 기여분의 존재 등)이 있는 경우에는 상속재산분할의 대상이 된다. 상속개시 후 발생한 상속주식의 배당금, 상속부동산의 차임, 예금이자 등 상속재산의 과실은 상속재산이 아니라 상속인들이 상속분에 따라 취득하는 그들의 공유재산이다. 장례비용에 충당하고 남은 부의금은 특별한 사정이 없는 한 공동상속인들이 각자의 상속분에 따라 권리를 취득한다고 본다.

07 상속분의 결정에 대한 내용으로 가장 적절하지 않은 것은?

① 사망 또는 결격된 상속인(피대습자)의 순위를 갈음하여 상속인이 된 대습상속인의 상속분은 피대습자의 상속분에 따른다.
② 조부 A, 조모 B, 부 C 그리고 C의 배우자 D와 자녀 E가 있는 경우 C가 선 사망한 후 A가 사망한다면 E의 상속분은 6/25가 된다.
③ 특별수익을 받은 상속인이 있는 경우 이러한 특별수익을 고려하여 상속인별로 구체적인 상속분을 산정하게 된다.
④ 상속채무 등 피상속인의 소극재산은 원칙적으로 공동상속인 간의 법정상속분에 따라 승계되므로 특별수익자에게 특별수익만큼 채무가 추가하여 승계되지 않는다.
⑤ 특별수익으로 인하여 다른 상속인의 유류분을 침해하는 경우에는 유류분반환청구의 대상이 될 수 있다.

기본서 페이지 101쪽
핵심 키워드 상속분

+ 정답 및 해설

07 ② 조부 A, 조모 B, 부 C 그리고 C의 배우자 D와 자녀 E가 있는 경우 C가 선사망한 후 A가 사망한다면 E의 상속분은 4/25가 된다.

08 특별수익자의 상속분과 관련된 설명으로 적절한 것을 모두 고르시오.

> 가. 피상속인 A는 가족으로 자녀 C, D가 있다. 상속개시 당시 상속 재산이 20억 원이고 자녀 C는 10년 전에 10억의 증여를 받은 바 있다면 자녀 C의 구체적 상속분은 5억 원이다.
> 나. 특별수익자의 범위는 상속을 승인한 공동상속인에 한정된다.
> 다. 자녀의 배우자에게 한 증여 또는 유증은 상속재산분할 시 원칙적으로 자녀의 특별수익으로 고려하지 않는다.
> 라. 대습상속인의 지위에서 증여 또는 유증을 받은 경우라면 이는 특별수익에 해당하지 않는다.
> 마. 공동상속인의 특별한 기여에 대한 대가로 증여 또는 유증을 하였다면 특별수익으로 인정되지 않는다.

① 가, 나, 다, 라, 마
② 나, 라, 마
③ 나, 다, 라, 마
④ 가, 나, 다, 마
⑤ 다, 라

기본서 페이지 104쪽
핵심 키워드

정답 및 해설

08 ④ 라. 대습상속인의 지위에서 증여 또는 유증을 받은 경우라면 이는 특별수익에 해당한다.

09 상속분에 대한 내용으로 가장 적절하지 않은 것은?

① 피상속인 A에게 자녀 B(생전증여 9억 원 받음), C, D가 있으며, 15억 원의 상속재산을 남기고 사망하였다면 C의 구체적 상속분은 8억 원이다.
② 자녀의 배우자가 피상속인을 특별히 부양하였더라도 기여분권자로 인정되지 않는다.
③ 상속결격자의 경우 기여분은 인정되지 않는다.
④ 기여분은 공동상속인 전원의 협의로 정하거나 가정법원이 기여분을 정한다.
⑤ 유증이 기여분보다 우선한다.

기본서 페이지 106쪽
핵심 키워드 구체적 상속분

10 상속분에 대한 설명으로 가장 적절하지 않은 것은?

① 기여분이 유류분을 침해하는 경우에는 기여분을 제한하여야 한다.
② 제3자로부터 양수한 상속분은 양도인 외의 나머지 공동상속인 전원에게 그 상속분에 따라 귀속된다.
③ 양수권은 상속분이 양도된 사실을 안 날로부터 3개월, 그 사실이 있은 날로부터 1년 내에 행사하여야 한다.
④ 피상속인이 사망하면 상속은 상속인의 의사와 무관하게 발생한다.
⑤ 상속인은 상속개시 있음을 안 날부터 3개월 내에 단순승인, 한정승인 또는 상속포기를 할 수 있다.

기본서 페이지 109쪽
핵심 키워드 상속분, 기여분

+ 정답 및 해설

09 ① C의 구체적 상속분은 7.5억 원이다.
24억 원 × 1/3 = 8억 원 − 1억 원(B의 초과특별수익) × 1/2(C의 법정상속분)
10 ① 기여분은 피상속인의 재산처분의 자유를 제한하는 유류분과는 서로 관계가 없다.

11 상속의 승인과 포기에 대한 설명으로 적절한 것을 모두 고르시오.

> 가. 고려기간은 이해관계인 또는 검사의 청구에 의하여 가정법원이 이를 연장할 수 있다.
> 나. 한정승인을 하면서 고의로 재산목록에 기입하지 아니한 때에는 상속채권자를 사해할 의사 유무에 불문하고 고의에 의한 법정단순승인 사유에 해당한다.
> 다. 가정법원이 한정승인의 신고를 수리하고 한정승인의 심판을 고지하면, 상속인이 그 심판을 고지 받음으로써 한정승인의 효력이 발생한다.
> 라. 한정승인을 한 상속인은 채무와 책임이 분리되어 상속인은 상속재산의 한도에서만 책임을 진다.
> 마. 상속개시 당시 미성년자인 상속인의 법정대리인이 상속을 단순승인을 하였더라도 이와 관계없이 미성년자인 상속인이 성년이 된 후 일정기간 이내에 한정승인을 할 수 있다.

① 가, 나, 다
② 가, 다, 라, 마
③ 나, 다, 라
④ 가, 나, 다, 라, 마
⑤ 다, 라, 마

기본서 페이지 112쪽
핵심 키워드 상속 승인

+ 정답 및 해설

11 ② 나. "상속인이 한정승인이나 포기를 한 후에 상속재산을 은닉하거나 부정소비하거나 고의로 재산목록에 기입하지 아니한 때"(민법 제1026조 제3호)에서 '고의로 재산목록에 기입하지 아니한 때'라 함은 한정승인을 함에 있어 상속재산을 은닉하여 상속채권자를 사해할 의사로써 상속재산을 재산목록에 기입하지 않는 것을 뜻하므로, 위 규정에 해당하기 위해서는 상속인이 어떠한 상속재산이 있음을 알면서 이를 재산목록에 기입하지 아니하였다는 사정만으로는 부족하고, 상속재산을 은닉하여 상속채권자를 사해할 의사, 즉 그 재산의 존재를 쉽게 알 수 없게 만들려는 의사가 있을 것을 필요로 한다. 위 사정은 이를 주장하는 측에서 증명하여야 한다.
(출처 : 대법원 2022. 7. 28. 선고 2019다29853 판결 [건물명도등] > 종합법률정보 판례)

[특별한정승인]
고려기간이 경과한 이후라도 상속인이 상속채무가 상속재산을 초과하는 사실을 중대한 과실 없이 상속개시일부터 3개월의 기간 내에 알지 못하고 단순승인(법정단순승인 포함)한 경우에 그 사실을 안 날부터 3개월 내에 상속재산의 목록을 첨부하여 가정법원에 한정승인 신고를 할 수 있다.

12 상속에 관한 설명으로 가장 적절하지 않은 것은?

난이도 하

① 상속인이 상속을 포기하고자 하는 경우 고려기간 내 가정법원에 포기의 신고를 하여야 한다.
② 상속을 포기한 자는 그 포기로 인하여 상속인이 된 자가 상속재산을 관리할 수 있을 때까지 그 재산의 관리를 계속하여야 한다.
③ 대습상속인(A)의 경우 피대습자(B)의 상속을 포기하였더라도 피대습자의 직계존속(C)이 사망하는 경우 그 직계존속(C)의 상속재산에 대한 상속을 승인 또는 포기를 따로 하여야 한다.
④ 상속포기의 효력은 피상속인의 사망으로 개시된 상속에만 미친다.
⑤ 가정법원의 처분에 의하여 재산이 분리되는 경우 재산분리에 의하여 피상속인에 대한 상속인의 재산상 권리의무는 혼동(混同)에 의하여 소멸한다.

기본서 페이지 118쪽
핵심 키워드 상속 승인 포기

정답 및 해설

12 ⑤ 가정법원의 처분에 의하여 재산이 분리되는 경우 재산분리에 의하여 피상속인에 대한 상속인의 재산상 권리의무는 혼동(混同)에 의하여 소멸하지 않는다.

제4장 상속집행과 분쟁해결

수험전략

상속집행과 분쟁해결에 대한 출제 예상문항수는 3~5문항입니다. 상속재산의 분할에 대한 내용과 상속회복청구권은 내용이 어렵지 않지만 개념을 잘 숙지해야 하며, 유류분에 대한 내용은 세세한 부분까지도 학습해야 합니다. 특히 유류분과 관련하여 계산문제가 복잡하게 출제될 수 있으므로 단순 암기형 문항과 더불어 계산에도 익숙해져야 합니다.

주요 학습내용 점검

1. 각 유언의 방식에 따른 유언 집행을 이해하고 활용할 수 있다.
2. 유언의 효력 발생 요건과 유언집행 사항을 구분할 수 있다.
3. 상속설계에서 상속재산분할의 의의와 종류를 이해하고 설명할 수 있다.
4. 협의분할의 시기, 방법, 내용에 대해 이해하고 설명할 수 있다.
5. 분할대상 상속분에 대해 이해하고 각 상속인의 상속분을 계산할 수 있다.
6. 상속재산 분할의 효과와 채권자 사해행위에 대해 이해할 수 있다.
7. 상속분쟁에서 활용되는 민법상 다양한 제도를 이해할 수 있다.
8. 상속회복청구권의 의의와 권리권자 및 행사방법에 대해 이해할 수 있다.
9. 유류분의 개념을 이해하고 유류분 산정 기초재산을 계산할 수 있다.
10. 각 상속인의 유류분과 유류분 부족액을 계산할 수 있다.
11. 유류분반환청구권 행사 요건을 이해하고 이를 설명할 수 있다.

출제빈도

교육내용	핵심키워드	학습중요도 상	학습중요도 중	학습중요도 하	예상 출제비중
제1절 상속개시 후 상속의 집행	• 상속재산의 분할 방법 • 구체적 상속분	○			2~4문항
제2절 상속분쟁 해결	• 상속회복청구권 • 유류분	○			1~3문항

CHAPTER 04 상속집행과 분쟁해결

01 상속재산의 분할에 의한 상속의 집행에 대한 설명으로 가장 적절하지 않은 것은?

① 상속재산분할은 상속으로 인하여 발생하게 되는 잠정적인 공유관계를 종료시키기 위한 포괄적인 분배절차이다.
② 피상속인은 유언으로 상속개시의 날로부터 5년을 넘지 않는 기간 내에서 상속재산의 분할을 상속재산 전부 또는 일부에 대하여 금지할 수 있다.
③ 상속재산의 분할은 상속세 신고기한 이내에 하여야 한다.
④ 상속재산분할의 대상은 피상속인의 싱속개시 당시 남은 적극재산이 된다.
⑤ 사전증여나 유증은 상속재산분할의 대상이 되지 않고 공동상속인의 유류분을 침해하는 경우 반환대상이 될 뿐이다.

기본서 페이지 123쪽
핵심 키워드 상속재산의 분할

+ 정답 및 해설

01 ③ 상속재산분할은 상속세 신고와 달리 정해진 기간이 없다.

02 상속재산의 분할과 관련된 설명으로 적절한 것을 모두 고르시오.

가. 상속재산분할협의는 공동상속인 간의 계약이므로 방법과 시기 등에 대한 제한은 없다.
나. 간주상속재산 가액은 상속개시당시의 평가액을 기준으로 한다.
다. 구체적 상속분을 산정함에 있어서는 특별수익을 고려하여야 한다.
라. 간주상속재산은 상속개시 당시 피상속인의 재산 합계에서 공동상속인들의 특별수익을 가산하고 공동상속인 중 기여자가 있는 경우 그 기여분을 재산가액에서 공제한 것을 상속재산으로 본다.
마. 피상속인의 사망 당시 상속재산이 5억 원이고 특별수익이 10억 원, 기여분이 1억 원이라면 분할대상 상속재산은 16억 원이다.

① 가, 나, 다
② 나, 다, 라, 마
③ 다, 라, 마
④ 가, 라, 마
⑤ 가, 나, 다, 라

기본서 페이지 128쪽
핵심 키워드 상속재산의 분할

03 다음 내용을 참조하여 공동상속인 C의 구체적 상속분으로 가장 적절한 것은?

- 피상속인 A, 상속인 배우자 B, 자녀 C, D
- 상속당시 상속재산은 금전 5억 원, 주택 8억 원(B에게 유증), D에게 사전증여한 재산 2억 원, 공동상속인 간 협의에 의하여 C에게 1억 원의 기여분을 인정함.

① 8억 원
② 6억 원
③ 5억 원
④ 2억 원
⑤ 4억 원

기본서 페이지 129쪽
핵심 키워드 구체적 상속분

정답 및 해설

02 ⑤ 마. 피상속인의 사망 당시 상속재산이 5억 원이고 특별수익이 10억 원, 기여분이 1억 원이라면 분할대상 상속재산은 14억 원이다.
03 ⑤ 마. 간주상속재산 14억 원 × 2/7 = 4억 원 - 특별수익 0억 원 + 기여분 1억 원 - (B)의 초과특별수익 1억 원 = 4억 원

04 상속분쟁에 관한 내용으로 가장 적절하지 않은 것은?

① 상속회복청구권이란 피상속인의 채권자에 의하여 상속재산의 점유를 침해받았을 때 일정한 기간 내에 그 회복을 청구할 수 있는 권리이다.
② 상속회복청구권은 재판상으로만 행사가 가능하다.
③ 포괄적 유증을 받은 포괄적 수증자도 상속회복청구권을 행사할 수 있다.
④ 상속회복청구권을 가지는 사람은 상속재산의 점유를 잃고 있는 진정한 상속인(상속권자) 또는 그 법정대리인이 된다.
⑤ 자신이 상속인으로 상속받았음을 주장하는 참칭상속인인 경우 상속회복청구의 소의 대상이 되어 제척기간의 적용을 받는다.

기본서 페이지 132쪽
핵심 키워드 상속회복청구권

+ 정답 및 해설

04 ① 상속회복청구권이란 참칭상속인에 의하여 상속재산의 점유를 침해받았을 때 일정한 기간 내에 그 회복을 청구할 수 있는 권리이다.

05 유류분에 대한 설명으로 적절한 것을 모두 고르시오.

가. 수증자가 공동상속인인 직계비속인 경우 피상속인에게 받은 증여는 모두 유류분반환대상이 되는 기초재산에 산입된다.
나. 수증자가 제3자인 경우에는 상속개시 전의 1년간 행한 증여는 유류분산정의 기초재산에 산입된다.
다. 수증자와 피상속인 중 일방이라도 유류분권자에게 손해를 가할 것을 알고 한 경우에는 기간에 관계없이 유류분산정의 기초재산에 산입한다.
라. 유류분산정의 기초재산에 산입함에 있어 손해를 가할 것을 알았다는 것에 대한 입증책임은 유류분반환청구권을 행사하는 상속인에게 있다.
마. 공동상속인 중 상속을 포기한 자는 유류분산정의 기초재산 산입에 있어서 제3자로 보아야 한다.

① 가, 다, 마
② 나, 다, 라
③ 가, 나, 라, 마
④ 라, 마
⑤ 가, 나, 다, 라, 마

기본서 페이지 138쪽
핵심 키워드 유류분

정답 및 해설

05 ③ 다. 수증자가 제3자인 경우에는 경우를 나누어 민법 제1114조의 적용을 받아 상속개시 전의 1년간 행한 증여는 유류분산정의 기초재산에 산입되는 반면, 상속개시 전의 1년 이전에 행한 증여는 원칙적으로 유류분산정의 기초재산에 산입되지 않는다. 다만, 상속개시 전의 1년 이전에 행한 증여라고 하더라도 증여의 당사자 쌍방이 유류분권리자에 손해를 가할 것을 알고 증여를 한 때에는 그 증여는 예외적으로 유류분산정의 기초재산에 산입되는 것으로 보게 된다.
제3자에 대한 증여가 유류분권리자에게 손해를 가할 것을 알고 행해진 것이라고 보기 위해서는, 당사자 쌍방이 증여 당시 증여재산의 가액이 증여하고 남은 재산의 가액을 초과한다는 점을 알았던 사정뿐만 아니라, 장래 상속개시일에 이르기까지 피상속인의 재산이 증가하지 않으리라는 점까지 예견하고 증여를 행한 사정이 인정되어야 하고, 이러한 당사자 쌍방의 가해의 인식은 증여 당시를 기준으로 판단하여야 하는데, 그 증명책임은 유류분반환청구권을 행사하는 상속인에게 있다.

06 유류분에 대한 설명으로 가장 적절하지 않은 것은?

난이도 상

① 피상속인에게 자녀 B, C가 있고 사망할 당시 적극재산이 8천만 원, 소극재산이 2천만 원이며 B에게 3년전에 2천만 원을 증여하였고 남동생에게 8개월 전에 1억 원을 증여하였다면 B의 유류분액은 2,500만 원이다.
② 유류분권자는 피상속인의 배우자, 직계비속, 직계존속이다.
③ 증여나 유증이 유류분권자의 유류분을 침해하는 경우 유류분권자에게 유류분반환청구권이 발생한다.
④ 유류분 이상을 특별수익한 공동상속인은 유류분을 침해받은 것이 없으므로 유류분반환청구권이 인정되지 않는다.
⑤ 유류분액에서 공제할 순상속분액은 특별수익을 고려한 구체적인 상속분에서 유류분권리자가 부담하는 상속채무를 공제하여 산정한다.

기본서 페이지 140쪽
핵심 키워드 유류분

정답 및 해설

06 ① 피상속인에게 자녀 B, C가 있고 사망할 당시 적극재산이 8천만 원, 소극재산이 2천만 원이며 B에게 3년 전에 2천만 원을 증여하였고 남동생에게 8개월 전에 1억 원을 증여하였다면 B와 C의 유류분은 4,500만 원이다.
유류분 부족액 = 유류분액 − 특별수익 − 순상속분액
* 형제자매는 유류분 권리자에서 제외되었다.

CFP 수험전략

제5장 상속세 및 증여세의 이해

수험전략

상속세 및 증여세의 이해에 대한 출제 예상문항수는 8~10문항입니다. 우선 학습할 때 상속세의 과세 흐름, 증여세의 과세흐름을 먼저 학습하여 큰 흐름을 먼저 숙지한 후 과세가액, 과세표준 등 세부적인 내용으로 접근하는 방식의 체계적 학습이 필요합니다. 한번 정도 교재를 살펴보았다면 사례문항을 통해 세부적인 내용을 익히고 다시 지식형에 해당하는 부분을 정리하는 방법도 추천드립니다. 또한 일부 계산 사례의 내용은 과세내용을 계산하는 과정과 세금을 부과하는 이유에 대한 내용을 이해하는 것이 조금 어려울 수 있으므로 해당 풀이과정은 우선 이해 보다는 암기하여 풀이과정을 잘 정리한 후 이해하는 과정으로 학습하는 것을 추천합니다.

주요 학습내용 점검

1. 상속설계에서의 상속세와 증여세의 중요성을 설명할 수 있다.
2. 상속에 관한 민법과 세법의 차이를 설명할 수 있다.
3. 상속세와 증여세의 과세방식의 공통점과 차이점을 이해하고 설명할 수 있다.
4. 상속세의 전반적인 과세체계를 이해할 수 있다.
5. 상속공제의 주요내용을 이해할 수 있다.
6. 증여세의 기본적인 과세체계를 이해할 수 있다.
7. 상증법에 규정된 증여추정규정을 알 수 있다.
8. 가업상속공제의 주요 내용에 대해 설명할 수 있다.
9. 상속 및 증여 시 재산의 평가방법에 대해 이해할 수 있다.

출제빈도

교육내용	핵심키워드	학습중요도 상	학습중요도 중	학습중요도 하	예상 출제비중
제1절 상속세와 증여세 개요	• 상속세 증여세 비교 • 민법 세법 비교			○	1~2문항
제2절 상속세	• 상속세 • 상속공제 • 상속세 계산 흐름 • 상속세 납부 • 분납, 연부연납, 물납 • 상속세 계산	○			3~4문항
제3절 증여세	• 증여세 • 증여재산공제 • 증여세 계산 흐름 • 증여세 납부 • 증여추정, 의제 • 증여세 계산	○			3~4문항
제4절 상속재산 및 증여재산의 평가	• 시가 • 보충적 평가방법 • 비상장주식 • 상속재산의 평가	○			2~3문항

CHAPTER 05 상속세 및 증여세의 이해

01 다음의 내용 중 민법의 내용에 해당하는 것은?

① 실종으로 인한 상속개시 시점은 실종선고일이다.
② 상속개시일 전 1년(2년)이내 인출한 재산(또는 채무) 등에 대하여 추정상속재산을 계산한다.
③ 사인증여로 인한 재산의 무상이전에 대하여 상속세를 과세한다.
④ 피상속인이 납입한 생명보험금은 피상속인의 재산이 상속된 것으로 간주하여 상속세 과세가액에 포함한다.
⑤ 상속분을 계산할 때 특별수익은 기간에 대한 제한없이 가산한다.

기본서 페이지 152쪽
핵심 키워드 민법 상속

정답 및 해설

01 ⑤ ● 상속 관련 민법과 세법의 주요 차이점

구분	민법	세법
실종으로 인한 상속개시 시점	실종기간 만료일(보통실종의 경우 5년, 특별실종은 1년)	실종선고일
추정상속재산	해당 사항 없음	피상속인이 상속개시일 전 1년(2년) 이내 인출한 재산이나 채무부담액이 일정 금액 이상이면 상속재산으로 추정함
사전증여재산의 고려	유류분 산정 시 상속인의 특별수익분은 기간제한 없음(10년 이전 분도 합산), 상속인 외 자의 특별수익분은 1년(단, 증여 당사자 쌍방이 유류분 권리자에게 손해를 가할 것을 알고 증여한 경우에는 기간제한 없음)	상속개시일 전 10년(상속인 이외의 자는 5년) 이내 상속인에게 증여한 재산을 상속재산에 가산하고, 그 증여재산에 대한 증여세 산출세액은 상속세 산출세액에서 공제
사전증여재산의 평가 시점	유류분 산정 시 특별수익을 합산할 경우 상속개시일 현재 시점을 기준으로 평가	사전증여재산을 상속재산에 합산하는 경우에는 증여 당시 시점을 기준으로 평가한 가액을 상속세 과세가액에 합산
생명보험금 (피상속인을 계약자 및 피보험자로 하고 상속인을 수익자로 하는 보험 계약)	상속인의 고유재산으로 봄	피상속인의 재산이 상속된 것으로 간주하여 상속세 과세가액에 포함

● 증여 관련 민법과 세법의 주요 차이점

구분	민법	세법
증여 시점	증여계약일을 증여시기로 봄	• 주식 : 소유권 이전일은 객관적으로 확인된 주식의 인도일과 명의개서일 중 빠른 날 • 부동산 : 소유권이전 등기접수일
사인증여의 취급	피상속인의 사망을 원인으로 하는 양당사자 간의 증여계약	법적 형식은 증여지만 피상속인의 사망을 원인으로 한 것이므로 세법에서는 사인증여로 인한 재산의 무상이전에 대해 상속세 과세
증여의제와 증여추정규정	증여계약을 체결하지 않았으므로 증여로 보지 않음	법적 형식에도 불구하고 실질과세 측면에서 증여세를 과세하기 위한 증여의제와 증여추정 규정을 두고 있음

02 상속세와 관련된 설명으로 적절한 것을 모두 고르시오.

난이도 하

> 가. 상속세에서 상속인이란 민법에 따른 상속인을 말하지만 상속을 포기한 사람 및 특별연고자를 포함한다.
> 나. 피상속인의 실종선고로 인하여 상속이 개시되는 경우에는 실종선고일이 상속개시이다.
> 다. 상속재산에는 피상속인의 일신에 전속하는 것으로서 피상속인의 사망으로 인하여 소멸되는 것은 제외한다.
> 라. 피상속인의 재산이라면 피상속인이 거주자이냐 비거주자이냐에 관계없이 과세대상 범위는 동일하게 적용된다.
> 마. 재산을 무상으로 받은 자가 비영리법인인 경우에도 상속세가 과세된다.

① 가, 나, 다, 라, 마
② 나, 다, 마
③ 다, 라, 마
④ 가, 나, 다, 마
⑤ 가, 라, 마

기본서 페이지 159쪽
핵심 키워드 상속세

+ 정답 및 해설

02 ④ 라. 상속세는 피상속인이 거주자이냐 또는 비거주자이냐에 따라 과세대상 범위가 다음과 같이 달라진다.
　　거주자 : 국내외 소재 모든 상속재산
　　비거주자 : 국내에 소재하는 모든 상속재산

03 상속세와 관련된 내용으로 가장 적절하지 않은 것은?

① 영리법인이 받은 상속재산에 대해서는 상속세를 면제하는 대신 법인세를 과세한다.
② 상속인 및 수유자는 각자가 받았거나 받을 재산을 한도로 연대하여 납세할 의무가 있다.
③ 각자가 받았거나 받을 상속재산을 초과하여 대신 납부한 상속세액에 대해서는 다른 상속인에게 증여한 것으로 보아 증여세를 과세한다.
④ 상속결격자나 상속포기자는 민법상 상속인이 아니므로 사전에 증여받는 재산의 유무에 관계없이 상속세 납세의무가 없다.
⑤ 거주자인 상속인 또는 수유자는 상속개시일이 속하는 달의 말일부터 6개월 이내에 상속세의 과세가액 및 과세표준을 납세지 관할 세무서장에게 신고할 의무가 있다.

기본서 페이지 161쪽
핵심 키워드 상속세 납세의무

04 상속세와 관련된 내용으로 가장 적절하지 않은 것은?

① 피상속인 사망으로 받는 보험금 중 피상속인이 보험료를 부담한 것은 상증법상 상속재산에 포함한다.
② 간주상속재산은 상증법에서도 본래의 상속재산으로는 볼 수 없다.
③ 신탁재산의 경우 상증법에서 상속재산 포함 여부는 실질적으로 경제적 이익을 누가 향유하는가에 따라 판단한다.
④ 국민연금법 등 각종 법령에 따른 유족연금, 유족일시금, 재해보상금 등은 상속재산에 포함되지 않는다.
⑤ 민법에서는 사망퇴직금의 지급근거를 미지급임금을 유족에게 직접 지급한다는 점에서 사망퇴직금을 상속재산으로 본다.

기본서 페이지 166쪽
핵심 키워드 상속재산

+ 정답 및 해설

03 ④ 상속결격자나 상속포기자는 민법상 상속인은 아니지만 사전에 증여받은 재산이 있는 경우에는 그 받은 재산 한도 내에서 상속세 납부의무를 진다.

04 ⑤ 민법에서는 사망퇴직금의 지급근거를 미지급임금을 유족에게 직접 지급한다는 점에서 사망퇴직금을 상속재산이 아닌 수급권자의 고유재산으로 본다.

05 추정상속재산에 대한 설명으로 적절한 것을 모두 고르시오.

> 가. 법적취지는 실질과세원칙에 따른다.
> 나. 1년 이상과 2년 이상의 추정상속금액을 비교하여 더 큰 금액을 상속받은 것으로 추정한다.
> 다. 추정배제에 대한 입증책임은 납세자에게 있다.
> 라. 채무부담액의 경우 추정상속재산 포함요건은 피상속인이 국가나 지방자치단체 및 금융회사 등 외의 자에 대하여 채무를 부담한 것으로서 상속인이 변제할 의무가 없는 것으로 추정되어야 한다.
> 마. 상속개시일 이전에 재산 종류별로 1년(2년)에 2억 원(5억 원)이상의 재산을 처분(인출)한 경우 또는 채무를 부담하는 경우에 해당 자금의 용도를 객관적으로 입증하지 못하면 이를 상속재산에 합산한다.

① 나, 다, 라, 마
② 가, 라, 마
③ 가, 나, 다, 라
④ 가, 다, 마
⑤ 나, 다, 마

기본서 페이지 168쪽
핵심 키워드 추정상속재산

정답 및 해설

05 ① 가. 법적취지는 공평과세이다.

06 다음에 설명하는 내용으로 가장 적절하지 않은 것은?

① 2023년 7월 5일에 사망한 피상속인의 상속재산인 토지에 2023년 9월에 당해 연도 귀속 재산세가 부과되었다면 이는 상속재산에서 차감한다.
② 피상속인이 거주하던 주택에서 발생한 전기요금 및 관리비(상속개시일 이전 사용분)미납액은 상속재산에서 차감한다.
③ 피상속인이 생전에 미납한 교통 위반 과태료는 상속재산에서 차감한다.
④ 장례비용 4,000만 원과 납골당 안치비용 1,000만 원이 발생되었다면, 장례비(모두 증빙이 있음)로 1,500만 원을 상속재산에서 차감한다.
⑤ 피상속인이 상속개시일 1년 전에 종교단체에 기부하기로 한 증여계약을 체결하였으나 미이행된 것은 상속재산에서 차감하는 공제대상에서 제외된다.

기본서 페이지 174쪽
핵심 키워드 상속 차감

07 상속세 산출을 위한 증여재산가산액에 대한 설명으로 가장 적절하지 않은 것은?

① 상속포기를 한 상속인이 일정기간 이내에 받은 증여재산도 상속세 과세가액에 포함한다.
② 일정기간 이내에 상속인이 아닌 영리법인, 비영리법인, 기타 단체 등이 증여받은 재산도 상속재산에 합산한다.
③ 특정법인에게 증여 후 5년 이내에 사망한 경우 특정법인의 최대주주 등에게 증여의제된 가액은 상속세 과세가액에 가산한다.
④ 사위에게 6년 전에 증여한 증여재산은 상속세 과세가액에 합산하지 않는다.
⑤ 법인에게 사전증여한 재산은 그 주주가 누구냐와 관계없이 5년 이내 증여재산인 경우 상속재산에 포함한다.

기본서 페이지 178쪽 상속세
핵심 키워드 과세가액

정답 및 해설

06 ③ 피상속인에게 귀속되는 관리비 등 공과금도 차감되는 항목이나 교통위반 과태료는 차감대상에서 제외된다.
07 ③ 특정법인에게 증여 후 5년 이내에 사망한 경우 특정법인에 증여한 재산을 상속재산에 가산하고 증여세 산출세액 상당액을 상속세 산출세액에서 공제하며, 특정법인의 최대주주 등에게 증여의제된 가액은 상속세 과세가액에 가산하지 않는다.

08 상속공제에 대한 설명으로 적절한 것을 모두 고르시오.

가. 기초공제는 2억 원을 공제한다.
나. 자녀공제는 미성년자공제와 중복적용 가능하다.
다. 장애인공제는 다른 인적공제와 중복적용 받을 수 있다.
라. 자녀공제 및 미성년자공제 대상에 태아도 포함된다.
마. 상속인이 비거주자인 경우에는 기초공제만 적용받는다.

① 나, 다, 라, 마 ② 가, 나, 다, 라, 마 ③ 다, 라, 마
④ 가, 다, 마 ⑤ 가, 나, 다, 라

기본서 페이지 179쪽
핵심 키워드 상속공제

09 상속공제에 대한 설명으로 적절한 것을 모두 고르시오.

가. 피상속인의 가업 영위기간이 23년인 경우 공제한도는 600억 원이다.
나. 가업상속공제와 영농상속공제는 중복적용을 배제한다.
다. 영농상속공제는 30억 원을 한도로 공제한다.
라. 가업상속공제를 받을 수 있는 상속인은 상속개시일 현재 만 18세 이상 자녀나 자녀의 배우자로서 소정 요건을 충족한 자이다.
마. 영농상속공제의 경우 사업소득금액(농가부업소득이나 부동산임대소득은 제외)이나 총급여액이 연 3,700만 원 이상인 과세기간이 있는 경우 해당 과세기간에는 피상속인 또는 상속인이 영농에 종사하지 아니한 것으로 본다.

① 나, 다, 라, 마 ② 가, 나, 라, 마 ③ 다, 라, 마
④ 나, 다 ⑤ 가, 나, 다, 라, 마

기본서 페이지 181쪽
핵심 키워드 상속공제

+ 정답 및 해설

08 ⑤ 마. 피상속인이 비거주자인 경우에는 기초공제만 적용받을 수 있다.
09 ① 가. 피상속인의 사업영위기간에 따라 10년 이상 300억 원, 20년 이상 400억 원, 30년 이상 600억 원을 공제한도로 한다.

10. 금융재산 상속공제에 대한 설명으로 가장 적절하지 않은 것은?

① 피상속인의 금융재산 합계액에서 금융채무를 차감한 순금융재산에 대해 공제한다.
② 현금은 순금융재산에 포함한다.
③ 상속세 법정 신고기한까지 신고하지 아니한 타인명의 금융재산은 공제대상에서 제외한다.
④ 최대주주와 그 특수관계인이 보유한 주식 및 출자지분은 공제대상에서 제외한다.
⑤ 순금융재산가액이 3천만 원인 경우 2천만 원을 공제한다.

기본서 페이지 183쪽
핵심 키워드 금융재산 상속공제

11. 동거주택상속공제 요건을 갖춘 주택(시가 18억 원)을 피상속인의 배우자와 직계비속이 법정상속분에 따라 상속을 받았다면 동거주택상속공제액은 얼마인가?

① 7.2억 원
② 5억 원
③ 6억 원
④ 4억 원
⑤ 3억 원

기본서 페이지 185쪽
핵심 키워드 동거주택상속공제

정답 및 해설

10 ② 현금은 금융재산에 포함하지 않는다.
11 ③ 직계비속의 법정상속분은 7.2억 원이나 동거주택상속공제한도액이 6억 원이므로 6억 원을 한도로 공제받을 수 있다.
주택가액의 100%에 상당하는 금액(주택에 담보된 채무 차감, 한도 6억 원, 10년 이상 동거, 자녀(단, 자녀의 사망 또는 결격으로 인한 경우 대습상속인인 배우자 포함))

12 금년 7월 1일 사망하여 상속이 개시되었다면 분납기한은?

① 내년 1월 31일
② 내년 3월 31일
③ 내년 4월 30일
④ 올해 12월 31일
⑤ 올해 9월 30일

기본서 페이지 191쪽
핵심 키워드 분납

13 연부연납에 대한 설명으로 적절한 것을 모두 고르시오.

> 가. 각 회분의 분할납부 세액이 1천만 원을 초과하도록 연부연납기간을 정하여야 한다.
> 나. 연부연납 기간은 일반적인 경우는 10년이나, 가업상속재산에 대해서는 최장 20년 간 적용된다.
> 다. 연부연납 금액 산정식에서 총상속재산가액에는 간주상속재산은 포함하나 추정상속재산, 상속인이 아닌 자에게 유증한 재산, 사전증여재산은 제외한다.
> 라. 연부연납을 신청하는 자는 연부연납 신청세액(가산금 포함)의 120%(현금, 납세보증보험증권 또는 은행이 발행한 납세보증서는 110%) 이상에 상당하는 담보를 제공하여야 한다.
> 마. 가업자산을 상속받지 않는 경우 상속세 연부연납은 1/10씩 나누어 납부한다.

① 나, 다, 라
② 가, 마
③ 다, 라, 마
④ 가, 나, 마
⑤ 가, 나, 다, 라

기본서 페이지 193쪽
핵심 키워드 연부연납

+ 정답 및 해설

12 ② 신고기한(상속개시일이 속하는 달의 말일부터 6개월) + 2개월 = 내년 3월 31일
13 ⑤ 가. 상속세 납부기한까지 1/11을 납부하고 나머지 10/11은 10년 동안 1/11씩 나누어 납부할 수 있다.

14 연부연납과 물납에 대한 설명으로 가장 적절하지 않은 것은?

① 연부연납에 따라 세액을 납부하는 경우 연부연납 가산금을 각 회분의 분납세액에 가산하여 납부하여야 한다.
② 가업상속재산 상속에 따른 연부연납 적용을 받은 기업이 연부연납허가일로부터 일정기간 이내에 상속받은 가업을 폐업하는 등의 사유가 발생하면 연부연납 허가일로부터 10년 이내인 경우 10년에 미달하는 잔여기간에 한하여 연부연납을 변경하여 허가한다.
③ 연부연납 시 적용될 가산율은 시중은행의 1년 만기 정기예금 평균 수신금리를 고려하여 국세기본법 시행규칙 제19조의3에서 정한 국세환급가산금의 이율을 준용한다.
④ 물납을 신청하기 위한 조건 중 하나는 상속세 납부세액이 2천만 원을 초과하여야 한다.
⑤ 상속재산이나 증여재산의 가액 중 부동산과 유가증권의 가액이 해당 상속 또는 증여재산가액의 1/2을 초과하는 경우 물납사유에 해당한다.

기본서 페이지 196쪽
핵심 키워드 연부연납, 물납

정답 및 해설

14 ⑤ 2016년 1월 1일 이후부터는 상속세에 한해 상속받은 금융재산이 상속세 납부세액에 미달할 경우에만 물납을 허용하는 것으로 변경하였다.
납세지 관할 세무서장은 다음의 요건을 모두 갖춘 경우에는 납세의무자의 신청을 받아 물납을 허가할 수 있다.
  ① 상속재산(상속재산에 가산하는 증여재산 중 상속인 및 수유자가 받은 증여재산을 포함) 중 부동산과 유가증권(국내에 소재하는 부동산 등 물납에 충당할 수 있는 재산으로 한정)의 가액이 해당 상속재산가액의 2분의1을 초과할 것
  ② 상속세납부세액이 2천만 원을 초과할 것
  ③ 상속세납부세액이 상속재산가액 중 금융재산의 가액(상속재산에 가산하는 증여재산의 가액은 포함하지 않음)을 초과할 것

15 증여세에 대한 설명으로 가장 적절하지 않은 것은?

① 민법상 증여란 청약과 승낙으로 성립하는 계약을 의미한다.
② 세법에서는 부담부증여의 경우 채무부담분에 대해서는 이를 대가성이 있으므로 양도로 보며, 증여재산에서 채무부담분을 제외한 가액에 대해서만 증여로 본다.
③ 사인증여로 받은 재산은 그 원인이 상속에 기인한 것이므로 이를 증여세가 아니라 상속세과세대상으로 본다.
④ 증여세 완전포괄주의의 근거 및 영리법인의 주주 등에 대한 증여세 과세범위를 명확히 하였다.
⑤ 증여로 재산을 취득하고 증여세를 납부한 후 재산가치가 증가한 경우에는 증여세 과세대상이 아니다.

기본서 페이지 199쪽
핵심 키워드 증여세 완전포괄주의

정답 및 해설

15 ⑤ 증여세 완전포괄주의 근거 명확화
다음의 경우에 증여세를 과세하도록 하였다(상증법 제4조 제1항 및 제2항).
① 무상 또는 현저히 낮은 대가를 주고 재산 또는 이익을 이전 받음으로써 발생하는 이익이나 현저히 높은 대가를 받고 재산 또는 이익을 이전함으로써 이익이 발생한 경우
② 재산취득 후 재산가치가 증가한 경우
③ 증여예시규정 및 증여의제규정 요건을 충족하는 경우
④ 증여예시규정과 경제적 실질이 유사한 경우 등 증여예시규정을 준용하여 증여재산가액을 계산할 수 있는 경우

16 다음 중 증여로 보는 경우는?

① 어느 상속인이 상속재산을 초과하는 채무를 인수하는 경우
② 상속세 과세표준 신고기한 이내에 재분할에 의하여 당초 상속분을 초과하여 취득한 경우
③ 상속회복청구의 소에 의한 법원의 확정판결에 의하여 상속인 및 상속재산에 변동이 있는 경우
④ 채권자대위권의 행사에 의하여 공동상속인들의 법정상속분대로 등기된 상속재산을 상속인 사이의 협의분할에 의하여 재분할하는 경우
⑤ 상속세 과세표준 신고기한 내에 상속세를 물납하기 위하여 법정상속분으로 등기·등록 및 명의개서 등을 하여 물납을 신청하였다가 물납허가를 받지 못하거나 물납재산의 변경 명령을 받아 당초의 물납재산을 상속인 간의 협의분할에 의하여 재분할하는 경우

기본서 페이지 203쪽
핵심 키워드 증여로 보는 경우

정답 및 해설

16 ① 어느 상속인이 상속재산을 초과하는 채무를 인수하는 경우에는 그 초과한 채무를 인수한 자가 다른 상속인에게 재산을 증여한 것으로 보아 증여세를 과세한다.
②~⑤는 증여로 보지 않은 경우이다.

17 증여세에 대한 설명으로 적절한 것을 모두 고르시오.

난이도 상

가. 재산관리 편의 목적 등의 이유로 일단 상속재산 협의분할로 특정인에게 단독 등기 후 그 재산을 매각하여 매각대금 분배 시 그 대금을 분배받은 상속인에게 증여세가 과세된다.

나. 상속재산을 공동상속인이 민법 규정에 따라 협의분할하면서 법정상속지분을 초과하여 취득하는 부분에 대하여 다른 상속인에게 대가를 지급하는 경우 이는 자산을 유상으로 매매한 것으로 보아 대가를 받은 상속인에게 양도소득세를 과세한다.

다. 간주상속재산에 해당하는 생명보험금을 공동상속인 간의 자의적인 협의분할에 의하여 지정수익자 외의 자가 분배받은 경우에는 증여세가 과세된다.

라. A, B, C 세명의 상속인이 있는데 상속재산 분배의 편의상 상속재산인 부동산을 일단 A명의로 등기한 후 이를 매각한 대금을 B와 C에게 분배한 경우 그 분배 대금에 대해서는 증여세를 과세하지 않는다.

마. 증여받은 자가 증여계약의 해제로 증여재산을 반환(금전은 제외)하거나 증여자에게 재산을 다시 증여하는 경우에는 반환시기에 따라 증여세 과세여부가 달라진다.

① 가, 나, 다, 라, 마
② 가, 다, 마
③ 나, 다, 라
④ 가, 나, 다, 마
⑤ 다, 라, 마

기본서 페이지 204쪽
핵심 키워드 증여세 과세 대상

정답 및 해설

17 ④ 라. A, B, C 세 명의 상속인이 있는데 상속재산인 부동산을 일단 A 명의로 등기한 후 이를 매각한 대금을 B와 C에게 분배한 경우 그 분배 대금에 대해서는 증여세를 과세한다.

18. 다음의 내용으로 가장 적절하지 않은 것은?

반환(재증여)시기	당초 증여분	반환(재증여)분
증여세 신고기한 이내	① 과세 제외	④ 과세제외
신고기한 경과 후 3개월 이내	② 과세	⑤ 과세제외
신고기한 경과 후 3개월 후	과세	과세
금전(증여세 신고기한 이내)	③ 과세 제외	과세

기본서 페이지 205쪽
핵심 키워드 증여재산의 반환

19. 다음 중 홍길동씨가 납부할 의무가 있는 세금을 모두 묶은 것은?

피상속인 생전에 증여에 의하여 재산을 증여받은 A가 증여받은 재산을 매각하여 금전으로 환가한 후 유류분 권리자인 홍길동에게 반환하는 경우에는 유류분 권리자인 홍길동이 납부할 세금으로 가장 적절한 것은?

① 증여세
② 증여세, 상속세
③ 상속세
④ 양도소득세
⑤ 상속세, 양도소득세

기본서 페이지 206쪽
핵심 키워드 유류분, 상속세, 증여세

정답 및 해설

18 ③ ● 증여재산의 반환과 증여세 과세 여부

반환(재증여)시기	당초 증여분	잔환(재증여)분
증여세 신고기한 이내	과세 ×	과세 ×
신고기한 경과 후 3개월 이내	과세	과세 ×
신고기한 경과 후 3개월 후	과세	과세
금전(시기 관계없음)	과세	과세

19 ⑤ 피상속인 생전에 증여에 의하여 재산을 증여받은 A가 증여받은 재산을 매각하여 금전으로 환가한 후 유류분 권리자인 홍길동에게 반환하는 경우에는 유류분 권리자인 홍길동은 당해 재산을 상속받아 양도한 것으로 보아 각각 상속세와 양도소득세 납부의무가 있다.

20 증여세 납세의무와 관련된 설명으로 가장 적절하지 않은 것은?

난이도 하

증여자	수증자	국내소재재산	국외소재재산
거주자	거주자	과세	① 과세
비거주자	거주자	② 과세	③ 과세
거주자	비거주자	과세	④ 과세권 없음
비거주자	비거주자	⑤ 과세	과세권 없음

기본서 페이지 207쪽
핵심 키워드 증여세 납세의무자

21 비과세 증여재산에 대한 설명으로 가장 적절하지 않은 것은?

난이도 하

① 정당법에 따른 정당이 증여받은 재산의 가액
② 사회통념상 인정되는 부의금
③ 혼수용품으로 통상 필요하다고 인정되는 금품
④ 장애인을 보험금 수령인으로 하는 보험으로서 연간 5천만 원 한도
⑤ 근로복지기본법에 따른 사내근로복지기금이 증여받은 재산의 가액

기본서 페이지 214쪽
핵심 키워드 비과세 증여재산

＋ 정답 및 해설

20 ④ ● 거주자·비거주자의 증여세 납세의무

증여자	수증자	국내소재 재산	국외소재 재산
거주자	거주자	과세	과세
비거주자	거주자	과세	과세
거주자	비거주자	과세	과세
비거주자	비거주자	과세	과세권 없음

21 ④ 장애인을 보험금 수령인으로 하는 보험으로서 소득세법 시행령 제107조 제1항 각호의 어느 하나에 해당하는 자를 수익자로 한 보험의 보험금, 이 경우 비과세 되는 보험금은 연간 4천만 원을 한도로 한다(상증령 제35조 제6항).

22

2025년 현재 증여재산공제액(10년 단위, 혼인 출산관련 증여는 없음)에 대한 설명으로 가장 적절하지 않은 것은?

① 배우자가 배우자에게 증여하는 경우 6억 원
② 계모가 계자녀에게 증여하는 경우 공제 적용 없음
③ 부모가 미성년 자녀에게 증여하는 경우 2천만 원
④ 직계비속이 직계존속에게 증여하는 경우 5천만 원
⑤ 6촌 이내 혈족이 증여하는 경우 1천만 원

기본서 페이지 219쪽
핵심 키워드 증여재산공제

정답 및 해설

22 ② ○ 증여재산공제

증여세	증여재산 공제액
배우자(사실혼 제외)	6억 원
직계존속 (2010.1.1. 이후 계부·계모 포함)	① 5천만 원(수증자가 미성년이면 2천만 원) 　(2014.1.1. 이후 증여받는 분부터 적용. 종전 증여분은 3천만 원) ② 혼인·출산공제 : 1억 원 　(2024.1.1. 이후 증여받는 분부터 적용)
직계비속 (수증자와 혼인 중인 배우자의 직계비속 포함)	5천만 원 (2016.1.1. 이후 증여받는 분부터 적용. 종전 증여분은 3천만 원)
기타 친족 (6촌 이내의 혈족, 4촌 이내의 인척)	1천만 원 (2016.1.1. 이후 증여받는 분부터 적용. 종전 증여분은 5백만 원)

23 보험금증여에 대한 설명으로 적절한 것을 모두 고르시오.

난이도 중

> 가. 재산을 먼저 증여받은 후 보험계약을 체결하는 경우에도 경제적인 실질이 유사한 경우에는 수령하는 보험금 중 일정한 금액을 증여재산가액으로 한다.
> 나. 보험료를 납입한 자와 보험금을 받는 자가 다른 경우에는 실질적으로 재산의 무상이전이 일어난 것으로 보아 상속세나 증여세 과세대상이 된다.
> 다. 보험계약자와 수익자가 같은 경우에는 다른 사람이 납입한 경우라도 이를 증여로 보지 않는다.
> 라. 보험금 수령인과 보험료 납부자가 다른 경우에는 보험사고가 발생한 때에 보험금에서 납부한 보험료 총 합계액 중 보험금 수령인이 아닌 자가 납부한 보험료의 점유비율에 상당하는 금액을 보험금수령인의 증여재산가액으로 한다.
> 마. 보험계약기간 내에 보험금 수령인이 타인으로부터 재산을 증여받아 보험료를 납부한 경우에는 보험료 불입액에 대한 보험금 상당액에서 당해 보험료 불입액을 차감한 가액을 증여재산가액으로 한다.

① 다, 라, 마
② 나, 다, 라
③ 가, 나, 라, 마
④ 가, 다, 마
⑤ 나, 다, 라, 마

기본서 페이지 228쪽
핵심 키워드 보험금 증여

+ 정답 및 해설

23 ③ 다. 보험계약 상 계약자로 되어 있으나 실질적으로 보험료를 다른 사람이 납입한 경우에는 계약자와 수익자가 같더라도 실질적으로 재산의 무상이전이 발생한 것으로 보아 상속세나 증여세가 과세된다.

24 저가양수·고가양도에 따른 이익 증여에 대한 설명으로 가장 적절하지 않은 것은?

① 특수관계가 있는 개인 간에 양도소득세 과세대상 자산을 저가양도하는 경우로서 양도소득세 부당행위계산부인 규정이 적용되는 경우에 양도자에게 양도소득세를 과세할 수 있다.
② 특수관계인 간 거래에 대해서는 해당 거래뿐 아니라, 해당 거래 등을 한 날부터 소급하여 1년 이내에 동일한 거래 등이 있는 경우에는 이를 합산하여 금액기준을 적용한다.
③ 특수관계에 있는 개인 간에 재산을 고가로 거래시에는 양도자는 부당행위계산부인규정이 적용되어 시가로 양도한 것으로 본다.
④ 개인과 특수관계법인 간에 고가양도나 저가양수 거래가 있는 경우 이익을 본 거래 당사자에게 소득세나 법인세가 과세된다.
⑤ 아버지에게 시가 1억 원의 부동산을 5억 원에 고가 양도하였다면 증여세 납세의무자는 아버지이다.

기본서 페이지 230쪽
핵심 키워드 저가양수, 고가양도

+ 정답 및 해설

24 ⑤ 고가양도로 인해 이익을 본 자녀에게 증여세가 과세된다.

25 특수관계인 간인 홍길동은 시가 11억 원의 부동산을 홍일동에게 5억 원에 양도하였다. 특수관계인 간 재산의 저가양도의 경우 양도소득세 계산을 위한 양도가액으로 가장 적절한 것은?

① 7억 원
② 11억 원
③ 6억 원
④ 8억 원
⑤ 4억 원

기본서 페이지) 231쪽
핵심 키워드) 저가양도, 양도소득세

26 특수관계 없는 개인 간 고가양도거래에 따른 증여재산가액은?

> 시가 1억 원의 부동산을 5억 원에 고가양도하였다.

① 4억 원
② 3억 원
③ 2억 원
④ 1억 원
⑤ 없음

기본서 페이지) 233쪽
핵심 키워드) 고가양도 증여재산가액

정답 및 해설

25 ② 재산을 저가로 양도하여 소득세법 상 부당행위계산부인에 해당하여 양도소득세 계산 시 양도가액을 11억 원으로 하여 양도소득세를 과세한다.

26 ④ ○ 비특수관계인 간 저가·고가 거래 증여이익

구분	수증자	과세기준	증여재산가액
저가양수	양수자	(시가 − 대가) 차액이 시가의 30% 이상	(시가 − 대가) − 3억 원
고가양도	양도자	(대가 − 시가) 차액이 시가의 30% 이상	(대가 − 시가) − 3억 원

대가 5억 원 − 시가 1억 원 − 3억 원 = 1억 원

27. 부동산 무상사용에 따른 이익의 증여에 대한 설명으로 적절한 것을 모두 고르시오.

가. 그 무상 사용을 개시한 날을 증여일로 하여 그 이익에 상당하는 금액을 부동산 무상사용자의 증여재산가액으로 한다.
나. 그 이익에 상당하는 금액이 최대 5천만 원 미만인 경우에는 제외한다.
다. 평가기준일 경과연수는 5년 단위로 계산한다.
라. 부동산가액이 약 13.2억 원이 넘는 경우에 이익이 1억 원 이상이 되어 증여세가 과세된다.
마. 부동산가액은 상증법상 부동산 평가액(원칙 : 시가, 시가가 없으면 보충적 평가방법에 의한 평가액)으로 한다.

① 나, 다, 마
② 가, 다, 라, 마
③ 다, 라
④ 가, 나, 라
⑤ 나, 마

기본서 페이지 237쪽
핵심 키워드 부동산 무상사용

정답 및 해설

27 ② 나. 그 이익에 상당하는 금액이 1억 원 미만인 경우에는 제외한다.

부동산 담보제공에 따른 이익 = 적정이자 − 실제 차입이자
※ 적정이자 : 차입금에 세법에서 정한 이자율을 곱하여 계산한 금액을 말하는데 세법상 이자율은 연 4.6%(법인세법 시행규칙 제43조)임

28 다음 중 상속 및 증여추정규정에 해당하는 것을 빠짐없이 모두 묶은 것은?

> 가. 배우자등에 대한 양도 시 증여추정
> 나. 재산취득자금 등의 증여추정
> 다. 상속개시 전 처분재산의 상속추정
> 라. 사전증여재산 증여추정
> 마. 간주상속재산 증여추정

① 가, 나, 다
② 가, 나, 라
③ 나, 라, 마
④ 다, 라, 마
⑤ 가, 다, 라

기본서 페이지: 242쪽
핵심 키워드: 증여추정규정

29 다음 ( )의 내용으로 가장 적절한 것은?

> 특수관계인에게 양도한 재산을 그 특수관계인이 양수일부터 ( ) 이내에 당초 양도자의 배우자등에게 다시 양도한 경우에는 양수자가 그 재산을 양도한 당시의 재산가액을 그 배우자등이 증여받은 것으로 추정하여 이를 배우자등의 증여재산가액으로 한다. 양도인과 특수관계인의 양도소득세 결정세액의 합계액이 증여추정 시의 증여세액보다 클 경우에는 증여로 추정하지 않고 이를 그대로 양도로 본다.

① 3년
② 5년
③ 7년
④ 10년
⑤ 15년

기본서 페이지: 243쪽
핵심 키워드: 특수관계인 증여추정

+ 정답 및 해설

28 ① 사전증여재산, 간주상속재산은 증여추정 규정의 내용이 아니다.
29 ① 3년

30

다음 중 재산취득자금의 증여추정금액에 해당하지 않은 것은?

① 재산취득금액 8억 원, 입증금액 6.8억 원
② 재산취득금액 9억 원, 입증금액 5억 원
③ 재산취득금액 15억 원, 입증금액 12.5억 원
④ 재산취득금액 11억 원, 입증금액 8.9억 원
⑤ 재산취득금액 12억 원, 입증금액 9.6억 원

기본서 페이지 244쪽
핵심 키워드 재산취득자금 증여추정

정답 및 해설

30 ① 증여추정 시 증여로 보는 금액은 다음과 같이 확인한다.

● 증여추정 적용 시 증여로 보는 금액

증여추정 제외 요건	입증하지 못한 금액(Min[재산취득가액 × 20%, 2억 원])
증여재산가액	입증하지 못한 금액

● 증여추정 배제기준

구분	취득재산		채무상환	총액한도
	주택	기타재산		
30세 미만인 자	5천만 원	5천만 원	5천만 원	1억 원
30세 이상인 자	1.5억 원	5천만 원	5천만 원	2억 원
40세 이상인 자	3억 원	1억 원	5천만 원	4억 원

31 명의신탁재산의 증여의제와 관련된 내용으로 가장 적절하지 않은 것은?

① 명의신탁재산을 증여한 것으로 보는 경우(명의자가 영리법인인 경우 포함)에는 실제소유자가 해당 재산에 대하여 증여세를 납부할 의무를 진다.
② 납세자가 부정행위로 명의신탁 증여의제와 관련한 상속세·증여세를 포탈하는 경우(대상 자산가액이 100억 미만인 경우 제외) 과세관청은 해당 자산의 상속 또는 증여가 있음을 안 날부터 1년 이내에 상속세 및 증여세를 부과할 수 있다.
③ 명의신탁주식을 매각한 후 증여세 신고기한 이내에 주식매각대금으로 실제 소유자에게 반환된 경우 '증여받은 재산의 반환'으로는 볼 수 없어 당초 명의신탁재산에 대한 증여의제로 증여세를 과세한다.
④ 명의신탁 해지는 실질소유자가 본인 명의로 가져오는 것이므로 세법상 이를 양도나 증여로 보지 않는다.
⑤ 명의신탁재산을 실질소유자의 배우자나 직계존비속 명의로 바꾸는 경우에는 이를 실소유자가 그 바뀐 명의자에게 증여한 것으로 보아 증여세를 과세한다.

기본서 페이지 247쪽
핵심 키워드 명의신탁 재산

+ 정답 및 해설

31 ② 상속인이나 증여자 및 수증자(受贈者)가 사망한 경우와 포탈세액 산출의 대상 재산가액이 50억 원 이하인 경우에는 그러하지 아니한다.

32 난이도 하

상속재산 및 증여재산의 평가에 대한 내용이다. (   )에 들어갈 내용으로 가장 적절한 것은?

> 상증법에서는 재산의 평가시점을 상속개시일 또는 증여일로 하고 있으며, 상속재산은 상속개시 일 전후 6개월, 증여재산은 증여일 전 6개월 및 후 (   ) 이내의 매매·감정·수용·공매·경매가액 등을 시가로 인정하고 있다. 그리고 평가기간에 해당하지 않는 기간으로서 평가기준일 전 (   ) 이내의 기간 중에 매매 등 가액이 있거나 평가기간이 경과한 후부터 상속증여세의 법정결정기한(상속세는 상속세 과세표준 신고기한으로부터 (   ), 증여세는 증여세 과세표준 신고기한으로부터 6개월)까지의 기간 중에 매매 등이 있는 경우에도 법에서 정한 사유로 상속인 또는 납세자, 지방국세청장 또는 관할 세무서장이 신청하는 때에는 국세청 내의 평가심의위원회의 심의를 거쳐 해당 매매 등의 가액을 시가에 포함시킬 수 있다.

① 3개월, 2년, 9개월
② 1개월, 2년, 7개월
③ 3개월, 1년, 6개월
④ 2개월, 2년, 9개월
⑤ 5개월, 1년, 10개월

기본서 페이지 256쪽
핵심 키워드 상속 증여재산의 평가

정답 및 해설

32 ① 상증법에서는 재산의 평가시점을 상속개시일 또는 증여일로 하고 있으며, 상속재산은 상속개시 일 전후 6개월, 증여재산은 증여일 전 6개월 및 후 3개월 이내의 매매·감정·수용·공매·경매가액 등을 시가로 인정하고 있다. 그리고 평가기간에 해당하지 않는 기간으로서 평가기준일 전 2년 이내의 기간 중에 매매 등 가액이 있거나 평가기간이 경과한 후부터 상속증여세의 법정결정기한(상속세는 상속세 과세표준 신고기한으로부터 9개월, 증여세는 증여세 과세표준 신고기한으로부터 6개월)까지의 기간 중에 매매 등이 있는 경우에도 법에서 정한 사유로 상속인 또는 납세자, 지방국세청장 또는 관할 세무서장이 신청하는 때에는 국세청 내의 평가심의위원회의 심의를 거쳐 해당 매매 등의 가액을 시가에 포함시킬 수 있다.
또한 평가기간 내에 둘 이상의 공신력 있는 감정기관이 평가한 감정가액이 있는 경우에는 그 감정가액의 평균액(기준시가 10억 이하의 재산은 1개의 감정가액도 인정)

33 비상장주식의 평가와 관련된 내용으로 가장 적절하지 않은 것은?

① 주식 자체를 감정받은 가액으로 평가한다.
② 비상장주식도 평가기준일 전후 6개월(증여재산의 경우 전 6개월, 후 3개월) 이내에 불특정 다수인 사이의 객관적 교환가치를 반영한 거래가액이 확인되는 경우에는 이를 시가로 보아 평가한다.
③ 해당 법인이 보유한 자산을 감정가액으로 평가하는 것도 인정된다.
④ 대부분의 비상장주식은 세법상 시가로 보기 어려운 경우가 많으므로 세법에서는 비상장주식에 대해 보충적 평가방법을 두고 있다.
⑤ 순자산가치와 순손익가치의 가중평균액으로 평가한다.

기본서 페이지 258쪽
핵심 키워드 비상장주식 평가

34 상속재산 및 증여재산의 평가방법에 대한 설명으로 적절한 것을 모두 고르시오.

가. 코스피나 코스닥에 상장된 주식은 평가기준일 이전 2개월 및 이후 2개월(총 4개월)간 거래소 최종시세가액의 평균액으로 평가한다.
나. 정기금을 받을 권리의 평가 대상 중 평가기준일 현재 계약의 철회, 해지, 취소 등을 통해 받을 수 있는 일시금이 다음의 정기금 평가방법에 따라 평가한 가액보다 큰 경우에는 그 일시금의 가액에 의한다.
다. 유기정기금은 1년분 정기금액의 20배를 초과할 수 없다.
라. 무기정기금은 1년분 정기금액의 20배에 상당하는 금액으로 한다.
마. 정기금을 받을 권리의 평가에 적용하는 기획재정부령이 정하는 이율은 연 2.9%이다.

① 나, 다, 마 ② 가, 라, 마 ③ 나, 다, 라 마
④ 가, 다, 라 ⑤ 가, 나, 다, 라

기본서 페이지 268쪽
핵심 키워드 상속재산평가, 정기금 평가

+ 정답 및 해설

33 ① 비상장주식을 평가함에 있어 해당 법인이 보유한 자산을 감정가액으로 평가하는 것은 인정되지만, 주식 자체를 감정받은 가액은 인정하지 않는다.
34 ⑤ 라. 연 3%이다.

CFP 수험전략

제6장 가업승계 설계

수험전략

가업승계설계에 대한 출제 예상문항수는 0~1문항입니다. 가업승계와 관련하여 기본적인 내용을 어렵지 않게 정리된 내용입니다. 따라서 1절에 해당하는 내용은 가볍게 정리한다는 생각으로 학습하실 수 있습니다. 그리고 2절의 내용은 5장에서 학습한 가업승계와 관련된 내용을 보다 상세하게 그리고 계산위주로 기술되어 있으므로 내용이 조금 어렵습니다. 우선 계산문제를 먼저 풀어 기본적인 흐름을 숙지한 후 가업승계지원세제의 차이점, 증여자와 수증자의 요건, 사후관리요건 등을 학습하시는 것을 추천드립니다.

주요 학습내용 점검

1. 가업승계의 개념과 주요 고려요소를 설명할 수 있다.
2. 가업승계의 유형에 대해 설명할 수 있다.
3. 생전승계의 유형에 대해 설명할 수 있다.
4. 가업승계설계 시 고려사항에 대해 설명할 수 있다.
5. 가업승계의 실행 프로세스에 대해 이해하고 설명할 수 있다.
6. 가업승계와 관련한 이해관계자에 대해 이해하고 설명할 수 있다.
7. 가업승계와 관련한 세금의 종류를 설명할 수 있다.
8. 가업승계와 관련한 조세지원제도의 주요 내용을 설명할 수 있다.
9. 상속세 연부연납, 분납, 물납에 대해 설명할 수 있다.
10. 후계자 육성프로그램과 경영자 노후자금의 중요성에 대해 설명할 수 있다.
11. 가업승계설계 계획을 수립하여 제안할 수 있다.

출제빈도

교육내용	핵심키워드	학습중요도 상	학습중요도 중	학습중요도 하	예상 출제비중
제1절 가업승계의 이해	• 생전승계 • 사후승계 • 가업승계절차			○	0~1문항
제2절 가업승계설계의 실행	• 가업상속공제 • 가업승계 증여세 과세특례 • 창업자금 증여세 과세특례 • 상속세, 증여세 납부유예		○		0~1문항

CHAPTER 06 가업승계 설계

01 가업상속공제에 대한 설명으로 적절한 것을 모두 고르시오.

> 가. 가업상속공제의 경우 개인 기업은 적용대상에서 제외된다.
> 나. 25년이 된 기업은 400억 원을 한도로 적용받을 수 있다.
> 다. 18세 이상의 자녀나 자녀의 배우자(상속개시일 전2년 이상 직접 가업에 종사)가 증여받고 요건을 모두 충족해야 한다.
> 라. 상속세 신고기한이내 임원으로 취임해야 한다.
> 마. 상속세 신고 기한 후 2년 내에 대표자로 취임해야 한다.

① 나, 다, 라, 마
② 가, 라, 마
③ 다, 라, 마
④ 나, 라
⑤ 가, 나, 다, 라, 마

기본서 페이지 292쪽
핵심 키워드 가업상속공제

+ 정답 및 해설

01 ① 가. 개인기업과 법인기업 모두 적용받을 수 있다.

02 가업승계와 관련된 내용으로 가장 적절하지 않은 것은?

① 회사의 지배권을 확실하게 하기 위해서는 대표적인 회사 형태인 주식회사의 경우 의결권 있는 주식의 3분의 2 이상을 후계자가 확보하도록 하는 것이 바람직하다.
② 상법상 정관변경 등을 위한 특별결의는 "출석한 주주의 의결권의 3분의 2 이상의 수와 발행주식 총수의 3분의 1 이상의 수"를 요건으로 하고 있다.
③ 후계자 지분의 확보는 단번에 이루어지기 보다는 몇 번에 걸쳐 실행되는 경우가 많다.
④ 가업승계 증여세 과세특례를 적용받았더라도 가업상속요건을 모두 갖춘 경우에는 가업상속공제도 받을 수 있다.
⑤ 상속 시 지원세제는 가업을 상속받았을 때 최대 400억 원까지 공제 받을 수 있는 가업상속공제와 상속세를 최대 20년까지 나누어 낼 수 있는 가업승계 연부연납 특례가 있다.

기본서 페이지 292쪽
핵심 키워드 가업승계

정답 및 해설

02 ⑤ 상속 시 지원세제는 가업을 상속받았을 때 최대 600억 원까지 공제 받을 수 있는 가업상속공제와 상속세를 최대 20년까지 나누어 낼 수 있는 가업승계 연부연납 특례가 있다.

03 가업승계 증여세 과세특례제도에 대한 설명으로 가장 적절하지 않은 것은?

① 법인과 개인기업 모두 적용이 가능하다.
② 대상기업은 10년 이상 계속하여 경영한 중소기업·중견기업이어야 한다.
③ 증여자는 60세 이상인 수증자의 부모(부모가 사망한 경우에는 (외)조부모 포함)이어야 한다.
④ 수증자는 증여일 현재 18세 이상이고 거주자인 자녀이어야 한다.
⑤ 증여일로부터 3년 이내에 대표이사에 취임하여야 한다.

기본서 페이지   298쪽
핵심 키워드   가업승계

정답 및 해설

03 ① 법인만 적용 가능하다.

○ 가업승계 증여세 과세특례 요건

구분	내용
대상 기업	• 가업상속공제와 달리 법인만 적용 가능함(개인사업자는 적용 불가) • 그 외 가업 요건은 가업상속공제와 같음
증여자	• 가업주식의 증여일 현재 중소기업 등인 가업을 10년 이상 계속하여 경영한 60세 이상인 수증자의 부모(증여 당시 부모가 사망한 경우에는 (외)조부모 포함) 이어야 함 • 다음 어느 하나의 기간 중 대표이사로 재직 　- 가업영위기간의 50% 이상 　- 증여일부터 소급하여 10년 중 5년 이상 • 10년 이상 계속하여 경영한 중소기업 등으로서 증여자와 그의 친족 등 특수관계에 있는 자의 주식 등을 합하여 해당 법인의 발행주식 총수 또는 출자총액의 100분의 40(상장법인은 100분의 20) 이상의 주식 등을 10년 이상 계속하여 보유해야 함
수증자	• 증여일 현재 18세 이상이고 거주자인 자녀이어야 함 • 가업 주식을 증여받은 수증자 또는 그 배우자가 증여세 신고기한(증여일의 말일부터 3개월)까지 가업에 종사하고, 증여일로부터 3년 이내에 대표이사에 취임하여야 함(2인 이상이 가업을 승계하는 경우에도 특례적용 가능함)
사후관리	가업주식 증여일로부터 5년 이내 정당한 사유 없이 다음 중 하나에 해당하는 경우 가업주식의 가액을 일반 증여재산으로 보아 이자상당액과 함께 기본세율(10~50%)로 증여세를 다시 부과함 • 수증자가 주식 등을 증여받은 날로부터 3년 이내에 대표이사로 취임하지 않거나 5년까지 대표이사직을 유지하지 않는 경우 • 가업을 승계한 후 주식 등을 증여받은 날로부터 5년 이내에 정당한 사유없이 다음에 해당하게 된 경우 　- 가업에 종사하지 아니하거나 가업을 휴업(실적이 없는 경우 포함) 또는 폐업하는 경우 　- 주식 등을 증여받은 수증자의 지분이 감소하는 경우

04 창업자금 증여 과세특례 요건에 대한 설명으로 적절한 것을 모두 고르시오.

난이도 하

가. 4년 이내 창업자금을 사용하여야 한다.
나. 수증자는 18세 이상 거주자이어야 한다.
다. 한도 내 금액에 대하여는 증여세 누진세율을 적용하지 않고 증여세를 계산한다.
라. 창업에 사용한다면 현금, 토지, 건물 등 증여재산의 종류에는 제한이 없다.
마. 수증자의 수에 관계없이 특례적용이 가능하다.

① 가, 나, 라 ② 나, 다, 라, 마 ③ 가, 다, 마
④ 가, 나, 다, 마 ⑤ 다, 라, 마

기본서 페이지 302쪽
핵심 키워드 창업자금 증여 과세 특례

정답 및 해설

04 ④ 라. 증여재산은 양도소득세 과세대상이 아닌 재산이어야 한다.

○ 창업자금 증여세 과세특례 요건

구분	내용
증여재산	증여재산은 양도소득세 과세대상이 아닌 재산이어야 한다. ※ 양도소득세 과세대상(소득세법 제94조 제1항) 　토지 또는 건물, 부동산에 관한 권리(부동산을 취득할 수 있는 권리, 지상권, 전세권과 등기된 부동산 임차권), 주식 또는 출자지분(주권상장법인 소액주주 제외), 기타자산(사업용 고정자산과 함께 양도하는 영업권, 시설물 이용권 등) 따라서 창업자금 증여 가능 재산은 현금과 예금, 소액주주 상장주식, 국공채나 회사채와 같은 채권 등이 있다.
증여자	60세 이상의 부모(증여 당시 부모가 사망한 경우에는 (외)조부모 포함)로부터 증여받아야 한다.
수증자	창업자금의 증여일 현재 수증자는 18세 이상인 거주자이어야 한다. 창업자금 증여세 과세특례는 수증인 수에 관계없이 특례적용이 가능하다. 예를 들어 부모가 장남과 장녀에게 50억 원씩 창업자금을 증여하는 경우 각각 과세특례 증여 가능하다.
사후관리	다음에 해당하는 경우 증여세(또는 상속세)에 이자상당액을 가산하여 추징한다. • 2년 이내에 창업하지 아니한 경우 • 창업자금을 증여받은 자가 증여받은 날부터 4년이 되는 날까지 창업자금을 모두 사용하지 않은 경우 • 증여받은 후 10년 이내에 창업자금(창업으로 인한 가치증가분 포함)을 해당 사업용도 외의 용도로 사용한 경우 • 창업 후 10년 이내에 해당 사업을 폐업하거나 휴업(실질적 휴업 포함)한 경우 또는 수증자가 사망한 경우

05 가업승계 상속·증여세 납부유예 제도에 대한 설명으로 적절한 것을 모두 고르시오.

> 가. 증여세 납부유예의 경우에도 납세담보를 제공한다.
> 나. 상속세 납부유예기간(상속개시일로부터 20년)이 종료되면 가업상속공제를 적용한 상속세를 납부한다.
> 다. 상속개시일로부터 5년 내에 추징사유 발생 시 사유 발생일이 속하는 달의 말일부터 6개월 이내에 상속세 및 이자상당액을 납부해야 한다.
> 라. 업종을 변경해도 사후관리 요건 위반에 해당하지 않는다.
> 마. 증여일로부터 5년 내에 추징사유 발생 시 사유 발생일이 속하는 달의 말일부터 3개월 이내에 증여세 및 이자상당액을 납부해야 한다.

① 나, 라, 마
② 가, 다, 라, 마
③ 가, 나, 라
④ 다, 라, 마
⑤ 가, 다, 라

기본서 페이지 308쪽
핵심 키워드 가업승계 납부 유예

정답 및 해설

05 ② ○ 가업승계 상속세 납부유예

구분	내용
적용대상	가업상속공제 요건을 충족하는 중소기업으로 가업상속공제를 받지 않은 기업 * 상속인이 가업상속공제 방식과 납부유예 방식 중 선택 가능
납부유예 가능 세액	상속인이 상속받은 가업상속재산을 양도·상속·증여하는 시점까지 상속세 납부유예 * 납부유예 가능 세액 = 상속세 납부세액 × (가업상속재산가액 ÷ 총 상속재산가액)
신청방법	상속세 과세표준 신고 시 납부유예 신청서를 납세지 관할세무서장에게 제출하여야 하며 납세담보를 제공해야 함

06 가업승계 상속·증여세 납부유예제도에 대한 설명으로 가장 적절하지 않은 것은?

난이도 중

① 추징사유가 발생하는 경우 상속세 또는 증여세와 이자상당액을 납부하여야 한다.
② 증여세 납부유예 적용대상인 경우 수증자가 저율과세 방식과 납부유예 방식 중 선택이 가능하다.
③ 상속세·증여세 납부유예 대상 모두 업종 유지 요건은 없다.
④ 상속인이 사망하여 상속이 개시되는 경우 다음 상속인·수증자에게 재차 가업승계 시 계속 납부유예 적용이 가능하다.
⑤ 가업승계에 따른 상속세 납부유예는 가업상속재산과 기타 상속재산을 포함한 총 상속재산가액에 대하여 적용한다.

기본서 페이지 308쪽
핵심 키워드 가업상속, 증여 납부유예

+ 정답 및 해설

06 ⑤ 납부유예가능 세액 = 상속세 납부세액 × (가업상속재산가액/총 상속재산가액)

제7장 상속증여세 대응전략

수험전략

상속증여세 대응전략에 대한 출제 예상문항수는 0~1문항입니다. 상속증여세 절세에 대한 내용과 부담부증여의 활용, 상속 전후 부동산 매각에 따른 시가 평가 시기 등을 고려한 상속재산 처분에 따른 영향분석, 유류분 분쟁, 특정 법인활용 및 납세제원 마련에 대한 내용 계산사례와 함께 기술되어 있어 5장과 6장에서 학습한 내용을 최종 정리하는 의미도 있는 장입니다. 계산 사례의 내용은 과세내용을 계산하는 과정과 세금을 부과하는 이유에 대한 내용을 이해하는 것이 조금 어려울 수 있으므로 해당 풀이과정은 우선 이해 보다는 암기하여 풀이과정을 잘 정리한 후 이해하는 과정으로 학습하는 것을 추천합니다.

주요 학습내용 점검

1. 상속증여세 절세전략 실행 전반의 프로세스를 이해하고 설명할 수 있다.
2. 증여실행 시 기본원칙에 대해 이해하고 설명할 수 있다.
3. 부담증여를 통한 절세방법을 이해하고 설명할 수 있다.
4. 신탁을 활용한 유류분 대응방안에 대해 이해할 수 있다.
5. 상속설계 과정에서 유동성과 재원마련의 필요성을 설명할 수 있다.

출제빈도

교육내용	핵심키워드	학습중요도 상	학습중요도 중	학습중요도 하	예상 출제비중
제1절 상속증여세 대응전략 개요	• 절세 프로세스 • 절세전략			O	0~1문항
제2절 주요 절세전략 및 유류분 대비 방안	• 부담부증여 • 부동산 매각의사결정 • 법인 유증 • 특정법인 활용 • 유언대용신탁		O		0~1문항
제3절 상속증여세 납부재원 마련 방안	• 자산 매각 • 자금 차입 • 배당금 활용 • 퇴직금 활용 • 보험 활용			O	0~1문항

CHAPTER 07 상속증여세 대응전략

01 상속·증여세 기본 절세전략으로 가장 적절한 것을 모두 묶은 것은?

가. 수증자 분산
나. 10년 단위로 체계적 증여
다. 예상 상속세율보다 낮은 증여세율 구간 활용
라. 고평가된 재산의 증여
마. 수익가치가 낮은 재산의 증여
바. 가업승계 증여세 과세 특례의 활용

① 가, 나, 다, 라
② 나, 다, 라, 마
③ 다, 라, 마, 바
④ 가, 나, 라, 마
⑤ 가, 나, 다, 바

기본서 페이지 315쪽
핵심 키워드 절세전략

02 증여세 절세를 위한 부담부증여에 대한 설명으로 가장 적절하지 않은 것은?

① 채무액 상당액은 유상으로 이전된 것으로 본다.
② 증여세 과세가액을 줄이는 효과가 있다.
③ 수증자는 세금을 부담하지 않는 효과가 있다.
④ 1세대 1주택 비과세를 받을 수 있는 재산의 경우 효과가 더 커진다.
⑤ 반드시 부담부증여가 유리한 것은 아니다.

기본서 페이지 317쪽
핵심 키워드 증여세 절세전략

+ 정답 및 해설

01 ⑤ 저평가된 재산의 증여, 수익가치가 높은 재산의 증여가 필요하다.
02 ③ 증여자는 채무 상당부분에 대하여 양도소득세를 부담하며, 수증자는 증여에 해당하는 부분에 대하여 증여세를 부담하게 된다.

03 상속 전·후 부동산 매각의사결정에 대한 내용으로 가장 적절하지 않은 것은?

난이도 하

① 상속개시 전에 부동산을 매각하여 예금을 하였다면 금융재산 상속공제를 받을 수 있다.
② 상속개시일 이후 상속세 결정기한 전에 부동산을 매각하였다면 해당부동산에 대하여 납부할 양도소득세는 없다.
③ 상속세 신고 시 시가가 없다면 보충적 평가방법에 따라 신고할 수 있다.
④ 상속받은 부동산을 상속세 결정기한 이후 양도하는 경우에는 양도가액에서 차감하는 취득가액은 상속받은 재산의 평가액이 된다.
⑤ 상속세 결정기한은 상속개시일이 속하는 달의 말일부터 6개월 이내이다.

기본서 페이지 320쪽
핵심 키워드 평가기준일 전후 부동산 매각 의사결정

04 유류분과 신탁의 활용에 대한 설명으로 가장 적절하지 않은 것은?

난이도 중

① 유류분 반환 시 원물 반환의 원칙이 적용된다.
② 유류분 반환 대상에는 생전에 상속인에게 증여한 재산이 포함된다.
③ 가업상속공제를 받는 상속인이 유류분 재산을 반환하는 경우 해당 재산은 가업상속공제 대상에서 제외되어 상속세 부담이 높아지게 된다.
④ 상속포기를 통해 유류분 반환의무에서 벗어나는 방법을 고려할 수 있다.
⑤ 신탁재산은 유류분 산정의 기초재산에 포함되지 않는다.

기본서 페이지 331쪽
핵심 키워드 유류분 신탁 활용

+ 정답 및 해설

03 ⑤ 상속증여세의 법정결정기한(상속세는 상속세 과세표준 신고기한으로부터 9개월, 증여세는 증여세 과세표준 신고기한으로 부터 6개월)까지의 기간

04 ⑤ 유류분 산정의 기초재산 포함여부는 단순히 신탁재산이라는 이유만으로는 부족하고 제반 사정을 살펴보아야 한다. 신탁재산은 유류분 산정에 포함될 수도 아닐 수도 있다.

05 상속세 및 증여세 관련 내용으로 가장 적절하지 않은 것은?

난이도 **상**

① 상속받은 부동산을 상속세 신고기한 내에 매각하게 되면 양도차익 산정 시 상속세 신고가액으로 취득가액이 되어 양도가액과 취득가액이 같아지므로 양도소득세는 발생하지 않게 된다.
② 상속세 및 증여세 법정 신고기한까지 무신고한 경우에는 평가기준일 전 2년부터 상속세 및 증여세 법정 결정기한까지의 유사매매사례가액이 있는 경우 이를 적용할 수 있게 되었다.
③ 고액의 부동산이 증여 또는 상속되는 경우에는 국세청이 상속세 또는 증여세를 결정하는 과정에서 감정을 직접 받아서 과세할 수 있는 점에 유의해야 한다.
④ 상속세를 납부하기 위하여 상속재산을 담보로 제시하고 해당 물건에 대하여 공신력 있는 감정평가기관의 감정평가가 이루어진다면 감정평가액이 상속재산 평가액으로 반영되어 상속세 부담이 증가될 수도 있다.
⑤ 상속세를 물납으로 하는 경우 상장주식은 유용한 물납 수단이 된다.

기본서 페이지 335쪽
핵심 키워드 절세전략

+ 정답 및 해설

05 ⑤ 상장주식은 물납이 불가한 재산이다.

○ 물납 가능 재산

구분		범위
부동산		국내 소재 부동산
유가증권	가능한 재산	• 국채·공채·주권 및 내국법인이 발행한 채권 또는 증권 • '자본시장과 금융투자업에 관한 법률'에 따른 신탁업자가 발행하는 수익증권 집합투자증권·종합금융회사가 발행하는 수익증권
	불가한 재산	• 상장 유가증권(최초로 상장되어 '자본시장과 금융투자업에 관한 법률'에 따라 처분이 제한된 경우는 물납 가능) • 비상장주식 등(상속의 경우로서 그 밖의 다른 상속재산이 없거나, 물납충당의 우선순위인 국채 및 공채, 처분이 제한된 상장주식, 국내에 소재하는 부동산을 물납에 충당하더라도 부족한 경우에는 물납 가능)

06 상속세 및 증여세 관련 내용으로 가장 적절하지 않은 것은?

난이도 중

① 상속세 재원 마련 등 다양한 이유로 배당을 하게 되면 해당 법인은 자본금의 1/2에 이를 때까지 매결산기에 이익배당(주식배당 제외)의 1/10 이상의 금액을 이익준비금으로 적립하여야 한다.
② 법인세법에서는 법인이 지급한 임원퇴직금을 손비로 처리할 수 있는 한도에 대해 규정하고 있다.
③ 소득세법에서는 임원의 퇴직금 중 퇴직소득으로 과세할 수 있는 금액의 한도를 규정하고 있다.
④ 정관에 임원퇴직금규정 등이 없는 경우에는 법인세법상 한도금액(퇴직 직전 1년간 총급여액 × 20% × 근속연수)만 퇴직소득으로 인정받을 수 있다.
⑤ 주주총회에서 임원의 급여를 연봉제 이전의 방식으로 전환하는 경우에는 그 전환일로부터 기산하여 퇴직금을 다시 지급할 수 있다.

기본서 페이지 338쪽
핵심 키워드 절세전략

+ 정답 및 해설

06 ④ 정관에 임원퇴직금규정 등이 없는 경우에는 법인세법상 한도금액(퇴직 직전 1년간 총급여액 × 10% × 근속연수)만 퇴직소득으로 인정받을 수 있다.
임원 퇴직금 지급배율을 개정한 경우 개정 지급배율의 소급적용이 가능하다.

www.epasskorea.com

CFP 08

Certified Financial Planner

지식형 모의고사

1교시 지식형 모의고사(15:00~17:00)
- 재무설계 원론(15문항)
- 직업윤리(5문항)
- 위험관리와 보험설계(25문항)
- 은퇴설계(25문항)
- 부동산설계(20문항)

2교시 지식형 모의고사(17:30~19:20)
- 투자설계(28문항)
- 세금설계(27문항)
- 상속설계(25문항)

지식형 모의고사 정답 및 해설
- 1교시 지식형 모의고사
- 2교시 지식형 모의고사

1교시 지식형 모의고사

재무설계원론

001 재무설계사의 보수형태에 따른 특성 중 Fee-Only에 해당하는 내용으로 모두 묶은 것은?

가. 정보의 객관성 확보	나. 정보의 비대칭성 극복
다. 전문성을 기대하기 어렵다.	라. 상품가입의 논거 중심 컨설팅
마. 완전한 객관성을 기대	바. 고객의 지불비용 증가

① 가, 나, 다, 라, 마
② 가, 나, 마, 바
③ 나, 다, 라, 마, 바
④ 다, 라, 마, 바
⑤ 라, 마, 바

002 홍길동씨는 은행에서 20년 만기, 대출이율 연 4% 월복리로 매월 말 대출금을 상환하는 원리금 균등분할상환을 조건으로 2억 원의 대출을 받았다. 홍길동씨가 대출을 받은 후 8년 동안 연체 없이 대출금을 상환하였다면, 홍길동씨가 8년 동안 상환한 대출금 원금과 그동안 지불한 이자금액으로 가장 적절한 것은?

① 63,125천 원, 56,964천 원
② 59,254천 원, 54,265천 원
③ 61,576천 원, 54,774천 원
④ 68,897천 원, 48,653천 원
⑤ 58,654천 원, 47,268천 원

003 인플레이션에 대한 설명이다. 가장 적절하지 않은 것은?

① 경제학에서는 물가가 점차적으로 서서히 올라가는 것은 경제가 과열국면에 들어갔다는 부정적 신호를 말한다.
② 비용 인플레이션하에서는 생산원가가 오르면 상품 가격도 함께 올라 전반적인 물가가 모두 오르게 된다.
③ 빈익빈 부익부 현상이 일어난다.
④ 부채(금전채무)를 가지고 있는 사람들은 유리해진다.
⑤ 저축성향이 감소한다.

004 다음에 설명하는 내용으로 가장 적절하지 않은 것은?

① 현재 시장이자율은 통상 3년만기 국고채 수익률을 실무적으로 사용하고 있다.
② 금리 하락기에는 COFIX 신규 기준금리가 유리할 수 있다.
③ 경기침체(recession)는 GDP가 기준치인 0에서 2분기 연속 또는 최소 6개월 동안 실질 기준치가 감소했을 때 발생한다.
④ 한국은행이 기준금리를 변경하면 그 파급경로는 짧고 단순하여 측정이 용이하다.
⑤ 1930년대 세계대공황은 디플레이션의 대표적인 역사적 사례로 볼 수 있다.

005 우리나라의 통화정책과 재정정책에 관련된 내용으로 가장 적절하지 않은 것은?

① 기준금리를 인상하는 경우 소비가 감소할 수 있다.
② 기준금리를 인상하는 경우 경상수지가 악화되고, 물가가 하락할 수 있다.
③ 과세는 민간소비와 기업투자를 억제하여 소득수준을 감소시키는 효과가 있다.
④ 재정수지는 물가수준의 단기변동과 사회 전체의 경제활동 수준에 작용한다.
⑤ 기준금리 인상은 기대인플레이션을 상승시킨다.

006 화폐의 시간가치에 대한 설명으로 가장 적절하지 않은 것은?

① 기말급 정기적 현금흐름의 현재가치는 정기적 현금흐름의 미래가치에 현재가치 요소 $1/(1+i)^n$이 반영되어 계산된다.
② TVM을 계산할 때 수익률과 기간은 항상 동일한 단위를 적용해야 한다.
③ 시장이자율은 시차선호, 투자기회 및 물가상승에 따른 무위험이자율과 미래의 불확실성에 따른 위험프리미엄의 합으로 구성된다.
④ 물가상승률 조정수익률이 (+)이면 실질가치가 상승하고 (−)이면 실질가치가 하락한다.
⑤ NPV가 0보다 크면 고려하였던 투자안을 채택하지 않는 결정을 하게 된다.

007 다음 중 수정된 내부수익률로 가장 적절한 것은?

> 상가를 10억 원에 매수하여 5년 후 12억 원에 매도를 예상하고 있다. 해당 상가에서는 매년 말 3천만 원의 임대수입이 발생할 것으로 예상하며 임대수입은 7%로 재투자하려고 한다.

① 7.667%   ② 6.538%   ③ 7.215%
④ 6.210%   ⑤ 6.025%

008 종합재무설계프로세스에 대한 설명으로 가장 적절하지 않은 것은?

① 4단계 재무전략 수립의 일반지침 중 하나로 안정자산, 투자자산, 운용자산에의 금액배분을 실시한다.
② 3단계와 4단계에서 재무목표와 우선순위의 조정(Modify Financial Goal)을 진행한다.
③ 5단계에서 고객의 주요관심사인 특정재무목표에 대한 제안서 내용을 다시 한 번 요약하여 전달한다.
④ 5단계는 고객이 재무설계의 가치를 체감하는 단계이며, 따라서 Fee−Based 수익모델 형성에 있어 가장 중요한 단계라고 할 수 있다.
⑤ 모니터링은 고객의 신뢰(Intimacy)를 높이는 가장 좋은 업무단계라고 할 수 있다.

009 다음에 설명하는 내용을 연결한 것으로 가장 적절한 것은?

A. 홈텍스, 현금영수증, 연말정산 등 9종의 사이트가 통합되어, 세원분석, 실시간 정보교환, 비정형적 조사분석기법 등 과세 데이터베이스의 품질이 전면 개선되었으며 세원관리 및 조세포탈 추적이 한층 강화되었다.
B. 국세청에서 보유하고 있는 과세정보자료를 체계적으로 통합 관리하여 일정기간 신고소득(Income)과 재산증가(Property), 소비지출액(Consumption)을 비교·분석하는 시스템을 말한다.
C. 1일 거래일 동안 1천만 원 이상의 현금을 입금하거나 출금한 경우 거래자의 신원과 거래 일시, 거래금액 등 객관적 사실을 전산으로 자동 보고토록 하고 있다.
D. 금융거래(카지노에서의 칩 교환 포함)와 관련하여 수수한 재산이 불법재산이라고 의심되는 합당한 근거가 있거나, 금융거래의 상대방이 자금세탁행위를 하고 있다고 의심되는 합당한 근거가 있는 경우 이를 금융정보분석원장에게 보고토록 한 제도이다.
E. 금융회사등이 고객과 거래 시 고객의 신원을 확인·검증하고, 실제 소유자, 거래의 목적, 자금의 원천을 확인하도록 하는 등 금융거래 또는 금융서비스가 자금세탁 등 불법행위에 이용되지 않도록 고객에 대해 합당한 주의를 기울이도록 하는 제도를 말한다. 고객확인제도는 자금세탁방지 측면에서는 금융회사가 평소 고객에 대한 정보를 파악·축적함으로써 고객의 의심거래 여부를 파악하는 토대를 제공한다.

가. NTIS 나. PCI
다. CTR 라. STR
마. CDD

① 가-A
② 나-C
③ 다-E
④ 라-B
⑤ 마-D

010 LTV가 60%인 경우 주택담보대출금액으로 가장 적절한 것은?

주택의 담보가치 8억 원, 선순위 근저당권 설정액 1억 원, 임차보증금 8천만 원

① 3억 원
② 2.8억 원
③ 2.0억 원
④ 4.8억 원
⑤ 4억 원

011 다음에 설명하는 내용으로 가장 적절하지 않은 것은?

① 버팀목전세자금대출은 주택도시기금에서 지원하는 정책자금이다.
② 은행들은 한국 주택금융공사가 제공하는 전세자금보증서를 담보로 대출을 해 주기도 한다.
③ 세입자금 전세사기 피해를 당하지 않으려면 전세금 상환보증에 꼭 가입하여야 한다.
④ 정책자금을 지원받아 취급하는 전세자금대출 중에는 노인복지주택(주거용)을 보증대상 목적물로 하는 대출도 있다.
⑤ 주택구입목적의 내집마련디딤돌대출을 받기 위해서는 세대원 전원이 무주택자이어야 하는 등 정해진 조건을 갖추어야 한다.

012 다음은 재무설계와 관련된 설명이다. 맞는 것을 모두 고르시오.

가. 고객에게 재무설계 프로세스 자체의 이익과 한계에 대해 설명했다. (1단계)
나. 고객의 재무목표를 점검할 때 고객이 미처 인지하지 못하고 있는 점이 없는지 확인한다. (3단계)
다. 재무관리 항목(재무목표 구체화(설정), 현금흐름 관리사항, 저축 여력 장단기 배분 여부, 통합적 자산운용 접근 여부)을 확인한다. (2단계)
라. 저축여력이 (−)인 경우 고객이 알려준 현금유출입 금액이 맞는 지 확인하고 부채가 증가하고 있지는 않은지 점검한다. (2단계)
마. 재무제표 분석상의 강점과 약점을 확인한다. (3단계)

① 가, 다, 라
② 가, 다, 라, 마
③ 나, 다, 라
④ 가, 나, 마
⑤ 다, 마

013 다음에 해당하는 내용으로 가장 적절한 것은?

난이도 중

> 예를 들어 자동차 사고나 질병 발생 등의 위험에 대한 심각성을 충분히 인식하지 못하고 보험에 가입하지 않을 수 있다. 기본적으로 보험에 가입하는 것에 대한 소극적인 성향을 보이는 것이다.

① 낙관주의 오류 ② 손실회피 편향
③ 심적회계 ④ 닻 내리기
⑤ 자기통제 오류

014 친권과 양육권에 대한 설명이다. 가장 적절하지 않은 것은?

난이도 상

① 이혼의 책임이 있는 유책배우자는 유책사유와 관계없이 양육권을 취득할 수 없다.
② 양육비를 지급받지 못하는 경우에는 양육비 직접지급명령제도와 담보제공 및 일시금지급제도, 이행명령 및 강제집행의 방법으로 양육비 지급을 강제할 수 있다.
③ 양육비는 자녀가 성년(만 19세)이 되기 전까지 지급하여야 한다.
④ 이혼하는 경우 친권자과 양육자를 부모 중 일방 또는 쌍방으로 동시에 지정할 수 있고, 각각 달리 지정할 수도 있다.
⑤ 일시금 또는 정액으로, 금전 또는 부동산으로 받을 수 있다.

015 재산분할에 대한 설명으로 가장 적절하지 않은 것은?

난이도 중

① 전업주부도 기여도에 따라 재산분할청구를 할 수 있다.
② 재산분할청구는 이혼과 동시에 하거나 이혼한 날로부터 2년 이내에 행사하여야 한다.
③ 위자료로 부동산을 이전해주는 것은 세법상 유상이전으로 보아 양도소득세를 과세한다.
④ 재산분할은 증여로 보지 않는다.
⑤ 재산분할로 부동산을 이전받은 경우 해당 부동산의 취득시기는 재산분할을 받은 날이다.

직업윤리

016 고객에 대한 재무설계사의 의무와 관련된 사항이 적절하게 연결된 것은?

가. 충실의무 나. 고지의무
다. 진단의무 라. 자문의무
마. 갱신유지의무

A. 투자에 내재된 위험을 포함한 주요 사항을 고객에게 미리 통보
B. 업무수행과 관련된 각종 제도와 정보 등을 적절하게 숙지하고 계속교육의 이수
C. 다른 전문가 그룹과 네트워크를 구성하고 상호 간에 긴밀한 협조
D. 투자자 적합성을 위하여 재무설계사는 고객에 관한 기본적인 정보를 모두 파악
E. 최대의 충성의무와 주요 사항의 완전하고도 공정한 통지

① 가 – C, 나 – A, 다 – B, 라 – D, 마 – E
② 가 – B, 나 – C, 다 – E, 라 – A, 마 – D
③ 가 – B, 나 – A, 다 – E, 라 – C, 마 – D
④ 가 – A, 나 – B, 다 – C, 라 – D, 마 – E
⑤ 가 – E, 나 – A, 다 – D, 라 – C, 마 – B

017 다음의 상황에 적용되는 윤리원칙을 가장 적절하게 연결한 것은?

가. 홍길동 CFP®는 고객과 재무상담을 하는 과정에서 적절한 주의의무를 다하여 서비스의 제공에 대한 적절한 사전계획을 세워 상담을 하였다.
나. 홍길동 CFP®는 지성적인 정직과 공평무사한 분별력이 바탕이 되어 업무를 수행하였다.
다. 홍길동 CFP®는 고객이 당연하게 기대하는 것을 고객에게 합리적으로 제공하였다.

① 가 – 공정성의 원칙   나 – 성실성의 원칙   다 – 근면성의 원칙
② 가 – 객관성의 원칙   나 – 공정성의 원칙   다 – 고객우선의 원칙
③ 가 – 성실성의 원칙   나 – 객관성의 원칙   다 – 전문가정신의 원칙
④ 가 – 근면성의 원칙   나 – 객관성의 원칙   다 – 공정성의 원칙
⑤ 가 – 고객우선의 원칙 나 – 근면성의 원칙   다 – 객관성의 원칙

018 재무설계사의 직업윤리와 관련된 내용이다. 가장 적절하지 않은 것은?

① CFP® 자격인증자는 자택주소가 변경된 경우 변경일로부터 7영업일 이내에 한국FPSB에 통보하여야 한다.
② 피성년후견인 또는 피한정후견인이 된 경우 자격의 결격사유에 해당한다.
③ 마약 사용으로 인하여 벌금형을 선고받고 그 집행이 종료된 후 1년이 지나지 아니한 자는 결격사유에 해당한다.
④ 금고이상의 형의 집행유예를 선고받고 그 기간이 경과한 후 1년이 지나지 아니한 자는 결격사유에 해당한다.
⑤ CFP® 자격인증자는 자신이 결격사유에 해당되는 사실을 알게 된 날로부터 10일 이내에 한국FPSB에 서면을 통보하여야 한다.

019 재무설계 업무수행 기준에 대한 내용이다. 다음에 해당하는 내용으로 가장 적절한 것은?

> CFP® 자격인증자는 고객의 목표, 니즈 및 우선순위를 합리적으로 충족할 수 있도록 고객의 자산운용방식에 대하여 적절한 여러 가지 전략을 고려하여야 한다.

① 업무수행내용 4-1
② 업무수행내용 3-2
③ 업무수행내용 2-1
④ 업무수행내용 5-3
⑤ 업무수행내용 6-1

020 회원국 CFP® 자격인증자가 별도로 한국FPSB의 CFP® 자격인증을 받고자 하는 경우에 제출해야 하는 서류가 아닌 것은?

① 거주지확인서, 다만 CFP® 자격인증신청서 상의 거주지확인으로 대신할 수 있다.
② 한국FPSB가 시행하는 CFP 자격시험 중 지식형 시험의 합격증서
③ 한국FPSB의 Cross-Border CFP 윤리규정 준수 서약서
④ CFP® 자격인증신청서
⑤ CFP 라이선스비 납입증명서

위험관리와 보험설계

021 다음은 위험수용성향과 보험수요와 관련한 설명이다. 가장 적절한 것은?

난이도 상

① 불확실성하에서 의사결정은 효용의 기댓값이 아닌 금전적 기댓값에 의해 결정된다고 할 수 있다.
② 위험선호자는 오목한 효용함수를 가지며 불확실성을 감수하기보다 기대수익이 확실한 것을 더 선호한다.
③ 일반적으로 위험에 대한 수용도가 높은(위험회피도가 낮은) 가계일수록 보험수요는 높아진다.
④ 위험을 싫어하는 위험회피 정도는 위험에 노출된 경제주체가 위험을 줄이기 위해 지출하려는 금액(보험료)을 결정한다.
⑤ 공정한 보험료는 기대손실액에 상응하는 영업보험료를 의미한다.

022 재산 관련 위험과 관련한 다음 설명 중 가장 적절한 것은?

난이도 중

① 간접손해는 부동산 및 동산이 물리적으로 손상 또는 분실되어 가치가 하락한 것으로 사고발생 전의 상태로 복구하기 위한 비용을 의미한다.
② 간접손실의 발생 규모는 시간과 관련되어 나타날 수 있는데 직접손해로 해당 재산을 사용할 수 없을 때 사용하지 못하는 시간에 비례하여 간접손실의 규모가 증가하기 때문이다.
③ 현재가액방식은 실손보상원칙의 예외로서 주택, 건물, 개인재산분야에 활용되며 이득금지원칙에 어긋난다.
④ 부보비율 80% 조건일 경우 보험가입금액이 보험가액의 80% 해당액보다 작을 때 손해액 × 보험가입금액/보험가액으로 보험금을 산정한다.
⑤ 자동차 사고당 100만 원 공제금액을 설정했다면 보험기간당 누적공제 방식으로 특정보험기간 동안 발생한 누적금액을 합산해서 적용하는 것이다.

023 배상책임위험은 일반불법행위와 특수불법행위에 의해 발생하는 것으로 분류할 수 있다. 다음 중 민법상 특수불법행위에 의한 배상책임으로 볼 수 있는 것으로만 묶은 것은?

> 가. 세퍼트가 지나가는 어린 아이의 발을 물어 상처를 입힌 경우 세퍼트 점유자의 배상책임
> 나. 건설현장 근로자가 작업 중 도시가스배관을 터뜨려 발생한 손해의 경우 사용자의 배상책임
> 다. 건물 옥상에서 놀던 아이들의 실수로 옥상의 화분을 떨어뜨려 지나가는 행인을 사망하게 한 경우 아이들 부모의 배상책임
> 라. 주택의 담장이 무너져 지나가는 행인을 사상케 한 경우 주택 소유자의 배상책임
> 마. 술에 만취한 상태에서 지나가는 행인과 시비가 붙어 전치 3주의 상처를 입힌 경우 만취한 사람의 배상책임
> 바. 결함있는 제조물로 인하여 타인의 생명이나 신체 또는 재산에 손해를 입힌 경우

① 가, 나, 다, 라, 마, 바
② 가, 나, 다, 라, 마
③ 가, 나, 다, 라
④ 가, 나, 라, 바
⑤ 나, 다, 라, 마

024 다음은 재무건전성과 관련하여 RBC제도와 K-ICS제도에 대한 비교이다. 가장 적절하지 않은 것은?

	구분	RBC제도	K-ICS제도
①	평가	일부자산 및 부채 원가평가	모든 자산과 부채의 시가평가
②	지급여력금액	재무제표상 자본 중심의 열거	시가평가된 순자산에서 손실흡수성 정도에 따라 차감 또는 가산
③	신뢰수준	99%	99.5%
④	리스크	5대 리스크 (보험·금리·시장·신용·운영)	5대 리스크 + 5개 하위 위험 추가
⑤	재무건전성 기준	지급여력비율 ≥ 95%	지급여력비율 ≥ 100%

025

다음은 보험계약의 체결 시 부당계약전환 금지와 부당계약전환 시 부활청구에 대한 설명이다. ( )안에 가장 적절한 것은?

> (1) 기존보험계약이 소멸된 날부터 (가)개월 이내에 새로운 보험계약을 청약하게 하거나 새로운 보험계약을 청약하게 한 날부터 (나)개월 이내에 기존보험계약을 소멸하게 하는 행위
> (2) 기존보험계약이 소멸된 날부터 (다)개월 이내에 새로운 보험계약을 청약하게 하거나 새로운 보험계약을 청약하게 한 날부터 (라)개월 이내에 기존보험계약을 소멸하게 하는 경우로서 해당 보험계약자 또는 피보험자에게 기존보험계약과 새로운 보험계약의 보험기간 및 예정 이자율 등 중요한 사항을 비교하여 알리지 아니하는 행위
> (3) 보험계약자는 보험모집채널이 부당계약전환을 했을 경우 그 보험계약의 체결 또는 모집에 종사하는 자가 속하거나 모집을 위탁한 보험회사에 대해 보험계약이 소멸한 날부터 (마)개월 이내에 소멸된 보험계약의 부활을 청구하고 새로운 보험계약은 취소할 수 있다.

① 가 - 1, 나 - 1, 다 - 1, 라 - 1, 마 - 1
② 가 - 1, 나 - 1, 다 - 6, 라 - 6, 마 - 6
③ 가 - 3, 나 - 3, 다 - 3, 라 - 3, 마 - 3
④ 가 - 3, 나 - 3, 다 - 6, 라 - 6, 마 - 6
⑤ 가 - 6, 나 - 6, 다 - 6, 라 - 6, 마 - 6

026

다음 중 보험계약 모집과 관련하여 특별이익 제공금지에 해당되지 않는 것은?

① 월납 100만 원의 보험계약을 모집한 후 계약자에게 3만 원의 금품을 제공하였다.
② 가입설계서에 입력된 월납 100만 원의 보험료를 90만 원으로 하여 보험계약을 모집하였다.
③ 가입설계서에 입력된 주계약 사망보험금 1억 원보다 많은 1억 5,000만 원을 약속하면서 보험계약을 모집하였다.
④ 계약자를 대신해서 초회 월납 보험료 100만 원을 납입해주는 조건으로 보험계약을 모집하였다.
⑤ 보험계약자가 보험회사로부터 받은 대출금 1억 원에 대한 이자를 대신 납부해주는 조건으로 보험계약을 모집하였다.

027 민원 관련 정보가 다음과 같은 경우 불완전판매비율로 가장 적절한 것은?

- 신계약건수 : 250건
- 품질보증해약건수 : 50건
- 민원해약건수 : 25건
- 무효건수 : 5건
- 청약철회건수 : 10건

① 40% ② 36%
③ 32% ④ 30%
⑤ 4%

028 다음은 체감정기보험에 대한 설명이다. 가장 적절하지 않은 것은?

① 체감정기보험은 특정기간 동안 보험료는 동일하지만, 연령이 증가함에 따라 사망보험금이 감소하는 상품이다.
② 주택담보대출상환보험의 보험수익자는 사망보험금을 반드시 주택담보대출 상환을 위해 사용할 의무는 없어 자녀의 학자금이나 생활비 등에 사용할 수도 있다.
③ 연생주택담보대출상환보험은 매월 주택담보대출금 상환을 위해 두 사람의 수입이 필요한 경우에 알맞은 상품으로 수익자가 사망보험금을 반드시 주택담보대출 상환에 사용할 의무는 없다.
④ 가족수입보장보험 상품이 체감정기보험 형태인 이유는 보험기간 경과에 따라 생활자금을 지급받는 기간이 짧아져 총 수령액이 줄어들기 때문이다.
⑤ 신용생명보험은 피보험자가 사망하면 사망보험금을 대출기관이나 채권자에게 직접 지급하도록 규정하고 있지 않아 보험수익자의 대출금 상환여부의 결정권을 갖는다.

029 유니버셜종신보험 구조에 대한 다음 설명 중 가장 적절하지 않은 것은?

난이도 상

① 제1회 보험료가 납입되면 보험회사는 사업비와 첫 번째 달의 위험보험료를 공제하고 잔액은 계약자적립액으로 이전되며 그 후 매월 계약자적립액에 납입보험료와 부리이자가 추가되고, 월 위험보험료와 사업비가 각각 공제된다.
② 의무납입기간 내에 보험료가 납입되는 경우 해당 월의 위험보험료, 수금비를 제외한 부가보험료 및 특약보험료의 합계액에 대해 계약해당일 이전에 보험료 납입 시에는 계약해당일자에, 계약해당일 이후에 납입 시에는 납입일자에 계약자적립액에서 공제한다.
③ 의무납입기간 이후 보험료가 납입되는 경우에는 해당 월의 위험보험료, 수금비를 제외한 부가보험료 및 특약보험료의 합계액을 매월 계약해당일에 주계약 해약환급금에서 공제한다.
④ 평준형 사망급부는 체감정기보험과 증가하는 계약자적립액으로 구성되는데, 계약자적립액이 증가하게 되면 순보장금액을 줄어들지만 연령 증가에 따라 정기보험 코스트, 즉 순보장금액의 단위당 위험보험료는 증가한다.
⑤ 증가형 사망급부는 평준정기보험과 증가하는 계약자적립액으로 구성되는데, 최초 가입금액에 계약자적립액을 합한 사망보장급부를 제공한다.

030 변액보험의 보험계약대출 이용방법에 대한 비교 예시에 대한 다음 설명 중 가장 적절하지 않은 것은?

난이도 중

	구분	특별계정방식	일반계정방식
①	펀드운용	보험계약대출 금액만큼 펀드에서 인출하여 잔여 계약자적립액으로 펀드 운용	보험계약대출과 상관없이 계약자적립액 전액 펀드운용
②	대출이율	주계약 체결시점의 평균공시이율 + 2.5%	유사상품군의 공시이율 + 1.5%
③	대출횟수	월 1회	제한없음
④	지급일	대출신청일 + 2영업일	대출신청일 즉시
⑤	납입이자처리	펀드 투입 없음	1.5%(수수료) 제외 후 펀드 재투입

031 저축성보험과 관련한 다음 설명 중 가장 적절하지 않은 것은?

난이도 하

① 일반연금보험은 세액공제혜택은 없지만 세법상 일정 요건을 충족시에는 보험차익에 대해 비과세 혜택이 주어진다.
② 보험계약자가 납입한 보험료 중 일부를 주식이나 채권 등 유가증권에 투자하는 연금상품도 있다.
③ 변액연금보험은 연금 본래의 취지를 감안하여 최소한의 안정성을 부여하기 위해 최저사망보험금보증과 최저연금적립액보증 기능이 있다.
④ 저축보험은 보험계약자가 보험계약을 중도에 해지할 경우에도 원금손실이 발생하지 않는다.
⑤ 저축보험의 경우 추가납입보험료를 활용할 경우 기본보험료만으로 보험료를 납입하는 것보다 계약체결비용을 절감할 수 있다.

032 다음 설명하는 생애수입의 종류로 가장 적절한 것은?

난이도 중

> 보험급부금이 수익자의 생애에 걸쳐 동일한 금액으로 분할되어 지급되며 생애수입 중 조건이 동일하다면 생애수입방법 중 가장 많은 금액을 지급한다.

① 평준생애수입　　② 보증부생애수입　　③ 상속생애수입
④ 연생생존자생애수입　　⑤ 순수연생생애수입

033 생명보험 약관 중 불가쟁조항과 관련하여 다음과 같은 내용일 때 괄호안에 가장 적절한 것은?

난이도 상

> 나기수씨는 과거에 암에 대한 진단 확정을 받았으나 보험청약서에는 이를 숨기고 생명보험에 가입하려는 뚜렷한 사기의사에 따른 계약을 체결하였고, 나기수씨가 보장개시일로부터 (　　)이 경과한 이후에 사망을 하였다면 보험회사는 보험수익자에게 보험금을 지급하여야 한다.

① 1개월　　② 2년　　③ 3년
④ 5년　　⑤ 10년

034 다음은 질병보험의 무효 및 면책, 감액조항에 대한 설명이다. 가장 적절하지 않은 것은?

① 19세 미만자, 심신상실자 및 심신박약자의 사망을 보험사고로 하는 계약은 무효가 된다.
② 타인의 생명보험계약에 대하여 계약체결 시 피보험자의 서면동의가 이루어지지 않는 계약은 무효가 된다.
③ 선천성질환, 항문질환, 알코올중독 등에 대하여 보험금을 지급하지 않는다.
④ 청약서상 계약 전 알릴 의무에 해당하는 질병으로 과거에 진단 또는 치료를 받은 경우에는 해당 질병과 관련한 보험금은 5년 면책조항에 해당되어 지급하지 않는다.
⑤ 암보험, 뇌혈관 등의 중대한 질병보험 등은 계약일 이후 일정한 기간 이내 발병한 질병에 대하여 보험가입금액의 일부만 지급한다.

035 4세대 실손의료보험에 대한 다음 설명 중 가장 적절하지 않은 것은?

① 자신의 의료이용량에 맞게 보험료를 부담하도록 형평성을 제고하였다.
② 기존 실손보험 가입자가 저렴한 보험료로 전환을 원하는 경우 별도 심사없이 4세대 실손으로 전환할 수 있다.
③ 4세대 실손으로 전환 후 6개월 이내 보험금 수령이 없는 경우에는 계약 전환을 철회하고 기존 상품으로 돌아갈 수 있다.
④ 4세대 실손에서 기존 상품으로 복귀 후 다시 4세대 실손으로 재전환하고자 하는 경우에도 별도 심사없이 전환이 가능하다.
⑤ 자기부담금과 관련하여 급여항목은 20%이고 비급여항목은 30%이다.

036 김수로 씨는 공장의 화재를 대비하기 위하여 다음과 같은 내용을 화재보험을 가입하였을 경우 화재발생 시 보상받게 될 보험금으로 가장 적절한 것은?

- 보험가입내용 : 보험가액 600,000천 원, 보험가입금액 400,00천 원
- 화재로 인한 손해액 및 비용 : 재산손해액 150,000천 원, 잔존물 제거비용 30,000천 원, 손해방지비용 15,000천 원, 잔존물 보전비용 300천 원, 기타협력비용 5,000천 원

① 157,750천 원　② 145,200천 원　③ 137,750천 원
④ 130,200천 원　⑤ 128,533천 원

037 다중이용업소 화재보험에 대한 설명이다. 가장 적절하지 않은 것은?

① 2013년 2월 이후 모든 다중이용업소 화재배상책임보험 의무 가입이 시행되었다.
② "화재로 인한 재해보상과 보험가입에 관한 법률"에 따른 특수건물의 다중이용업소는 제외된다.
③ 현재 26종 업종이 의무 가입에 해당되며 매년 업종에 대한 화재 위험을 평가하여 의무 가입대상이 추가될 수 있다.
④ 사망 시 1인당 1억 5,000만 원, 부상 시 최고 5,000만 원, 후유장해 시 최고 1억 5,000만 원, 재산피해 1사고당 10억 원 한도 내에서 보상한다.
⑤ 일반음식점, 비디오물감상실, PC방, 노래연습장, 고시원, 만화카페, 키즈카페는 의무가입대상이다.

038 (주)깔끄미는 핫도그를 제조 및 판매하는 회사로서 1사고당 한도액 30,000천 원 및 총 보상한도액 200,000천 원으로 하는 생산물배상책임보험에 가입하였다. 지난 5월 운동회 행사에 500개의 핫도그를 판매하였는데, 밀가루를 반죽하는 과정에서 부주의로 핫도그를 먹은 소비자 500명이 모두가 식중독에 걸려 1인당 100천 원의 병원비가 발생하였다. 원인설에 따른다고 할 때 보험회사로부터 지급되는 보험금은 얼마인가?

① 30,000천 원　② 50,000천 원　③ 100,000천 원
④ 150,000천 원　⑤ 200,000천 원

039 배상책임보험의 보상범위에 대한 다음 설명 중 가장 적절하지 않은 것은?

난이도 상

① 불법행위로 인하여 사람이 사망한 경우에 장례비는 불법행위와 관련 있는 손해로 인정된다.
② 후유장해에 따른 손해는 생계비를 공제하고 일실수익을 산출하며 사망에 따른 위자료 해당 금액에 노동능력상실률을 감안하여 위자료를 지급한다.
③ 구조수색비, 치료관계비, 향후치료비 추정서에 의한 치료비는 부상에 따른 손해에 해당한다.
④ 대물배상 손해배상금과 관련하여 재물이 수리불능 시에는 훼손시의 시가가 손해가 된다.
⑤ 재물이 멸실된 경우에는 재물의 교환가격 중에는 장래에 있어서 통상의 사용, 이익으로 얻을 수 있었을 이익도 포함되므로 그 이익은 따로 청구할 수 없다.

040 다음은 자동차보험 종류와 가입대상에 대한 설명이다. 가장 적절한 것은?

난이도 하

① 개인용자동차보험 : 법정정원 9인승 이하의 개인소유 자가용 승용차
② 업무용자동차보험 : 사업용 자동차
③ 영업용자동차보험 : 개인용 자동차를 제외한 모든 비사업용 자동차
④ 운전자보험 : 면허증 소지자
⑤ 운전면허 교습생 자동차보험 : 운전면허 소지자의 교습차량에 대한 손해 보상

041 다음은 자동차보험의 피보험자에 대한 설명이다. 가장 적절하지 않은 것은?

난이도 중

① 기명피보험자 : 보험증권의 기명피보험자란에 기재되어 있는 피보험자
② 친족피보험자 : 기명피보험자와 같이 살거나 살림을 같이하는 친족으로 피보험자동차를 사용 또는 관리 중인 자
③ 승낙피보험자 : 기명피보험자와 승낙을 얻어 피보험자동차를 사용 또는 관리 중인 자
④ 사용피보험자 : 기명피보험자의 사용자 또는 계약에 따라 기명피보험자의 사용자에 준하는 지위를 얻은 자
⑤ 운전피보험자 : 자기를 위하여 피보험자 자동차를 운전 중인 자

042 다음은 자동차보험의 대인배상 지급보험금 기준과 관련한 후유장해보험금에 대한 설명이다. 가장 적절하지 않은 것은?

① 후유장해보험금으로 인정되는 것은 위자료, 상실수익액, 가정간호비이다.
② 노동능력상실률이 70%인 경우 65세 미만인 자의 위자료는 4,500만 원 × 70% × 85%로 계산하여 산출한다.
③ 노동능력상실률이 50%인 경우 65세 이상인 자의 위자료는 4,500만 원 × 50% × 85%로 계산하여 산출한다.
④ 상실수액액은 월평균현실소득액 × 노동능력상실률 × 호프만계수로 산출한다.
⑤ 가정간호비는 노동능력상실률 100%의 후유장해판정을 받은 자가 대상이다.

043 기존 계약의 적정성을 평가하는 방법 중 벨쓰방식을 활용한 계산방식과 관련한 내용 중 가장 거리가 먼 것은?

① 주계약 사망보험금
② 당해 보험연도 말의 해약환급금
③ 직전 보험연도 말의 해약환급금
④ 연간보험료와 배당금
⑤ 물가상승률 조정이율(k율)

044 부적절한 보험계약에 대한 대응과 관련하여 일반적으로 기존 계약을 새로운 계약으로 대체하는 것이 고객의 이익에 합치되는 경우가 많지 않은 것에 대한 이유로 가장 적절하지 않은 것은?

① 신계약의 비용을 추가로 부담해야 한다.
② 현재 상품의 조건이 오래된 계약보다 유리한 경향이 있다.
③ 신규계약은 제척기간을 다시 거쳐야 한다.
④ 신규계약은 면책기간을 다시 거쳐야 한다.
⑤ 대체된 신규계약이 고객의 니즈를 모두 충족시키지 못할 수도 있다.

045 손해보험설계에서 손실형태 및 위험분류, 손실발생확률, 위험측정방법, 손실규모 평가와 같은 내용이 고려되어야 하는 단계는 손해보험설계 프로세스로서 가장 적절한 단계는?

① 고객 관련 정보의 수집 단계
② 고객의 위험관리상태 분석 및 평가 단계
③ 위험관리 제안서의 작성 및 제시 단계
④ 위험관리 제안서의 실행 단계
⑤ 고객 상황의 모니터링 단계

은퇴설계

046 은퇴설계 실행절차에 대한 설명으로 적절한 것을 모두 고르시오.

> 가. 1단계 정보수집단계에서 은퇴설계에 필요한 정보와 그 정보를 수집할 질문표를 작성한 후 은퇴설계정보요약표를 작성한다.
> 나. 현재까지의 퇴직급여(또는 DC형의 경우 평가액)는 반드시 기입하여 퇴직급여가 다른 용도로 전용되는 것을 방지해야 한다.
> 다. 은퇴자산 평가는 은퇴자산별로 설계시점에서의 순미래가치로 평가한다.(3단계)
> 라. 연간 저축액은 저축가능기간 동안 가정한 은퇴자산의 세후투자수익률을 적용하여 계산하고, 이를 고객의 저축여력과 비교하여 은퇴준비를 위한 추가저축이 가능한지 평가한다.
> 마. 은퇴소득인출기는 현재 재무상태 평가, 지속가능한 인출 조건 확인, 은퇴자산 포트폴리오 평가, 그리고 인출전략 결정 및 조정 단계 등 4단계로 구성된다.

① 가, 나, 다
② 나, 다, 라
③ 가, 나, 라, 마
④ 다, 라
⑤ 나, 다, 라, 마

047 무료임차소득이란 자녀 소유(자녀 지분 100%)의 고가주택에 거주하는 본인 또는 배우자에 대하여 임차료에 상응하여 소득으로 인정하는 금액을 의미한다. 다음 중 무료임차소득으로 가장 적절한 것은?

구분	주택 시가표준액	무료임차소득
①	6억 원	41만 원
②	7억 원	45.5만 원
③	8억 원	53만 원
④	9억 원	59.5만 원
⑤	10억 원	67만 원

048 국민연금 급여액 60만 원(부양가족연금액은 제외, A급여액 27만 원)인 경우 기초연금액 산정액으로 가장 적절한 것은? (제시된 내용으로만 산정할 것.)

> 2025년 기준연금액은 334,810원이고 부가연금액은 167,400원으로 가정한다.

① 322,210원   ② 237,020원   ③ 350,250원
④ 287,140원   ⑤ 298,740원

049 국민연금 가입자의 종류에 대한 설명이다. 가장 적절하지 않은 것은?

① 홍길동(17세, 중소기업 직원)는 18세 미만이지만 본인이 희망하는 경우에 국민연금에 가입할 수 있다.
② 국민기초생활보장법에 따른 생계급여 수급자인 김국민은 본인의 희망에 따라 사업장가입자가 되지 아니할 수 있다.
③ 배우자가 공무원연금 수급권자인 별도의 소득이 없는 김한국은 지역가입자 가입대상에서 제외된다.
④ 1년 이상 행방불명(거주불명등록자)인 김길동은 국민연금 지역가입자 가입대상에서 제외된다.
⑤ 국민연금에 가입한 적이 없는 강한녀(63세)는 본인이 희망하는 경우에도 국민연금에 가입할 수 없다.

050 국민연금에 대한 설명으로 적절한 것을 모두 고르시오.

> 가. 소득활동에 따른 노령연금, 분할연금, 장애일시보상금, 반환일시금, 사망일시금의 경우는 부양가족연금액을 지급하지 않는다.
> 나. 25세 미만의 자녀가 있는 경우 부양가족연금액을 받을 수 있는 조건이 된다.
> 다. 1965년생의 노령연금 수급개시연령은 64세부터이다.
> 라. 소득이 있는 업무에 종사하는 경우 감액되는 금액은 노령연금액의 1/2을 초과할 수 없다.
> 마. 연기한 연금을 다시 지급하게 될 때에는 연기를 신청하기 전 원래의 노령연금액에 대하여 연기된 매 1월당 0.6%의 연금액을 더 올려서 지급한다.

① 나, 다, 마
② 가, 다, 라, 마
③ 가, 라, 마
④ 다, 라, 마
⑤ 가, 나, 다, 라, 마

051 국민연금 분할연금에 대한 설명으로 가장 적절하지 않은 것은?

① 배우자의 가입기간(연금보험료 납부기간) 중 혼인 기간이 5년 이상인 자가 일정한 요건을 모두 갖추면 분할연금을 지급한다.
② 분할연금 수급권 취득이 가능한 자는 이혼일로부터 3년 이내에 미리 청구하는 것이 가능하다.
③ 분할연금청구권은 지급사유 발생일로부터 5년이 경과한 때 소멸한다.
④ 분할연금을 선청구 하는 경우에는 선청구 당시 가입기간 중 혼인기간이 3년 이상인 경우에 한한다.
⑤ 급여수준은 배우자였던 자의 노령연금액(부양가족연금액 제외) 중 혼인기간에 해당하는 연금액의 1/2을 지급한다.

052 국민연금의 급여에 대한 설명으로 가장 적절하지 않은 것은?

① 분할연금 수급권자 홍길녀(1965년생)는 본인이 60세가 되었을 때 분할연금을 지급받을 수 있다.
② 배우자였던 자가 소득이 있는 업무에 종사하여 감액된 연금액을 지급받더라도 분할연금은 감액되지 않는다.
③ 분할연금 수급권자가 재혼을 하더라도 분할연금은 계속 지급된다.
④ 장애연금을 지급받기 위해서는 초진일 요건과 국민연금 보험료 납부요건이 모두 충족되어야 한다.
⑤ 장애등급이 3등급이라면 기본연금액의 60% + 부양가족연금액을 지급받을 수 있다.

053 국민연금 유족연금에 대한 설명으로 가장 적절하지 않은 것은?

① 전체 가입대상기간 중 체납기간이 3년이상인 경우는 유족연금을 지급하지 않는다.
② 가입기간이 17년인 홍일동씨의 유족연금 급여수준은 기본연금액의 50% + 부양가족연금액이다.
③ 노령연금의 지급을 연기한 경우 1년당 7.2%의 유족연금을 가산하여 지급받을 수 있다.
④ 자녀는 25세 미만, 손자녀는 19세 미만인 경우 국민연금법상 유족에 해당한다.
⑤ 유족연금 수급권자가 배우자인 경우 수급권이 발생한 때부터 3년 동안 유족연금을 지급한 후 일정연령이 될 때까지 그 지급을 정지한다.

054 공적연금과 관련된 설명으로 가장 적절하지 않은 것은?

① 부부 모두 기초연금을 받는 경우에 부부 모두가 동의하면 배우자의 계좌로 입금받을 수 있다.
② 기초연금은 65세 생일 월부터 받을 수 있지만 생일 월 이후 신청하면 신청 월부터 지급하므로 65세 생일 1개월 전에 신청하는 것이 좋다.
③ 기초연금 산정 시 시가표준액 6억 원인 자녀명의의 주택에서 거주하는 경우 무료임차소득은 39만 원으로 산출된다.
④ 기초연금은 국민연금액과 국민연금 가입기간이 반영된 국민연금 소득재분배급여(A급여액) 등에 따라 기초연금액이 감액될 수는 있다.
⑤ 기초연금 수급자가 이동통신 감면 서비스를 신청하면 월정액, 음성통화료, 데이터통화료를 합쳐 최종 청구된 금액의 최대 22,000원이 감액 제공된다.

055 국민연금에 관한 설명으로 가장 적절하지 않은 것은?

① 연금보험료 추후 납부는 60세 이후에도 계속 가입 중이면 신청 가능하다. 자격상실자, 납부예외자, 노령연금수급자는 신청대상이 될 수 없다.
② 추후 납부 분할납부 횟수는 최대 60회 범위 내에서 추후납부 대상기간 개월 단위로 신청이 가능하다.
③ 임의가입자 및 기타임의계속가입자가 추후납부를 신청하면 해당 가입자의 현 기준소득월액을 그대로 적용한다.
④ 도시지역에 거주한다 하더라도 농어업에 종사하면 농어업인에 대한 연금보험료 지원을 받을 수 있다.
⑤ 재산세 과세표준의 합계액이 12억 원 이상인 자는 농어업인 연금보험료 지원을 받을 수 없다.

056 국민연금에 관한 설명으로 가장 적절한 것을 모두 고르시오.

가. 2008년 이후 자녀 수가 3명인 경우 추가가입 인정기간은 24개월이다.
나. 분할연금 수급권자(이혼한 배우자)가 사망하면 그 수급권은 소멸되므로 노령연금 수급권자(분할연금에 의해 노령연금이 감소된 본인)에게 분할연금액이 원위치 되어 지급되지는 않는다.
다. 병역법에 따라 6개월 이상 병역의무를 이행한 자에게 6개월의 가입기간을 추가로 인정하여 (조기)노령연금의 기본연금액 산정 시 가입기간 계산에 포함한다.
라. 실업크레딧은 국민연금 가입자 또는 가입자이었던 자 중 18세 이상 60세 미만의 구직급여 수급자가 대상이다.
마. 실업크레딧의 추가 산입기간은 노령연금의 기본연금액에 반영하고, 장애·유족연금의 기본연금액에는 반영하지 아니한다.

① 나, 다, 라, 마
② 가, 나, 마
③ 다, 라, 마
④ 가, 라, 마
⑤ 가, 나, 다, 라, 마

057 국민연금에 관련된 설명으로 가장 적절하지 않은 것은?

① 만 58세인 홍길동이 노후긴급자금 대부를 신청한다면 최고 1천만 원 한도로 대부금액을 받을 수 있다.
② 홍길동이 전·월세보증금을 조달할 목적으로 노후긴급자금 대부를 요청할 경우 신청기한은 전 월세보증금은 신규이면 임차개시일 전후 3개월 이내이고, 갱신이면 갱신계약일로부터 3개월 이내이다.
③ 반환일시금은 퇴직소득세 과세대상이지만 사망으로 인하여 받는 반환일시금은 비과세대상이다.
④ 2002년 1월 1일 이후 납부한 연금보험료(개인 부담금)는 소득공제를 받을 수 있으며, 급여 수령시 과세대상에 해당한다.
⑤ 국민연금 가입기간과 직역연금 재직기간 부족으로 연금수급권을 취득하지 못하는 경우 각각의 기간을 연계하여 10년 이상(군인연금은 20년)이 되면 연금으로 지급받을 수 있다.

058 공적연금 연계제도에 대한 설명으로 가장 적절하지 않은 것은?

① 연계기간이 10년 이상인 자 중 국민연금 또는 직역연금의 가입(재직)기간이 1년 미만인 경우에는 연금이 아닌 일시금으로 지급한다.
② 연계급여 중 국민연금 급여로는 연계노령연금, 연계유족연금, 연계장애연금 등이 있다.
③ 국민연금에서 직역연금으로 이동하여 직역연금 가입자가 된 때에는 국민연금 수급권 소멸되기 전까지 연계신청할 수 있다.
④ 국민연금의 임의계속가입기간, 출산·군복무 크레딧은 연계대상기간에서 제외한다.
⑤ 임의계속가입 후 반납금 또는 추납보험료를 납부하여 가입기간이 늘어나는 경우 해당 기간은 연계대상기간에 포함한다.

059 다음 중 퇴직급여의 중간정산 사유에 해당하는 내용으로 가장 적절한 것은?

난이도 하

① 임금피크제도 시행
② 부양가족의 등록금
③ 근로자 본인의 혼례비
④ 담보대출의 상환
⑤ 배우자의 부양가족의 장례비

060 퇴직급여의 IRP이전 예외사유로 가장 적절하지 않은 것은?

난이도 하

① 근로자가 55세 이후에 퇴직하는 경우
② 퇴직급여가 300만 원 이하인 경우
③ 근로자가 사망한 경우
④ 외국인이 국내에서 근로를 제공하고 퇴직 후 국외로 출국한 경우
⑤ 퇴직급여 전액을 주택 담보로 받은 대출 상환금액에 필요한 경우

061 확정기여형 퇴직연금에 대한 설명으로 가장 적절하지 않은 것은?

난이도 중

① DC형 퇴직연금을 설정한 경우 사용자부담금은 가입자별 연간 임금총액의 1/12 이상이다.
② 추가 납입한 경영평가성과급에 대해 근로소득세를 과세하지 않고 인출 시 연금소득세를 과세하게 되어 절세효과를 얻을 수 있다.
③ 원리금보장상품과 TDF 등 투자위험을 낮춘 운용방법 등에는 최대 적립금의 90%를 운용할 수 있다.
④ 사용자가 사용자부담금을 퇴직연금규약에 정한 기일까지 가입자와 합의 없이 지연하여 납입하는 경우에는 지연일수에 대한 연체이자와 함께 부담금을 납입하여야 한다.
⑤ 가입자가 적립금 운용지시를 하지 않은 경우에는 사전에 지정한 운용방법(디폴트옵션)으로 운용된다.

062 IRP제도에 대한 설명으로 가장 적절하지 않은 것은?

① 계속근로기간이 1년 미만인 근로자는 IRP를 설정할 수 없다.
② 근로자는 퇴직연금을 가입하지 않은 금융회사에서 IRP계좌를 개설하여 퇴직급여를 이전 받을 수도 있다.
③ 연금저축펀드의 연간 납입한 금액이 납입한도에 미달하더라도 잔여한도금액이 다음해로 이월되지 않는다.
④ 10인 미만 사업장에서 기업형 IRP를 설정한 근로자는 사용자가 부담하는 부담금 외에 본인의 부담으로 부담금을 추가로 납입할 수 있다.
⑤ 가입기간이 3년 이상 경과한 개인종합자산관리계좌(ISA)의 만기지급금 또는 해약환급금도 추가로 납입할 수 있다.

063 중소기업 퇴직연금기금제도에 대한 설명으로 가장 적절한 것을 모두 고르시오.

가. 가입 초기 3년간 사용자부담금의 10%를 사용자 및 근로자에게 각각 지원한다.
나. 가입자가 해당 중소기업에서 퇴직한 이후에도 근로자부담금을 납입할 수 있다.
다. 정기부담금은 가입자의 연간(예상)임금총액의 1/12 이상에 해당하는 금액이다.
라. DC형 퇴직연금과 같이 사용자 또는 가입한 근로자가 적립금에 대한 운용지시를 하지 않는다.
마. 중소기업퇴직연금의 적립금에서 연금을 수령하기 위해서는 10년 이상 가입하고, 55세 이후 5년 이상의 기간을 정하여야 한다.

① 나, 라, 마
② 가, 다, 라, 마
③ 가, 마
④ 다, 라, 마
⑤ 가, 나, 다

064 연금계좌에 대한 설명으로 가장 적절하지 않은 것은?

① 소득세법상 의료목적, 천재지변, 그 밖의 부득이한 사유에 해당하는 사유로 인출하는 금액은 연금소득세(분리과세)로 간주한다.
② 부득이한 사유로 자금을 인출하려는 경우 해당 사유가 확인된 날로부터 6개월 이내에 그 사유를 확인할 수 있는 서류를 갖추어 금융회사에 제출하면 된다.
③ 근퇴법에서 정한 중도인출 사유 중 근로자 본인 명의로 주택을 구입하는 등의 사유로 중도인출하는 경우에는 소득원천에 따라 다르게 과세된다는 점에 유의한다.
④ 연금저축과 IRP상호간 이체는 적립기간이 5년 이상 경과하고, 만 55세가 경과한 가입자의 경우 전액이체만 가능하다.
⑤ 총급여액이 1억 원 이하인 경우 적용되는 세액공제율(지방소득세 포함)은 16.5%이다.

065 세제비적격연금에 대한 설명으로 가장 적절하지 않은 것은?

① 연금보험은 납입된 보험료를 공시이율을 적용하여 부리하고 45세 이후부터 연금을 수령할 수 있다.
② 추가납입보험료는 기본보험료와 달리 사업비가 부과되지 않기 때문에 기본보험료보다 연금적립금 축적비율이 더 높다.
③ 월대체보험료의 공제가 불가한 경우에는 납입일시중지기간이 종료되고, 가입자는 보험료 납입기일까지 해당 보험료를 납입하여야 한다.
④ 변액연금보험의 자동자산배분 옵션은 가입자가 보험계약 시 특별계정에 납입되는 보험료를 선택한 펀드별로 일정한 비율을 정하여 운용하는 옵션이다.
⑤ 확정연금형 즉시연금은 연금수령기간을 10년 이상으로 정하여도 부리된 이자소득을 원천으로 연금을 수령하는 시점부터는 이자소득세가 과세된다.

066 연금저축펀드와 IRP에 대한 설명이다. 적절한 것을 모두 고르시오.

가. IRP는 소득이 있어야 가입이 가능하지만 연금저축은 소득 유무와 관계없이 가입이 가능하다.
나. IRP는 적립금의 70%를 한도로 위험자산에 투자할 수 있지만 연금저축펀드는 적립금의 90%를 한도로 위험자산에 투자할 수 있다.
다. 연금저축펀드 투자대상에는 원리금보장형 상품이 없다.
라. 적립기간 중 중도인출 가능성이 많은 경우에는 연금저축펀드를 선택하는 것이 IRP를 선택하는 것보다 바람직하다.
마. IRP는 부득이한 사유가 아닌 사유로 인출하기 위해서는 IRP계좌를 해지해야 한다.

① 가, 라, 마
② 가, 다, 라, 마
③ 나, 다, 라
④ 나, 라, 마
⑤ 가, 나, 다, 라, 마

067 다음에 설명하는 내용으로 가장 적절한 것은?

포트폴리오의 실현수익률에서 무위험이자율을 차감한 초과수익률을 베타(시장위험)로 나눈 값이다. 이 비율은 투자포트폴리오의 비체계적 위험은 분산을 통해 감소시킬 수 있지만 시장위험이 초과수익에 기여한다는 관점을 반영한 성과평가 척도이다.

① 샤프비율
② 소티노비율
③ 젠센알파
④ 트레이너비율
⑤ 정보비율

068

다음 자료를 참조하여 지속가능한 인출률을 달성하기 위한 포트폴리오 운용수익률로 가장 적절한 것을 고르시오.

| 가. 은퇴기간 25년 | 나. 은퇴생활비 연간 78,800천 원(매년 초) |
| 다. 물가상승률 4% | 라. 은퇴자산 1,583,901천 원 |

① 6% ② 7%
③ 6.8% ④ 5.6%
⑤ 8%

069

주택연금에 대한 설명으로 가장 적절하지 않은 것은?

① 다주택자인 경우에도 부부 소유주택의 공시지가를 합산한 가격이 12억 원 이하이면 신청할 수 있다.
② 부부 중 한 명이라도 만 55세 이상이면 되고, 주택연금 가입주택을 가입자 또는 배우자가 실제로 거주지로 이용하고 있어야 한다.
③ 일부 연금지급방식의 경우에는 의료비 등 목돈이 필요한 경우 수시로 찾아 쓰는 개별인출제도를 활용할 수 있다.
④ 주택연금 지킴이 통장(압류 금지)을 활용하면 월지급금 중 최저생계비에 해당하는 금액까지만 입금이 가능하다.
⑤ 저당권방식은 가입자가 사망하더라도 남은 배우자는 소유권 이전 없이 자동으로 승계된다.

070

사전연명의료의향서에 대한 설명으로 가장 적절하지 않은 것은?

① 대상 : 말기 환자 또는 임종과정에 있는 환자
② 작성 : 본인이 직접 작성
③ 설명의무 : 상담자
④ 등록 : 보건복지부 지정 사전연명의료 의향서 등록기관
⑤ 환자가 의사능력이 없는 의학적 상태 : 담당의사와 전문의 1인이 함께 사전연명의료의향서를 확인하여야 연명의료를 유보 또는 중단할 수 있다.

부동산설계

071 부동산 특징 중 이질성에 대한 설명으로만 모두 묶인 것은?

> 가. 토지는 다른 생산품처럼 추가적인 노동이나 생산비를 투입한다고 해도 물리적인 공급은 고정되어 있다.
> 나. 토지는 그 자체적으로 움직일 수 없고 이동이 불가능하다.
> 다. 부동산은 공공성이 크고 일반적으로 개인의 자산에서 차지하는 금액적 비중이 높다.
> 라. 부동산의 가격 및 수익은 개별화되며, 사용이나 판매에 있어 대체가능성이 없게 만드는 원인이 되기도 한다.
> 마. 토지는 시간이 흐름에 따라 소모되거나 마멸되지 않는다.
> 바. 똑같은 땅은 존재하지 않는다.

① 가, 다
② 나, 다
③ 가, 나
④ 라, 바
⑤ 마, 바

072 상업용 부동산시장에 대한 설명으로 가장 적절한 것은?

① 사람의 통행이 적고 자동차만 많이 다니는 지역이 좋다.
② 근린상가는 배후지의 주동선 및 교통을 이용하는 동선과 연결되는 여부가 중요하며 시기적으로 배후의 아파트단지의 입주보다 빨리 입점하는 상가가 유리하다.
③ 테마상가는 소액투자가 가능하여 은퇴 계층의 선호도가 높아 매매도 수월하다.
④ 유동층이 건물의 이면을 주로 다니는 경우도 많기 때문에 반드시 넓은 통행로가 주동선이 되어야 한다.
⑤ 상가들이 모여 있는 상업지역이 아닌 해당 상업지역에 소비를 하러 오는 소비자들이 거주하는 곳의 범위를 상권이라 한다.

073 부동산시장과 정책에 대한 설명으로 가장 적절하지 않은 것은?

① 분양가상한제는 가격의 상승 우려가 있는 지역에서 공동주택의 가격(분양가)을 국토교통부령이 정하는 기준에 따른 분양가격 이하로 규제하는 주택공급관리정책이다.
② 공동임대주택은 정부가 임대주택을 직접 건설하여 일정한 요건을 갖춘 저소득층 가구에게 공급하는 주택이다.
③ 정부가 매수자의 세금(취득세 등)을 높이면 세금은 매수자에게 부과되지만 결과적으로 매도자와 매수자가 공동으로 세금을 부담하게 된다.
④ 주택에 부과되는 양도소득세는 저소득층의 주거비용을 증가시키고 고소득층의 조세납부 연기로 인한 소득보전효과로 인하여 소득분배를 악화시키며 주거이동과 노동이용의 제약을 가져와 생산요소의 효율적 배분을 저해할 가능성이 있다.
⑤ 정부는 수요와 공급의 모든 측면에서 주택시장에 개입할 수 있다.

074 국토의 계획 및 이용에 관한 내용으로 가장 적절하지 않은 것은?

① 도시지역은 주거지역, 상업지역, 공업지역, 녹지지역으로 분류한다.
② 토지거래계약허가제는 토지의 투기적 거래와 지가의 급격한 상승 또는 하락이 있는 지역에 시행하게 된다.
③ 국토 전역을 대상으로 하여 특정부문에 대한 장기적인 발전 방향을 제시하는 계획을 부문별계획이라 한다.
④ 국토종합계획은 20년을 단위로 하여 수립한다.
⑤ 수도권정비계획에서는 인구·산업집중 억제를 위한 과밀억제권역, 이전하는 인구·산업을 수용하기 위한 성장관리권역, 수질 및 녹지보전 등을 위한 자연보전권역의 3개 권역체제로 나누어 관리하고 있다.

075 도시 및 토지이용정책에 대한 내용으로 가장 적절하지 않은 것은?

① 토지적성평가는 보전할 토지와 개발 가능한 토지를 체계적으로 판단할 수 있도록 계획을 입안하는 단계에서 정량적이고, 체계적인 판단 근거를 제공하기 위하여 실시하는 기초조사이다.
② 재해취약성분석은 재해에 안전한 도시를 위해 도시계획 수립단계부터 재해취약지역을 고려한 토지이용, 기반시설, 건축설계대책 등 재해를 고려하여야 한다.
③ 도시방재는 자연재해에 대해 도시계획 단계부터 도시의 방재전략과 대응능력을 높이고자 하는 제도를 말한다.
④ 토지이용규제는 국민의 재산권에 미치는 영향이 크기 때문에 토지이용규제 기본법에 따른 원칙 및 절차를 다른 법률에 우선하여 준수하도록 규정하고 있다.
⑤ 제2기 수도권 신도시개발 컨셉은 서울 도심까지 30분 내 출퇴근이 가능한 도시, 일자리를 만드는 도시이다.

076 기업도시 사업시행자에 대한 지원 내용으로 가장 적절하지 않은 것은?

① 투기지역 외에서 조성토지와 주택 공급상의 예외 인정
② 조세 및 부담금 감면
③ 사회적 기반시설 구축 특례
④ 학교·병원·체육시설 설치상의 특례
⑤ 제한적인 토지수용권 부여

077 부동산 매매에 대한 내용으로 가장 적절하지 않은 것은?

① 민법은 계약금에 관하여 당사자 사이의 다른 약정이 없는 한 해약금으로 추정하고 있다.
② 계약당사자 간에 별다른 약정이 없고 매수인이 매도인에게 매매계약금을 교부한 경우 매도인은 매수인에게 매매계약금의 배액을 지불하고, 매매계약을 해제할 수 있다.
③ 매도인이나 매수인으로부터 대리권을 받지 아니하고 법률행위를 하는 경우 그 법률행위는 무권대리가 되어 원칙적으로 무효가 된다.
④ 부동산 매매란 당사자 일방이 상대방에게 재산권을 이전할 것을 약정하고, 또 상대방은 이에 대하여 그 대금을 지급할 것을 약정함으로써 성립하는 계약을 말한다.
⑤ 매매계약 당시에 매수인이 거래대상부동산에 흠결이 있음을 알지 못했다 하더라도 계약의 목적을 달성할 수 있는 경우에는 손해배상청구권 또는 계약해제권을 행사할 수 있다.

078 주택임대차보호법과 상가건물임대차보호법의 비교 내용이다. 가장 적절한 것은?

번호	구분	주택임대차보호법	상가건물임대차보호법
①	최우선변제비율	주택가액의 1/2 범위 내	상가건물가액의 1/3 범위 내
②	차임 인상 제한	연 5% 이내	연 7% 이내
③	계약갱신요구권	2회	총 10년까지 (매 1년마다 요구)
④	월세전환이율	연 9%와 '기준금리 + 2%' 중 낮은 것	연 12%와 '기준금리 × 4.5배' 중 낮은 것
⑤	대항요건	주택의 인도 + 주민등록	건물의 인도 + 사업자등록

079 부동산가격 공시제도에 대한 설명으로 가장 적절하지 않은 것은?

① 공동주택가격 공시제도는 토지와 건물을 각각 구별하여 산정한다.
② 공시된 지가에 이의가 있는 자는 공시일로부터 30일 이내에 서면으로 국토교통부장관에게 이의를 신청할 수 있다.
③ 개별공시지가는 비교표준지의 공시지가에 토지가격비준표에 나와 있는 토지 특성별 배율을 종합한 가격배율을 곱하여 산정하는 비교방식에 의하여 산정한다.
④ 표준지는 대표성, 중용성, 안정성, 확정성이 있는 토지를 선정한다.
⑤ 표준지공시지가는 국토교통부장관이 토지이용 상황이나 주변 환경, 그 밖의 자연적·사회적 조건이 일반적으로 유사하다고 인정되는 일단의 토지 중에서 선정한 표준지에 대하여 매년 공시기준일 현재 단위면적(㎡)당 적정가격을 조사 및 평가한다.

080 부동산가치평가에 대한 설명으로 가장 적절하지 않은 것은?

① 인근지역의 경제적 상태, 주위환경, 시장상황 등 대상물건의 가치에 영향을 미치는 경제적 요소들의 변화에 따른 감가요인을 경제적감가요인이라 한다.
② 준공된 지 3년 된 건물의 연면적은 200㎡이다. 이 건물의 3년 전 재조달원가는 ㎡당 100만 원이었고, 지금은 ㎡당 130만 원의 비용이 드는 것으로 조사된다. 이 건물의 내용연수는 30년으로 추정되며, 정액법으로 감가할 예정이다. 이 건물의 가치는 234,000,000원이다.
③ 단일기간의 순수익을 적절한 환원율로 환원하여 대상 물건의 가액을 산정하는 방법을 직접환원법이라 한다.
④ 가능총수익에 공실손실상당액 및 대손충당금을 공제하여 산정한 후 주차수입과 광고수입, 그 밖에 대상 물건의 운용에 따른 주된 수입을 합산한 금액을 순영업소득이라 한다.
⑤ 평가하고자 하는 물건의 거래사례를 찾았으나 매도인의 급매로 7% 저가에 거래된 물건이었다. 거래사례가격이 2억 원이었다면 적절한 가격 215,053,763원이다.

081 부동산 유형별 감정평가에 대한 설명으로 가장 적절한 것은?

① 토지를 감정평가할 때에는 그 토지와 이용가치가 비슷하다고 인정되는 부동산 공시법에 따른 개별공시지가를 기준으로 한 공시지가기준법을 적용한다.
② 구분소유부동산을 감정평가할 때에는 건물(전유부분과 공유부분)과 대지용권을 구분한 거래사례비교법을 적용하여야 한다.
③ 한 필지의 토지가 둘 이상의 용도로 이용되고 있거나 적절한 감정평가액의 산정을 위하여 필요하다고 인정되는 경우에는 둘 이상의 거래사례를 선정할 수 있다.
④ 비교표준지가 있는 지역과 대상토지가 있는 지역 모두 공시기준일을 기준으로 한다.
⑤ 비교표준지의 개별요인과 대상토지의 개별요인은 모두 기준시점을 기준으로 한다.

082 부동산 투자의사결정에 대한 설명으로 가장 적절한 것은?

① 실현수익률이 투자자가 생각한 투자수익률보다 높게 나왔다면 결과론적으로 투자를 잘 한 것이 된다.
② 수익성지수법은 투자안의 규모가 서로 다를 때 사용하기 좋은 평가기법이다.
③ 총투자수익률보다 대출이자율이 클 때 자기자본수익률은 총투자수익률보다 크게 되는 것을 긍정적 레버리지효과라 한다.
④ 투자안이 1개라면 NPV > 1인 경우에 투자를 하며, NPV < 1이라면 투자를 하지 않는다.
⑤ 요구수익률이란 대상부동산에 투자하기 위해 투자자가 요구하는 최대한의 수익률이다.

083 총투자수익률 연 8.00%, 대출이자율 연 6.00%, LTV가 60%일 때 자기자본수익률은 얼마인가?

① 10% ② 11%
③ 12% ④ 13%
⑤ 14%

084 주택담보금융에 대한 설명으로 가장 적절하지 않은 것은?

① 초기 비용부담이 가장 큰 상환방식은 원리금균등분할상환이다.
② 대출이자율(대출금리)은 수신금리, 위험프리미엄(위험대가), 인플레이션율의 합으로 산출한다.
③ 시간이 지나면서 소득이 증가할 가능성이 높은 것을 반영하는 것으로 초기에 월 상환금액이 적어지는 상환방식은 점증상환방식이다.
④ 담보물이 동일하다면 대출기간이 긴 경우, 담보물이 없는 신용대출인 경우, 담보물의 수익성이 불확실한 경우에는 원리금회수위험이 높아진다.
⑤ 약정기간 중에는 이자만 부담하다 만기일에 전액현금상환하는 상환방식은 만기일시상환이다.

085 5년간 소득수익의 현가는 3억 원, 5년 후 양도가액의 현가는 15억 원, 부동산 최초 매수가격 10억 원인 빌딩의 5년간 종합수익률은 얼마인가?

① 40%   ② 50%   ③ 60%
④ 70%   ⑤ 80%

086 임대사업자의 주요 의무사항 위반으로 과태료가 1,000만 원인 것으로만 모두 묶인 것은?

가. 임대사업자 설명의무 위반 과태료
나. 임대차계약 신고 의무 위반 과태료
다. 임대의무기간 준수 의무 위반 과태료
라. 임대차계약 유지 의무 위반 과태료
마. 표준임대차계약서양식 사용 의무 위반 과태료
바. 임대사업 목적 유지 의무 위반 과태료

① 나, 라, 마, 바   ② 가, 다, 라, 바
③ 가, 나, 다, 마   ④ 나, 다, 라, 마
⑤ 다, 라, 마, 바

087 경매를 이용한 부동산투자에 대한 설명으로 가장 적절한 것은?

① 경매신청은 작성한 신청서에 경매비용을 납부한 증명서를 부착하고, 관련 첨부서류를 첨부하여 신청인 소재지 관할 법원에 하여야 한다.
② 채무자에 대한 개시결정의 송달은 경매절차 진행의 적법유효요건으로 되어 있기 때문에 경매개시결정문 정본을 채무자에게 송달하게 된다.
③ 계산서를 제출하지 아니한 채권자는 배당요구의 종기 이후 법원이 배당요구서나 기타 기록에 첨부된 증빙서류에 의하여 채권액을 보충할 수 있다.
④ 즉시항고는 원결정을 고지한 날로부터 3일 내에 제기하여야 한다.
⑤ 임의경매는 물권이 아닌 채권을 통해 소송을 제기하고 집행권원을 받아 경매를 진행하는 것이다.

088 공매 부동산에 대한 설명으로 가장 적절한 것은?

① 공매의 경우 최저매각가격의 10%를 보증금액으로 납부해야 한다.
② 국유재산의 매각대금이 1천만 원 초과시 2년 이내 분할납부가 가능하다.
③ 압류재산의 명도책임은 매도인이 진다.
④ 유입자산의 소유자는 한국자산관리공사이다.
⑤ 공매는 매각기일에 입찰 및 개찰하는 기일입찰 방식을 주로 택한다.

089 부동산금융에 대한 설명으로 가장 적절한 것은?

① 프로젝트금융투자회사(PFV)는 한시적으로 설립된 회사로서 존립기간이 3년 이상이어야 한다.
② PFV를 설립한 뒤 법인세법 제51조의2에 따라 2025년 12월 31일 이전에 끝나는 사업연도에 대하여 대통령령으로 정하는 배당가능이익의 100분의 80 이상을 배당한 경우 그 금액은 해당 배당을 결의한 잉여금 처분의 대상이 되는 사업연도의 소득금액에서 공제한다.
③ 프로젝트 파이낸싱은 사업주의 신용이나 담보가 아닌 해당 사업의 사업성에 따라 채무의 상환 여부가 결정된다.
④ 분양관리신탁이란 부동산 소유자가 신탁계약기간 동안 소유권을 수탁자에게 이전한 뒤 수탁자는 신탁계약에 따라 부동산 소유권, 임대차, 세무관리 등 업무를 수행한 뒤 다시 위탁자에게 소유권을 이전하는 것이다.
⑤ 신탁재산의 종합부동산세 납세의무자는 수탁자이다.

090 난이도 중

A씨가 재개발사업 주택을 매입하려고 한다. 다음 정보를 고려할 때 추가부담금 산정 금액은 얼마인가?

〈재개발사업 주택 정보〉 (단위 : 천 원)

구분	금액	비고
매매가	630,000	30m² × 21,000천 원
전세금	189,000	전세비율 30%
초기투자비용	441,000	630,000천 원 − 189,000천 원
대지 감정가액	565,500	30m² × 14,500천 원 × 130%
건물 감정가액	22,500	45m² × 500천 원
비례율	105%	
조합원 예상 분양가	992,800	73m² × 17,000천 원 × 80%

① 969,175천 원
② 617,400천 원
③ 588,000천 원
④ 399,025천 원
⑤ 375,400천 원

2교시 지식형 모의고사

투자설계

001 투자지침서에 관한 설명으로 가장 적절한 것은?

① 투자지침서는 투자전문가의 성향에 맞는 고객을 선택하는 기준이 된다.
② 투자지침은 위험조정 전 절대수익에 대한 현실적 기대치에서 출발한다.
③ 투자지침서에는 미래필요자금에 대한 추정과 관련된 정보가 포함된다.
④ 투자지침은 고수익을 지향하도록 단기적 관점에서 작성되어야 한다.
⑤ 투자지침서는 재판이나 소송에서 방어수단으로 인정되지 않는다.

002 향후 이자율이 상승하도록 영향을 주는 요인으로 가장 적절한 것은?

① 원화의 가치가 절상될 것으로 기대한다.
② 향후 인플레이션이 높아질 것으로 예상된다.
③ 시장에서 유동성효과가 소득효과보다 지배적으로 나타나고 있다.
④ 경기침체국면에 진입하여 기업의 생산활동이나 투자활동이 위축되고 있다.
⑤ 경상수지 흑자가 실현되었다.

003 자산유동화증권의 발행 참여자에 대한 설명으로 적절하지 않은 것은?

① 자산보유자는 자산유동화를 통하여 보다 좋은 조건으로 자금을 조달하고자 한다.
② 발행기관(SPV)는 자산보유자로부터 유동화자산을 양수하고 이를 기초로 유동화증권을 발행하는 회사로서 임직원을 두어야 한다.
③ 자산관리자는 유동화자산으로부터 발생하는 수입을 SPV를 대신하여 회수하거나 추심하는 업무를 한다.
④ 자산유동화가 이루어지기 위해서는 SPV가 자산보유자의 자산으로부터 파산절연(Bankruptcy Remote)된 상태여야 한다.
⑤ 신용평가사(Credit Rating Agency)는 ABS의 신용등급 평가를 통해 투자자의 판단 근거 제공한다.

004 경기동향 판단 및 예측에 관한 설명으로 가장 적절하지 않은 것은?

① 경기확산지수는 개별경제지표의 변화방향만 종합하여 지수화한 것이다.
② 경기확산지수가 50을 초과하면 경기는 확장국면, 50 미만이면 수축국면에 있다.
③ 재고순환지표, 장단기 금리차는 경기종합지수 중 선행지수에 해당한다.
④ 기업경기실사지수는 3점 척도로 100 이상이면 긍정적 답변을 한 기업이 많다는 의미다.
⑤ 경기종합지수에서 동행지수변동치와 선행지수 전년동월비는 그 크기, 증감율, 진폭 등이 중요한 의미를 갖는다.

005 자본자산가격결정모형에 대한 설명 중 가장 적절하지 않은 것은?

① CAPM은 무위험 자산의 존재를 인식하고 이를 포트폴리오에 편입시켰다.
② 자본시장선은 무위험자산을 투자대상으로 포함할 때 효율적인 포트폴리오의 기대수익률과 체계적인 위험과의 관계를 나타내는 모형이다.
③ 무위험자산을 투자대상에 포함시킬 경우 마코위츠의 모형에서 설명한 효율적 투자기회선이 더 이상 효율적 투자기회선이 될 수 없다.
④ 효율적 포트폴리오, 비효율적 포트폴리오와 개별자산을 포함한 모든 자산의 기대수익률과 체계적 위험과의 관계를 나타내는 것이 증권시장선이다.
⑤ SML선보다 위쪽에 위치한 주식은 현재 주가가 저평가되어 있다는 것을 의미한다.

006 다음 중 가장 고평가된 주식으로 묶인 것은?

주식	베타 계수	무위험수익률	시장위험 프리미엄	기대수익률
A	0.70	4.0%	5.5%	12.50%
B	1.00	4.0%	5.5%	9.50%
C	1.30	4.0%	5.5%	8.57%
D	1.50	4.0%	5.5%	10.00%
E	−0.30	4.0%	5.5%	7.50%

① A−B−C ② B−C−D ③ C−D
④ A−D−E ⑤ B−D−E

007 다음은 2025년 (주)이패스의 자본조달구조이다. 이를 기초로 이 회사의 가중평균자본비용으로 적절한 것은?

- 무위험 이자율 : 5%
- 주식시장의 수익률 : 15%
- 우선주비용 : 5%
- 우선주 자본금 : 10억 원
- 실효법인세율 : 30%
- 베타 : 1.2
- 평균부채비용(세전) : 7%
- 부채 총계 : 50억 원
- 보통주 자본금 : 40억 원

① 9.00% ② 9.25% ③ 9.50%
④ 9.75% ⑤ 10.80%

008 배당할인모형의 구성요소와 주식가치의 변화에 대한 설명으로 가장 적절한 것은?

① 주당 배당금액이 적을수록 주식의 가치는 높아진다.
② 요구수익률이 커질수록 주식의 가치는 높아진다.
③ 무위험수익률이 높을수록 주식의 가치는 높아진다.
④ 배당성향이 높을수록 주식의 가치는 높아진다.
⑤ 자기자본이익률이 높아질수록 주식의 가치는 높아진다.

009 2025년 (주)이패스의 요구수익률이 15%, 배당성향이 50%이고, 성장률은 5%이다. 이 회사의 금년도 주당순수익이 2,000원일 때, 내년도 순이익에 기초한 적정PER을 이용하여 적정주가를 적절하게 산출한 것은?

① 10,500원 ② 11,000원
③ 12,500원 ④ 13,000원
⑤ 14,500원

010 다음 추세분석에 대한 설명으로 가장 거리가 먼 것은?

① 평행추세선은 고점과 저점의 평균값을 연결한 선이다.
② 상승추세는 저점과 저점을 연결한 선이 상승하는 것을 말한다.
③ 저항선이 돌파되면 적극 매수하고 지지선이 돌파되면 적극 매도한다.
④ 상승추세는 저점이 상승하는 것으로 판단하고 하락추세는 고점이 하락하는 것으로 판단한다.
⑤ 이동평균선(Moving Averages)은 골든크로스/데드크로스로 추세 전환 포착한다.

011 경제적 부가가치(EVA)에 대한 설명으로 가장 적절하지 않은 것은?

① 기업의 EVA는 영업이익에서 법인세를 공제한 값에서 기업의 총자본조달비용을 차감하여 산출한다.
② EVA는 기업가치를 계산할 때 자본조달비용으로 명시적 비용인 차입금에 대한 이자비용만 감안한다.
③ EVA는 주주의 입장에서 본 실질적인 기업가치 증가를 나타내는 지표다.
④ 회계장부상으로는 이익이 나더라도 EVA가 (−)인 기업은 주주 입장에서 채산성이 없다.
⑤ EVA가 (+)라는 것은 기업이 자기자본을 투자해 영업한 성과가 자본금을 은행에 맡겨두었을 때 이자수익보다 좋다는 의미다.

012

산업금융채권 2309 복1A의 발행조건이 다음과 같고 2025년 1월 9일에 4.5%로 매수하였을 때 세전 매매단가로 적절한 것은?

[발행조건]
발행일 – 2024년 9월 22일, 만기일 – 2025년 9월 22일, 표면금리 – 4.8%(3개월 복리)

① 9,994원
② 10,167원
③ 10,213원
④ 10,481원
⑤ 10,488원

013

다음 조건에서 현재 채권수익률이 10%에서 8%로 하락할 때 채권의 시장가격을 듀레이션과 볼록성을 이용하여 예측한 것으로 적절한 것은?

- 채권종류 : 표면이자 8%, 연 후급 이표채, 액면가 10,000원, 3년만기 채권
- 채권가격 : 9,052.63
- 듀레이션 : 2.78년
- 볼록성 : 8.94

① 9,038.79원
② 10,000.45원
③ 10,020.65원
④ 10,047.97원
⑤ 10,052.32원

014

채권의 수익률 곡선에 대한 설명으로 가장 적절한 것은?

① 상승형 곡선은 이자율 상당히 높은 수준에 있을 때 관찰된다.
② 하강형 곡선은 경기상승이 마무리되는 국면에서 발생할 수 있다.
③ 낙타형 곡선은 수익률 곡선 형태가 상승형에서 하락형으로 변화할 때 나타난다.
④ 하락형 곡선은 정부의 일시적인 금융긴축으로 단기자금 사정이 악화되었을 때 나타난다.
⑤ 하락형 곡선은 경기가 침체기에서 상승기로 전환할 때 나타난다.

015 채권투자전략에 대한 설명으로 가장 적절한 것은?

① 수익률 하락이 예상되면 표면금리가 높은 채권을 매입하면 운용수익률을 높일 수 있다.
② 수익률 상승이 예상되면 듀레이션이 긴 채권을 매입하면 투자손실을 줄일 수 있다.
③ 숄더 효과를 이용하면 항상 롤링효과를 이용하는 것보다 투자효과를 높일 수 있다.
④ 사다리형 포트폴리오는 바벨형 포트폴리오보다 높은 볼록성을 갖는다.
⑤ 채권 투자기간 중 금리가 상승하면 면역화전략보다 만기보유전략의 수익률이 높다.

016 채권가격의 변동성 분석 지표에 대한 설명으로 틀린 것은?

① 표면이자율과 듀레이션은 역의 관계를 갖는다.
② 채권수익률과 듀레이션은 역의 관계를 갖는다.
③ 잔존만기와 듀레이션은 정의 관계를 갖는다.
④ 채권의 볼록성은 듀레이션이 증가할수록 감소한다.
⑤ 순수할인채권은 듀레이션과 표면만기가 일치한다.

017 총자본이익률이 20%, 매출액순이익률이 40%, 총자본이 100억 원일 때, 매출액은 얼마인가?

① 10억 원
② 50억 원
③ 100억 원
④ 200억 원
⑤ 300억 원

018 자산배분에 대한 설명으로 가장 적절한 것은?

① 전술적 자산배분은 여러 자산을 대상으로 장기적인 구성비율을 결정하는 의사결정이다.
② 전략적 자산배분은 일정주기마다 자산구성을 변경하는 적극적 투자전략이다.
③ 보험자산배분은 위험자산과 무위험자산 간의 자산구성비를 매우 단기적으로 변화시킨다.
④ 전략적 자산배분은 시장의 과잉반응과 평균반전현상을 이용한 투자전략이다.
⑤ 전술적 자산배분 전략은 시장하락기에 대규모 주식매도로 인해 증시하락을 가속화시킬 수 있다.

019 자산별 기대수익률을 결정하는 방법에 대한 설명으로 가장 적절한 것은?

① 근본적 분석방법은 자산집단에 대한 과거의 장기간 수익률을 분석하여 미래의 수익률로 사용하는 방법이다.
② 시나리오분석법은 회귀분석, 자본자산가격결정모형, 차익거래모형 등을 이용하여 자산의 기대수익률을 추정하는 방법이다.
③ 우리나라처럼 외환위기와 같은 큰 변화가 자주 발생하는 경우 추세분석법을 사용하기 쉽지 않다.
④ 추세분석방법은 많은 시나리오별 발생확률을 결정할 때 분석자의 주관이 개입될 가능성이 큰 단점이 있다.
⑤ 회귀분석방법은 과거 자산집단별 수익률 자료를 토대로 하되 각 자산집단별 리스크 프리미엄을 반영하는 기법이다.

020 전술적 자산배분에 대한 설명으로 적절한 것으로만 묶인 것은?

> 가. 자산가격이 고평가되면 매도하고, 저평가되면 매수한다.
> 나. 주식과 채권의 투자비율을 동적으로 조정해 프로텍티브 풋 성과를 복제한다.
> 다. 자본시장의 과잉반응을 이용한다.
> 라. 미리 설정한 최소한의 투자수익을 달성하려는 전략이다.
> 마. 3 ~ 5년에 한 번씩 재수립한다.

① 가 – 나
② 가 – 다
③ 나 – 다
④ 다 – 라
⑤ 다 – 마

021 주식의 자산군 분류와 특징과 주식상품 선택 방법에 대한 설명으로 가장 적절하지 않은 것은?

① 대형주펀드는 종합주가지수와 거의 비슷한 수익률 변화 추이를 보인다.
② 가치주는 기업의 시장거래 가격이 내재가치에 비해 저평가 된 주식이다.
③ 성장주는 산업평균이나 시장평균보다 높은 수익성장성을 가진 주식이다.
④ 우리나라는 대형주가 전체 시가총액의 80%를 차지해, 중소형주를 구분하기 쉽지 않다.
⑤ 해외투자펀드는 해외에서 만들어 국내 투자자들에게 판매하는 펀드를 말한다.

022 포트폴리오를 구성 방법 중 하나인 핵심 – 위성포트폴리오에 대한 설명으로 가장 적절하지 않은 것은?

① 핵심상품은 주식시장의 평균적인 수익률을 달성할 수 있는 상품이다.
② 대형주펀드, 인덱스펀드는 핵심상품에 해당한다.
③ 글로벌 명품펀드, 이머징마켓펀드는 핵심상품에 해당한다.
④ 위성상품은 단기적으로 고성과를 달성해야 하는 특성을 지닌다.
⑤ 전문가들은 핵심과 위성포트플리오간 구성 비중을 80:20으로 권고한다.

023 금액가중수익률에 대한 설명으로만 묶인 것은?

> 가. 일정 기간 동안 자산 가치가 얼마나 증감했는지 계산하여 이를 수익률로 활용한다.
> 나. 펀드의 기준가격을 산출할 때 사용된다.
> 다. 자금유출입에 따라 수익률이 왜곡되지 않아 투자성과평가에 적절하다.
> 라. 현금유입과 현금유출의 현재가치를 일치시키는 내부수익률(IRR)이라고도 한다.
> 마. 매일 수익률을 계산하지 않아도 월간수익률을 간단하게 계산할 수 있다.

① 가 – 나 – 다
② 가 – 다 – 마
③ 가 – 라 – 마
④ 나 – 다 – 마
⑤ 나 – 라 – 마

024 투자성과 평가과정에 대한 설명으로 가장 적절하지 않은 것은?

① 고객의 보유자산에 대해서는 시가평가를 원칙으로 한다.
② 투자수익률 계산은 시간가중수익률을 사용한다.
③ 전략적 자산배분에 대한 평가는 분기 또는 월간 단위로 이루어진다.
④ 상품교체는 3년 이상의 누적수익률을 보고 판단하는 것이 바람직하다.
⑤ 수익률 산출기간의 단위는 일, 주, 월, 분기, 연간 등 다양하게 정해질 수 있다.

025 위험조정성과평가 방법에 대한 설명으로 가장 적절한 것은?

① 젠센척도에서 β는 펀드매니저의 종목선택능력을 나타낸다.
② 샤프척도는 증권시장선의 원리를 이용하여 포트폴리오의 성과를 측정한다.
③ 트레이너척도는 수많은 자산에 광범위하게 투자하는 대형 연기금에 적합한 평가척도다.
④ 샤프지수가 높을수록 펀드의 운용능력은 떨어진다.
⑤ 트레이너척도는 벤치마크수익률과 펀드수익률간의 차이를 활용하는 방법이다.

026 선물투자전략에 대한 설명으로 적절하지 않은 것은?

① 현물을 보유하고 있는 투자자가 가격하락 위험에 대비해 선물을 매도하는 것을 매도헤지라고 한다.
② 선물가격이 현물가격에 비해 비정상적으로 높을 때 현물을 매수하면서 동시에 선물을 매도하는 것을 매도차익거래라고 한다.
③ 스프레드거래는 선물시장 내에서 다른 종류의 선물에 반대 포지션을 취해 이익을 얻으려는 전략이다.
④ 스캘퍼는 아주 짧은 기간 동안의 가격변동을 예측해 이를 바탕으로 소규모 거래를 반복하여 매매차익을 얻는다.
⑤ 향후 결제월 간 스프레드가 축소가 예상될 때 근월물을 매수하고 원월물을 매도하는 것을 강세스프레드라고 한다.

027 경기종합지수를 이용한 경기예측에 대한 설명 중 바르지 않은 것은?

① 경기종합지수의 전월대비 증감률이 증가(+)인 경우에는 경기상승을 의미한다.
② 경기종합지수의 증감률 크기에 의해 경기변동의 진폭까지도 알 수 있으므로 경기변동의 방향, 경기국면 및 경기전환점뿐만 아니라 그 속도까지도 분석할 수 있다.
③ 경기변동의 장기예측이 가능하고 비교적 정확한 경기상태를 반영한다.
④ 월간의 미세한 변동까지도 파악이 가능하다.
⑤ 문제점으로 서로 다른 경제지표들이 경기에 대해 서로 다르거나 상반된 신호를 나타낼 수 있다.

028 단기 총공급곡선에 대한 설명으로 옳은 것은?

① 단기에 있어서 물가와 총생산물 공급량 간의 음(−)의 관계를 나타낸다.
② 소매상점들의 바코드 스캐너 도입에 따른 재고관리의 효율성 상승은 단기 총공급곡선을 오른쪽으로 이동시킨다.
③ 원유가격의 상승으로 인한 생산비용의 상승은 단기 총공급곡선을 오른쪽으로 이동시킨다.
④ 명목임금의 상승은 단기 총공급곡선을 이동시키지 못한다.
⑤ 기술진보는 단기 총공급곡선을 왼쪽으로 이동시킨다.

세금설계

029 국세부과의 제척기간과 조세징수권의 소멸시효에 대한 다음 설명 중 가장 적절하지 않은 것은?

번호	구분	국세부과 제척기간	조세징수권 소멸시효
①	성격	권리의 존속기간	권리의 불행사 기간
②	중단	없음	있음
③	정지	없음	있음
④	기간	소득세의 일반적인 경우 10년	5억 원 이상의 국세의 경우 10년
⑤	기간만료 효과	장래를 향해 부과권 소멸	기산에 소급하여 징수권 소멸

030 다음 중 조세구제제도와 관련된 다음 설명 중 가장 적절하지 않은 것은?

① 과세전적부심사제도는 과세예고통지를 받은 자가 과세예고통지를 받은 날부터 90일 이내에 해당 세무서장 또는 지방국세청장에게 청구할 수 있다.
② 이의신청은 해당 처분이 있음을 안 날로부터 90일 이내에 관할 세무서나 지방국세청에 신청하여야 한다.
③ 국세청 심사청구는 해당 처분이 있음을 안 날로부터 90일 이내에 국세청장에게 청구하여야 한다.
④ 감사원 심사청구는 해당 처분이 있음을 안 날로부터 90일 이내에 감사원장에게 청구하여야 한다.
⑤ 행정소송은 심사청구나 심판청구의 결정서를 받은 날로부터 90일 이내에 제기하여야 한다.

031 다음 중 소득세법상 필요경비에 산입되는 것은 모두 몇 개인가?

> 가. 종업원의 인건비
> 나. 사업용 자산에 대한 비용 중 자본적 지출액
> 다. 사업용 자산의 손해보험료(적립보험료 부분은 제외)
> 라. 개인사업자의 급여
> 마. 소득세와 벌금
> 바. 초과인출금에 대한 지급이자

① 2개 ② 3개
③ 4개 ④ 5개
⑤ 6개

032 다음은 결손금과 이월결손금에 대한 설명 중 가장 적절한 것은?

① 일반사업소득에서 발생한 결손금의 공제방법은 이자소득금액 → 배당소득금액 → 근로소득금액 → 연금소득금액 → 기타소득금액 순으로 한다.
② 일반 부동산임대업에서 발생한 결손금은 다른 소득금액에서 공제하지 않고 다음과세기간으로 이월하여 일반 부동산임대소득에서만 공제한다.
③ 주거용 부동산임대업에서 발생한 결손금은 다른 소득금액에서 공제하지 않고 다음과세기간으로 이월하여 주거용 부동산임대소득에서만 공제한다.
④ 이월결손금은 해당 이월결손금이 발생한 과세기간의 종료일부터 10년 이내에 종료하는 과세기간의 소득금액을 계산함에 있어서 먼저 발생한 과세기간의 이월결손금부터 순차로 해당 소득별로 이를 공제한다.
⑤ 결손금 및 이월결손금을 공제할 때 해당 과세기간에 결손금이 발생하고 이월결손금이 있는 경우에는 이월 결손금을 먼저 소득금액에서 공제한다.

033 과세방법에 따른 기타소득의 종류에 대한 설명 중에 당연 분리과세에 해당하지 않는 것은?

① 복권당첨금
② 연금계좌에서 연금외수령한 기타소득
③ 서화, 골동품의 양도로 발생하는 소득
④ 슬롯머신 당첨금품
⑤ 알선수재 및 배임수재에 따라 받은 금품

034 소득세법상의 원천징수 대상 소득과 원천징수세율(지방소득세 제외)을 바르게 연결한 것은?

① 비영업대금의 이익 : 14%
② 출자공동사업자의 배당소득 : 기본세율
③ 3억 원 초과 복권당첨소득 : 20%
④ 연금계좌에서 수령하는 일시금 : 20%
⑤ 직장공제회 초과반환금 : 기본세율

035 다음은 특별세액공제와 관련하여 기본공제대상자에 대한 설명으로 가장 적절하지 않은 것은?

① 보험료 세액공제 중 일반보장성보험료의 경우는 연령요건과 소득요건을 모두 충족해야 한다.
② 보험료 세액공제 중 장애인전용보장성보험료의 경우는 연령요건은 충족하지 않아도 소득요건은 충족하여야 한다.
③ 의료비세액공제는 연령요건은 충족하지 않아도 소득요건은 충족하여야 한다.
④ 교육비세액공제 중 일반교육비의 경우는 연령요건은 충족하지 않아도 소득요건은 충족하여야 한다.
⑤ 기부금세액공제는 연령요건은 충족하지 않아도 소득요건은 충족하여야 한다.

036 다음의 소득세법상의 원천징수세율(지방소득세 제외)로 가장 적절하지 않은 것은?

① 일반적인 이자소득 : 14%
② 출자공동사업자의 배당소득 : 14%
③ 인적용역과 의료 및 보건용역에 해당하는 사업소득 : 3%
④ 공적연금 : 연금소득 간이세액표
⑤ 일반적인 기타소득 : 20%

037 다음 중 법인세법상 익금산입·손금불산입으로 세무조정하는 소득처분의 종류가 아닌 것은?

① 유보
② 이자
③ 배당
④ 상여
⑤ 기타사외유출

038 법인세법상 부당행위계산의 부인에 대한 다음 설명 중 가장 적절하지 않은 것은?

① 법인세법상 부당행위계산의 부인이란 내국법인의 행위 또는 소득금액의 계산이 특수관계인과의 거래로 인하여 그 법인의 소득에 대한 조세의 부담을 부당하게 감소시킨 것으로 인정되는 경우를 말한다.
② 법인세법상 부당행위계산의 부인은 내국법인, 외국법인, 영리법인, 비영리법인 모두에게 적용된다.
③ 부당행위계산의 부인 요건에는 조세부담을 감소시키려는 의도는 필요하지 않는다.
④ 자산을 시가보다 높은 가액으로 매입하는 경우에는 시가와 거래가액의 차액이 3억 원 이상이거나 시가의 100분의 30에 상당하는 금액 이상인 경우 한한다.
⑤ 부당행위계산에 해당하는 경우에는 시가와의 차액 등을 익금에 산입하여 당해 법인의 각 사업연도의 소득금액을 계산한다.

039 부가가치세법상 사업자에 대한 설명으로 가장 적절한 것은?

① 부가가치세법상 사업자는 일반과세사업자, 간이과세사업자, 면세사업자로 구분된다.
② 법인의 경우라도 공급가액이 일정금액 이하이면 간이과세를 적용받을 수 있다.
③ 간이과세자의 부가가치세 과세기간은 1기는 매년 1월 1일부터 6월 30일, 2기는 7월 1일부터 12월 31일까지이다.
④ 사업자는 사업목적이 영리이든 비영리이든 관계없이 사업상 독립적으로 재화 또는 용역을 공급하는 자를 말한다.
⑤ 폐업사업자의 신고납부기한은 폐업일이 속하는 달의 25일이다.

040 다음 중 부가가치세법상 재화의 간주공급에 해당하지 않는 것은?

① 사업상 증여
② 자가공급
③ 계약상 원인에 의한 인도
④ 개인적 공급
⑤ 폐업시 잔존재화

041 다음은 부가가치세법상 공급시기에 대한 설명이다. 적절하지 않은 것은?

① 재화의 이동이 필요하지 않은 경우 : 재화가 이용가능하게 되는 때
② 장기할부조건부 공급인 경우 : 대가의 각 부분을 받기로 한 때
③ 재화의 이동이 필요한 경우 : 재화가 인도되는 때
④ 통상적인 용역공급의 경우 : 역무의 제공이 완료되는 때
⑤ 간주임대료 : 공급가액이 확정되는 때

042 다음은 매입세액과 관련한 설명이다. 가장 적절하지 않은 것은?

① 사업자가 자기의 사업을 위하여 사용할 목적으로 공급받은 재화에 대한 부가가치세액은 매입세액으로 공제받을 수 없다.
② 세금계산서의 필요적 기재사항이 부실하게 기재된 경우에는 매입세액으로 공제받을 수 없다.
③ 비영업용 소형승용자동차 구입에 관한 매입세액은 매입세액으로 공제받을 수 없다.
④ 부가가치세 매입세액을 매입세액공제 받지 못한 경우에는 공제받지 못한 매입세액을 세법상 자산 또는 비용으로 처리한다.
⑤ 사업자가 면세농산물 등을 원재료로 하여 제조, 가공한 재화에 대하여 부가가치세를 과세하는 경우에는 면세농산물 등의 매입가액에서 공제율을 적용한 금액에 대하여 매입세액으로 공제할 수 있다.

043 금융상품별 세금과 관련한 다음 설명 중 가장 적절한 것은?

① 신탁이익에 대한 세금과 관련하여 도관이론은 신탁재산 자체가 소득 등의 귀속단위가 되기 때문에 신탁을 납세의무자로 봐야한다는 이론이다.
② 현행 소득세법에서는 채권 매매차익은 과세대상 소득으로 열거되어 있지 않으므로 과세하지 않는다.
③ 소득세법에서는 실체이론의 입장에서 집합투자기구에서 분배하는 소득에 대하여 과세하지 않는 것을 원칙으로 한다.
④ 저축성보험은 만기 또는 해지 시 지급받는 보험금과 납입한 보험료의 차이인 보험차익에 대해 연금소득으로 구분하여 과세한다.
⑤ 현재 파생상품에 대해서는 전면적으로 과세하고 있다.

044 다음은 주식 양도와 관련한 세금에 대한 설명이다. 가장 적절하지 않은 것은?

① 유가증권시장에서 주식지분율 2%를 가진 주주에 대한 주식 양도차익은 과세한다.
② 상장주식의 장외거래에 대하여는 소액주주 및 대주주 모두 과세한다.
③ 대주주의 기준을 산정할 경우 일정 지분율과 일정 보유금액을 계산할 때는 특수관계인을 포함한다.
④ 중소기업 대주주의 경우 주식양도소득세율을 계산할 때 과세표준이 3억 원 초과인 경우에는 25%를 적용한다.
⑤ 주식양도소득에 대한 예정신고는 양도일이 속하는 반기의 말일부터 2개월 내에 하여야 한다.

045 특정주식과 부동산과다보유법인주식에 대한 다음 설명 중 가장 적절하지 않은 것은?

① 특정주식 및 부동산과다보유법인주식은 자산이 주로 부동산으로 이루어진 법인의 주식을 말한다.
② 골프장과 스키장 등을 건설 또는 취득하여 직접 경영하거나 분양 또는 임대하는 사업을 경영하는 법인이 특정주식의 업종에 해당되고 부동산과다보유법인주식의 업종은 모든 업종이 해당된다.
③ 부동산 및 부동산에 관한 권리의 합계액이 자산총액의 50% 이상이면 특정주식이고 80% 이상이면 부동산과다보유법인주식이다.
④ 특정주식은 주주 1인 및 특수관계인이 발행주식총수의 50% 초과하여 소유한 경우이며 부동산과다보유법인주식은 주식보유비율에 대한 요건이 없다.
⑤ 특정주식은 주주 1인 및 특수관계인이 최근 3년간 발행주식총수의 50% 이상을 양도하는 경우에 기본세율을 적용하지만 부동산과다보유법인주식은 1주만 양도해도 기본세율을 적용한다.

046 다음 자료에 근거하여 계산한 종합과세대상 금융소득금액은 얼마인가?

> 가. 국내은행 정기예금이자 : 2,000만 원
> 나. 국내 비상장법인으로부터의 현금배당 : 2,000만 원
> 다. 집합투자기구로부터의 이익 : 1,000만 원

① 2,000만 원
② 3,200만 원
③ 4,200만 원
④ 5,000만 원
⑤ 5,200만 원

047 취득 유형별 취득시기에 대한 다음 설명 중 가장 적절하지 않은 것은?

① 유상승계취득의 경우 연부로 취득하는 것은 그 사실상의 연부금 지급일에 취득한 것으로 본다.
② 무상승계취득의 경우에는 등기접수일에 취득한 것으로 본다.
③ 상속 또는 유증으로 인한 취득의 경우에는 상속 또는 유증 개시일에 취득한 것으로 본다.
④ 원시취득의 경우 건축물을 건축 또는 개수하여 취득하는 경우에는 사용승인서를 내주는 날과 사실상의 사용일 중 빠른 날 취득한 것으로 본다.
⑤ 간주취득의 경우 토지의 지목변경에 따른 취득은 토지의 지목이 사실상 변경된 날과 공부상 변경된 날 중 빠른 날 취득한 것으로 본다.

048 현재 1주택을 소유한 송미라 씨는 신규주택을 7억 5,000만 원에 유상거래로 취득하였다. 송미라 씨가 납부하여야 할 취득세는 얼마인가? (3년 내 종전 주택을 매각할 예정이며 감면 및 중과세율 등은 적용하지 않음)

① 750만 원
② 1,500만 원
③ 2,250만 원
④ 6,000만 원
⑤ 9,000만 원

049
다음은 재산세와 종합부동산세에 대한 비교설명이다. 가장 적절하지 않은 것은?

① 재산세 납세의무자는 6월 1일 현재 재산소유자이고, 종합부동산세 납세의무자는 12월 1일 현재 재산소유자이다.
② 분리과세대상토지와 건축물은 종합부동산세 과세대상이 아니다.
③ 재산세 과세권자는 재산소재지 관할 시장·군수·구청장이다.
④ 주택의 종합부동산세 세율은 6단계 초과누진세율이다.
⑤ 재산세의 과세표준은 시가표준액 × 공정시장가액비율이다.

050
다음은 주택분 종합부동산세에 대한 세율 적용시 주택 수 계산방법에 대한 설명이다. 가장 적절하지 않은 것은?

① 1주택을 여러 사람이 공동으로 소유한 경우 공동 소유자 중 지분이 가장 많은 사람이 그 주택을 소유한 것으로 본다.
② 다가구 주택은 1주택으로 본다.
③ 합산배제 임대주택 등에 해당하는 주택은 주택 수에 포함하지 않는다.
④ 상속을 원인으로 취득한 주택으로서 과세기준일 현재 상속개시일부터 5년이 경과하지 않는 주택은 주택 수에 포함하지 않는다.
⑤ 상속을 원인으로 취득한 주택으로서 지분율이 50%인 주택은 주택 수에 포함한다.

051
다음 중 장기보유특별공제와 양도소득기본공제 대한 설명으로 가장 적절하지 않은 것은?

① 골프회원권의 양도시 장기보유특별공제가 적용되지 않지만, 양도소득 기본공제는 적용된다.
② 장기보유특별공제의 적용대상 자산은 국내소재 등기된 보유기간이 2년 이상인 토지 및 건물과 부동산에 관한 권리이다.
③ 미등기 양도자산에 대하여는 양도소득 기본공제를 적용하지 않는다.
④ 비사업용토지를 양도하는 경우에 장기보유특별공제를 적용받을 수 있다.
⑤ 당해연도 중 비상장주식과 건물을 동시에 양도한 경우 자산별로 각각 250만 원의 양도소득 기본공제를 적용받을 수 있다.

052 당해 연도 2월 보유 중이던 상가건물을 양도하고 양도차손이 1억 원이 발생하였다. 당해 연도 9월에 보유 중인 다른 상가건물(비상업용 토지 아님)을 양도 후 예정신고시 양도소득금액은 얼마인가?

구분	금액	비고
양도가액	15억 원	실지거래가액
취득가액(필요경비 포함)	5억 원	장기보유특별공제율은 30% 적용

① 5억 원 ② 6억 원 ③ 7억 원
④ 8억 원 ⑤ 9억 원

053 다음 중 양도소득세를 절세하기 위한 방안으로 가장 적절하지 않은 것은?

① 비사업용토지가 아닌 토지에 대하여 3년 이상 보유한 후에 처분한다.
② 양도차손이 발생하는 경우에 시세가 상승한 다른 부동산을 동일한 연도에 매각한다.
③ 필요경비에 대한 증빙자료를 잘 챙기도록 한다.
④ 상속주택을 보유한 2주택자가 일반주택을 먼저 매각한다(일반주택은 1세대 1주택 비과세요건 충족).
⑤ 1세대 2주택자는 양도차익이 큰 주택을 먼저 양도하도록 한다.

054 다음 중 연금계좌에서 연금 등의 수령시 과세대상 연금소득 또는 기타소득으로 보는 범위에 해당하는 것으로만 짝지어진 것은?

가. 세액공제 받은 납입원금	나. 세액공제 받지 못한 납입원금
다. (가)에서 발생한 이자수익	라. (나)에서 발생한 이자수익

① 가, 나, 다, 라 ② 가, 다, 라
③ 나, 다, 라 ④ 다, 라
⑤ 가

055 다음과 같은 상황에 대한 설명 중 가장 적절하지 않은 것은?

난이도 상

> (주)한국은 계약자 및 수익자를 법인으로 하고 피보험자를 해당 법인의 임원으로 하여 저축성보험 계약을 체결하였다. (주)한국은 임원이 현실적으로 퇴직하는 경우 정관에서 규정된 임원퇴직금지급규정의 범위 내에서 저축성보험의 계약자 및 수익자를 해당 임원으로 변경 계약하여 보험증권으로써 퇴직금을 지급하고자 한다.

① 국세청 등의 유권해석에 따르면 법인이 계약자 및 수익자를 법인으로, 임원을 피보험자로 하는 보험에 가입하고 임원 퇴직시 저축성 보험의 계약자 및 수익자를 법인에서 피보험자로 변경하는 경우 법인이 부담한 저축성보험은 퇴직임원의 퇴직소득에 해당한다고 하고 있다.
② 보험계약기간 동안 불입한 보험료에 대해서 불입한 해에 법인의 세법상 비용(손금)으로 인정된다.
③ CEO플랜(임원 퇴직금지급용 저축보험)을 가입한 경우에도 퇴직연금 도입이 가능하다.
④ 회사가 자금이 필요할 때 CEO플랜을 해지해서 쓸 수 있다.
⑤ 임원이 퇴직 시 저축성보험의 계약자 및 수익자를 변경하여 퇴직금 지급으로 대체할 경우 법인의 손금으로 인정된다.

상속설계

056 성년후견제도의 내용 중 성년후견의 설명으로 적절한 것을 모두 고르시오.

난이도 하

> 가. 중증치매의 경우 성년후견 개시사유에 해당한다.
> 나. 법인도 후견인이 될 수 있다.
> 다. 후견인은 동의권을 행사할 수 있다.
> 라. 피성년후견인은 원칙적으로 행위능력 상실자이다.
> 마. 후견감독인을 선임할 수도 있다.

① 나, 다, 라, 마　　② 가, 다, 라
③ 가, 나, 라, 마　　④ 가, 나, 다, 마
⑤ 다, 라, 마

057 다음 (   )에 해당하는 내용으로 가장 적절한 것은?

> "우리나라에서는 세월호 사건으로 생존한 아이를 위한 재산보호를 위해 (   )이 이루어진 사례가 있다."

① 법정후견신탁　　　　② 임의후견신탁
③ 유언신탁　　　　　　④ 유언대용신탁
⑤ 특정금전신탁

058 유언에 대한 설명으로 가장 적절하지 않은 것은?

① 수유자는 유언의 상대방이 아니다.
② 사적자치의 원칙이 사후에도 적용되는 것이다.
③ 유언의 대리는 허용되지 않는다.
④ 유언의 효력이 발생하기 위해서는 수유자의 동의 또는 승낙이 필요하다.
⑤ 유언은 의사능력이 있는 만 17세에 달한 사람이 할 수 있다.

059 다음 중 법정 유언사항에 해당하는 것으로만 묶은 것은?

가. 유증	나. 후견인의 지정
다. 친권자의 지정	라. 친생자존부확인의 소 제기
마. 상속재산 분할방법의 지정 또는 위탁	바. 상속재산의 분할 금지
사. 유언집행자의 지정 또는 위탁	아. 재단법인의 설립을 위한 재산출연행위
자. 친생부인	차. 강제인지
카. 신탁의 설정	타. 사인증여

① 가, 나, 라　　　　　② 다, 마, 바
③ 사, 자, 차　　　　　④ 아, 카, 타
⑤ 나, 바, 자

060 유언의 방식에 대한 설명으로 가장 적절한 것은?

① 자필증서유언은 유언이 존재한다는 사실과 유언 내용의 비밀성이 가장 잘 유지될 수 있다.
② 피성년후견인은 녹음 유언방식을 선택할 수 없다.
③ 공정증서에 의한 유언의 유언자의 기명날인은 반드시 유언자 자신이 하여야 한다.
④ 비밀증서에 의한 유언에 있어 유언능력 유무나 유언의 선후는 유언장 작성 연월일을 기준으로 판단한다.
⑤ 피성년후견인이 구수증서유언에 의한 유언을 하는 경우 의사가 심신 회복의 상태를 유언서에 부기하고 서명날인 하여야 한다.

061 유언의 방식에 대한 내용 중 확정일자를 받아야 하는 유언을 모두 묶은 것은?

가. 자필증서에 의한 유언
나. 공정증서에 의한 유언
다. 비밀증서에 의한 유언
라. 구수증서에 의한 유언
마. 녹음에 의한 유언

① 가, 다, 라, 마
② 나, 라, 다
③ 다, 라
④ 가, 마
⑤ 다

062 상속개시에 따른 법률관계에 대한 설명으로 적절한 것을 모두 고르시오.

가. 동시사망이 추정되는 2인 이상 상호 간에는 상속권이 인정되지 않는다.
나. 2024년 1월 1일에 행방불명(보통실종)되었다면, 민법에서 적용되는 상속개시일은 2029년 1월 1일 오후 12시이다.
다. 상속재산의 처분에 수반되는 조세부담은 상속에 따른 비용이라고 할 수 없다.
라. 예외적으로 태아는 상속에 관하여 이미 출생한 것으로 보아 보통의 상속을 받을 수 있으나, 대습상속의 대상에는 포함되지는 않는다.
마. 상속의 선순위자나 동순위자에 대한 상해치사는 상속결격 사유에 해당하지 않는다.

① 다, 라, 마
② 나, 라
③ 가, 다, 라
④ 가, 나, 다, 마
⑤ 가, 나, 다, 마

063 상속인과 관련된 설명으로 가장 적절하지 않은 것은?

① 적모·서자 및 계모자 사이에는 인척관계를 인정하지 않고 있다.
② 피상속인의 직계비속의 경우 대습상속과 유류분권이 인정된다.
③ 피상속인의 직계존속은 대습상속이 인정되지 않지만, 피상속인의 형제자매의 경우 대습상속이 인정된다.
④ 친양자는 재판이 확정된 때부터 혼인 중의 자로서의 신분을 취득하며, 친생부모와의 관계는 종료된다.
⑤ 조부 A, 부 B, 남편 C, 처 D의 관계에서 C,B,A의 순서로 사망한 경우 D는 A의 상속재산을 재대습상속으로 받을 수 있다.

064 상속분에 대한 설명으로 가장 적절하지 않은 것은?

① 조부 A, 조모 B, 부 C, C의 배우자와 자녀 E가 있는 경우 부 C가 선사망한 경우 조부 A의 사망에 따른 손자녀 E의 상속분은 4/25이다.
② 유류분을 침해하지 않았다면, 특별수익자는 특별수익으로 받은 재산을 다른 상속인에게 반환할 의무는 없다.
③ 특별수익 재산 가액의 평가는 상속 개시 당시의 시가로 한다.
④ 피대습인이 대습원인 발생 이전에 피상속인으로부터 생전 증여로 특별수익을 받은 경우 그 생전증여는 대습상속인의 특별수익에 포함되지 않는다.
⑤ 기여분은 상속이 개시된 때의 피상속인의 재산가액에서 유증의 가액을 공제한 액을 넘지 못한다.

065 상속분에 대한 설명으로 가장 적절하지 않은 것은?

① 기여분은 상속인과 포괄수유자에게만 인정되는 제도이다.
② 상속을 포기한 자는 기여분을 인정받을 수 없다.
③ 유증이 기여분보다 우선한다.
④ 상속분이 제3자에게 양도된 경우 공동상속인은 일정기간 내에 상속분에 대한 양수권을 행사할 수 있다.
⑤ 상속의 포기는 일정한 절차와 방식에 따라야만 그 효력이 있다.

066 상속과 관련된 설명으로 적절한 것을 모두 고르시오.

가. 상속인이 상속을 포기하고자 하는 경우 조건부 포기나 일부 포기는 허용되지 않는다.
나. 미성년자 상속인에 대해서는 별도로 미성년자 상속인의 한정승인 제도를 두고 있다.
다. 후순위 상속인은 선순위 상속인이 상속포기를 하기 전이라도 선순위 상속인과 동시에 또는 먼저 상속포기를 할 수 있다.
라. 조부 A 보다 자녀 B가 먼저 사망하였으며 이때 B의 배우자 C가 B의 사망에 따른 상속을 포기하였더라도 이후 조부 A의 사망에 따른 대습상속은 인정된다.
마. 한정승인은 가정법원에 한정승인의 신고를 하면 효력이 발생한다.

① 가, 라, 마
② 다, 라
③ 나, 다, 마
④ 다, 라, 마
⑤ 가, 나, 다, 라

067 유류분제도에 대한 설명으로 가장 적절하지 않은 것은?

① 법정 상속 순위인 1순위 ~ 4순위와 배우자는 유류분권이 인정된다.
② 유류분 산정에 있어 공제되어야 할 채무란 상속채무, 즉 피상속인의 채무를 가리키는 것이고 여기에 상속세, 상속재산의 관리 보존을 위한 소송비용 등 상속재산에 관한 비용은 포함되지 아니한다.
③ 유류분 권리자의 유류분 부족액은 유류분액에서 특별수익액과 순상속분액을 공제하는 방법으로 산정한다.
④ 유류분을 침해하는 유증과 증여가 각각 있는 경우에는, 먼저 수유자에 대하여 반환을 청구하고, 그로써도 부족한 때에 한하여 수증자에게 반환을 청구할 수 있다.
⑤ 유류분권리자의 구체적인 상속분보다 유류분권리자가 부담하는 상속채무가 더 많다면 그 초과분을 유류분액에 가산하여 유류분 부족액을 산정하여야 한다.

068 상속세와 관련된 설명으로 가장 적절하지 않은 것은?

① 피상속인이 유증한 재산과 증여자의 사망으로 인하여 효력이 생길 증여재산은 상속재산에 포함한다.
② 상속세법에서 상속인이란 민법에 따른 상속인을 말하며, 상속을 포기한 사람 및 특별연고자를 포함한다.
③ 재산을 무상으로 받은 자가 비영리법인인 경우에는 법인세가 과세된다.
④ 상속세는 피상속인이 거주자이냐 또는 비거주자이냐에 따라 과세대상 범위가 달라진다.
⑤ 상속세는 정부의 부과처분(결정)에 의해 납세의무가 확정되는 정부부과 세목이다.

069 상속세와 관련된 내용으로 가장 적절하지 않은 것은?

① 추정상속재산과 관련된 추정 배제에 대한 입증책임은 과세관청에게 있다.
② 추정상속재산과 관련하여 2023년 5월 4일부터 2년 이내 기간을 계산할 때 초일인 2021년 5월 4일은 제외하고 2021년 5월 5일부터 2023년 5월 4일까지를 2년으로 본다.
③ 추정상속재산과 관련하여 1년 이내 요건과 2년 이내 요건이 모두 해당하는 경우에는 추정한 금액 중 더 큰 금액을 상속받은 것으로 추정한다.
④ 일정한 요건을 충족하는 금양임야와 묘토에 대해서는 비과세 규정을 적용하고 있다.
⑤ 과세가액 불산입재산에 대해서는 사후관리가 있다는 점에서 비과세와는 구별된다.

070 상속세와 관련된 설명으로 적절한 것을 모두 고르시오.

> 가. 상속세 관할 세무서장은 상속세 신고를 받으면 상속세 과세표준 신고기한부터 9개월 이내에 과세표준과 세액을 결정하여야 한다.
> 나. 봉안시설에 사용한 비용은 증빙이 있는 경우 500만 원 한도로 상속재산에서 차감된다.
> 다. 세무서장은 결정된 상속재산의 가액이 30억 원 이상인 경우로서 상속개시 후 상속개시일부터 5년이 되는 날까지 보유한 재산 가액이 크게 증가한 경우 결정한 과세표준과 세액에 탈루 또는 오류 등이 있었는지 사후관리하여야 한다.
> 라. 피상속이 생전에 미납한 교통위반 과태료는 상속재산에서 차감한다.
> 마. 증여채무의 경우 피상속인이 상속인이 아닌 자에게 상속개시일 전 5년 이내에 증여하기로 한 금액은 공제대상에서 제외된다.

① 나, 라, 마
② 다, 마
③ 나, 다, 마
④ 가, 나, 다, 마
⑤ 가, 나, 마

071 다음에 설명하는 내용으로 가장 적절하지 않은 것은?

① 피상속인이 특정법인에게 증여 후 5년 이내에 사망한 경우에는 특정법인에 증여한 재산을 상속재산에 가산한다.
② 상속포기를 한 상속인이 받은 10년 이내의 증여재산은 상속세 과세가액에 포함한다.
③ 상속세를 산출할 때 자녀공제 및 미성년자공제 대상에 태아도 포함된다.
④ 상속개시일 현재 상속인이 배우자 혼자만 존재하는 배우자 단독상속의 경우에는 일괄공제를 적용할 수 없다.
⑤ 기대여명이 5년 남은 68세인 장애인 동거가족이 있는 경우 연로자공제와 장애인공제로 1억 원을 공제받을 수 있다.

072 상속공제에 대한 설명으로 가장 적절하지 않은 것은?

① 은행예금 8억 원, 현금 1억 원, 은행차입금 1억 원이라면 금융재산상속공제액은 1.6억 원이다.
② 피상속인의 사망이 아니라 실종선고로 인하여 상속이 개시되는 경우 실종은 동거주택 상속공제 사유에 해당하지 않는 것으로 본다.
③ 동거주택상속공제 요건을 모두 갖춘 경우에는 주택가액의 100%에 상당하는 금액(한도 6억 원)을 상속세 과세가액에서 공제한다.
④ 상속개시 전에 직계비속의 사망 또는 결격으로 인해 상속인이 된 그 직계비속의 배우자인 경우 동거주택상속공제를 적용받을 수 있다.
⑤ 사전증여재산이 손자 등 세대를 생략한 증여로 인해 할증세액이 발생한 경우 할증세액 부분은 증여세액공제를 적용하지 않는다.

073 금년 5월 10일 상속이 개시되었고, 납부할 세액이 7천만 원이라면 최대한 분납할 수 있는 금액과 분납기한으로 가장 적절한 것은?

① 3,500만 원, 내년 1월 31일
② 7,000만 원, 금년 11월 30일
③ 3,000만 원, 금년 12월 31일
④ 4,000만 원, 내년 1월 31일
⑤ 6,000만 원, 금년 11월 30일

074 상속세 납부와 관련된 설명으로 가장 적절하지 않은 것은?

① 상속세 납부세액이 2천만 원을 초과하는 경우 연부연납을 신청할 수 있다.
② 연부연납 금액 산정식에서 총상속재산가액에는 간주상속재산은 포함하나 추정상속재산, 상속인이 아닌 자에게 유증한 재산, 사전증여재산은 제외한다.
③ 연부연납 기간은 일반적인 경우는 10년이나, 가업상속재산에 대해서는 최장 20년간 적용된다.
④ 물납이란 일정 요건을 갖춘 경우에 상속세 또는 증여세를 금전이 아닌 다른 재산으로 납부하도록 함으로써 납세자의 편의를 도모하는 제도이다.
⑤ 상장유가증권(최초로 상장되어 '자본시장과금융투자업에 관한 법률'에 따라 처분이 제한된 경우는 물납 가능)은 물납이 불가능한 재산이다.

075 다음 중 증여세가 과세되는 경우는?

가. 증여받은 재산을 유류분으로 반환하는 경우
나. 취득원인무효에 대한 재산상의 권리 말소
다. 이혼 등에 의하여 정신적 또는 재산상 손해배상의 대가로 받은 위자료
라. 재산분할청구권에 의한 재산분할
마. 국외재산의 국내반입의 경우
바. 금전으로 받은 증여재산을 증여세 신고기한 이내에 반환하는 경우

① 가, 나
② 다, 마
③ 라
④ 마, 바
⑤ 바

076 증여세에 관한 설명으로 적절한 것을 모두 고르시오.

가. 장애인을 보험금 수령인으로 하는 보험으로 법률 요건을 갖춘 경우 비과세되는 보험금은 연간 4천만 원을 한도로 한다.
나. 피상속인의 사망으로 인하여 문상객으로부터 받는 부의금은 피상속인에게 귀속되는 재산에 해당하지 않는다.
다. 부담부증여에 있어서 채무액에 상당하는 부분은 대가성이 있으므로 양도소득세가 과세된다.
라. 부양의무의 여부에 관계없이 조부가 손자의 생활비 또는 교육비를 부담한 경우는 비과세되는 증여재산에 해당하지 않는다.
마. 동일인을 기준으로 증여재산가산액을 계산할 때 장인과 장모는 동일인에 해당하지 않는다.

① 다, 라, 마
② 가, 나, 라
③ 나, 라, 마
④ 가, 나, 다, 마
⑤ 가, 나, 다, 라, 마

077 증여세와 관련된 내용으로 가장 적절하지 않은 것은?

① 비거주자에게 재산을 증여하는 경우에는 증여재산공제가 적용되지 않는다.
② 증여재산공제를 적용할 때 계부·계모는 직계존속에 해당되지 않는다.
③ 2021년 3월 1일 조부로부터 1억 원을 증여받은 후 2024년 2월 5일 부로부터 5천만 원의 증여를 받는다면 금번 증여에 적용되는 증여재산공제액은 0원이다.
④ 증여재산공제는 각 그룹별 증여자로부터 10년 간 증여받은 재산에서 공제받을 수 있다.
⑤ 증여재산가산액을 합산할 때 동일인 여부의 기준은 증여일 현재의 기준으로 판단한다.

078 증여세와 관련된 설명으로 가장 적절하지 않은 것은?

① 영농자녀 등이 증여받는 농지 등이 요건을 모두 충족하는 경우에는 해당 농지 등의 가액에 대한 증여세를 한도(5년 최대 1억 원) 내에서 100% 감면한다.
② 자녀가 부모로부터 증여받는 현금 80,000천 원으로 보험료를 납부한 후 보험사고로 인하여 2억 원 수령하였다면 추가적으로 증여로 보는 금액은 120,000천 원이다.
③ 아들이 아버지에게 시가 1억 원의 주택을 5억 원에 양도하였다면 아들에게 증여세가 과세된다.
④ 아들이 아버지에게 시가 10억 원의 주택을 4억 원에 양도하였다면 증여재산가액은 4.8억 원이다.
⑤ 보기 ④의 경우 양도소득세를 계산할 때 양도가액을 10억 원으로 하여 양도소득세를 계산한다.

079 상속재산 및 증여재산의 평가에 대한 설명으로 적절한 것을 모두 고르시오.

> 가. 상속재산은 상속개시일 전후 6개월, 증여재산은 증여일 전 6개월 및 후 3개월 이내의 매매·감정·수용·공매·경매가액 등을 시가로 인정하고 있다.
> 나. 신고일 이후의 유사매매사례가액은 시가로 보지 않는다.
> 다. 기준시가 20억 원 미만의 재산은 1개의 감정가액도 인정한다.
> 라. 상장한 주식은 상속세나 증여세를 과세할 때는 평가기준일 전후 각 2개월 간의 종가평균액을 시가로 본다.
> 마. 순자산가액 50억 원, 3년 전 순손익가액 2억 원, 2년 전 순손익가액 2억 원, 1년 전 순손익가액 3억 원, 발행주식총수는 1만 주, 자산 총액 중 부동산 비중 60% 미만인 비상장법인의 1주당 평가액은 400,000원이다.

① 다, 라, 마
② 나, 다, 라
③ 가, 나, 라, 마
④ 나, 다, 마
⑤ 가, 다, 라

080 다음에 설명하는 내용 중 가장 적절하지 않은 것은?

① 가업상속공제는 법인기업을 대상으로 하며 개인기업은 공제적용을 받을 수 없다.
② 13년 경영한 기업(가업재산 300억 원, 기타 상속재산 50억 원)이 적용한도까지 가업상속공제를 받는다면 일괄공제 5억 원만을 적용할 경우 납부할 세액은 1,736,300천 원이다.
③ 가업상속공제를 받은 경우 상속인이 재산을 처분하는 시점에 이월과세를 적용하여 양도소득세를 납부해야 한다.
④ 가업승계 증여세 과세특례를 적용받고 나서 상속개시 시점에서 가업상속 요건을 모두 갖춘 경우에는 가업상속공제도 받을 수 있다.
⑤ 창업자금 증여세 과세특례 적용 증여재산은 양도소득세과세대상이 아닌 재산이어야 한다.

지식형 모의고사 정답 및 해설

정답 [1교시]

I 재무설계원론 I

001	②	002	③	003	①	004	④	005	⑤	006	⑤	007	②	008	④	009	①	010	①
011	③	012	②	013	①	014	①	015	⑤										

I 직업윤리 I

016	⑤	017	④	018	①	019	①	020	②

I 위험관리와 보험설계 I

021	④	022	②	023	③	024	⑤	025	②	026	①	027	③	028	⑤	029	②	030	⑤
031	④	032	①	033	④	034	①	035	④	036	④	037	④	038	①	039	②	040	④
041	⑤	042	③	043	⑤	044	②	045	②										

I 은퇴설계 I

046	③	047	②	048	①	049	①	050	②	051	④	052	①	053	③	054	⑤	055	③
056	①	057	①	058	②	059	①	060	⑤	061	③	062	①	063	②	064	⑤	065	②
066	②	067	④	068	①	069	①	070	①										

I 부동산설계 I

071	④	072	⑤	073	①	074	②	075	⑤	076	③	077	⑤	078	⑤	079	①	080	④
081	③	082	②	083	②	084	①	085	⑤	086	①	087	②	088	④	089	③	090	⑤

재무설계원론

001 정답 ②

해설 ● 보수형태에 따른 특성비교

구분	Commission-Only	Fee & Commission	Fee-Only
정보의 객관성	• 기대하기 어려움 • 고객과 이해상충	• 객관성 확보 • 정보의 비대칭성 축소 • 이해상충의 여지 남아있음	• 객관성 확보 • 정보의 비대칭성 극복
전문성	기대하기 어려움	• 전문성이 Fee의 부가가치를 높이는 경쟁력 • 전문자격증, 지식정보 업그레이드 등으로 서비스 품질이 지속적으로 강화	

컨설팅	상품가입의 논거중심	• 고객중심 Needs Based Consulting 솔루션 개발	
사후관리 (모니터링)	상품 세일즈 실현시만	• 상품가입과 무관하게 정기적으로 관리 • 성실한 모니터링 정밀한 자산관리가 재계약 여부 및 Fee 책정의 근거가 됨	
고객 측면에서의 장단점	비용면에서 유리하나 컨설팅품질 기대할 수 없음	재무설계 시 고객지향성 및 고객의 FP에 대한 신뢰가 전제되면 자산관리의 정밀성, 지불 수수료의 적정성으로 고객에게 가장 유리	• 완전한 객관성을 기대 • 고객의 지불비용 증가 • 모니터링 등 자산관리 시 정밀성 떨어지고 절차의 번거로움 감수

기본서 페이지 30쪽
핵심 키워드 재무설계사 보수

002

정답 ③

해설
200,000 PV 240 N 4/12 I PMT = 1,211.96
96 N FV 138,426.20
1,211.96 × 96 = 116,348.16
200,000천 원 − 138,426천 원 = 원금상환 61,576천 원
116,348천 원 − 61,576천 원 = 이자지불 54,772천 원
(반올림 등의 차이로 금액이 소액을 차이 발생함)

기본서 페이지 135쪽
핵심 키워드 화폐의 시간가치

003

정답 ①

해설 경제학에서는 물가가 점차적으로 서서히 올라가는 것은 경제가 상승세를 탄다는 긍정적인 신호가 된다.

기본서 페이지 69쪽
핵심 키워드 인플레이션

004

정답 ④

해설 한국은행이 기준금리를 변경하면 이는 다양한 경로를 통해 경제 전반에 영향을 미친다. 이러한 파급경로는 길고 복잡하며, 경제상황에 따라 수시로 변할 수 있기 때문에 기준금리 변경이 물가에 미치는 영향의 크기, 그 파급시기를 정확하게 측정할 수는 없지만 일반적으로 다음과 같은 경로를 통하여 통화정책의 효과가 파급된다고 할 수 있다.

● 통화정책의 파급효과

경로	통화정책의 파급효과
1) 금리경로	• 기준금리 인상 → 단기시장금리 상승 → 장기시장금리 상승 → 차입억제 저축증대 → 가계소비감소 • 기준금리 인상 → 시장금리 상승 → 금융비용 상승 → 기업투자 축소
2) 자산가격경로	기준금리 인상 → 자산(주식, 부동산) 가격 하락 → 가계 부의 감소 → 소비 감소

3) 신용경로	기준금리 인상 → 시중자금 가용량 감소 → 은행 대출여력 감소 → 대출공급 감소 → 투자 및 소비 위축
4) 환율경로	기준금리 인상 → 시장금리 상승 → 원화표시 금융자산수익률 상승 → 원화수요 증가 → 원화가치 상승(환율 하락) → 수출품가격 상승&수입품가격 하락 → 경상수지약화·물가하락
5) 기대경로	기준금리 인상 → 중앙은행의 금리인상 신호 → 장기금리 인상

출처 : 한국은행

기본서 페이지 80쪽
핵심 키워드 금리

---

005 정답 ⑤

해설 기준금리 인상은 한국은행이 물가상승률을 낮추기 위한 조치를 취한다는 의미로 해석되어 기대인플레이션을 하락시킨다.

◉ **통화정책의 파급효과**

경로	통화정책의 파급효과
1) 금리경로	• 기준금리 인상 → 단기시장금리 상승 → 장기시장금리 상승 → 차입억제 저축증대 → 가계소비감소 • 기준금리 인상 → 시장금리 상승 → 금융비용 상승 → 기업투자 축소
2) 자산가격경로	기준금리 인상 → 자산(주식, 부동산) 가격 하락 → 가계 부의 감소 → 소비 감소
3) 신용경로	기준금리 인상 → 시중자금 가용량 감소 → 은행 대출여력 감소 → 대출공급 감소 → 투자 및 소비 위축
4) 환율경로	기준금리 인상 → 시장금리 상승 → 원화표시 금융자산수익률 상승 → 원화수요 증가 → 원화가치 상승(환율 하락) → 수출품가격 상승&수입품가격 하락 → 경상수지약화·물가하락
5) 기대경로	기준금리 인상 → 중앙은행의 금리인상 신호 → 장기금리 인상

출처 : 한국은행

기본서 페이지 81쪽
핵심 키워드 통화정책, 재정정책

---

006 정답 ⑤

해설 NPV가 0보다 크면 고려하였던 투자안을 채택하고, 0보다 적을 경우에는 투자안을 채택하지 않는 결정을 하게 된다.

기본서 페이지 122쪽
핵심 키워드 TVM

---

007 정답 ②

해설 가. 임대수입의 미래가치
   (E) PMT 30,000천 원 N 5 I 7 FV 172,522천 원
나. 총 현금유입(FV) 1,200,000천 원 + 172,522천 원 = 1,372,522천 원

다. 총 현금유출(PV) 1,000,000천 원
  수정된 내부수익률 PV (−)1,000,000천 원 N 5 FV 1,372,522천 원 I = ?
  I = 6.538%

기본서 페이지 141쪽
핵심 키워드 TVM

008 정답 ④
해설 6단계는 고객이 재무설계의 가치를 체감하는 단계이며, 따라서 Fee−Based 수익모델 형성에 있어 가장 중요한 단계라고 할 수 있다.

기본서 페이지 226쪽
핵심 키워드 종합재무설계 프로세스

009 정답 ①
해설
- NTIS(차세대 국세행정시스템) : 홈텍스, 현금영수증, 연말정산 등 9종의 사이트가 통합되어, 세원분석, 실시간 정보교환, 비정형적 조사분석기법 등 과세 데이터베이스의 품질이 전면 개선되었으며 세원관리 및 조세포탈 추적이 한층 강화되었다.
- PCI(소득−지출 분석시스템) : PCI는 국세청에서 보유하고 있는 과세정보자료를 체계적으로 통합 관리하여 일정기간 신고소득(Income)과 재산증가(Property), 소비지출액(Consumption)을 비교·분석하는 시스템을 말한다.
- CTR(고객현금거래보고) : 1일 거래일 동안 1천만 원 이상의 현금을 입금하거나 출금한 경우 거래자의 신원과 거래 일시, 거래금액 등 객관적 사실을 전산으로 자동 보고토록 하고 있다.
- STR(의심거래보고) : 금융거래(카지노에서의 칩 교환 포함)와 관련하여 수수한 재산이 불법재산이라고 의심되는 합당한 근거가 있거나, 금융거래의 상대방이 자금세탁행위를 하고 있다고 의심되는 합당한 근거가 있는 경우 이를 금융정보분석원장에게 보고토록 한 제도이다. CTR요건(1천만 원) 미만의 입·출금이라고 하더라도 정기적으로 반복되면 아래에 나오는 CDD, EDD 등을 작성하게 된다.
- CDD(고객확인제도) : 금융회사등이 고객과 거래 시 고객의 신원을 확인·검증하고, 실제 소유자, 거래의 목적, 자금의 원천을 확인하도록 하는 등 금융거래 또는 금융서비스가 자금세탁 등 불법행위에 이용되지 않도록 고객에 대해 합당한 주의를 기울이도록 하는 제도를 말한다. 고객확인제도는 자금세탁방지 측면에서는 금융회사가 평소 고객에 대한 정보를 파악·축적함으로써 고객의 의심거래 여부를 파악하는 토대를 제공한다.
- EDD(강화된 고객확인제도) : CDD가 성명, 주민번호 + 주소, 연락처, 실계소유자 등을 확인하는 절차라면 EDD는 여기에 거래목적, 자금의 원천 등을 확인하여 고위험고객의 경우 더욱 강화된 확인제도를 운영한다.

기본서 페이지 192쪽
핵심 키워드 세금

010 정답 ①
해설 0.6 = [(주택담보대출금 + 선순위 근저당권 설정액 + 임차보증금)/담보가치]
또는 8억 원 × 60% = 4.8억 원 − 선순위 근저당권 설정액 1억 원 − 임차보증금 8천만 원
   = 3억 원

기본서 페이지 : 253쪽
핵심 키워드 : LTV

011 정답 : ③
해설 : 전세보증금 상환보증은 임차인이 은행에 전세대출금을 상환할 수 없는 경우 보증기관이 임차인 대신 금융회사에 대출금을 상환하겠다는 보증이기 때문에 임차인이 보증기관에 해당 금액을 상환해야 하는 의무가 남아 있으며, 임대인으로부터 보증금을 돌려받기 위한 법적 조치도 임차인이 해야 한다. 따라서 전세사기 피해를 당하지 않으려면 전세보증금 상환보증이 아닌 전세보증금 반환보증에 가입해야 함에 유의해야 한다.

기본서 페이지 : 251쪽
핵심 키워드 : 대출

012 정답 : ②
해설 : 고객의 재무목표를 점검할 때 고객이 미처 인지하지 못하고 있는 점이 없는지 확인한다. (2단계)

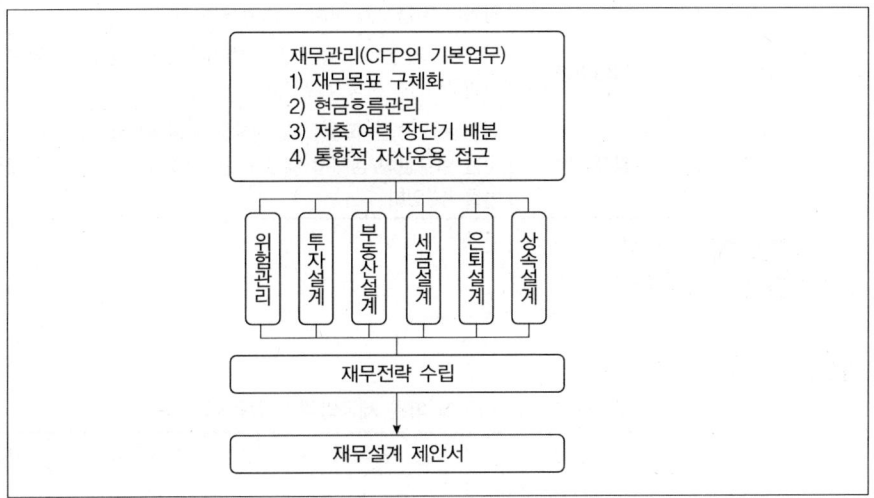

기본서 페이지 : 147쪽
핵심 키워드 : 재무설계 프로세스

013 정답 : ①
해설 : **낙관주의 오류**
어떠한 사건이 발생할 확률을 알고 있더라도 나에게 그러한 위험은 발생하지 않을 것이라고 판단하는 것이다. 나에게는 다른 사람들보다 나쁜 일이 발생할 확률이 적다고 생각하는 경향이다. 예를 들어 자동차 사고나 질병 발생 등의 위험에 대한 심각성을 충분히 인식하지 못하고 보험에 가입하지 않을 수 있다. 기본적으로 보험에 가입하는 것에 대한 소극적인 성향을 보이는 것이다.

기본서 페이지 : 265쪽
핵심 키워드 : 행동 재무학

014 정답 ①

해설 친권 행사자와 양육자 결정에 있어서 유책배우자인지 여부는 고려대상이 아니다. 단, 유책행위가 폭력, 도박 등 자녀의 성장과 복지에 방해되는 요소라면 양육자 지정에 영향을 미칠 수 있다. 양육비를 지급받은 방법과 형식에는 제한이 없다. 재산목록 제출 명령을 받은 사람이 정당한 사유 없이 재산목록의 제출을 거부하거나 재산목록을 거짓으로 제출한 때는 1천만 원 이하의 과태료를 부과한다.

● 양육비 강제집행 방법

방법	내용
양육비 직접지급명령	양육비 지급자가 근로자인 경우, 특히 대기업이나 공무원 등 안정된 직장을 가지고 있는 경우 유용하며, 양육비 직접지급명령이 있으면 고용주는 급여일에 양육비 상당액을 양육자 명의의 계좌에 바로 이체하게 된다.
담보제공 및 일시금지급명령	재판 중이거나 재판 종료 이후에도 양육비의 이행확보를 위해 양육비 지급자에게 담보제공을 명할 것을 법원에 신청할 수 있다. 담보를 제공하지 않으면 법원은 1,000만 원 이하의 과태료를 부과하며 양육비의 전부 또는 일부를 일시에 지급하도록 명한다. 법원의 일시금도 지급하지 않으면 30일 범위 내에서 양육비 지급자를 구치소 등에 감치한다.
이행명령	1회라도 지급하지 않은 경우 법원에 신청가능하며, 담보제공 및 일시금지급명령과 동시에 신청할 수 있다.
강제집행	집행권언(판결, 조정조서, 화해조서)을 근거로 강제집행을 할 수 있다는 집행문을 발부받아 상대방 재산에 강제집행을 신청하여 경매처분을 통해 양육비를 받을 수 있다.

기본서 페이지 287쪽
핵심 키워드 양육권

015 정답 ⑤

해설
● 이혼 시 부동산 이전에 따른 세금발생과 취득시기

구분	증여세	양도소득세	재양도 시 취득시기
위자료	×	○	위자료 받은 날
재산분할	×	×	최초 부동산 취득시기
이혼 전 증여	○	×	수증시점

기본서 페이지 288쪽
핵심 키워드 재산분할

직업윤리

016 정답 ⑤
해설 가 – E, 나 – A, 다 – D, 라 – C, 마 – B
기본서 페이지 10~12쪽
핵심 키워드 고객에 대한 의무

017 정답 ④
해설 가–근면성의 원칙, 나–객관성의 원칙, 다–공정성의 원칙
기본서 페이지 14쪽
핵심 키워드 윤리원칙

018 정답 ①
해설 1개월 또는 30일 이내에 한국FPSB에 통보하여야 한다.
기본서 페이지 21쪽
핵심 키워드 결격사유

019 정답 ①
해설 업무수행내용 4–1에 해당하는 내용이다.

재무설계 업무수행과정 (Financial Planning Process)	과정별 업무수행내용 (Related Practice Activities)
1. 고객과의 관계정립 (Establish and DEfine the Relationship with Client)	1–1. 재무설계 및 CFP® 자격인증자의 역량에 대한 정보 제공 1–2. 고객 니즈의 충족 가능성에 대한 결정 1–3. 업무수행범위의 결정
2. 고객 관련 정보의 수집 (Collect the Client's Information)	2–1. 고객의 개인적인 재무목표, 니즈 및 우선순위의 파악 2–2. 계량정보 및 자료의 수집 2–3. 비계량정보의 수집
3. 고객의 재무상태 분석 및 평가 (Analyze and Assess the Client' Financial Status)	3–1. 고객 관련 정보의 분석 3–2. 고객의 목표, 니즈 및 우선순위의 평가
4. 재무설계 제안서의 작성 및 제시 (Develop the Financial Planning Recommendations and Present them to the Client)	4–1. 재무설계 대안의 파악 및 평가 4–2. 재무설계 제안서의 작성 4–3. 재무설계 제안서의 제시
5. 재무설계 제안서의 실행 (Implement the Financial Planning Recommendations)	5–1. 실행책임에 대한 상호 합의 5–2. 실행을 위한 상품과 서비스의 선별 및 제시
6. 고객 상황의 모니터링 (Review the Client's Situation)	6–1. 고객 상황의 모니터링에 대한 책임 및 조건에 대한 합의 6–2. 고객 상황의 모니터링 및 재평가

기본서 페이지 34쪽

020 **정답** ②
해설 한국FPSB가 시행하는 CFP 자격시험 중 지식형이 아닌 사례형 시험의 합격증서
기본서 페이지 48쪽
핵심 키워드 자격의 상호인정 요건

위험관리와 보험설계

021 **정답** ④
해설
① 불확실성하에서 의사결정은 금전적 기댓값이 아닌 효용의 기댓값에 의해 결정된다고 할 수 있다.
② 위험회피자에 대한 설명이다.
③ 일반적으로 위험에 대한 수용도가 낮은(위험회피도가 높은) 가계일수록 보험수요는 높아진다.
⑤ 영업보험료가 아니라 순보험료이다.
기본서 페이지 13~18쪽
핵심 키워드 위험수용성향

022 **정답** ②
해설
① 직접손해에 대한 설명이다.
③ 재조달가액방식에 대한 설명이다.
④ 부보비율 80% 조건일 경우 보험가입금액이 보험가액의 80% 해당액보다 작을 때 손해액 × 보험가입금액/보험가액의 80%로 보험금을 산정한다.
⑤ 자동차 사고당 100만 원 공제금액을 설정했다면 정액 또는 1사고당 공제방식으로 사고 건당 공제금액 차감 후 보험금을 지급한다.
기본서 페이지 30~33쪽
핵심 키워드 재산위험

023 **정답** ③
해설
마. 일반불법행위
바. 특별법상 특수 불법행위
기본서 페이지 38~39쪽
핵심 키워드 배상책임위험

024 **정답** ⑤
해설 재무건전성 기준은 RBC제도와 K-ICS제도 모두 지급여력비율 ≥ 10%이다.
기본서 페이지 62쪽
핵심 키워드 RBC제도와 K-ICS제도

025
정답 ②
해설 새로운 보험계약 체결 전후 1개월이며 중요한 사항을 비교하여 알리지 아니하였을 경우에는 6개월 이내이며 부당계약전환 시 부활청구도 6개월 이내 할 수 있다.
기본서 페이지 68쪽
핵심 키워드 부당계약전환 금지 및 부활청구 기본서

026
정답 ①
해설 최초 1년간 납입보험료의 10%와 3만 원 중 적은 금액은 허용한다.
기본서 페이지 69쪽
핵심 키워드 특별이익 제공금지

027
정답 ③
해설 불완전판매비율 = (품질보증해약건수 50건 + 민원해약건수 25건 + 무효건수 5건)/신계약건수 250건 × 100 = 32%
기본서 페이지 74쪽
핵심 키워드 판매관련 불만족지표

028
정답 ⑤
해설 신용생명보험은 피보험자 사망시 사망보험금을 대출기관이나 채권자에게 직접 지급하도록 규정하고 있다.
기본서 페이지 87~89쪽
핵심 키워드 체감정기보험의 종류

029
정답 ②
해설 수금비를 포함한 부가보험료를 공제한다.
기본서 페이지 99쪽
핵심 키워드 유니버설종신보험의 구조

030
정답 ⑤
해설 특별계정방식은 1.5%(수수료) 제외 후 펀드 재투입하고 일반계정방식은 펀드 투입이 없다.
기본서 페이지 105쪽
핵심 키워드 변액종신보험

031
정답 ④
해설 중도해지 할 경우 원금손실이 발생할 수도 있다.
기본서 페이지 121쪽
핵심 키워드 저축보험의 특징

032
정답 ①
해설 평준생애수입방법에 대한 설명이다.
기본서 페이지 132쪽
핵심 키워드 생애수입방법

033
정답 ④
해설 불가쟁조항에 따라 5년 이상이 지났을 때에는 보험계약을 해지하거나 보장을 제한할 수 없다.
기본서 페이지 126쪽
핵심 키워드 불가쟁조항

034
정답 ①
해설 19세 미만자가 아니라 15세 미만자이다.
기본서 페이지 159 ~ 160쪽
핵심 키워드 질병보험의 무효

035
정답 ④
해설 별도 전환 심사를 거쳐야 전환이 가능하다.
기본서 페이지 165 ~ 166쪽
핵심 키워드 4세대 실손의료보험

036
정답 ④
해설
- 재산손해액 : 150,000 × 400,000/600,000 = 100,000천 원
- 잔존물제거비용 : min(실제발생비용, 재산손해액의 10%) = min(30,000, 150,000 × 10%)
  = 15,000천 원
- 손해방지비용 15,000 × 400,000/600,000 = 10,000천 원
- 잔존물 보전비용 300 × 400,000/600,000 = 200천 원
- 기타협력비용 : 5,000천 원

기본서 페이지 200쪽
핵심 키워드 화재보험 보험금

037
정답 ④
해설 부상 시 최고 3,000만 원이다.
기본서 페이지 202 ~ 204쪽
핵심 키워드 다중이용업소 화재배상책임보험 특별약관

038
정답 ①
해설 원인설은 1개의 보험사고로 보아 보상한도액인 30,000천 원이 보험금으로 지급된다.
기본서 페이지 219쪽
핵심 키워드 배상책임보험

039 **정답** ②
해설 생계비를 공제하지 않고 일실수익을 산출한다.
기본서 페이지 220~221쪽
핵심 키워드 배상책임보험의 보상범위

040 **정답** ④
해설 ① 9인승 → 10인승
② 업무용자동차보험 : 개인용 자동차를 제외한 모든 비사업용 자동차
③ 영업용자동차보험 : 사업용 자동차
⑤ 운전면허 교습생 자동차보험 : 임시운전면허 소지자의 교습차량에 대한 손해 보상
기본서 페이지 237쪽
핵심 키워드 자동차보험 종류와 가입대상

041 **정답** ⑤
해설 운전피보험자는 다른 피보험자를 위하여 피보험자 자동차를 운전 중인 자이다.
기본서 페이지 238쪽
핵심 키워드 자동차보험의 피보험자

042 **정답** ③
해설 노동능력상실률이 50%인 경우 65세 이상인 자의 위자료는 4,000만 원 × 50% × 85%이다.
기본서 페이지 241~242쪽
핵심 키워드 자동차보험 후유장해보험금 지급기준

043 **정답** ⑤
해설 물가상승률 조정이율(k율)이 아닌 세후 투자수익률이다.
기본서 페이지 289쪽
핵심 키워드 벨쓰방식

044 **정답** ②
해설 오래된 계약일수록 현재 상품의 조건보다 유리한 경향이 있다.
기본서 페이지 291쪽
핵심 키워드 부적절한 보험계약에 대한 대응 기본서

045 **정답** ②
해설 고객의 위험관리상태 분석 및 평가 단계이다.
기본서 페이지 305쪽
핵심 키워드 손해보험설계 프로세스

은퇴설계

046 정답 ③
해설 은퇴자산 평가는 은퇴자산별로 은퇴시점에서의 순미래가치로 평가한다.
기본서 페이지 34쪽
핵심 키워드 은퇴설계 실행절차

047 정답 ②
해설 해당 주택의 시가표준액의 연 0.78%를 무료임차소득으로 부과하되, 자녀 명의 임차주택에 거주하는 경우에는 무료임차소득을 부과하지 않는다.
기본서 페이지 76쪽
핵심 키워드 기초연금

048 정답 ①
해설 국민연금 급여액 중 부양가족연금액을 제외한 금액이 기준연금액의 150%를 초과하고 200% 이하인 경우 A급여액 적용산식(①)과 국민연금 급여액 등 적용산식(②) 중 큰 금액으로 산정한다. 국민연금 급여액 등이 기준연금액의 200%를 초과하는 경우에는 항상 A급여액 적용산식을 적용한다.
① A급여액에 따른 기초연금액 = (기준연금액 − 2/3 × A급여액) + 부가연금액
② 국민연금급여액 등에 따른 기초연금액 = 기준연금액의 250% − 국민연금 급여액 등
MAX(① 322,210원, ② 237,025원)
기본서 페이지 78쪽
핵심 키워드 기초연금

049 정답 ①
해설 18세 미만의 근로자도 사업장가입자로 적용하나 본인의 희망에 의하여 당연적용대상에서 제외될 수 있다.
기본서 페이지 81쪽
핵심 키워드 국민연금 가입자

050 정답 ②
해설 나. 부양가족연금액 지급대상이 되는 자녀는 19세 미만 또는 국민연금법상 장애등급 2급 이상 또는 장애인복지법상 장애의 정도가 심한 장애에 해당하는 자녀(양자, 배우자가 혼인 전에 얻는 자녀 포함)를 말한다.
기본서 페이지 86쪽
핵심 키워드 국민연금급여

051 정답 ④
해설 분할연금을 선청구하는 경우에는 선청구 당시 가입기간 중 혼인기간이 5년 이상인 경우에 한한다.
기본서 페이지 91쪽
핵심 키워드 분할연금

052 **정답** ①

해설 지급연령 상향규정이 적용된다.

◎ 노령연금 수급개시연령

출생연도	52년생 이전	53~56년생	57~60년생	61~64년생	65~68년생	69년생 이후
수급연령	60세	61세	62세	63세	64세	65세

출처 : 국민연금공단 홈페이지

◎ 장애연금 수급요건

초진일 요건	연금보험료 납부요건
초진일이 18세 생일부터 노령연금 지급연령 생일의 전날까지 있어야 하고, 다음의 기간 중에 있지 않아야 함 ① 공무원연금, 군인연금, 사립학교교직원연금, 별정우체국연금 가입기간 ② 국외이주, 국적상실 기간 ③ 국민연금 특수직종노령연금 또는 조기노령연금수급권 취득한 이후의 기간(다만, 조기노령연금의 지급이 정지된 기간은 제외)	다음 중 하나를 충족하여야 함 ① 초진일 당시 연금보험료를 낸 기간이 가입 대상기간의 1/3 이상 ② 초진일 당시 5년 전부터 초진일까지의 기간 중 연금보험료를 낸 기간이 3년 이상(단, 가입대상기간 중 체납기간이 3년 이상인 경우 제외) ③ 초진일 당시 가입기간이 10년 이상

출처 : 국민연금공단 홈페이지

핵심 키워드 장애연금 수급요건
기본서 페이지 92쪽
핵심 키워드 국민연금 급여

053 **정답** ③

해설 노령연금의 지급연기로 인한 가산금액은 유족연금액에 반영되지 않는다.
유족연금 수급권자가 배우자인 경우 수급권이 발생한 때부터 3년 동안 유족연금을 지급한 후 55세가 될 때까지 그 지급을 정지한다. 배우자의 유족연금 지급정지가 해제되는 연령도 상향조정된다. 자녀나 손자녀인 유족연금 수급권자가 연령도달로 수급권이 소멸되기 전에 입양된 경우 입양된 때부터 파양될 때까지 그 지급을 정지한다. 또한 장애로 수급권을 취득한 자가 장애등급 2급 이상에 해당하지 아니하게 된 때부터 그 질병이나 부상이 악화되어 다시 장애등급 2급 이상에 해당하게 될 때까지 그 지급을 정지한다.

기본서 페이지 93쪽
핵심 키워드 유족연금

054 **정답** ⑤

해설 기초연금 수급자가 이동통신 감면 서비스를 신청하면 월정액, 음성통화료, 데이터통화료를 합쳐 최종 청구된 금액의 최대 11,000원이 감액 제공된다.

기본서 페이지 101쪽
핵심 키워드 공적연금

055 **정답** ③

해설 임의가입자 및 기타임의계속가입자가 추후납부를 신청하면 해당 가입자의 현 기준소득월액을 그대로 적용하는 것이 아니라 매년 정해지는 상한 기준소득월액과 비교하여 결정한다.
- 농어업인 지원대상에서 제외되는 경우
  - 종합소득금액이 6천만 원 이상인 자
  - 재산세 과세표준의 합계액이 12억 원 이상인 자
  - 주소가 변동되는 등 더 이상 농어업에 종사하지 않게 된 경우
- 지원금액
  2025년 기준 지원대상자 1인당 월별 지원금액은 기준소득월액 1,030,000원(보험료 92,700원) 이하의 경우 본인 보험료의 50%에 해당하는 금액을 지원받고, 기준소득월액 1,030,000원 초과의 경우 91,030,000원 보험료의 50%에 해당하는 금액(46,350원)을 정액 지원받는다.

기본서 페이지 105쪽
핵심 키워드 국민연금 지원

056 정답 ①

해설
가. 2008년 이후 자녀 수가 3명인 경우 추가가입 인정기간은 30개월이다.

● 자녀 수에 따른 추가가입기간 인정
(단위 : 개월)

자녀수	2자녀	3자녀	4자녀	5자녀 이상
추가가입기간	12	30	48	50

출처 : 국민연금공단 홈페이지

● 2007.12.31. 이전에 얻은 자녀 수에 따른 추가가입기간 인정
(단위 : 개월)

구분		2008.1.1. 이후 얻은 자녀 수					
		1인	2인	3인	4인	5인	…
2007.12.31. 이전에 얻은 자녀 수	1인	12	30	48	50	50	50
	2인	18	36	50	50	50	50
	3인	18	36	50	50	50	50
	4인	18	36	50	50	50	50
	5인 이상	18	36	50	50	50	50

출처 : 국민연금공단 직무교재(2022)

부모가 모두 가입자(였던 자)로서 해당 자녀로 인하여 추가가입기간이 발생한 경우 부모가 합의하여 한 명의 가입기간에 전부 산입하되 합의하지 않으면 균분한다. 추가가입기간의 규모를 임의로 정하여 배분, 산입할 수 없다.

기본서 페이지 107쪽
핵심 키워드 국민연금

057 정답 ①

해설
노후긴급자금 대출은 만 60세 이상 국민연금 수급자에게 전·월세보증금, 의료비, 배우자 장제비, 재해복구비의 긴급한 자금이 필요한 경우 일정 한도 내에서 낮은 금리로 대출하는 제도이다.

기본서 페이지 105쪽
핵심 키워드 국민연금 지원

058
정답 ②

해설 연계노령연금, 연계퇴직연금, 연계노령유족연금, 연계퇴직유족연금 등 4종이 있다. 국민연금제도의 장애연금과 다른 공적연금제도의 장해연금 간에는 연계급여가 없다.

기본서 페이지 113쪽

핵심 키워드 연계제도

059
정답 ①

해설

> **알아두기**
>
> **퇴직금 중간정산 사유**
> ① 무주택자인 근로자가 본인 명의로 주택을 구입하는 경우
> ② 무주택자인 근로자가 주거를 목적으로 전세금 또는 보증금을 부담하는 경우(근로자가 하나의 사업장에 근로하는 동안 1회로 한정됨)
> ③ 근로자 본인, 그 배우자, 근로자 또는 그 배우자의 부양가족이 6개월 이상 요양을 필요로 하는 경우로서 근로자가 본인 연간 임금총액의 12.5%를 초과하여 의료비를 부담하는 경우
> ④ 퇴직금 중간정산을 신청하는 날로부터 역산하여 5년 이내에 파산선고 또는 개인회생절차 개시의 결정을 받은 경우
> ⑤ 사용자가 기존의 정년을 연장하거나 보장하는 조건으로 단체협약 및 취업규칙 등을 통하여 임금피크 제도를 시행하는 경우
> ⑥ 사용자가 근로자와의 합의에 따라 소정근로시간을 1일 1시간 또는 1주 5시간 이상 단축함으로써 단축된 소정근로시간에 따라 근로자가 3개월 이상 계속 근로하기로 한 경우
> ⑦ 근로시간의 단축으로 근로자의 퇴직금이 감소되는 경우
> ⑧ 재난으로 피해를 입은 경우로서 고용노동부 장관이 정하여 고시하는 사유에 해당하는 경우

> **알아두기**
>
> **퇴직연금 적립금의 담보제공 사유**
> ① 무주택자인 근로자가 본인 명의로 주택을 구입하는 경우
> ② 무주택자인 근로자가 주거를 목적으로 전세금 또는 보증금을 부담하는 경우(근로자가 하나의 사업장에 근로하는 동안 1회로 한정됨)
> ③ 근로자 본인과 소득세법상 기본공제대상자인 근로자의 배우자 및 근로자 또는 그 배우자의 부양가족이 6개월 이상 요양을 필요로 하는 사람의 의료비를 가입자가 본인의 연간 임금총액의 12.5%를 초과하여 부담하는 경우
> ④ 퇴직금 중간정산을 신청하는 날로부터 역산하여 5년 이내에 파산선고 또는 개인회생절차 개시의 결정을 받은 경우
> ⑤ 근로자가 본인과 소득세법상 기본공제대상자인 근로자의 배우자 및 근로자 또는 그 배우자의 부양가족의 대학등록금, 혼례비 또는 장례비를 가입자가 부담하는 경우
> ⑥ 사업장주의 휴업 실시로 근로자의 임금이 감소하거나 재난으로 피해를 입은 경우

> **알아두기**
>
> 퇴직연금 적립금의 중도인출 사유
> ① 무주택자인 근로자가 본인 명의로 주택을 구입하는 경우
> ② 무주택자인 근로자가 주거를 목적으로 전세금 또는 보증금을 부담하는 경우(이 경우 퇴직금 중간정산은 근로자가 하나의 사업장에 근로하는 동안 1회로 한정됨)
> ③ 근로자 본인과 소득세법상 기본공제대상인 근로자의 배우자 및 근로자 또는 그 배우자의 부양가족이 6개월 이상 요양을 필요로 하는 사람의 의료비를 가입자가 본인의 연간 임금총액의 12.5%를 초과하여 부담하는 경우
> ④ 중도인출을 신청하는 날로부터 역산하여 5년 이내에 파산선고 또는 개인회생절차개시의 결정을 받은 경우
> ⑤ 퇴직연금 적립금을 담보로 제공하고 대출을 받은 가입자가 그 대출 원리금을 상환하기 위한 경우로서 고용노동부장관이 정하여 고시하는 사유에 해당하는 경우(중도인출금액은 대출원리금 상환에 필요한 금액 이하로 함)

> **알아두기**
>
> 의료목적 또는 부득이한 인출의 요건
> ① 천재지변
> ② 연금계좌 가입자의 사망 또는 해외 이주
> ③ 연금계좌 가입자 또는 그 부양가족이 3개월 이상의 요양이 필요한 경우
> ④ 연금계좌 가입자가 파산선고 또는 개인회생절차개시의 결정을 받은 경우
> ⑤ 연금계좌 취급자의 영업정지, 영업 인·허가의 취소, 해산 결의 또는 파산선고

기본서 페이지 126쪽
핵심 키워드 퇴직연금

060 **정답** ⑤
해설 퇴직급여를 담보로 받은 대출 상환금액(상환 후 잔액은 퇴직급여는 IRP로 이전)
기본서 페이지 129쪽
핵심 키워드 퇴직급여

061 **정답** ③
해설 원리금보장상품과 TDF 등 투자위험을 낮춘 운용방법 등에는 적립금의 100%를 운용할 수 있다.
기본서 페이지 136쪽
핵심 키워드 확정기여형 퇴직연금

062 **정답** ①
해설
> **알아두기**
>
> IRP 설정 가능자
> • 퇴직금제도에서 근로자가 퇴직급여를 수령하려는 사람
> • 퇴직연금제도에서 퇴직급여를 수령하려는 사람

- DB형 또는 DC형 퇴직연금 및 중소기업퇴직연금 가입자
- 공무원, 군인, 사립학교 교직원, 별정우체국직원 등 직역연금 가입자
- 자영업자 또는 프리랜서 등 사업장소득이 있는 사람
- 기타 근로소득이 있는 단기근로자
  - 계속근로기간이 1년 미만인 근로자
  - 4주간 평균하여 1주간의 소정근로시간이 15시간 미만인 근로자
- 10인 미만 고용 사업장의 근로자

기본서 페이지) 137쪽
핵심 키워드) IRP

063 정답 ②

해설) 나. 퇴직한 이후에는 근로자부담금을 납입할 수 없다.

◉ 퇴직연금 종류별 주요 항목 비교

구분	DB형 퇴직연금	DC형 퇴직연금, IRP	중소기업퇴직연금
특성	퇴직급여 수준이 사전에 결정	사용자의 부담금이 사전에 결정	사용자의 부담금이 사전에 결정
제도운영주체	사용자	근로자	근로복지공단
퇴직연금규약	노사합의 작성·신고	노사합의 작성·신고 (IRP는 작성·신고의무 없음)	작성·신고의무 없음
퇴직급여 수준	법정퇴직금 이상	퇴직시점 적립금	퇴직시점 기금지분
사용자부담금	적립금 운용결과에 따라 변동	근로자 연간 임금총액의 1/12로 고정	근로자 연간 임금총액의 1/12로 고정
근로자 추가납입	납입 금지	납입 가능[주1]	납입 가능[주2]
적립금 운용책임	사용자	근로자	중소기업퇴직연금기금
담보제공[주3]	가능	가능	가능
중도인출[주3]	불가능	가능	가능
연금수령 요건	• DB형, DC형 퇴직연금은 퇴직급여를 IRP로 이전받아 55세 이후 연금수령 가능 • 중소기업퇴직연금은 기금제도 가입기간이 10년 이상이어야 연금수령 가능 - 단, 퇴직급여를 IRP로 이전받는 경우에는 가입기간 관계없이 55세 이후 연금수령 가능		

주1) IRP는 연금수급개시 전까지 납입이 가능하지만, DC형 퇴직연금의 근로자부담금 납입은 해당 사업에서 퇴직한 이후에는 허용되지 않음
주2) 가입자가 해당 중소기업에서 퇴직한 이후에는 근로자부담금을 납입할 수 없음
주3) 근퇴법에 정한 담보제공(대출) 또는 인출 사유에 해당하여야 함

기본서 페이지) 141쪽
핵심 키워드) 중소기업퇴직연금기금제도

064 정답 ⑤

해설

● 연금저축 납입단계 세액공제

소득기준	세액공제 적용 납입액 한도	세액공제율 (지방소득세 포함)
종합소득금액 4,500만 원 이하 (근로소득만 있는 경우 총급여액 5,500만 원 이하)	연 600만 원	16.5%
종합소득금액 4,500만 원 초과 1억 원 이하 (근로소득만 있는 경우 총급여액 5,500만 원 초과)		13.2%

소득세법에 정한 연금계좌 계좌이체 유형은 다음과 같다.

① 연금저축(신탁, 보험, 펀드) 상호 간 이체
  - 연금저축은 금융회사 상호 간 적립금의 전부 또는 일부 계좌이체가 가능
    2013.3.1. 이전 가입한 (구)연금저축은 연금저축으로 이체가 가능
    (이 경우는 적립금의 일부이체는 불가능하고 전액이체만 가능함)
  - 2000.12.31. 이전 가입한 개인연금저축은 연금저축으로 이체가 불가능
    (이 경우는 개인연금저축 상호간 이체는 가능함. 금융회사 변경 등)
  - 연금저축보험은 가입 후 통상 7년 이내에 계좌이체 시 해약공제액이 발생할 수 있음
② 연금저축과 IRP 상호 간 이체
  - 적입기간이 5년 이상 경과하고, 만 55세가 경과한 가입자의 경우 전액이체만 가능
    (연금저축계좌에서 IRP 또는 IRP에서 연금저축계좌로 계좌이체 가능)
③ IRP 상호 간 이체
  - 2013.3.1. 이후 설정된 IRP를 다른 금융회사의 IRP로 계좌이체 가능
    (이 경우 적립금의 일부이체는 허용이 안 되며 전액이체만 가능함)

기본서 페이지 198쪽
핵심 키워드 연금계좌

065 정답 ②

해설

추가납입보험료는 기본보험료에 비해 사업비가 상대적으로 적게 부과되어 있고, 보장계약보험료가 부과되지 않기 때문에 기본보험료보다 연금적립금 축적비율이 더 높다.
변액연금보험 옵션 자동자산배분 옵션외
1) 펀드변경 옵션
   펀드변경 옵션은 가입자의 신청에 의해 현재 운용중인 특별계정에서 적립금의 전부 또는 일부를 다른 펀드로 변경할 수 있는 옵션이다.
2) 펀드자동재배분
   펀드자동재배분옵션은 투자성과에 따라 변동된 적립금을 일정 기간 단위별로 가입자가 정한 펀드별 투자비율로 재조정하여 운용하는 옵션이다.
3) 정액분할투자
   일시납 또는 추가납입보험료 등을 일시에 특별계정로 이체하지 않고 가입자가 정한 기간 단위별로 정한 금액을 이체하는 옵션이다.
4) 최저적립금 보증 옵션(GMAB)
5) 연금지급보증옵션
   최저인출보증(GMWB) 특별계정 투자성과에 관계없이 일정 수준의 연금지급을 보증하는 옵션이다.

최저수입보증(GMIB) 특별계좌의 투자성과에 관계없이 최저보증이율을 적용한 연금액을 지급하는 옵션이다.
종신연금보증(GLWB) 특별계정 투자성과에 관계없이 일정 수준의 연금을 가입자가 사망할 때까지 지급을 보증하는 옵션이다.

기본서 페이지 207쪽
핵심 키워드 세제비적격연금

066
정답 ②
해설 나. IRP는 적립금의 70%를 한도로 위험자산에 투자할 수 있지만 연금저축은 적립금의 전부를 위험자산에 투자할 수 있다.
기본서 페이지 216쪽
핵심 키워드 연금계좌

067
정답 ④
해설 트레이너비율에 대한 설명이다.
기본서 페이지 267쪽
핵심 키워드 성과분석

068
정답 ①
해설 1,583,901천 원[PV], 25[n], (기시) 78,880[PMT], 1.923[i]
0.01923 × 1.04 + 0.04 = 0.06 (6%)
기본서 페이지 300쪽
핵심 키워드 운용수익률

069
정답 ⑤
해설 신탁방식은 주택소유권자가 신탁등기를 함으로써 가입자가 사망하더라도 남은 배우자는 소유권 이전 없이 자동으로 승계된다. 더불어 신탁방식은 저당권방식에서는 불가능했던 주택일부를 보증금을 받고 임대하는 것이 가능하기 때문에 거주하면서 임대소득도 얻을 수 있다는 장점이 있다.
기본서 페이지 324쪽
핵심 키워드 주택연금

070
정답 ①
해설 ● 사전연명의료의향서와 연명의료계획서 비교

구분	사전연명의료의향서	연명의료계획서
대상	19세 이상의 성인	말기환자 또는 임종과정에 있는 환자
작성	본인이 직접 작성	환자의 요청에 의해 담당의사가 작성
연명의료 중단결정사항	심폐소생술, 인공호흡기착용, 혈액투석, 항암제 투여 여부	

설명의무	상담자	담당의사
등록	보건복지부 지정 사전연명의료의향서 등록기관	의료기관 윤리위원회를 설치·등록한 의료기관

출처 : 국립연명의료관리기관(2021 연명의료결정제도)

기본서 페이지 347쪽

핵심 키워드 사전연명의료

부동산설계

071 정답 ④

해설
가. 토지는 다른 생산품처럼 추가적인 노동이나 생산비를 투입한다고 해도 물리적인 공급은 고정되어 있다. – 부증성
나. 토지는 그 자체적으로 움직일 수 없고 이동이 불가능하다. – 고정성
다. 부동산은 공공성이 크고 일반적으로 개인의 자산에서 차지하는 금액적 비중이 높다. – 제도적 제한
라. 부동산의 가격 및 수익은 개별화되며, 사용이나 판매에 있어 대체가능성이 없게 만드는 원인이 되기도 한다. – 이질성
마. 토지는 시간이 흐름에 따라 소모되거나 마멸되지 않는다. – 영속성
바. 똑같은 땅은 존재하지 않는다. – 이질성

기본서 페이지 9 ~ 11쪽

핵심 키워드 부동산의 특징

072 정답 ⑤

해설
① 사람의 통행이 적고 자동차만 많이 다니는 지역보다는 자동차가 적고 사람이 많이 모여들 수 있는 지역이 좋다.
② 근린상가는 배후지의 주동선 및 교통을 이용하는 동선과 연결되는 여부가 중요하며 시기적으로 배후의 아파트단지의 입주보다 늦게 입점하는 상가가 유리하다.
③ 상가주택은 은퇴 계층에게 선호도가 높아 매매도 수월하다.
④ 유동층이 건물의 이면을 주로 다니는 경우도 많기 때문에 반드시 넓은 통행로가 주동선이 되지는 않는다.

기본서 페이지 24 ~ 30쪽

핵심 키워드 상권의 개념

073 정답 ①

해설 분양가상한제는 가격의 상승 우려가 있는 지역에서 공동주택의 가격(분양가)을 국토교통부령이 정하는 기준에 따른 분양가격 이하로 규제하는 주택수요관리정책이다. 정부가 실수요자의 내 집 마련 부담완화 및 집값 안정을 꾀하고자 만든 정책이며 최고가격제에 해당한다.

기본서 페이지 31 ~ 42쪽

핵심 키워드 분양가상한제 기준

074
정답 ②

해설 토지거래계약허가제는 토지의 투기적 거래와 지가의 급격한 상승이 있거나 그러한 우려가 있는 지역에 시행하게 된다. 이는 토지거래계약허가를 신청한 토지에 대한 이용목적과 기타 요건의 적정성을 심사하여 실수요자 중심의 거래가 이루어지도록 유도하여 토지의 투기수요를 억제하고 지가의 안정을 위하는데 그 목적이 있다.

기본서 페이지 46~56쪽

핵심 키워드 토지거래계약허가구역 지정 기준

075
정답 ⑤

해설 제3기 수도권 신도시개발 컨셉은 서울 도심까지 30분내 출퇴근이 가능한 도시, 일자리를 만드는 도시이다. 자녀를 키우기 좋고 친환경적인 도시, 전문가와 지방자치단체가 함께 만드는 도시이다.
제2기 수도권 신도시는 제1기 수도권 신도시보다 인구밀도를 줄이고 녹지율을 높이는 등 친환경적인 도시개발을 지향하였다.

기본서 페이지 60~65쪽

핵심 키워드 제3기 수도권 신도시개발 컨셉

076
정답 ③

해설 사회적 기반시설 구축 특례는 기업도시 사업시행자에 대한 지원 내용에 해당하지 않는다.

기본서 페이지 70~71쪽

핵심 키워드 기업도시 사업시행자에 대한 지원 내용

077
정답 ⑤

해설 매매계약 당시에 매수인이 거래대상부동산에 흠결이 있음을 알지 못했다 하더라도 계약의 목적을 달성할 수 있는 경우에는 손해배상청구권만을 행사할 수 있다.

기본서 페이지 72~75쪽

핵심 키워드 매수인의 배상청구 기준

078
정답 ⑤

해설

번호	구분	주택임대차보호법	상가건물임대차보호법
①	최우선변제비율	주택가액의 1/2 범위 내	상가건물가액의 1/2 범위 내
②	차임 인상 제한	연 5% 이내	연 5% 이내
③	계약갱신요구권	1 회	총 10년까지 (매 1년마다 요구)
④	월세전환이율	연 10%와 '기준금리 + 2%' 중 낮은 것	연 12%와 '기준금리 × 4.5배' 중 낮은 것
⑤	대항요건	주택의 인도 + 주민등록	건물의 인도 + 사업자등록

기본서 페이지 82쪽

핵심 키워드 주택임대차보호법과 상가건물임대차보호법

079 **정답** ①
해설 공동주택가격 공시제도는 토지와 건물을 각각 구별하여 산정하는 방식과는 다르게 일반적인 거래 관행에 맞게 토지와 건물의 가격을 일괄하여 조사·산정한 적정가격을 말한다.
기본서 페이지 93 ~ 104쪽
핵심 키워드 공동주택가격 공시제도 기준

080 **정답** ④
해설
- 가능총수익에 공실손실상당액 및 대손충당금을 공제하여 산정한 후 주차수입과 광고수입, 그 밖에 대상 물건의 운용에 따른 주된 수입을 합산한 금액을 유효총수익이라 한다.
- 순영업소득(순수익)이란 대상물건에 귀속하는 적절한 수익으로서 유효총수익에서 영업경비를 공제한 금액이다.

기본서 페이지 110 ~ 115쪽
핵심 키워드 직접환원법을 이용하여 부동산의 가치를 구할 때 사용하는 용어

081 **정답** ③
해설
① 토지를 감정평가할 때에는 그 토지와 이용가치가 비슷하다고 인정되는 부동산공시법에 따른 표준지공시지가를 기준으로 한 공시지가기준법을 적용한다.
② 구분소유부동산을 감정평가할 때에는 건물(전유부분과 공유부분)과 대지용권을 일체로 한 거래사례비교법을 적용하여야 한다.
④ 비교표준지가 있는 지역과 대상토지가 있는 지역 모두 기준시점을 기준으로 한다.
⑤ 비교표준지의 개별요인은 공시기준일을 기준으로 하고 대상토지의 개별요인은 기준시점을 기준으로 한다.

기본서 페이지 117 ~ 120쪽
핵심 키워드 요인 보정 기준

082 **정답** ②
해설
① 실현수익률이 투자자가 생각한 요구수익률보다 높게 나왔다면 결과론적으로 투자를 잘 한 것이 된다.
③ 총투자수익률보다 대출이자율이 낮을 때 자기자본수익률은 총투자수익률보다 크게 되는 것을 긍정적 레버리지효과라 한다.
④ 투자안이 1개라면 NPV 〉 0 인 경우에 투자를 하며, NPV 〈 0 이라면 투자를 하지 않는다.
⑤ 요구수익률이란 대상부동산에 투자하기 위해 투자자가 요구하는 최소한의 수익률이다.

기본서 페이지 121 ~ 138쪽
핵심 키워드 수익성지수법의 특징

083 **정답** ②
해설 자기자본수익률 = 총투자수익률 + (총투자수익률 − 대출이자율)
　　　　　　　　× (대출비중/자기자본비중)
　　　　　　= 8% + (8% − 6%) × (60/40)
　　　　　　= 8% + 3%
　　　　　　= 11%

기본서 페이지 139~141쪽
핵심 키워드 자기자본수익률 산식

084 정답 ①
해설
- 초기 비용부담이 가장 큰 상환방식은 원금균등분할상환이다.
- 약정기간 동안의 전체상환액이 가장 큰 상환방식은 원리금균등분할상환이다.

기본서 페이지 147~148쪽
핵심 키워드 주택담보 금융

085 정답 ⑤
해설
- 종합수익률 = 소득수익률 + 자본수익률
- 소득수익률 = 소득수익현가/최초매수가격
- 자본수익률 = (양도가액의 현가 − 최초매수가격)/최초매수가격
- 소득수익률 = 3억/10억 = 30%
- 자본수익률 = (15억 − 10억)/10억 = 50%
- 종합수익률 = 30% + 50% = 80%

기본서 페이지 160~162쪽
핵심 키워드 종합수익률 산식

086 정답 ①
해설
가. 임대사업자 설명의무 위반 과태료 500만 원
나. 임대차계약 신고 의무 위반 과태료 1,000만 원
다. 임대의무기간 준수 의무 위반 과태료 임대주택당 3,000만 원
라. 임대차계약 유지 의무 위반 과태료 1,000만 원
마. 표준임대차계약서양식 사용 의무 위반 과태료 1,000만 원
바. 임대사업 목적 유지 의무 위반 과태료 1,000만 원

기본서 페이지 174~176쪽
핵심 키워드 임대사업자의 주요 의무사항 위반 시 과태료

087 정답 ②
해설
① 경매신청은 작성한 신청서에 경매비용을 납부한 증명서를 부착하고, 관련 첨부서류를 첨부하여 대상부동산 소재지 관할 법원에 하여야 한다.
③ 계산서를 제출하지 아니한 채권자는 배당요구의 종기 이후에는 채권액을 보충할 수 없다.
④ 즉시항고는 원결정을 고지한 날로부터 1주일 내에 제기하여야 한다.
⑤ 강제경매는 물권이 아닌 채권을 통해 소송을 제기하고 집행권원을 받아 경매를 진행하는 것이다.

기본서 페이지 181~188쪽
핵심 키워드 경매 절차

088 **정답** ④
해설
① 공매의 경우 본인의 입찰가격의 10%를 보증금액으로 납부해야 한다.
② 국유재산의 매각대금이 1천만 원 초과시 3년 이내 분할납부가 가능하다.
③ 압류재산의 명도책임은 매수인이 진다.
⑤ 공매는 입찰기간 내에 입찰하게 하여 매각기일에 개찰하는 기간입찰 방식을 택한다.

기본서 페이지 192~194쪽
핵심 키워드 공매 부동산의 특징

089 **정답** ③
해설
① 프로젝트금융투자회사(PFV)는 한시적으로 설립된 회사로서 존립기간이 2년 이상이어야 한다.
② PFV를 설립한 뒤 법인세법 제51조의2에 따라 2025년 12월 31일 이전에 끝나는 사업연도에 대하여 대통령령으로 정하는 배당가능이익의 100분의 90 이상을 배당한 경우 그 금액은 해당 배당을 결의한 잉여금 처분의 대상이 되는 사업연도의 소득금액에서 공제한다.
④ 관리신탁이란 부동산 소유자가 신탁계약기간 동안 소유권을 수탁자에게 이전한 뒤 수탁자는 신탁계약에 따라 부동산 소유권, 임대차, 세무관리 등 업무를 수행한 뒤 다시 위탁자에게 소유권을 이전하는 것이다.
⑤ 신탁재산의 종합부동산세 납세의무자는 위탁자이다.

기본서 페이지 201~218쪽
핵심 키워드 프로젝트 파이낸싱의 개념

090 **정답** ⑤
해설
• 추가부담금(조합원 분담금) = 조합원 분양가 − 권리가액
• 권리가액 = 감정평가액(대지 + 건물) × 비례율
• 조합원 분양가 = 992,800천 원
• 권리가액 = (565,500천 원 + 22,500천 원) × 1.05 = 617,400천 원
• 추가부담금 = 992,800천 원 − 617,400천 원 = 375,400천 원

기본서 페이지 247쪽
핵심 키워드 추가부담금 산출식

정답 [2교시]

| 투자설계 |

001	③	002	②	003	②	004	⑤	005	②	006	③	007	④	008	⑤	009	①	010	①
011	②	012	②	013	②	014	②	015	⑤	016	④	017	②	018	③	019	③	020	②
021	⑤	022	③	023	③	024	③	025	③	026	②	027	③	028	②				

| 세금설계 |

029	②	030	①	031	①	032	②	033	⑤	034	⑤	035	③	036	②	037	②	038	④
039	④	040	③	041	⑤	042	①	043	②	044	③	045	②	046	⑤	047	②	048	②
049	①	050	①	051	②	052	②	053	⑤	054	②	055	②						

| 상속설계 |

056	③	057	①	058	④	059	⑤	060	①	061	⑤	062	④	063	①	064	④	065	①
066	⑤	067	①	068	③	069	①	070	④	071	②	072	①	073	①	074	④	075	⑤
076	④	077	②	078	④	079	③	080	①										

투자설계

001 정답 ③
해설
① 투자지침서는 고객의 성향에 맞는 투자전문가를 선택할 수 있는 기준이다.
② 투자지침은 위험조정 후 수익에 대한 현실적 기대치에서 출발한다.
④ 투자지침은 장기적 관점에서 작성되어야 한다.
⑤ 문서로 작성된 투자지침서는 재판이나 소송에서 방어수단이 될 수 있다.
기본서 페이지 27 ~ 29쪽
핵심 키워드 투자지침서

002 정답 ②
해설 피셔효과 - 기대인플레이션이 상승하면 명목이자율은 자금시장 내에서 형성된 초과수요가 해소될 때까지 상승압력을 받게 된다.
기본서 페이지 43 ~ 49쪽
핵심 키워드 이자율이론

003 정답 ②
해설 발행기관 또는 유동화전문회사(SPV)는 임직원이 없는 서류상의 회사(paper company) 형태다.
기본서 페이지 28 ~ 33쪽
핵심 키워드 자산유동화증권

004
정답 ⑤

해설 경기종합지수에서 동행지수변동치와 선행지수 전년동월비는 그 크기, 증감율, 진폭 등이 중요한 의미를 갖지 않으므로 그 방향에 유의한다.

기본서 페이지 79 ~ 93쪽

핵심 키워드 경기동향 판단

005
정답 ②

해설 자본시장선은 무위험자산을 투자대상으로 포함할 때 효율적인 포트폴리오의 기대수익률과 총위험과의 관계를 나타내는 모형이다.

기본서 페이지 126 ~ 137쪽

핵심 키워드 자본자산가격결정모형

006
정답 ③

주식	요구수익률	기대수익률	평가
A	7.85%	12.50%	저평가
B	9.50%	9.50%	적정수준
C	11.15%	8.57%	고평가
D	12.25%	10.00%	고평가
E	2.35%	7.50%	저평가

기본서 페이지 132 ~ 136쪽

핵심 키워드 고평가 저평가

007
정답 ④

해설
- 세후부채비용 : 7% × (1 − 0.3) = 4.9%
- 보통주 비용 : 5% + 1.2 × (15% − 5%) = 17%
- 우선주 비용 : 5%
- 가중평균 자본비용 : 0.5 × 4.9% + 0.1 × 5% + 0.4 × 17% = 9.75%

기본서 페이지 175 ~ 178쪽

핵심 키워드 가중평균자본비용

008
정답 ⑤

해설
① 주당 배당금액이 적을수록 주식의 가치는 떨어진다.
② 요구수익률이 커질수록 주식의 가치는 떨어진다.
③ 무위험수익률이 높으면 요구수익률이 커져 주식가치를 하락한다.
④ 배당성향이 높으면 배당성장률이 떨어져 주식의 가치는 하락한다.

기본서 페이지 184 ~ 188쪽

핵심 키워드 배당할인모형

009
정답 ①

해설
- 적정PER = 배당성향/(k − g) = 0.5/(0.15 − 0.05) = 5배
- 내년도 PES = 2,000 × 1.05 = 2,100원
- 적정주가 = 2,100 × 5 = 10,500원

기본서 페이지 192 ~ 194쪽

핵심 키워드 적정PER

010
정답 ①

해설 평행추세선은 저점끼리 연결한 선이 수평인 경우다. 상승추세와 평행추세는 저점끼리 연결하고, 하락추세는 고점끼리 연결한다.

기본서 페이지 192 ~ 194쪽

핵심 키워드 추세분석

011
정답 ②

해설 EVA는 자기자본조달비용을 차감해 기업의 부가가치를 계산한다.

기본서 페이지 178 ~ 179쪽

핵심 키워드 경제적 부가가치(EVA)

012
정답 ②

해설
- 상환원리금 : −10,000[PV], 4.8/4[i], 4[n] 일 때, FV = 10,488
- 세전매매단가 : 10,488 ÷ (1 + 0.045 × 256/365) = 10,167원

기본서 페이지 230 ~ 231쪽

핵심 키워드 채권단가계산

013
정답 ②

해설
- 수정듀레이션 = 2.78/(1 + 0.1) = 2.53
- 채권수익률이 2% 하락할 때 채권가격 변동률 =
  $-2.53 \times (0.02) + 0.5 \times 8.94 \times (-0.02)^2 = 0.052388 = 5.2388\%$
- 새로운 채권 가격 = 9,502.63 × (1 + 0.052388) = 10,000.45원

기본서 페이지 260 ~ 268쪽

핵심 키워드 채권가격계산

014
정답 ②

해설
① 하강형 곡선은 이자율 상당히 높은 수준에 있을 때 관찰된다.
③ 수평형 곡선은 수익률 곡선 형태가 상승형에서 하락형은 변화할 때 나타난다.
④ 낙타형 곡선은 정부의 일시적인 금융긴축으로 단기자금 사정이 악화되었을 때 나타난다.
⑤ 상승형 곡선은 경기가 침체기에서 상승기로 전환할 때 나타난다.

기본서 페이지 253 ~ 254쪽

핵심 키워드 채권의 수익률 곡선

015 **정답** ⑤
해설
① 수익률 하락이 예상되면 표면금리가 낮은 채권을 매입하면 운용수익률을 높일 수 있다.
② 수익률 상승이 예상되면 듀레이션이 짧은 채권을 매입하면 투자손실을 줄일 수 있다.
③ 듀레이션이 긴 채권의 가격 상승폭이 짧은 채권보다 훨씬 클 수 있다.
④ 바벨형 포트폴리오가 사다리형보다 높은 볼록성을 갖는다.
⑤ 채권수익률이 중도에 상승하면 만기전략의 경우 재투자수익의 상승으로 최초 원하는 수익보다 높은 실현수익률을 획득할 수 있다. 하지만 면역화전략은 채권가격 하락과 재투자수익률 상승이 서로 상쇄된다.

기본서 페이지 270~281쪽
핵심 키워드 채권투자전략

016 **정답** ④
해설 채권의 볼록성은 듀레이션이 증가함에 따라 체증적으로 증가한다.
기본서 페이지 264쪽
핵심 키워드 채권가격의 변동성 분석

017 **정답** ②
해설
• 총자본이익률(20%) = 매출액순이익률(40%) × 총자본회전율, 따라서 총자본회전율은 0.5회
• 총자본회전율(0.5회) = 매출액/총자본(100억), 따라서 매출액은 50억

기본서 페이지 184~191쪽
핵심 키워드 재무비율

018 **정답** ③
해설
① 전략적 자산배분에 대한 설명이다.
② 전술적 자산배분에 대한 설명이다.
④ 전술적 자산배분에 대한 설명이다.
⑤ 보험자산배분전략에 대한 설명이다.

기본서 페이지 382~384쪽
핵심 키워드 자산배분전략

019 **정답** ③
해설
① 추세분석방법에 대한 설명이다.
② 근본적 분석방법에 대한 설명이다.
④ 시나리오분석방법의 단점이다.
⑤ 자본자산가격결정모형에 대한 설명이다.

기본서 페이지 405~408쪽
핵심 키워드 자산별 기대수익률

020 **정답** ②
해설 '나'와 '라'는 보험자산배분에 대한 설명이고, '마'는 전략적 자산배분에 대한 설명이다.

기본서 페이지 421 ~ 432쪽
핵심 키워드 전술적 자산배분

021
정답 ⑤
해설 역외펀드에 대한 설명이다.
기본서 페이지 461 ~ 466쪽
핵심 키워드 자산군 분류

022
정답 ③
해설 테마형상품은 위성상품에 해당한다.
기본서 페이지 485 ~ 487쪽
핵심 키워드 포트폴리오 구성 방법

023
정답 ③
해설 '나'와 '다'는 시간가중수익률에 대한 설명이다.
기본서 페이지 510 ~ 512쪽
핵심 키워드 금액가중수익률

024
정답 ③
해설 전략적 자산배분에 대한 평가는 적어도 연간 단위 이상의 장기간 수익률을 대상으로 이루어진다.
기본서 페이지 504 ~ 507쪽
핵심 키워드 투자성과 평가

025
정답 ③
해설 ① 젠센척도에서 α에 대한 설명이다.
② 샤프척도는 자본시장선의 원리를 이용하여 포트폴리오의 성과를 측정한다.
④ 샤프지수가 높을수록 좋은 펀드다.
⑤ 정보비율에 대한 설명이다.
기본서 페이지 516 ~ 522쪽
핵심 키워드 투자성과 평가

026
정답 ②
해설 매수차익거래를 설명한 내용이다.
기본서 페이지 324 ~ 335쪽
핵심 키워드 선물투자전략

027
정답 ③
해설 단기예측이 가능하다.
기본서 페이지 25 ~ 31쪽

핵심 키워드 경기종합지수

028 **정답** ②
해설
① 단기에 물가가 오르면 총공급량이 증가하므로 양(+)의 관계
② 재고관리 효율성이 상승하면 재고관리 비용감소. 비용이 감소하면 단기 총공급곡선 하방(우측) 이동
③, ④ 원유가격 상승, 명목임금 상승 등으로 생산비용이 증가하면 단기 총공급곡선 상방(좌측) 이동
⑤ 기술진보는 단기 총공급곡선을 오른쪽으로 이동시킨다.
기본서 페이지 25~31쪽
핵심 키워드 총공급곡선

세금설계

029 **정답** ②
해설 ④ 소득세의 일반적인 경우 국세부과 제척기간은 5년이며 5억 원 이상의 국세의 조세징수권 소멸시효는 10년이다.
기본서 페이지 29~33쪽
핵심 키워드 국세부과 제척기간과 조세징수권 소멸시효 기본서

030 **정답** ①
해설 90일이 아닌 30일이다.
기본서 페이지 37~41쪽
핵심 키워드 조세불복절차

031 **정답** ①
해설 필요경비에 산입되는 것은 종업원의 인건비와 사업용 자산의 손해보험료(적립보험료 부분은 제외)이다.
기본서 페이지 53~54쪽
핵심 키워드 필요경비

032 **정답** ②
해설
① 근로소득금액 → 연금소득금액 → 기타소득금액 → 이자소득금액 → 배당소득금액 순으로 한다.
③ 주거용 부동산임대업에서 발생한 결손금은 일반사업소득의 결손금과 동일하게 공제한다.
④ 10년이 아니라 15년이다.
⑤ 그 과세기간의 결손금을 먼저 소득금액에서 공제한다.
기본서 페이지 63~65쪽
핵심 키워드 결손금과 이월결손금

033
정답 ⑤
해설 알선수재 및 배임수재에 따라 받은 금품은 당연 종합과세 대상이다.
기본서 페이지 81쪽
핵심 키워드 과세방법에 따른 기타소득

034
정답 ⑤
해설
① 비영업대금의 이익 : 25%
② 출자공동사업자의 배당소득 : 25%
③ 3억 원 초과 복권당첨소득 : 30%
④ 연금계좌에서 수령하는 일시금 : 15%
기본서 페이지 127쪽
핵심 키워드 원천징수세율

035
정답 ③
해설 의료비세액공제는 연령 및 소득 요건을 충족하지 않은 자도 세액공제가 가능하다.
기본서 페이지 102쪽
핵심 키워드 특별세액공제

036
정답 ②
해설 출자공동사업자의 배당소득에 대한 원천징수세율은 25%이다.
기본서 페이지 126쪽
핵심 키워드 원천징수세율

037
정답 ②
해설 세무조정 상 소득처분 유형 중에는 이자는 없다.
기본서 페이지 151 ~ 152쪽
핵심 키워드 세무조정

038
정답 ④
해설 100분의 30이 아닌 100분의 5이다.
기본서 페이지 152 ~ 154쪽
핵심 키워드 부당행위계산부인

039
정답 ④
해설
① 면세사업자는 부가가치세법상 사업자가 아니다.
② 법인은 간이과세자가 될 수 없다.
③ 간이과세자의 과세기간은 1월 1일부터 12월 31일이다.
⑤ 폐업사업자의 신고납부기한은 폐업일이 속하는 달의 다음달 25일이다.
기본서 페이지 166 ~ 168쪽

핵심 키워드) 사업자

040 정답) ③
해설) 재화의 간주공급에는 자가공급, 개인적 공급, 사업상 증여, 폐업시 잔존재화가 있다.
기본서 페이지) 170쪽
핵심 키워드) 간주공급

041 정답) ⑤
해설) 간주임대료의 공급시기는 예정신고기간의 종료일 또는 과세기간의 종료일이다.
기본서 페이지) 171쪽
핵심 키워드) 공급시기

042 정답) ①
해설) 사업자가 자기의 사업을 위하여 사용할 목적으로 공급받은 재화에 대한 부가가치세액은 매입세액으로 공제받을 수 있다.
기본서 페이지) 176 ~ 177쪽
핵심 키워드) 매입세액

043 정답) ②
해설) ① 실체이론에 대한 내용이다.
③ 집합투자기구에서 분배하는 소득에 대하여 배당소득으로 과세하는 것을 원칙으로 한다.
④ 연금소득이 아닌 이자소득으로 구분하여 과세한다.
⑤ 소득세법에 열거된 것에 한해 과세하고 있다.
기본서 페이지) 198 ~ 208쪽
핵심 키워드) 금융상품별 세금

044 정답) ③
해설) 일정지분율을 계산할 때만 특수관계인을 포함한다.
기본서 페이지) 201 ~ 203쪽
핵심 키워드) 주식 양도시 세금

045 정답) ②
해설) 특정주식은 모든 업종이며 부동산과다보유법인주식은 골프장, 스키장, 콘도 등을 건설 또는 취득하여 직접 경영하거나 분양 또는 임대하는 사업을 경영하는 법인이다.
기본서 페이지) 204쪽
핵심 키워드) 특정주식 및 부동산과다보유법인주식

046 정답) ⑤
해설) • Gross-up금액 : 2,000만 원 × 10% = 200만 원

• 금융소득금액 : 이자소득금액 2,000만 원 + 배당소득금액 3,000만 원 + 200만 원
　　　　　　　　= 5,200만 원

기본서 페이지) 213쪽
핵심 키워드) 금융소득금액

047 정답) ②
해설) 무상승계취득의 경우에는 그 계약일에 취득한 것으로 본다.
기본서 페이지) 224 ~ 226쪽
핵심 키워드) 취득유형과 취득시기

048 정답) ②
해설) • 취득세율 = (7억 5,000만 원 × 2/3억 원 − 3)/100 = 2%
• 취득세 = 7억 5,000만 원 × 2% = 1,500만 원
기본서 페이지) 230 ~ 234쪽
핵심 키워드) 취득세

049 정답) ①
해설) 재산세 납세의무자와 종합부동산세 납세의무자는 모두 6월 1일 현재 재산소유자이다.
기본서 페이지) 238쪽
핵심 키워드) 재산세와 종합부동산세

050 정답) ①
해설) 1주택을 여러 사람이 공동으로 소유한 경우는 공동 소유자 각자가 그 주택을 소유한 것으로 본다.
기본서 페이지) 246~247쪽
핵심 키워드) 주택수 계산방법

051 정답) ②
해설) 보유기간이 3년 이상인 토지와 건물이 장기보유특별공제 대상이다.
기본서 페이지) 263 ~ 266쪽
핵심 키워드) 장기보유특별공제

052 정답) ②
해설) • 양도차익 : 15억 원 − 5억 원 = 10억 원
• 양도소득금액 : 양도차익 10억 원 − 장기보유특별공제 3억 원 − 기발생양도차손 1억 원
　　　　　　　　= 6억 원
기본서 페이지) 269쪽
핵심 키워드) 2회 이상 양도

053 **정답** ⑤
해설 양도차익이 큰 주택을 나중에 양도해서 1세대 1주택 비과세 혜택을 적용받는다.
기본서 페이지 278 ~ 283쪽
핵심 키워드 양도소득세 절세방안

054 **정답** ②
해설 가, 다, 라
기본서 페이지 322쪽
핵심 키워드 연금소득 과세대상

055 **정답** ②
해설 법인세법상 손금산입 대상이 아니다.
기본서 페이지 333 ~ 334쪽
핵심 키워드 임원퇴직소득

상속설계

056 **정답** ③
해설 ● 성년후견제도의 종류 및 비교

구분	성년후견	한정후견	특정후견	임의후견
개시사유	정신적 제약으로 사무처리 능력의 지속적 참여 (예시 : 중증치매)	정신적 제약으로 사무처리 능력으로 부족 (예시 : 경증치매)	정신적 제약으로 일시적 후원 또는 특정사무 후원의 필요	정신적 제약으로 사무처리 능력의 부족을 대비
후견인의 자격	친족 또는 제3자(법인 포함)			
본인의 행위능력	원칙적 행위능력 상실	원칙적 행위능력 보유	행위능력자	행위능력자
후견인의 권한	포괄대리권 및 취소권	법원이 정한 범위 내 대리권, 동의권, 취소권	법원이 정한 범위 내 대리권	각 계약에 정한 바에 따름
후견감독의 선임	선택	선택	선택	필수
후견인의 수	1인 또는 수인도 가능			

기본서 페이지 24쪽
핵심 키워드 성년후견제도

057 **정답** ①
해설 법정후견신탁은 중요 재산은 신탁회사에 맡겨 관리하면서 피후견인을 위해 일상적으로 필요한 비용을 지급하고 우발적으로 필요한 비용은 법원의 허가를 얻어 신탁재산에서 인출해서 지급하도록 하는 것으로 신탁재산의 전문적 관리가 가능하고 후견인에 의한 재산을 부정한 목적으로 사용하는 것을 방지할 수 있다는 등의 장점이 있다. 우리나라에서는 세월호 사건으로 생존한 이를 위한 재산보호를 위해 법정후견신탁이 이루어진 사례가 있다.

기본서 페이지 42쪽
핵심 키워드 유언대용신탁

058
정답 ④
해설 유언은 유언자가 단독의 의사표시만으로 유효한 법적 효력을 발생시키는 법률행위이다. 따라서 유언의 내용에 따른 법적 효력이 귀속되는 수유자는 유언의 상대방이 아니므로 유언의 효력 발생에 있어 수유자의 동의 또는 승낙 여부는 필요하지 않다. 유증의 경우 유증을 받은 자의 승낙뿐만 아니라 그 수증자에 대한 의사표시도 필요하지 않다.
피성년후견인은 유언을 할 당시 의사능력이 회복되어 있는 동안 의사가 심신회복의 상태를 유언서에 부기하고 서명·날인하는 경우 유효한 유언을 할 수 있다.

기본서 페이지 48쪽
핵심 키워드 유언

059
정답 ⑤
해설 유증, 후견인의 지정, 미성년후견감독인의 지정, 상속재산 분할방법의 지정 또는 위탁, 상속재산의 분할금지, 유언집행자의 지정 또는 위탁, 재단법인의 설립을 위한 재산출연행위, 친생부인, 인지, 신탁의 설정

기본서 페이지 51쪽
핵심 키워드 법정유언사항

060
정답 ①
해설
② 피성년후견인이 녹음유언을 할 때에는 의사가 심신회복의 상태를 구술하여 녹음하여야 한다.
③ 공정증서에 의한 유언의 유언자의 기명날인은 유언자의 의사에 따라 기명날인 한 것으로 볼 수 있는 경우 반드시 유언자 자신이 할 필요는 없다.
④ 비밀증서에 의한 유언에 있어서 유언능력의 유무나 유언의 선후는 확정일자인을 기준으로 판단한다.
⑤ 구수증서에 의한 유언을 하는 경우에는 예외적으로 의사가 심신 회복의 상태를 유언서에 부기와 서명날인을 하지 않아도 된다.

기본서 페이지 53쪽
핵심 키워드 유언의 방식

061
정답 ⑤
해설 비밀증서로 작성된 유언봉서는 그 표면에 기재된 날로부터 5일 내에 공증인 또는 법원서기에게 제출하여 그 봉인상에 확정일자인을 받아야 한다.

기본서 페이지 59쪽
핵심 키워드 유언의 방식

062 정답 ④

해설 사람은 생존한 동안 권리능력을 가지는데, 예외적으로 태아의 경우 상속에 관하여는 이미 출생한 것으로 본다. 따라서 태아는 보통의 상속뿐만 아니라 대습상속도 받을 수 있다. 이때 상속에 관한 태아의 권리는 그가 살아서 태어나는 것을 정지조건으로 인정되는데, 태아가 살아서 태어나면 그의 권리능력 취득의 효과가 상속개시 시까지 소급하여 생기게 된다.

기본서 페이지 79쪽

핵심 키워드 상속개시에 따른 법률관계

063 정답 ①

해설 민법에서는 인척관계만 인정될 뿐 혈족관계가 인정되기 위해서는 입양절차를 거쳐야 한다.

기본서 페이지 84쪽

핵심 키워드 상속인

064 정답 ④

해설 피대습인이 대습원인 발생 이전에 피상속인으로부터 생전 증여로 특별수익을 받은 경우 그 생전증여는 대습상속인의 특별수익이 된다.

기본서 페이지 102쪽

핵심 키워드 상속분

065 정답 ①

해설 기여분은 상속인에게만 인정되는 제도이다.

기본서 페이지 106쪽

핵심 키워드 상속분

066 정답 ⑤

해설 가정법원이 한정승인의 신고를 수리하고 한정승인의 심판·고지하면, 상속인이 그 심판을 고지 받음으로써 한정승인의 효력이 발생한다.

기본서 페이지 113쪽

핵심 키워드 상속의 승인과 포기

067 정답 ①

해설 피상속인의 4촌 이내의 방계혈족이 상속인인 때에는 유류분이 인정되지 않는다.

기본서 페이지 135쪽

핵심 키워드 유류분

068 정답 ③

해설 재산을 무상으로 받은 자가 비영리법인인 경우에도 상속세가 과세된다(단, 공익법인이 받은 재산은 과세가액 불산입). 그리고 영리법인이 상속재산을 받은 경우라면 상속세는 과세되지 않지만 대신 법인세가 과세된다. 다만, 무상으로 재산을 받은 영리법인의 주주가 상속인 또는 상속인의 직계비속인 경우에는 그 상속인 및 직계비속의 지분에 해당하는 상속재산에 대해 상속세가 과세된다(상증법 제3조의2 제2항).

기본서 페이지 159쪽

핵심 키워드 상속세

069 **정답** ①

해설 추정상속재산과 관련된 입증책임은 상속인에게 있다.

● 본래의 상속재산, 간주상속재산, 추정상속재산 비교

구분	본래의 상속재산	간주상속재산	추정상속재산
취득원인	상속, 유증, 사인 증여 등 법률상 원인	실질적인 취득	취득으로 추정
법적 취지	상속의 본질적 효과	실질과세	공평과세
입증책임	과세관청이 입증책임	과세관청이 입증책임 납세자의 입증으로 배제되지 않음)	납세자가 추정배제 입증책임 (입증책임이 전환됨)

기본서 페이지 166쪽

핵심 키워드 추정상속재산, 비과세상속재산, 과세가액불산입재산

070 **정답** ④

해설 피상속인에게 귀속되는 관리비 등 공과금도 차감되는 항목이나 교통위반 과태료는 차감대상에서 제외된다.

기본서 페이지 174쪽

핵심 키워드 상속재산, 봉안시설, 상속세 과세표준신고기한

071 **정답** ②

해설 증여재산가산액은 사전증여재산을 말하는데 상속개시일을 기준으로 상속인에게 10년 이내에 증여한 재산과 상속인 외의 자(손자, 며느리, 사위, 타인, 법인 등)에게 5년 이내 증여한 재산은 상속재산에 합산한다. 여기에는 상속포기를 한 상속인이 받은 증여재산도 상속세 과세가액에 포함한다.

기본서 페이지 178쪽

핵심 키워드 상속재산, 상속공제

072 **정답** ①

해설 순금융재산 7억 원의 20%인 1.4억 원이다. 현금이나 최대주주의 주식은 금융재산 상속공제 대상이 아니다. 임대보증금의 경우도 금융부채에 포함되지 않는다.

기본서 페이지 183쪽

핵심 키워드 상속공제

073 정답 ①

해설 납부할 상속세가 2천만 원 초과시 납부할 세액의 최대 50%를 분납할 수 있다. 상속세 납부기한은 상속개시일이 속한 달의 말일로부터 6개월이며, 분납기한은 신고기한으로부터 2개월이다. 따라서 분납기한은 내년 1월 31일이 된다.

◯ 상속세의 분납

납부할 세액	분납세액의 한도
2천만 원 이하	납부할 세액 − 1천만 원
2천만 원 초과	납부할 세액 × 50%

기본서 페이지 191쪽
핵심 키워드 분납

074 정답 ④

해설 물납이란 일정 요건을 갖춘 경우에 상속세를 금전이 아닌 다른 상속재산으로 납부하도록 함으로써 납세자의 편의를 도모하는 제도이다.

기본서 페이지 196쪽
핵심 키워드 연부연납, 물납

075 정답 ⑤

해설 금전의 경우에는 반환여부와 관계없이 증여세가 과세된다.

◯ 증여재산의 반환과 증여세 과세 여부

반환(재증여)시기	당초 증여분	반환(재증여)분
증여세 신고기한 이내	과세 ×	과세 ×
신고기한 경과 후 3개월 이내	과세	과세 ×
신고기한 경과 후 3개월 후	과세	과세
금전(시기 관계없음)	과세	과세

기본서 페이지 205쪽
핵심 키워드 증여세 과세대상

076 정답 ④

해설 부양의무가 없는 조부가 손자의 생활비 또는 교육비를 부담한 경우는 비과세되는 증여재산에 해당하지 않는다.

기본서 페이지 214쪽
핵심 키워드 장애인, 동일인, 증여재산

077 정답 ②

해설 ◯ 증여재산공제

증여세	증여재산 공제액
배우자(사실혼 제외)	6억 원

직계존속 (2010.1.1. 이후 계부·계모 포함)	① 5천만 원(수증자가 미성년이면 2천만 원) (2014.1.1. 이후 증여받는 분부터 적용. 종전 증여분은 3천만 원) ② 혼인·출산공제 : 1억 원 (2024.1.1. 이후 증여받는 분부터 적용)
직계비속 (수증자와 혼인 중인 배우자의 직계비속 포함)	5천만 원 (2016.1.1. 이후 증여받는 분부터 적용. 종전 증여분은 3천만 원)
기타 친족 (6촌 이내의 혈족, 4촌 이내의 인척)	1천만 원 (2016.1.1. 이후 증여받는 분부터 적용. 종전 증여분은 5백만 원)

기본서 페이지 219쪽

핵심 키워드 증여재산공제

078 정답 ④

해설 10억 원 − 4억 원 = 6억 원 − Min(10억 원 × 30%, 3억) = 3억 원

● 특수관계인 간 저가·고가 거래 증여이익

구분	수증자	과세기준	증여재산가액
저가양수	양수자	(시가 − 대가) 차액이 시가의 30% 이상 또는 3억 원 이상	(시가 − 대가) − Min[시가의 30%, 3억 원]
고가양도	양도자	(대가 − 시가) 차액이 시가의 30% 이상 또는 3억 원 이상	(대가 − 시가) − Min[시가의 30%, 3억 원]

● 비특수관계인 간 저가·고가 거래 증여이익

구분	수증자	과세기준	증여재산가액
저가양수	양수자	(시가 − 대가) 차액이 시가의 30% 이상	(시가 − 대가) − 3억 원
고가양도	양도자	(대가 − 시가) 차액이 시가의 30% 이상	(대가 − 시가) − 3억 원

기본서 페이지 230쪽

핵심 키워드 고가, 저가 양도 양수

079 정답 ③

해설 평가기간 내에 둘 이상의 공신력 있는 감정기관이 평가한 감정가액이 있는 경우에는 그 감정가액의 평균액(기준시가 10억 원 미만의 재산은 1개의 감정가액도 인정)

기본서 페이지 256쪽

핵심 키워드 상속재산, 증여재산 평가

080 정답 ①

해설 가업상속공제는 개인기업과 법인기업 모두 적용받을 수 있다.

기본서 페이지 292쪽

핵심 키워드 가업상속, 가업승계, 창업자금

[저자소개]

■ **최동진**
- 현) 이패스코리아 AFPK·CFP, 국내금융 강의
- 현) 전국퇴직금융인협회 운영이사
- 현) 한국금융연수원, 보험연수원, 강의 및 교재 집필
- 전) 우리은행 자산관리전문가 근무
- 담당 과목 : 재무설계원론(윤리 포함), 은퇴설계, 상속설계

■ **김종모**
- 현) 국내보험사 WM센터 근무
- 현) 숭실대학교 금융부동산학과 겸임교수
- 현) 이패스코리아 국내금융, 은행자격증 강의
- 담당 과목 : 위험관리와 보험설계, 세금설계

■ **장경진**
- 현) 이패스코리아 CFP 강의
- 담당 과목 : 부동산설계

■ **박성현**
- 현) 탑파이낸스앤로 대표
- 현) 이패스코리아 국내금융, CFP, 외환전문역 강의
- 전) 에듀스탁 AFPK·CFP 강의
- 전) 신한은행 PB팀 근무
- 담당 과목 : 투자설계

CFP 지식형 핵심문제집

개정1판 1쇄 인쇄 / 2025년 07월 01일
개정1판 1쇄 발행 / 2025년 07월 08일

지 은 이	㈜이패스코리아
발 행 인	이 재 남
발 행 처	이패스코리아
	서울시 영등포구 경인로 775 에이스하이테크시티 2동 1004호
	전 화 1600-0522 팩 스 02-6345-6701
	홈페이지 www.epasskorea.com
	이 메 일 edu@epasskorea.com
등 록 번 호	제318-2003-000119호(2003년 10월 15일)

※ 잘못된 책은 교환해드립니다.
※ 이 책은 저작권법에 의해 보호를 받는 저작물이므로 무단전재와 복제를 금합니다.
※ 이 문제집은 한국FPSB 승인 하에 한국FPSB가 저작권을 소유하고 있는 CFP교재를 바탕으로 편성하였음.

본 교재의 저작권은 이패스코리아에 있습니다.